U0143150

博雅

THE HISTORY OF WEI-JIN METAPHYSICS

魏晋玄学史

（第二版）

余敦康 著

北京大学出版社

PEKING UNIVERSITY PRESS

图书在版编目（CIP）数据

魏晋玄学史/余敦康著. —2 版. —北京：北京大学出版社，
2016.1

（博雅英华）

ISBN 978 - 7 - 301 - 26347 - 1

Ⅰ.①魏… Ⅱ.①余… Ⅲ.①玄学—研究—中国—魏晋南北朝时代 Ⅳ.①B235.05

中国版本图书馆 CIP 数据核字（2015）第 237045 号

书　　　名	魏晋玄学史（第二版）
著作责任者	余敦康　著
责 任 编 辑	田　炜
标 准 书 号	ISBN 978 - 7 - 301 - 26347 - 1
出 版 发 行	北京大学出版社
地　　　址	北京市海淀区成府路 205 号　100871
网　　　址	http://www.pup.cn　新浪微博：@北京大学出版社
电 子 邮 箱	编辑部 wsz@pup.cn　总编室 zpup@pup.cn
电　　　话	邮购部 010 - 62752015　发行部 010 - 62750672
	编辑部 010 - 62750577
印 刷 者	北京中科印刷有限公司
经 销 者	新华书店
	965 毫米 × 1300 毫米　16 开本　33 印张　450 千字
	2004 年 12 月第 1 版
	2016 年 1 月第 2 版　2023 年 10 月第 5 次印刷
定　　　价	95.00 元

目　录

第二部分

竹林玄学：阮籍、嵇康的自然论玄学

第三部分

西晋玄学：裴頠的崇有论玄学 与郭象的独化论玄学

第四部分
东晋佛玄合流思潮

魏晋玄学与儒道会通(代序)

　　玄学的主题是自然与名教的关系,道家明自然,儒家贵名教,因而如何处理儒道之间的矛盾使之达于会通也就成为玄学清谈的热门话题。玄学家是带着自己对历史和现实的真切的感受全身心地投入这场讨论的,他们围绕着这个问题所发表的各种看法,与其说是对纯粹思辨哲学的一种冷静的思考,毋宁说是对合理的社会存在的一种热情的追求。在那个悲苦的时代,玄学家站在由历史积淀而成的文化价值理想的高度来审视现实,企图克服自由与必然、应然与实然之间的背离,把时代所面临的困境转化为一个自然与名教、儒与道能否结合的玄学问题,无论他们对这个问题的回答是肯定还是否定,都蕴涵着极为丰富的社会历史内容,表现了那个特定时代的时代精神。

　　就理论的层次而言,玄学家关于这个问题的讨论,经历了一个正、反、合的过程。正始年间,何晏、王弼根据名教本于自然的命题对儒道之所同作了肯定的论证,这是正题。魏晋禅代之际,嵇康、阮籍提出了"越名教而任自然"的口号,崇道而反儒;西晋初年,裴颜为了纠正虚无放诞之风以维护名教,崇儒而反道,于是儒道形成了对立,这是反题。到了元康年间,郭象论证了名教即自然,自然即名教,把儒道说成是一种圆融无滞、体用相即的关系,在更高的程度上回到玄学的起点,成为合题。从思辨的角度来看,合题当然要高于反题,也高于正题,在郭象的玄学中,关于儒道会通的问题似乎已经得到真正的解决。但是,理有固然,势无必至,理论的逻辑并不等于现实的逻辑。就在郭象刚刚建成了他的体系之时,紧接着的八王之乱、石勒之乱立刻把他的体系撕得粉碎,从而使名教与自然重新陷入对立。我们今天回顾玄学的这一段历史，不能不带着极大的疑虑和困惑，追问一下儒道究竟能否在现实生活的层次达到会通？如果事实上难以解决，那么最大的阻力来自何方？既然困难重重，解决的可能性十分渺小，何以玄学家仍然苦心孤诣地在理论的层次长期坚持探索？他们的探索有没有给后人留下值得借鉴的普遍性的哲学意义？

其实，如果仅仅停留于理论的层次，儒道会通也是一个不易解决的难题。在中国哲学史上，从先秦以迄于现代，没有哪一个哲学家能够对此作出逻辑上无矛盾的令人满意的回答，每作出一个肯定必然会被否定，每作出一个否定也必然会被肯定。正始玄学为竹林玄学所否定，竹林玄学又为元康玄学所否定，就是这种尴尬局面的历史证明。比较起来，还是那个无意于建立体系的三四流的玄学家的回答差强人意，是避免这种尴尬局面的最好的出路。《晋书·阮瞻传》："瞻见司徒王戎，戎问曰：'圣人贵名教，老庄明自然，其旨同异？'瞻曰：'将无同？'戎咨嗟良久，即命辟之。时人谓之三语掾。"将无者，然而未遽然之辞，理智上不敢遽然言其同，情感上不愿遽然言其异，意思是莫非是相同吧，以一种反问的语气与人商榷，把难题的解答推给对方，而自己则是模棱两可，含糊其辞，依违于同异二者之间，不作独断论的判定。即使自己摆脱了逻辑困境的纠缠，也给人们进一步的探索留下了广阔的回旋余地。王戎对"将无同"这三个字表示极大的赞赏，说明他根据自己的探索经验，深知此问题的难度，在开放复杂的心态上与阮瞻产生了共鸣。

儒道会通之所以成为一个难题，是因为这个问题所讨论的自然与名教的关系，实质上就是中国哲学史上长期争论不休而又永远不能解决的天人关系问题。自然即天道，是外在于人的不依人的意志而转移的必然之理，名教即人道，是内在于人的受人的意志所支配的应然之理。自其异者而观之，天与人分而为二，自然秩序与社会秩序属于两个不同的领域，"天地不仁"，对人的价值漠不关心，始终是遵循着自己的必然之理独立地运行，而人则是创造了一套价值观念逆天而行，按照自然秩序所无的应然之理来谋划自己的未来。但是，自其同者而观之，天与人又合二而一，这是因为，人作为宇宙间之一物，首先是一个自然的存在，然后才是一个社会的存在，所以人既有自然本性，又有社会本性，既受必然之理的支配，又受应然之理的支配，这二者密不可分，结为一体，内在地统一于人性的本质之中。由此看来，如何处理天人之间的同异分合的关系就成了一个无法找到确解的难题，因为言其异者有同在，言其同者有异在，言其分者有合在，言其合者有分在，无论作出一种什么回答，都有另一种相反的回答与之形成对立。人们固然可以像阮瞻那样，为了保持某种心灵的宁静，不受难题的困扰，用"将无同"三个字作为遁词来回答，但是，机智的逃避产生不了高层次的哲学。哲学的本质在于面对无可确解的宇宙人生的难题进行穷根究底的追问而强为之解，即令最终免不了陷入矛盾片面也在所不惜。一部中国哲学史就是围绕着天人关系这个基本问题而展开，由各种各样矛盾片面的看法及其相互之间的争论而构成的。

先秦时期，儒道两家对此问题提出了自成体系的看法而各有所偏，道家偏于天道而明自然，儒家偏于人道而贵名教，从而形成了对立的两极，并且由此对立而引起了相互之间的激烈争论。儒家批评道家蔽于天而不知人，道家批评儒家蔽于人而不知天。事实上，道家言天未尝不及于人，儒家言人往往上溯于天，他们的思想体系始终没有脱离天人关系这根主轴，从两家运思的方向及其所欲达到的目标来看，都是着眼于天人之合的。但是，由于天人关系问题是一个善变的怪物，一当说它是合，立刻就分了，这就使得两家都免不了陷入某种矛盾片面，或偏于天道，或偏于人道。道家企图根据天道来规范人道，用无为而自然的必然之理来取代由人的价值观念所设定的应然之理，主张放弃人为的礼法名教的制作而返璞归真，恢复人的自然本性。照道家看来，人类文明的进程就是自然状态愈演愈烈的破坏，人的价值观念的丰富就是人的自然本性的丧失，社会的动乱，人际关系的冲突，都是由礼法名教之类的人为的制作所引起的，为了克服礼法名教的异化，消除动乱冲突的根源，只有把必然之理当作应然之理，按照人的自然本性来重新设计一个适合于人生存的社会环境。儒家与道家相反,把人的价值观念置于首位,认为人之所以区别于禽兽,不在于与禽兽相同的自然本性,而在于与禽兽相异的社会本性,如果不用礼法名教来制约自然本性而任其放纵无忌,恣意妄为,就会道德沦丧,人欲横行,从而造成社会的动乱,人际关系的冲突。因此,为了匡时救乱,儒家把应然之理当作必然之理,根据人道来塑造天道,主张则天而行,制礼作乐,确立一套文化理想和价值观念来发展人的社会本性,加强礼法名教的建设。儒道两家各执一端,自是而相非,究竟谁是谁非,是很难判定的。站在儒家的立场看道家,其缺点偏颇显而易见,因为道家过分地强调无为而自然的天道,否定了人的社会存在和文化积累。站在道家的立场看儒家,同样带有极大的片面性,因为儒家过分地强调人为的礼法名教,看不到礼法名教的异化会戕害人的自然本性,变成压迫人的工具。由于两家争论不休,互不相让,各自遵循自己独特的思路来展开自己的体系,这就在中国哲学史上开创了两个并行而对峙的思想传统,一个是道家的明自然的思想传统,一个是儒家的贵名教的思想传统,前者可称为自然主义,后者可称为人文主义。但是,就天人关系问题本身的内在逻辑而言,一当说它是分,立刻又合了。道家言天未尝不及于人,儒家言人往往上溯于天,都是受这种内在逻辑的支配,无法分割天人,而从事自然与名教的结合。道家所明之自然只有与儒家所贵之名教相结合,才能变成人化的自然,儒家所贵之名教只有与道家所明之自然相结合,才能克服异化现象,变成合乎自然的名教。这种情况迫使儒道必须各自向对方寻求互补,使之达于会通,一方面是并行对峙,另一方面又是互补会通,因而儒道两家的关系,同中有异,异中有同,分中有合,合中有分,纠缠扭结,难以名状。从总体上来看,中国的哲学思维正是由于儒道两家的这种复杂关系而形成了一种稳固的张力结构,始终是在同异分合之间保持一种动态的平衡而蹒跚地前进。

西汉初年,黄老道家盛行,居于主流地位。黄老道家"因阴阳之大顺,采儒墨之善,撮名法之要",以道家的自然主义为本,寻求各家主要是儒家与之互补,实际上是一个儒道会通、自然与名教相结合的体系。武帝之后,由于加强礼法名教建设的现实需要,"罢黜百家,独尊儒术",于是道家退居支流,儒家上升为主流。董仲舒曾说,"王道之三纲,可求于天"。其所谓天,尽管经受了应然之理的主观塑造,仍为自然之天,即"阴阳之大顺",本于道家的自然。由此看来,汉代儒家所致力建设的名教乃是一种合乎自然的名教,他们的思想体系也是以儒道会通为基本线索的。虽然如此,由于道家的思想包含了绝礼弃学、否定名教的一面,不适合当时的现实需要,所以汉代儒家在理论的层次强调儒道之异,以便更好地维护现实生活中的名教。但是,到了东汉末年,现实生活发生了严重的分裂,名教被异化为一种无理性的暴力,道家在理论的层次对儒家所作的种种批评都变成了活生生的现实。桓灵之世,一批昏君庸主、宦官外戚假名教之名行反名教之实。当时党人领袖李膺,"高自标持,欲以天下名教是非为己任"。一些具有正义感的知识分子聚集在李膺门下,"品核公卿,裁量执政",企图凭借自由的文化舆论,以清议来维护名教。但是,掌握权力的执政者却以破坏名教为罪名对这一批真诚地维护名教的党人进行残酷的镇压,使之屈死狱中,或免官禁锢。这个延续二十余年震动极大的党锢之祸给人们提出了一个尖锐的问题:究竟什么是名教?是统治者用以镇压异己的一种杀人的工具,还是规范调整社会人际关系的一种合理的秩序?如果是后者,那么其合理性的根据何在?有没有一个判定其为真名教抑或被异化了的假名教的客观标准?人们根据自己对现实困境的真切感受反复思考这个问题,终于在曹魏正始年间,提炼升华为一个儒与道是同是异、自然与名教是分是合的玄学问题。

何晏首先从理论上论证儒道是同而非异。《世说新语·文学》注引《文章叙录》曰:"自儒者论以老子非圣人,绝礼弃学。晏说与圣人同,著论行于世也。"汉代的正统儒家因老子否定名教而强调孔老之异,党锢之祸以后,人们逐渐对老子产生了同情的了解,认识到老子所否定之名教乃是在现实生活中被异化了的名教而非真名教,其根本用意在于追求一种合理的社会秩序,与孔子是相同的。何晏在《无名论》中对人们的这种共识作了理论上的证明。何晏指出:"夏侯玄曰:'天地以自然运,圣人以自然用。'自然者,道也。道本无名,故老氏曰强为之名,仲尼称尧荡荡无能名焉。"这就是认为,自然之道是孔老之所同的关键所在。王弼同意何晏的这个论断,但却进一步指出孔老的同中之异。王弼认为,圣人体无,老子未免于有,孔子对自然之道的理解高于老子,在儒道会通中,应以儒为主,以道为辅。

正始玄学的这个看法与汉初的黄老道家不相同,因为汉初的黄老道家处理儒道之间的关系是以道为主,以儒为辅。汉代中期以后的儒家虽然援引道家的天道自然之说来论证名教的合理性,实际上是按照以儒为主、以道为辅的思路会通儒道,但是他们出于狭隘的成见以及意识形态方面的考虑,故意隐瞒这种关系,不承认儒道之会通。玄学公开标榜,孔老同于自然之道,把道家所明之自然抬到本体论的高度极力推崇,从这一点来看,有似于黄老,有人据此立论,称玄学为新道家。但是另一方面,玄学又明确地把儒家所贵之名教作为根本的价值取向,与汉儒同样,强调孔老之异,有人据此立论,认为玄学的属性仍为儒学,是儒学发展的一种新的形态。这两种看法各有所见,皆能持之有故,言之成理,但却难以判定谁是谁非,只能抱着一种超越的态度,存而不论,付之两行。因为儒道两家围绕着天人关系问题所展开的体系,二者的界限始终是矛盾交叉,模糊不清,往往是你中有我,我中有你,根本无法作出泾渭分明的判定。儒家虽然偏于人道,但当其上溯于天道去寻求最高的理论依据时,不能不趋同于道家所明之自然。道家虽然偏于天道,但当其下涉于人道来讨论社会生活的各种问题时,也不能不趋同于儒家所贵之名教。如果我们着眼于天人关系问题的普遍的哲学意义而以道观之,可以说在儒家的体系中必然包含有道家的成分,在道家的体系中必然包含有儒家的成分;只是在处理二者的主辅关系时,有的偏于天道而以道为主,有的偏于人道而以儒为主。这种情形在孔老的体系中即已存在,往后的发展,纠缠扭结的程度愈来愈高,使得人们直至今日都不能对什么是儒家、什么是道家下一个清楚明确的定义,只能抓住一点,不及其余,根据其或偏于天道之自然、或偏于人道之名教作出大致的判定。玄学的学派属性之所以难以分辨,原因在于玄学企图推出一种天人新义,在理论依据上是以自然为本,名教为末,偏于天道,抬高道家而贬低儒家,在价值取向上又以是否重视名教为标准,认为老子比不上孔子,偏于人道,抬高儒家而贬低道家。其实,玄学究竟是属于道家还是儒家,这个学究性的问题并不重要,重要的是结合具体的时代背景弄清玄学何以如此处理儒道关系的历史动因,其主旨何在,究竟发扬了一种什么样的文化价值理想。

正始年间,玄学致力于自然与名教的结合,其所谓的自然,乃是一种可以应用于名教的自然,其所谓的名教,乃是一种合乎自然的名教。因此,那种"天地不仁"、对人的价值漠不关心而脱离名教的自然,或者自汉末以来现实生活中的那种被严重异化而违反自然的名教,都不是玄学的理想,只有二者的有机结合,才是理想。玄学的这个看法,一方面是站在儒家的立场来诠释道家,把道家所强调的必然之理转化成应然之理;另一方面是站在道家的立场来诠释儒家,把儒家所强调的应然之理转化成必然之理。经过这种双向的诠释和转化,于是天人合一,儒道会通,人们可以根据对天道自然的认识和理解,来谋划一种和谐的、自由的、舒畅的社会发展的前景,使得社会领域的君臣、父子、夫妇的人际关系能够像天地万物那样调适畅达,各得其所。玄学所追求的这种文化价值理想具有极大的普适性,实际上就是中国传统的天人之学的共同理想,儒道两家虽然在运思方向和理论表述上各有所偏,也都无例外地是以这种天人和谐作为自己追求的理想目标的。但是,理想是与现实相对而言的,理想的本质在于针对着由具体的历史条件所造成的现实的困境来谋求解脱之方。因此,尽管天人和谐是中国哲学所追求的共同理想,在各个不同的时代却有着各个不同的表现形式,蕴涵着不同的社会历史内容。汉初黄老适应于当时休养生息的时代需要,表现为以道为主,以儒为辅。汉代中期的儒家适应于当时建设名教的时代需要,表现为以儒为主,以道为辅。正始玄学之所以如此处理儒道关系,采取双向的诠释和转化的做法,主要目的在于克服名教在现实生活中的异化现象,为人们树立一个合乎自然的名教社会的理想。这种理想既是对当时的现实困境的一种超越,又是与儒道两家共同的理想相通的。

王弼的代表作是《老子注》和《周易注》。《老子注》是以儒解道,《周易注》是以道解儒。王弼是本着儒道会通、易老互训的哲学信念进行诠释的。他的这种双向的诠释取得了极大的成功,他的两本诠释性的著作也由此而被后人奉为经典性的诠释,成为中国哲学史上的不朽之作。照王弼看来,自然为本,名教为末,这不仅是一个抽象的哲学理论问题,而且也是指导国家政治的唯一正确的决策思想。如果统治者在决策思想上能够做到崇本以举其末,尊重社会本身的自组织功能,则可以自然生发出一套仁义礼敬的伦理规范,真正起到凝聚社会、自我调节的作用。反之,如果统治者"弃其本而适其末",从"殊其己而有其心"的私利出发,不顾社会整体的和谐,以人为的行政命令强行提倡仁义礼敬,那么仁义礼敬就会变质,转化为一种争斗的幌子。因此,王弼通过辛勤的探索,找到了名教异化的根源,也找到了克服异化的途径,关键在于掌握政治权力的统治者如何处理本末关系,实行什么样的决策。就理论的层次而言,王弼的儒道会通的玄学体系并非完美无缺,其中确实存在着许多如后人所指责的破绽漏洞。虽然如此,王弼毕竟为当时的人们指出了一条摆脱困境的出路,树立了一个值得去追求的正面理想。如果历史的偶然因素在当时真能推出某个圣君贤相,接受了王弼的思想,把"崇本以举其末"用之于治国平天下,则理想就可以落实或者部分地落实于现实生活,玄学的走向也会呈现另外一种局面。但是,正始玄学的这种儒道会通的理想在现实中遇到了最大的阻力。因为当时的历史所推出的并不是玄学所希望的那种圣君贤相,而是阴险伪善的司马氏集团。这个集团从"殊其己而有其心"的私利出发,于正始末年发动了高平陵政变,夺取了权力,反过来把儒学、名教用来"诛夷名族,宠树同己",作为巩固权力的一种工具。于是儒学、名教在现实生活中异化得更加令人难以忍受,儒道会通的理想也完全落空。竹林玄学儒道的分裂、自然与名教的对立,就是由这种现实的历史动因所促成的。

竹林玄学以阮籍、嵇康为代表。嵇康"非汤武而薄周孔","越名教而任自然",阮籍在《大人先生传》中对名教进行猛烈的抨击:"汝君子之礼法,诚天下残贼乱危死亡之术耳。"从这些言论看来,儒道无法会通,自然与名教势不两立,正始玄学惨淡经营所建立起来的那个儒道会通的体系是被彻底否定了。但是,如果我们透过这些愤激之言来窥探他们内在的心态,可以看出,他们所抨击的只是违反自然的现实中的名教,他们所坚持的正面理想仍然是一种合理的社会存在,即与自然相结合的名教,就其基本精神而言,并没有否定正始玄学,反而是总结了魏晋禅代之际的时代经验,加深了对现实阻力的认识,把玄学的精神发扬到一个更高的层次。王弼当年对理想落实于现实是抱有乐观的信念的,认为只要统治者改弦更张,实行正确的决策,就可以克服名教的异化,实现名教合乎自然的理想。现实无情地粉碎了这种盲目的乐观,一些人清醒过来,在绝望中反思,对王弼的那种一厢情愿的想法产生怀疑。阮籍、嵇康的玄学高于王弼之处,就在于认识到名教异化的根源不能简单地归结为统治者的错误决策,而应该归结为君主制度本身,因而他们集中抨击这种君主制度,从而把玄学的理想推进到了无君论的高度。嵇康在《太师箴》中,以远古的"君道自然"作为正面理想的依据,抨击后世的君主,"凭尊恃势,不友不师,宰割天下,以奉其私"。"昔为天下,今为一身。下疾其上,君猜其臣。丧乱弘多,国乃陨颠。"阮籍在《大人先生传》中对君主制度弊端作了深刻的剖析,他指出:"君立而虐兴,臣设而贼生。坐制礼法,束缚下民。欺愚诳拙,藏智自神,强者睽睢而凌暴,弱者憔悴而事人。假廉以成贪,内险而外仁。"这就是认为,名教异化是由君主制度所造成的,君主制度是一切社会祸乱的总根源。因此,为了使社会变得合理,每个人都能生活得自由舒畅,各得其所,必须否定君主制度,建设一个无君的社会。阮籍对这个无君社会的理想激动不已,充满了向往之情,用了诗人的想象来描绘:"明者不以智胜,暗者不以愚败;弱者不以迫畏,强者不以力尽。盖无君而庶物定,无臣而万事理。保身修性,不违其纪。惟兹若然,故能长久。"竹林玄学的这种无君论的思想在中国哲学史上闪耀着夺目的光辉。表面上看来,这种思想似乎是用道家的自然来与儒家的名教相对立,实际上却是在那个苦难的时代坚持用文化价值理想来批判现实所结出的硕果。在中国的传统的天人之学中,如果对天人合一、儒道会通、自然与社会整体和谐的理想目标进行不懈的追求,是完全有可能合乎逻辑地引申出这种带有中国特色的无君论的思想来的。

但是,与正始玄学相比,竹林玄学的理想更加不切实际,因为在当时的历史条件下,这种无君社会固然令人神往,却由于根本无法落实于现实生活,只能作为一种空中楼阁,水月镜花,暂时慰藉一下破碎的心灵。西晋统一,统治者提倡儒学,标榜名教,尽管这种儒学和名教受到严重的异化,人们也必须首先承认现实,然后才能去谋求超越的途径。裴頠企图就名教本身来论证名教的合理性,崇儒而反道,虽然承认了现实,却失落了超越的理想。裴頠维护名教,嵇康反对名教,二人皆不免于惨死,说明崇儒反道或崇道反儒的路子都走不通。于是玄学发展到了元康年间进入了合题,又回到儒道会通的老路上来。

郭象的代表作是《庄子注》和《论语体略》,《庄子注》是以儒解道,《论语体略》是以道解儒。这和王弼一样,采取了双向的诠释和转化的做法。但是,由于郭象汲取了阮籍、嵇康、裴頠等人的教训,总结了从正始到元康以来半个世纪的时代经验,与王弼的玄学相比,他的现实的操作性是更强了,由此而发扬的文化价值理想也带有更多的苦涩意味。

郭象的玄学体系基本上是根据乐广的一句名言而展开的。《世说新语·德行》注引王隐《晋书》曰:"魏末阮籍,嗜酒荒放,露头散发,裸袒箕踞。其后贵游子弟阮瞻、王澄、谢鲲、胡毋辅之徒,皆祖述于籍,谓得大道之本。故去巾帻,脱衣服,露丑恶,同禽兽。甚者名之为通,次者名之为达也。"乐广针对这种冲击社会正常秩序的放诞之风指出："名教中自有乐地,何为乃尔也!"乐广是当时清谈的领袖人物,也是一个玄学大家,他所谓的名教绝不是统治者所提倡的那种异化的名教,而是合乎自然的名教。但是,在现实生活中,这两种性质截然不同的名教却是纠缠扭结在一起,凝聚为一种人们必须生活于其中的政治伦理实体和社会秩序。这也许是人类所面临的一个永恒的矛盾。为了规范人的社会存在,不得不制定出一套礼法名教制约人的自然本性,这种制约同时必然产生异化,又反过来迫使人们不得不去反抗。阮籍等人反抗名教的异化,结果是否定了必要的社会制约,过分地发展了人的自然本性,把人等同于禽兽。裴頠反其道而行之,站在维护名教的立场,强调社会制约的必要性,结果是把异化的名教也当作既成的事实不分青红皂白一并接受下来了。乐广企图摆脱两难的困境,找出一条精神的出路,一方面承认现实的名教,同时又力求克服其中的异化现象,使之适合于人的自然本性,得到一种现实的逍遥。乐广的这句名言表现了一种与现实相妥协的无可奈何的心理,实际上这也是当时的知识分子在时代苦难折磨下的共同心理,是一种时代的心理。但是,尽管如此,当时的知识分子仍然没有放弃对理想的追求,只是他们的追求不是从一厢情愿的理想出发,而是立足于现实的土壤,在不可超越的名教中去寻找超越的乐地。因此,他们对现实的审视表现得更为清醒,对理想的追求也表现得更为执著。

庄子曾说:"禹之治天下,使民心变。"庄子站在道家的立场,要求用否定礼法名教的办法来克服礼法名教异化的现象,使人类回到原始的自然状态。事实上,如果否定了礼法名教,也就否定了人本身的存在。人是必须生活于社会之中的,无论社会多么不合理,苦难多而幸福少,站在儒家的立场来看,决不能采取消极逃避的态度。孔子曾说:"鸟兽不可与同群,吾非斯人之徒而谁欤!"这是一种浓郁的人文情怀。郭象本着儒家的这种入世精神对庄子的自然主义作了新的诠释。他说:"承百代之流而会乎当今之变,其弊至于斯者,非禹也,故曰天下耳。言圣知之迹非乱天下,而天下必有斯乱。"(《天运注》)这是认为,禹时"民心变",是由于历史积累的原因和当时事变的影响所造成的,过错不能推到禹的身上,也不能归结为"圣知之迹"和礼法名教。郭象的这种诠释实际上是对庄子的一种批评,是在用儒家的人文主义和庄子的自然主义进行辩论。面对着名教的弊端,社会的苦难,究竟应该采取一种什么样的生活态度? 是愤世嫉俗,消极逃避,还是承认现实,积极参与,知其不可而为之。照郭象看来,"承百代之流而会乎当今之变",这是一种历史的必然之理,"其理固当,不可逃也",即令当今的社会祸乱频仍,弊端丛生,也是时运所会,应该把它担待起来。

郭象对君主制度的弊端和嵇、阮一样,也是有着清醒认识的。他曾说:"夫君人者,动必乘人,一怒则伏尸流血,一喜则轩冕塞路。"(《人间世注》)"言暴乱之君,亦得据君人之威以戮贤人而莫之敢亢者,皆圣法之由也。"(《胠箧注》)但是,郭象根据他对历史和现实的深刻理解,并不否定君主制度,这就和嵇、阮有很大的不同。他说:"千人聚,不以一人为主,不乱则散。故多贤不可以多君,无贤不可以无君。此天人之道,必至之宜。"(《人间世注》)郭象是从两害相权取其轻的现实考虑提出这个看法的,因为尽管君主制度存在着种种弊端,但是如果没有一个统一的君主,国家政治就将陷入更大的混乱而不可收拾。

既然如此,那么究竟怎样才能找到名教中的乐地,得到现实的逍遥呢? 郭象把儒家所强调的社会本性和道家所强调的自然本性会通互补,提出了安分自得的思想,认为物各有性,自为而相因,只要每个人都安于自己的本分,而无待于外,这就可以克服异化,消除祸乱,使整个社会复归于和谐。郭象反复纠正人们对庄子的误解。他说:"逍遥者,用其本步而游乎自得之场矣。此庄子之所以发德音也。若如惑者之说,转以小大相倾,则相倾者无穷矣。若夫睹大而不安其小,视少而自以为多,将奔驰于胜负之境,而助天民之矜夸,岂达乎庄生之旨哉?"(《秋水注》)这种思想肯定了现实名教中的身份等级地位,把人为的强加也说成是自然之性,似乎是出于无可奈何的心理为现实辩护,落入玄学的下乘。但是,包括人的社会本性和自然本性在内的所谓本分,也确实存在着不平等的差别。郭象带着某种苦涩指出这个无可否认的事实,他说:"不能大齐万物而人人自别,斯人自为种也。"(《天运注》)这是认为,万物的性分不齐,人人都各自成为一个种类,这是必然的。因此,在表面上看来似乎是无可奈何的安分自得的思想中,还蕴涵着"人人自别""人自为种"的更为深刻的思想。这种思想强调个体的尊严和权利。就个体自身而言,如果不安分守己,自己不尊重自己而向外追求,固然会引起社会的动荡不安,但是,就国家政治的层面而言,统治者只有实行无为之治,尊重人性的内在要求,少去干扰生事,才能使整个社会保持稳定和谐的局面。郭象为这种思想作了哲学的论证,称之为"独化"。独化既是天道之必然,也是人道之应然。天地万物皆为一独立的存在,有其自身的特殊的逻辑,不相统率,不可取代,若按此独化的轨道运行,则入于玄冥之境,形成宇宙的和谐。人类社会的情况亦复如是,"人人自别""人自为种",每个独立的个体都以自我的性分为轴心而自为,自足于己,无待于外,互不相与,互不相为,但就在此卓尔独化之中,自然而然地产生了一种"自为而相因"的作用,把人类社会凝聚为一个和谐的整体。如果统治者滥用权力,把自己的意志强加于此特殊的个体之上,必将破坏社会的和谐。

郭象的独化思想源于庄学而非老学。就道家之共性而言,老庄皆强调天道之必然。但是老子所谓之必然(道)乃是先天地生的至高无上的绝对本体,这种绝对本体不是人人都能掌握的,只有"体无"的圣人才能掌握。庄子则用相对主义消解或者淡化了绝对本体的神圣性,认为道无所不在,在蝼蚁、在稊稗、在瓦甓、在屎溺,高贵者固然有道,卑贱者亦有其道,宇宙自然和人类社会的各种事物不管如何千差万别,在道的面前却是一律平等的。这个道即必然之理,也就是每个个体所禀赋的自然本性。就人类社会而言,"人人自别""人自为种",安分自得,无求于外,这是一种普遍的、平等的人性,国家政治的运作,统治权力的使用,应该以尊重满足这种人性为前提,做到"神器独化于玄冥之境"。这既是必然之理,同时也是符合于由历史积淀而成的文化价值理想的应然之理。郭象针对当时现实的困境，按照这个新的思路，去消除或者淡化君主制度的那种专制独裁的劣根性，使之转化成独化中之一物，变成尊重满足人性要求的一种工具。

在《论语体略》中，郭象以道解儒，着眼于克服君主制度的弊端以及名教的异化，提出了一系列光辉的思想。他诠释《宪问》"子路问君子章"说：

> 百姓百品，万国殊风，以不治治之，乃得其极。若欲修己以治之，虽尧舜必病，况君子乎？今尧舜非修之也。万物自无为而治，若天之自高，地之自厚，日月之明，云行雨施而已，故能夷畅条达，曲成不遗而无病也。

他诠释《为政》"为政以德章"说：

> 万物皆得性谓之德。夫为政者奚事哉？得万物之性，故云德而已也。得其性则归之，失其性则违之。

郭象所谓之性既指自然本性，也指社会本性，因而名教即自然，自然即名教。他在诠释《为政》"导之以德章"说：

> 德者得其性者也，礼者礼其情者也。情有可耻而性有所本，得其性则本至，体其情则知至。知耻则无刑而自齐，本至则无制而自正。是以导之以德，齐之以礼，有耻且格。

按照这种设想，权力实在是可有可无，名教无须去有意运作，君主虽然存在，也形同虚设。君主的作为只有"无心"二字，如果君主不懂得这个道理，"有心而使天下从己"，违反人性的要求，去搞专制独裁，就会造成"主扰于上，民困于下"的恶果。他在诠释《卫灵公》"吾之于人也谁毁谁誉章"说：

> 无心而付之天下者，直道也。有心而使天下从己者，曲法。故直道而行者，毁誉不出于区区之身，善与不善，信之百姓。故曰：吾之于人，谁毁谁誉，如有所誉，必试之斯民也。

我们可以把郭象的这个思想来与嵇、阮比较一下。嵇、阮陈义甚高,认为只有否定君主制度才能铲除名教异化的根源,这种想法在当时缺乏现实的可能性,根本行不通。郭象则试图用架空的办法,逐渐削弱君主的权力,认为君主应该"无心而付之天下","无事而不与百姓同","善与不善,信之百姓",尊重个体的自为,满足人民的心愿,并且试图以"自为而相因"的人性为依据来限制"有心而使天下从己"的专制权力,使君主制度逐渐演变为一种虚君共和制。应当承认,在当时以士族为社会结构主体的历史条件下,这种想法是比较切合实际的。王弼的玄学把希望寄托在统治者的决策上,这和郭象的想法有很大的相似。但是,郭象借助于庄子的思想,把个体的自为置于首位,强调统治者的决策必须满足每个特殊个体的人性要求,而王弼则从老子的思想出发,只着眼于整体的和谐而忽视个体的自为。照郭象看来,人皆有性,人人都在追求适合于自己特殊本分的逍遥,这种逍遥并非只是一种心理满足或精神境界,更重要的是物质生活的满足。他指出:"夫民之德,小异而大同。故性之不可去者,衣食也;事之不可废者,耕织也;此天下之所同而为本者也。守斯道者,无为之至也。"(《马蹄注》)这是一种本于儒家的浓郁的人文情怀和民本思想,因而判断统治者的决策是否正确,应以人人是否得性以及人民的满意程度为标准。从这个角度来看,魏晋玄学关于儒道会通的讨论发展到郭象的合题阶段,是既高于嵇、阮、裴𬱟的反题,也高于王弼的正题的。

历史的事实证明,郭象的想法也破产了。我们今天回顾这一段历史,唯一感到欣慰的是,由儒道会通所融会而成的中国文化的价值理想,始终是激励我们这个民族开拓自由之路的强大的精神原动力,无论历史的沉积多么滞重,人们总是在不断追求,这股精神原动力是永远也不会衰竭的。

第一部分

正始玄学

何晏、王弼的贵无论玄学

第一章　魏晋玄学的产生

曹魏正始年间,何晏、王弼的贵无论的玄学在哲学史上引起了一场划时代的变革。这场变革最终结束了统治两汉时期达数百年之久的经学传统,开创了贯穿整个魏晋南北朝时期的一代玄风。和其他一切事物的发展一样,哲学的发展既有量的积累,也有质的飞跃。玄学思潮不同于经学思潮,无论在理论形态、概念范畴、思维方法以及由此而向其他文化领域扩展渗透所形成的时代的精神风貌方面,都是带根本性的。究竟这种飞跃是如何产生的?它的历史的动因何在?

就思想渊源而言,东汉末年的社会批判思潮为魏晋玄学的产生准备了必要的条件,魏晋玄学所讨论的一系列的哲学问题,东汉末年都由不同的哲学家从不同的角度、不同的深度提出来了,但是他们的哲学探索尚处于量的积累阶段,还没有引起质的飞跃。其所以如此,不单纯是理论上的原因,主要是受时代的局限。哲学是不能超越时代的。黑格尔曾说:

> 哲学作为有关世界的思想,要直到现实结束其形成过程并完成其自身之后,才会出现。概念所教导的也必然就是历史所呈示的。这就是说,直到现实成熟了,理想的东西才会对实在的东西显现出来,并在把握了这同一个实在世界的实体之后,才把它建成为一个理智王国的形态。①

东汉末年,经学思潮的没落和社会批判思潮的兴起都是当时的社

---

① 黑格尔:《法哲学原理》,北京:商务印书馆,1961年,第14页。

会危机的产物。尽管经学思潮已经日薄西山,气息奄奄,走到了穷途末路,但是只要当时的社会危机没有从根本上摧毁东汉王朝的政治经济体制,经学思潮的生命就不会终结。王符、崔寔、仲长统、荀悦等人的思想(也可以追溯到王充),作为经学思潮的对立物,在哲学史上的作用和意义,主要是破坏性的而不是建设性的。他们深刻地揭露了经学思潮的理论上的虚妄,立足于人类的理性,把神学问题还原为现实问题,提供了一系列真理的颗粒,作出了许多哲学上的创新,但却不能建立一个囊括宇宙、统贯天人的完整的体系来取代经学思潮,开拓出一个哲学史上的新时期。究其原因,并不在于他们个人的理论修养不足,胸襟气魄不大,而是因为东汉末年的历史向他们提出的任务只是加速经学思潮的灭亡,不是重建一个统一的意识形态。

如果把东汉末年的基础与上层建筑的变化看作一个有机联系的整体,经学思潮的灭亡不是由哲学家的理论批判所完成的,而是由黄巾起义的武器批判所完成的。黄巾起义把东汉王朝的政治经济体制连同与之相配合的意识形态分裂成一个一个的碎片,如何依据新的形势把这些碎片重新组合起来,就成了三国时期的人们所面临的共同的历史任务。曹魏、蜀汉、孙吴都在积极地从事这个工作,只是曹魏处于东汉王朝的腹心地带,历史的辩证运动在这里表现得更为集中,因而对时代精神的感受也更为深切,更有可能作出理论上的概括,孕育出一种新的理论形态。在这个时期,历史的分裂的因素受到阻遏,统一的因素在不断增长,哲学的作用和意义已经变得不同于东汉末年了。它应该积极地促进历史的进程,站在理论的高度回答时代的紧迫的课题,为人们建立一种新型的世界观来指导现实的斗争,表述他们对统一的理想。玄学的产生只有联系到这个广阔的历史背景才能理解。这也就是说,玄学的变革无非是历史变革的反映,如果没有东汉王朝的覆灭,没有当时各阶层的人们为完成统一大业而从事的如火如荼的社会实践,在哲学上是不会凝聚成一场质的飞跃的。

在哲学史上,变革和继承是一对矛盾的统一体,没有继承,也谈不上变革,这就是所谓扬弃。这种扬弃是在否定之中包含着肯定,有所抛弃,又有所保存。因此,探究这种扬弃的过程,应该有一个综合的全面的观点,着眼于其内在的辩证联系和各阶段的历史发展,而不能只单纯注意其直接承袭的那些思想成分。就玄学而言,它所直接承袭的儒道两家的思想成分。可以追溯到先秦两汉时期,从陆贾、贾谊、司马谈、《淮南子》开始,经过扬雄、王充、《易纬》,直到马融、郑玄以及其他一些经学家,综合儒道的倾向蔚然成风,也可以找出不少玄学所直接承袭的思想成分。拿董仲舒的神学目的论来说,看来很难从中找出什么玄学直接承袭的成分,但是,玄学对董仲舒的扬弃,恰恰表现在一方面否定了他的理论形态,同时又继承了他的天人之学。再拿王符、崔寔、仲长统、荀悦等人来说,他们的思想倾向是综合儒法而不是综合儒道,他们在哲学上的创新却是过渡到玄学的一个重要的环节。事实上,玄学并不是儒道两家思想发展的结果,而是从先秦到两汉的整个哲学思想发展的结果,它不仅综合儒道,而且综合百家,特别是全面地综合了汉魏之际兴起的诸子之学的积极成果。

王弼在《老子指略》中,对当时的法家、名家、儒家、墨家、杂家的思想作了细致的分析,指出它们既有所得,也有所失,说明玄学的思想渊源是多方面的,它的继承关系十分复杂,不能简单地归结为儒道两家。王弼说:

> 法者尚乎齐同,而刑以检之。名者尚乎定真,而言以正之。儒者尚乎全爱,而誉以进之。墨者尚乎俭啬,而矫以立之。杂者尚乎众美,而总以行之。夫刑以检物,巧伪必生;名以定物,理恕必失;誉以进物,争尚必起;矫以立物,乖违必作;杂以行物,秽乱必兴。斯皆用其子而弃其母,物失所载,未足守也。然致同途异,至合趣乖,而学者惑其所致,迷其所趣。观其齐同,则谓之法;睹其定真,则谓之名;察其纯爱,则谓之儒;鉴其俭啬,则谓之墨;见其不系,则谓之杂。随其所鉴而正名焉,顺其所好而执意焉,故使有纷纭愦错之论,殊趣辩析之争,盖由斯矣。……夫途虽殊,必同其归;虑虽百,必均其致。

而举夫归致以明至理，故使触类而思者，莫不欣其思之所应，以为得其义焉。

汉魏之际的诸子之学承上启下，代表着中国哲学思想发展的一个重要阶段。当时，各种思想冲破了经学思潮的束缚，获得了解放。它们围绕着共同的时代课题进行艰苦的探索，提出了各种各样的解答方案，无论就思想内容或表现形式来说，都有着鲜明的时代特色，和先秦的诸子之学大异其趣。这些解答方案虽然包含了合理的内核，但是众说纷纭，莫衷一是，迫切需要从理论的高度来扬弃。王弼认为，所有这些思想之所以出现偏差，是由于"用其子而弃其母"，缺乏一个根本性的原理。如果"守母以存子"，把它们纳入一个完整的体系之中，则能发挥殊途同归、一致百虑的作用。可以看出，玄学实际上是汉魏之际的诸子之学的理论总结和思想演变的必然归宿，研究玄学的继承关系，应该把重点放在这个历史阶段。

一、什么是汉魏之际的时代课题

仲长统在《理乱》篇中把王朝的更替、治乱的循环看成"天道常然之大数"，历史发展的规律。他以清醒的理性回顾了秦汉以来五百年的历史，敏锐深刻而又带有极大的痛苦惶惑，准确地把握了当时的时代课题。他说：

> 昔春秋之时，周氏之乱世也。逮乎战国，则又甚矣。秦政乘并兼之势，放虎狼之心，屠裂天下，吞食生人，暴虐不已，以招楚汉，用兵之苦，甚于战国之时也。汉二百年而遭王莽之乱，计其残夷灭亡之数，又复倍乎秦、项矣。以及今日，名都空而不居，百里绝而无民者，不可胜数。此则又甚于亡新之时也。悲夫！不及五百年，大难三起，中间之乱，尚不数焉。变而弥猜，下而加酷，推此以往，可及于尽矣。嗟乎！不知来世圣人救此之道，将何用也？又不知天若穷此之数，欲何至邪？（《后汉书·仲长统传》）

中国封建社会的历史,从宏观整体的角度来看,确实表现为在一治一乱的循环往复中曲折地前进。所谓乱,是说封建社会这个大系统中的各种关系严重失调,从有序状态转化为无序状态,破坏了正常的封建秩序。所谓治,是说通过自觉的调整,把各种关系安排得井井有条,从无序状态转化为有序状态,建立了正常的封建秩序。无论是由治转化为乱或由乱转化为治,都是多重历史因素交互作用的错综复杂的辩证运动过程,一方面它固然受制约于经济关系、政治关系以及由长期的历史发展所积淀而成的传统的精神结构;另一方面,人们又在自觉地创造历史,以主观的因素干预历史的进程,起着促进或者阻碍的作用。秦汉以来五百年中所发生的三次大乱,前两次已经实现了由乱到治的转化。仲长统根据这种历史经验,感到汉魏之际的时代应当由乱转化为治,他相信这是"天道常然之大数"。但是,仲长统既没有找到实现这种转化的客观的依据,也不能提出一种适合历史需要的战略目标和指导思想,因而感到极大的痛苦惶惑,哀叹说:"嗟夫!不知来世圣人救此之道,将何用也?又不知天若穷此之数,欲何至邪?"这种深刻的悲观主义震撼人心,在汉魏之际反而激发出了一股奋发有为的进取精神,当时所有站在时代前列的人们为了解答这个紧迫的课题,实现由乱到治的转化,都在紧张地探索,积极地行动。

就秦汉以来的三次大乱而言,前两次的转化比较顺利,后一次的转化异常艰难,原因虽然很多,根本原因则在于前两次的农民战争的结果提供了转化的条件,而黄巾起义却因受到镇压而失败。陈胜、吴广和赤眉、绿林的两次农民战争推翻了腐朽的旧王朝,建立了统一的新王朝,结束了旧秩序,建立了新秩序。黄巾起义不但没有铲除旧的破坏因素,又产生了一系列新的破坏因素,军阀混战,分裂割据,整个社会陷入总崩溃的边缘。

关于黄巾起义的原因,当时人张钧上书给灵帝分析说:

> 窃惟张角所以能兴兵作乱,万人所以乐附之者,其源皆由十常侍多放父兄、子弟、婚亲、宾客典据州郡,辜榷财利,侵掠百姓,百姓之冤无所告诉,故谋议不轨,聚为盗贼。(《后汉

张钧认为,黄巾起义是由宦官擅权所引起的。他向灵帝建议,宜斩十常侍以谢百姓,"可不须师旅,而大寇自消"(《后汉书·宦者列传》)。事实上,黄巾起义的口号是"苍天已死,黄天当立",斗争的矛头不是指向宦官擅权,而是整个东汉王朝的统治。这说明引起黄巾起义的原因不只是宦官擅权,更深刻的原因在于东汉王朝这个大系统各方面都出现了种种矛盾,是由从政治经济体制到意识形态的总体性的危机所引起的。如果不推翻东汉王朝,总体性的危机就得持续发展,农民的反抗斗争也无从平息。

东汉王朝从有序状态向无序状态转化,早在和安之世就已经开始了。宦官、外戚轮流擅权,政治变成了极为卑劣的权力争夺,丧失了应有的调节功能。经济上的暴力掠夺和兼并盘剥不但受不到抑制,反而加剧进行,迫使大批的农民脱离土地,引起整个社会的动乱。许多心怀忠义的官僚士人为了扭转这种局面,匡救时弊,批评朝政,希望东汉王朝来一次中兴,但是由于力量微弱,被残酷地镇压下去了。从和安之世到桓灵之世将近一百年的时间,这种总体性的危机愈演愈烈,没有任何的转机,统治阶级彻底腐朽,阶级矛盾不断激化,因此,必然之势只能是爆发为一次大规模的农民起义。

黄巾起义的组织程度和斗争目标比前两次的农民战争都高,但是黄巾起义却没有胜利完成推翻旧王朝、建立新王朝的历史任务,决定性的原因可能不在主观方面,而在客观方面。拿陈胜、吴广起义来说,主力部队是农民,其他各种各样的成分也大批地参加进来,包括六国旧贵族、中小地主以及受迫害的知识分子。这支强大的力量团结在反秦的旗帜之下,仅两年多时间就摧毁了秦王朝的统治。赤眉、绿林起义也是如此,几乎动员了所有反对王莽政权的势力,包括刘氏宗室、豪强地主、官僚士人,刘秀就是兼有这三重身份的典型人物。王莽政权在这支强大的力量的攻击之下,七年左右的时间就彻底垮台了。黄巾起义所面临的阶级力量对比的形势与此完全不同,刘氏宗室、豪强地主、官僚士人不是站在农民群众一边去反对东汉王朝,而是站在东汉王朝一边去反对农民群众,东汉王朝得到整个统治阶级的支持,而起义的农民则陷入孤立无援的困境。本来东汉末年统治阶级中的离心倾向一直在发展,几次党锢之祸又加深了这种倾向,"污秽朝廷"受到赞赏,"匹夫抗愤,处士横议"成为风尚。许多士大夫对太平道和黄巾的发展,开始是同情庇护或支持的,但是一当起义正式发动,他们又立刻改变态度,转过来镇压农民。[①] 汉魏之际经济基础和上层建筑的一系列的变化,都和黄巾起义的失败有着密切的关系。

东汉末年,士大夫阶层的政治立场不同于秦末,也不同于新莽时期,无论他们批评朝政多么激烈,也无论他们受到党锢之祸的迫害多么惨重,也不愿与东汉王朝彻底决裂,走到农民起义的队伍中来。这并不是一个思想问题,而是一个经济问题。当时的封建性的生产关系,占主导地位的是庄园经济。这种庄园经济是士大夫阶层赖以生存的基础。为了巩固和发展这种庄园经济,他们当然需要有一个统一的中央政权,有一个稳定的政治局面。他们猛烈地抨击弊端,无非是希望革新政治。当黄巾发动之初,他们曾表示同情支持,其目的只是企图借用农民起义来促使统治者幡然悔悟,改弦更张,从来也没有想到要去推翻东汉王朝。如果农民起义真正发动起来,对庄园经济进行无情的扫荡,他们立刻站在农民起义的对立面,也就是理所当然的了。

崔寔的《四民月令》对这种庄园经济作了全面客观的描述。从微观的角度来看,这种庄园经济的内部结构是相当紧密的。它是一种典型的封建性的自然经济,男耕女织,农业与手工业相结合。地主不脱离生产,根据季节时序的变化有条不紊地安排各种活动,直接参与庄园经济的组织和管理。这种庄园经济既然建立在剥削农民的基础之上(当然具有不可克服的内在矛盾),但是由于它利用了血缘关系的纽带,组成了一个宗法性的共同体,可以把农民与

---

① 陈启云的《关于东汉史的几个问题——清议、党锢与黄巾》一文详细讨论了这个问题,见《燕园论学集》,北京:北京大学出版社,1984 年。

地主的利益上的对立控制在一定的范围之内，不至于发展到破坏系统的稳定平衡。《四民月令》对贫苦的同宗族人规定了一系列的救济办法。春夏之交，"冬谷或尽，椹麦未熟，乃顺阳布德，振赡穷乏，务施九族"。秋冬之际，"存问九族孤寡老病不能自存者"，"同宗有贫窭久丧不堪葬者，则纠合宗人，共与举之"。除了经济上的调节以外，这种宗法共同体还广泛地运用了各种精神文化的因素来进行调节。比如元旦之日，祭祀祖先，"室家尊卑，无大无小，以次列于先祖之前，子妇曾孙，各上椒柏酒于家长，称觞举寿，欣欣如也"；"十二月，请召宗族婚姻宾旅，讲好和礼，以笃恩纪"；农闲季节，"命幼童入小学，读《孝经》、《论语》篇章"，"命成童已上入大学，学《五经》"。为了进行自卫，这种宗法共同体还建立武装，构筑坞堡，"以御春饥草窃之寇"，"以备寒冻穷厄之寇"（见《全后汉文》卷四十七）。

这种庄园经济以封建性的生产关系为内容，以宗法血缘共同体为形式，把生活资料的再生产和人类自身的再生产紧密结合在一起，具有多重的联系纽带和调节功能，从微观的角度来看，确实是一个稳定平衡而又富有活力的系统。但是，如果国家政权不进行宏观的调节，为它们提供合适的条件，也会陷入覆宗灭族的厄运，得不到巩固和发展。庄园经济在政治上是倾向于统一而不是倾向于分裂的。东汉末年，许多进步思想家的言论以及党人清议和太学生运动，都表现了这种政治倾向。比如崔寔，他就主张儒法并用，而以法治为主，来加强中央集权。他说："《春秋》之义，量力而举，度德而行。今既不能纯法八世，故宜参以霸政，则宜重赏深罚以御之，明著法术以检之。"（《全后汉文》卷四十六）

东汉末年，士大夫阶层的这种政治要求得不到实现，革新政治的希望化为泡影，但是却没有激发出一种推翻东汉政权的革命意识，而宁愿退回到庄园经济中来，寻求安身立命之所。仲长统就是一个显明的例子。他始而积极用世，继而消极逃世，寄托于"良田广宅""沟池环匝""场圃筑前""果园树后"的庄园经济，"优游偃仰"，"思老氏之玄虚"，"求至人之仿佛"（《后汉书·仲长统传》）。

黄巾起义的队伍完全是由饥饿的农民群众所组成。他们携家带口，"所在燔烧官府，劫略聚邑"(《后汉书·皇甫嵩传》)，一方面攻击各地的政权结构，同时也扫荡士大夫阶层赖以生存的庄园经济。强大的有组织的官军，再加上星罗棋布的坞堡武装，使得起义的农民群众腹背受敌，几个月之内就被击溃了。

士大夫阶层支持病入膏肓、无可救药的东汉王朝，这是一个历史的悲剧。黄巾起义受到镇压，由乱到治的转机也跟着被扼杀了。为了重新创造实现转化的条件，历史必须付出更为沉重的代价，沿着更为曲折的道路前进。

黄巾起义失败以后，东汉王朝的总体性的危机受惯性力量的支配，仍在持续发展，不仅农民群众被逼得无路可走，坚持反抗斗争，士大夫阶层的命运也相当悲惨，遭到残酷的迫害。《后汉书·宦者列传》记载：

> 刺史、二千石及茂才孝廉迁除，皆责助军修官钱，大郡至二三千万，余各有差。当之官者，皆先至西园谐价，然后得去。有钱不毕者，或至自杀。其守清者，乞不之官，皆迫遣之。时巨鹿太守河内司马直新除，以有清名，减责三百万。直被诏，怅然曰："为民父母，而反割剥百姓，以称时求，吾不忍也。"辞疾，不听。行至孟津，上书极陈当世之失，古今祸败之戒，即吞药自杀。

即令到了这步田地，士大夫阶层的政治代表人物也不愿发动政变去推翻东汉王朝。当时，镇压黄巾的大将皇甫嵩手握强兵，威震天下。有一个名叫阎忠的人劝他抓住时机，"混齐六合，南面称制"，做一个新王朝的开国皇帝。皇甫嵩拒绝了这个建议，认为"人未忘主，天不佑逆。若虚造不冀之功，以速朝夕之祸，孰与委忠本朝，守其臣节"(《后汉书·皇甫嵩传》)。

在东汉王朝这个旧系统的内部，宦官、外戚和官僚集团继续进行激烈的斗争。斗争的结果，这三个集团都失败了，出现了董卓之乱。董卓之乱是一场历史上罕见的浩劫，不仅物质和精神的财富受到极大的破坏，整个社会也分崩离析，不可收拾了。以董卓之乱为契机，历史也逐渐孕育转化的因素，开始朝着有序状态缓慢地前进。

这种转化的过程也就是社会的自组织的过程。在当时的历史条件下，庄园经济是一个具有顽强的再生性功能的社会细胞，在社会的自组织的过程中，起了主导的作用。比如田畴，他就按照庄园经济的模式在徐无山中组织了一个秩序井然的社会系统。《三国志·魏书·田畴传》记载：

> （田畴）率举宗族他附从数百人，……入徐无山中，营深险平敞地而居，躬耕以养父母，百姓归之，数年间至五千余家。畴谓其父老曰："诸君不以畴不肖，远来相就，众成都邑，而莫相统一，恐非久安之道，愿推择其贤长者以为之主。"皆曰："善。"同佥推畴。……畴乃为约束相杀伤、犯盗、诤讼之法，法重者至死，其次抵罪，二十余条。又制为婚姻嫁娶之礼，兴举学校讲授之业，班行其众，众皆便之，至道不拾遗。

类似田畴所组织的这种社会系统，各地都有，并非个别现象。在魏晋时期，战争频繁，兵荒马乱，组织这种社会系统的事例，时有发生。从微观的角度看，这种社会系统俨然是世外桃源，既是现实的人间乐土，又完美地体现了人们的理想。[①] 但是，局部安宁是无法孤立于全局之外的。如果说徐无山中的五千余家为了过一种世外桃源的生活，必须忠实地服从田畴的权威，争取他的庇护，那么，田畴本人则必须使自己隶属于更大的权威，否则，安全就没有保障。事实上，封建社会的人际关系就是一种层层隶属的关系，企图逃脱这种隶属关系而独立，是根本不可能的。比如田畴，开始依附于幽州牧刘虞，刘虞为公孙瓒所害，乃逃往徐无山避难。但是，徐无山并非安全之地，乌丸不断来骚扰，袁绍父子也企图来此行使权

———————————

① 参阅陈寅恪：《金明馆丛稿初编·桃花源记旁证》，上海：上海古籍出版社，1980年；王仲荦：《魏晋南北朝史》上册，上海：上海人民出版社，1979年，第145—148页。

力,于是田畴最后选择了曹操作为依附的对象。因此,就宏观社会的自组织过程而言,当时迫切需要一个和平统一的政治局面,形成一种能给整个社会带来安全感的至高无上的权威。董卓之乱爆发以后,历史的辩证运动就围绕着这个问题而展开。

当时,各地的"名豪大侠、富室强族"纷纷集结起来,组成了一支讨卓联军。从这支讨卓联军的政治目的、内部结构以及行动过程来看,统一的因素和分裂的因素错综交织在一起,统一蕴涵着分裂,分裂孕育着统一,表现得极为复杂。曹操的诗篇《蒿里行》对这个历史事件作了生动的描绘:

> 关东有义士,兴兵讨群凶。初期会盟津,乃心在咸阳。军合力不齐,踌躇而雁行。势利使人争,嗣还自相戕。淮南弟称号,刻玺于北方。铠甲生虮虱,万姓以死亡。白骨露于野,千里无鸡鸣。生民百遗一,念之断人肠。

应当承认,这支讨卓联军的政治目的在于谋求国家的统一,企图消除混乱状态,把整个社会重新组织成为一个稳定的系统。这个政治目的反映了当时各阶层人民的共同愿望,是符合历史潮流,具有进步意义的。但是,这个联盟却蕴涵着分裂的因素,"军合力不齐""势利使人争",不能形成一个坚强的领导核心,达到预期的政治目的。其所以如此,并不是由于参加联军的各地州郡长官本质上代表了分裂割据的势力,压根儿反对统一。如果真是这样,他们万里相赴来讨伐董卓,也就多此一举了。各地州郡长官在他所在的那个地区,本身就是一个统一的因素,但是,根据封建社会的层层隶属关系,只有造就了全国性的统一局面,地区性的统一局面才能得到真正的保障。"初期会盟津,乃心在咸阳",说明各种地方势力并不满足于群龙无首的分裂割据状态,而把完成国家的统一大业作为共同奋斗的目标。问题的关键在于,这种仓促组织成的联盟缺乏一个有效的协调机制,不能缓和、平衡各种地方势力的利益矛盾和意见分歧。结果是,人怀异心,互相火并,联盟瓦解,军阀混战,不仅统一的目的没有达到,反而陷入更大的分裂。"生民百遗一,念之断人肠",这种悲惨的局面迫使人们去重新探索统一的途径。

由各地州郡长官自动组织起来,谋求国家的统一,营建类似中央政府的那种权威,这在中国封建社会的历史上,是一件新鲜的事物。虽然各地州郡长官所拥有的政治军事实力参差不齐,但是他们的地位是平等的,和官僚系统中的那种层层隶属关系不同。由于他们是地方势力的代表,为了维护本地区的特殊利益,所以特别重视地位上的平等,不愿意受到侵犯。在这种情况下,唯一有效的协调机制就是平等协商,重大的决策要通过集体讨论作出,既要照顾全局的利益,也要照顾局部的利益。但是,中国封建社会的政治结构只能产生等级制的统属关系,大乱之后,中央的权威打破了,各地方又难以产生一个有力的统治者,必然要出现群雄割据的局面。袁术在淮南称帝,袁绍在北方刻玺,由此开始了长期的军阀混战。混战的结果,形成了三国鼎立。

前面说过,庄园经济在当时的社会自然组织的过程中起了主导的作用。这种庄园经济不同于小农经济,它既是一种经济势力,也是一种政治势力和文化势力。强宗豪右、大姓名士(门阀士族的前身)就是这几种势力的综合代表。在汉魏之际的历史舞台上,这批强宗豪右、大姓名士扮演了重要的角色,无论是镇压黄巾起义、组织讨卓联军还是进行军阀混战,他们都是积极的参与者。他们的产生期可以追溯到东汉初年,到了东汉末年已经羽毛丰满,发展壮大,但是直到东汉王朝的中央政权完全崩溃的汉魏之际,他们才走到历史的前台。在他们身上,既有统一的因素,又有分裂的因素,具有复杂的二重性格。就主流而言,他们是要求统一的,镇压黄巾起义和组织讨卓联军可以说明这种倾向。但是,当统一的要求不能实现或者出现了一种不合他们口味的统一,他们就以庄园经济为据点而倾向于分裂。他们的去就取舍的不同的态度,对于当时政局的演变,起了举足轻重的作用。如果一个大的军阀得不到他们的支持,很快就会垮台,反之,如果一个小的军阀争取到他们的支持,势力立刻会上升。袁绍的失败和曹操的胜利,就是显明的例证。在当时那种混战局面下，他们可以凭任自己的喜好择主而事，自由度是相当大的。实际上，当时各个地方的军阀势力都是由他们集结而成的。这是一种带有联盟性质的群体结构，军阀势力的头子和他们之间的关系不像官僚系统中的层层隶属关系那样，毫无选择的余地。他们拥有雄厚的经济实力，再加上丰富的政治军事经验和较多的文化教养，以及合则留、不合则去的自由选择的优越条件，所有这些，都迫使军阀势力的头子必须依靠他们，尊重他们，笼络他们，和他们建立一种以分享共同利益为基础的联盟关系，而不能用官僚系统的那套老办法，对他们颐指气使，作威作福。因此，在汉魏之际的历史条件下，无论是实现局部地区的统一还是全国性的大一统，都必须适当改变秦汉以来的那种绝对专制的传统，探索一种新的途径，妥善地处理国家政权和强宗豪右、大姓名士之间的矛盾。

三国时期，人才问题成为头等重要的问题，曹操、刘备、孙权采取了各种可能的措施，极力招致人才，实际上就是从政治上确认强宗豪右、大姓名士的权利地位，和他们分享政权。曹操、刘备、孙权在军阀混战中站稳了脚跟，实现了局部地区的统一，根本原因在于他们都采取了一条开放性的人才政策，善于和这批强宗豪右、大姓名士分享政权。三国政权的上层统治者主要是由这批人所组成的。[①] 这批人既然成了曹操、刘备、孙权属下的文臣武将，当然应该按照官僚系统的那种隶属关系，接受他们的支配。但是，这批参与三国政权的强宗豪右、大姓名士已经和秦汉以来的那种典型的官僚不同，他们凭借自己的经济、政治和文化的优势，要求享受或者实际享受类似贵族的那种特权。[②] 如果他们的特权受到尊重，要求得到满足，就能和统治者同心同德，营建稳定的政权结构，促进统

---

① 参阅唐长孺：《东汉末期的大姓名士》，见《中华学术论文集》，北京：中华书局，1981年。

② 王亚南认为，"大约从汉末历魏晋南北朝以至唐之初叶，中国典型的专制官僚统治，发生了种种变态，照应着当时封建局面的离心化，官僚贵族化的色彩愈变愈加浓厚了"，见《中国官僚政治研究》，北京：中国社会科学出版社，1981年，第82页。

一局面的发展。反之,就会离心离德,破坏系统的平衡,增长分裂的因素。因此,在汉魏之际的历史条件下,建立一种正常的封建秩序,实现全国性的大一统,关键在于谋略思想,也就是说,要探索出一种最佳方案妥善地处理国家政权和这批强宗豪右、大姓名士之间的关系。三国时期的政治家和思想家分别从实践方面和理论方面围绕着这个问题进行了认真的探索,而这个问题也就是汉魏之际的最紧迫的时代课题。

二、魏、蜀、吴三国的政治经济体制模式

三国时期,曹操、刘备、孙权在用人方面都积累了一套成功的经验,而且形成了不同的风格。赵翼对此曾经作了深刻的分析。他说:

> 人才莫盛于三国,亦惟三国之主各能用人,故得众力相扶,以成鼎足之势。而其用人亦各有不同者,大概曹操以权术相驭,刘备以性情相契,孙氏兄弟以意气相投,后世尚可推见其心迹也。(《廿二史札记》卷七)

这三种不同的用人之道固然和曹操、刘备、孙氏兄弟个人的心理素质、性格特征有关,但是根本原因却在于魏、蜀、吴三国有着不同的战略目标,建立了不同的政治经济体制模式。

孙吴的战略目标,早在孙策向孙权转让权力之时,就已经确定了。《三国志·吴书·孙策传》记载,孙策临死前,

> 请张昭等谓曰:"中国方乱,夫以吴、越之众,三江之固,足以观成败。公等善相吾弟!"呼权佩以印绶,谓曰:"举江东之众,决机于两陈之间,与天下争衡,卿不如我;举贤任能,各尽其心,以保江东,我不如卿。"

孙权接管权力所面临的形势是十分严峻的。《三国志·吴书·吴主传》说:

是时惟有会稽、吴郡、丹阳、豫章、庐陵,然深险之地犹未尽从,而天下英豪布在州郡,宾旅寄寓之士以安危去就为意,未有君臣之固。张昭、周瑜等谓权可与共成大业,故委心而服事焉。

为了保据江东,巩固政权,孙吴不能不适应这种严峻的形势,尽可能地把江南旧有的大族和南渡的北方大族团结在一起,建立一种以孙氏为首的若干宗族联盟的政治经济体制,共同分享所获得的利益。①

赵翼所谓"孙氏兄弟以意气相投"的用人之道,就是与这批大族分享政权的一种特殊表现形式。矛盾当然是存在的,有时甚至发展到相当激烈的程度,比如孙权和张昭的关系。张昭为人刚直,常常当面顶撞孙权,"权不能堪,案刀而怒曰:'吴国士人入宫则拜孤,出宫则拜君,孤之敬君,亦为至矣,而数于众中折孤,孤尝恐失计。"(《三国志·吴书·张昭传》)但是这种矛盾以孙权的妥协让步得到圆满的解决。"权掷刀致地,与昭对泣","深自克责",从而换取了张昭的拥戴。

张昭属于南渡的北方大族,孙权不任命张昭而起用属于江东大族的顾雍、陆逊为丞相,这是为了更好地谋求与江东大族的妥协。顾雍、陆逊二人相继推行了一条类似黄老之学的清静无为的政策,收到很大的成效。王夫之对此作出很高的评价。他说:

三代以下之材,求有如顾雍者鲜矣。寡言慎动,用人惟其能而无适莫;恤民之利病,密言于上而不炫其恩威;黜小利小功,罢边将便宜之策,以图其远大。有曹参之简靖而不弛其度,有宋璟之静正而不耀其廉。……雍既秉国,陆逊益济之以宽仁。自汉末以来,数十年无屠掠之惨,抑无苛繁之政,生养休息,唯江东也独。惜乎吴无汉之正,魏之强,而终于一隅耳。

① 参阅唐长孺:《孙吴建国及汉末江南的宗部与山越》,见《魏晋南北朝史论丛》,北京:三联书店,1978 年。

不然,以平定天下而有余矣。(《读通鉴论》卷十)

王夫之认为,顾雍、陆逊的政策不仅适用于偏安江东,而且可以平定天下,实现全国的统一。事实上,清静无为、休养生息是三国时期的普遍的需要,曹魏、蜀汉的许多有识之士都发出了这种呼声,只是由于各自的国情不同,而政策各异。

蜀汉的实力在三国之中最为单弱,但是不能像孙吴那样偏安于一隅,而必须以与自己的实力地位不相称的"北定中原""兴复汉室"作为战略目标,个中原委,诸葛亮在《后出师表》中作了说明。他说:

> 先帝虑汉、贼不两立,王业不偏安,故托臣以讨贼也。以先帝之明,量臣之才,故知臣伐贼才弱敌强也;然不伐贼,王业亦亡,惟坐待亡,孰与伐之?是故托臣而弗疑也。(《三国志·蜀书·诸葛亮传》裴注)

诸葛亮认为,以曹魏为篡逆,以兴复汉室为目标,这是蜀汉立国的政治基础。所以尽管敌强我弱,也必须出兵北伐曹魏,否则就不能稳定蜀汉政权。这种战略目标是冷静地估计了力量对比的客观形势而后确定的,有着不得已的苦衷。由于确定了这个战略目标,蜀汉的政治经济体制模式和用人之道也相应地形成了不同的特点。

表面上看来,所谓"刘备以性情相契"与"孙氏兄弟以意气相投"没有什么区别,都是调动温情脉脉的心理因素来冲淡和加强君臣之间的统治与服从的关系,尽量照顾和满足强宗豪右、大姓名士的利益。但是孙吴可以建立一种类似宗族联盟性的政权组织,而蜀汉则必须实行集权;孙吴可以采用妥协让步的办法来调节矛盾,而蜀汉则必须"科教严明,赏罚必信";孙吴的"以意气相投"基本上是以分享共同利益为基础,而蜀汉的"以性情相契"则具有强烈的政治内容。

建安十九年(公元214年),刘备攻占成都,立即着手政权的建设。《三国志·蜀书·先主传》说:

> 先主复领益州牧,诸葛亮为股肱,法正为谋主,关羽、张

飞、马超为爪牙,许靖、麋竺、简雍为宾友。及董和、黄权、李严
等本璋之所授用也,吴壹、费观等又璋之婚亲也,彭羕又璋之
所排摈也,刘巴者宿昔之所忌恨也,皆处之显任,尽其器能。
有志之士,无不竞劝。

这个政权由三种人组成,一是刘备旧属,二是刘璋旧属,三是益州
的土著势力。如何处理这几种人的关系,把他们团结在一起,是蜀
汉政治中的一个大问题。① 刘备旧属虽然占据了领导核心,毕竟是
外来户,处于少数地位,如果不能肝胆相照,公正持平,赢得另外两
种人的信任,政权结构就无法稳定。在这方面,刘备的"以性情相
契"的用人之道取得了很大的成功。大小官僚不仅对刘备怀有感
遇之恩,而且受到刘备政治理想的鼓舞,把国家的战略目标当作个
人奋斗的方向。刘备死后,诸葛亮几次举兵北伐,完全是凭借了在
国内已经造就了一个同心同德的政治局面。他的《前出师表》说:

> 先帝创业未半而中道崩殂,今天下三分,益州疲弊,此诚
> 危急存亡之秋也。然侍卫之臣不懈于内,忠志之士忘身于外
> 者,盖追先帝之殊遇,欲报之于陛下也。(《三国志·蜀书·诸
> 葛亮传》)

曹魏政权基本上是以汝颍地区士大夫为首的世族地主集团和
以谯沛地区人物为首的新的官僚地主集团所组成。② 平荆州后,也
有一批荆州名士参加进来。曹操先后三次发布了不拘一格选拔人
才的求贤令,广泛地争取到各个地区的强宗豪右、大姓名士的支
持。如何把这批人团结起来,形成一个稳定的整体性的结构,也就
成了曹魏政治中的一个大问题。赵翼认为曹操的用人之道是"以
权术相驭",就是说,凭借手中掌握的生杀予夺的权力,运用各种阴
谋狡诈的手段,使这批人通通接受曹操个人的支配,服从他的个人

---

① 参阅田余庆:《李严兴废和诸葛用人》,见《中华学术论文集》。
② 参阅万绳楠:《魏晋南北朝史论稿》,第五章第一节《曹操时期的政治派别——汝颍
  集团和谯沛集团》,合肥:安徽教育出版社,1983 年。

决策。这种用人之道是和曹操企图建立一种绝对专制系统的战略目标分不开的。

其实曹操早期的用人之道并非如此，而和刘备、孙氏兄弟相似，着重"以性情相契""以意气相投"。荀彧曾经对曹操和袁绍的用人之道作了比较，认为"绍貌外宽而内忌，任人而疑其心，公明达不拘，唯才所宜，此度胜也"；"绍凭世资，从容饰智，以收名誉，故士之寡能好问者多归之，公曹操以至仁待人，推诚心不为虚美，行己谨俭，而与有功者无所吝惜，故天下忠正效实之士咸愿为用，此德胜也"（《三国志·魏书·荀彧传》）。当时许多第一流的人才纷纷抛弃袁绍转而投附曹操，并不是由于曹操掌握了什么了不起的权力，主要是折服于曹操豁达的气度和诚挚的品德，他们把曹操看作值得信赖、可以共事的知己，事实上，在曹操的绝对专制系统尚未建成的条件下，也不可能对他们施展什么狡诈的阴谋权术。

曹操的个人性格是充满了矛盾的。一方面是，"为人佻易无威重"，"每与人谈论，戏弄言诵，尽无所隐，及欢悦大笑，至以头没杯案中，肴膳皆沾污巾帻，其轻易如此"。另一方面，又"持法峻刻，诸将有计划胜出己者，随以法诛之，及故人旧怨，亦皆无余"，极端的"酷虐变诈"（见《三国志·魏书·武帝纪》注引《曹瞒传》）。这两个矛盾的方面在曹操身上也许本来就存在，但是它们的消长变化只有联系到曹操所营建的绝对专制系统的发展过程才能理解。比如许攸，曾经帮助曹操击破袁绍，立了大功。

> 攸自恃勋劳，时与太祖相戏，每在席，不自限齐，至呼太祖小字，曰："某甲，卿不得我，不得冀州也。"太祖笑曰："汝言是也。"然内嫌之。其后从行出邺东门，顾谓左右曰："此家非得我，则不得出入此门也。"人有白者，遂见收之。（《三国志·魏书·崔琰传》注引《魏略》）

再比如娄圭，

> 少与太祖有旧。初平中在荆州北界合众，后诣太祖。太祖以为大将，不使典兵，常在坐席言议。及河北平定，随在冀

州。其后太祖从诸子出游,子伯(娄圭字)时亦随从。子伯顾谓左右曰:"此家父子,如今日为乐也。"人有白者,太祖以为有腹诽意,遂收治之。(同上)

因此,曹操性格中的"酷虐变诈"的一面在前期受到抑制,在后期表现突出,不单纯是个心理问题,而是一个政治问题,是和曹操维护集权体制、树立专制权威的努力联系在一起的。

刘备和孙权的性格也同样充满了矛盾。王夫之认为刘备的性格是"愎",孙权的性格是"狡"(见《读通鉴论》卷十)。但是,"愎"与"狡"的性格不利于他们所营建的政治经济体制模式,没有得到充分的发展。相反,曹操"酷虐变诈"的性格却为他所营建的绝对专制系统所必需,只有充分发展这方面的性格,才能巩固权力,维持系统的稳定。

应当承认,曹操所营建的绝对专制系统实现了广大北方地区的统一,它的进步作用是不可忽视的。但是,这个系统却不大适合强宗豪右、大姓名士的口味,促使他们和国家政权离心离德。荀彧就是一个典型的例子。《三国志·魏书·荀彧传》记载:

> (建安)十七年,董昭等谓太祖宜进爵国公,九锡备物,以彰殊勋,密以谘彧。彧以为太祖本兴义兵以匡朝宁国,秉忠贞之诚,守退让之实;君子爱人以德,不宜如此。太祖由是心不能平。

再比如,何夔和曹操的关系也相当紧张。《三国志·魏书·何夔传》记载:"太祖性严,掾属公事,往往加杖;夔常畜毒药,誓死无辱,是以终不见及。"曹操征汉中,魏讽等谋反。曹操认为:"讽所以敢生乱心,以吾爪牙之臣无遏奸防谋者故也。"(《三国志·魏书·徐奕传》)如果说曹操前期"以至仁待人",和他的部属推心置腹,相互信赖,到了后期,则疑神疑鬼,把部属都当作敌人,严加防范。带有特务性质的校事官制度就是在这种情况下建立的。人们怀着恐惧的心情在曹操属下工作,说不定什么时候身首异处,或者受到人格的侮辱。曹魏政权中的这种气氛和蜀汉、孙吴是大不相同的。①

曹魏政权的经济支柱和蜀汉、孙吴也不相同，主要是由国家控制的屯田制而不是由强宗豪右、大姓名士所控制的庄园经济。《三国志·魏书·武帝纪》注引《魏书》说：

> 公(曹操)曰："夫定国之术，在于强兵足食。秦人以急农兼天下，孝武以屯田定西域，此先代之良式也。"是岁(建安元年)乃募民屯田许下，得谷百万斛。于是州郡例置田官，所在积谷。征伐四方，无运粮之劳，遂兼灭群贼，克平天下。

曹操的屯田有军屯、民屯两种。民屯名义上系招募百姓而来，兵屯即用兵士分番屯种。但是二者都采用军事编制，以军法来管理。屯田客失去人身自由，直接依附于国家，实际上是隶属于国家的农奴。② 屯田制的剥削和压迫是极为苛重的。《三国志·魏书·袁涣传》记载："是时新募民开屯田，民不乐，多逃亡。"逃亡到哪里去呢？显然是依附于庄园经济，变成私家的部曲、徒附。因此，曹操所推行的屯田制一方面固然促进了生产的恢复，积累了高于孙吴、蜀汉的经济实力和军事实力，另一方面也激化了两类矛盾，一类是国家政权和农民群众的矛盾，一类是国家政权和强宗豪右、大姓名士的矛盾。为了处理这两类矛盾，曹操进一步加强绝对专制系统，运用国家政权的力量，严刑峻法，进行镇压。

三国时期，曹魏的实力最强，而政治局面又最不稳定，这两个不同的结果都与曹操所营建的绝对专制系统密切相关。曹操执政后期，接二连三发生了一系列的动乱事件，比如：

---

① 陈寅恪先生指出："汉末士大夫阶级之代表人袁绍，其凭借深厚，远过于阉宦阶级之代表人曹操，而官渡一战，曹氏胜，袁氏败。于是当时士大夫阶级乃不得不隐忍屈辱，暂与曹氏合作，但乘机恢复之念，未始或忘也。"(见《金明馆丛稿初编》，第42页)

② 参阅何兹全：《读史集·汉魏之际社会经济的变化》，上海：上海人民出版社，1982年；韩国磐：《北朝隋唐的均田制度》，第一章第二节《曹魏屯田制概述》，上海：上海人民出版社，1984年。

建安二十三年,陆浑长张固被书调丁夫,当给汉中。百姓恶惮远役,并怀扰扰。民孙狼等因兴兵杀县主簿,作为叛乱,县邑残破。(《三国志·魏书·胡昭传》)

(建安二十三年)冬十月,宛守将侯音等反,执南阳太守,劫略吏民,保宛。(《三国志·魏书·武帝纪》,裴注引《曹瞒传》曰:"是时南阳闲苦繇役,音于是执太守东里衮,与吏民共反,与关羽连和。")

(建安二十四年)九月,相国钟繇坐西曹掾魏讽反免。(《三国志·魏书·武帝纪》,裴注引《世语》曰:"讽字子京,沛人,有惑众才,倾动邺都,钟繇由是辟焉。大军未反,讽潜结徒党,又与长乐卫尉陈祎谋袭邺。未及期,祎惧,告之太子,诛讽,坐死者数十人。")

(建安二十五年,曹操卒)时太子在邺,鄢陵侯未到,士民颇苦劳役,又有疾疠,于是军中骚动。(贾)逵建议为不可秘,乃发哀,令内外皆入临,临讫,各安叙不得动。而青州军擅击鼓相引去。众人以为宜禁止之,不从者讨之。逵以为"方大丧在殡,嗣王未立,宜因而抚之"。乃为作长檄,告所在给其廪食。(《三国志·魏书·贾逵传》注引《魏略》)

可以看出,曹操死时所面临的形势和秦始皇死时有某种类似之处,一方面实现了统一,同时分裂的因素也在酝酿积聚,一触即发,随时都有破坏统一的可能。曹丕接管政权,企图在战略上作一番调整。黄初五年,曹丕下诏说:

近之不绥,何远之怀?今事多而民少,上下相弊以文法,百姓无所措其手足。昔太山之哭者,以为苛政甚于猛虎,吾备儒者之风,服圣人之遗教,岂可以目玩其辞,行违其诫者哉?广议轻刑,以惠百姓。(《三国志·魏书·文帝纪》注引《魏书》)

曹操实行的是名法之治,曹丕认为,这种名法之治流弊甚大,已经发展为比猛虎还要残暴的"苛政",必须转移到儒家政治的轨道上来。

在选拔人才方面，曹丕也改变了曹操的"唯才是举"的做法，实行"九品官人法"。这是曹魏政权与大族名士妥协的产物。中正虽由政府委任，便于控制舆论，迫使清议与政府一致，而当中正的既是大族名士，他们的私家操纵也由此取得了合法的地位。① 九品中正制肯定大族名士享有政治特权，缓和了曹魏政权与他们之间的那种紧张关系，从而也使曹操所营建的那种绝对专制系统发生了某种变化。

曹丕作为一个文人，他的性格是通达的。但是曹丕作为一个帝王，他也和曹操同样忌刻。《三国志·魏书·徐宣传》记载：

> 太祖崩洛阳，群臣入殿中发哀。或言可易诸城守，用谯、沛人。（徐）宣厉声曰："今者远近一统，人怀效节，何必谯、沛，而沮宿卫者心。"文帝闻曰："所谓社稷之臣也。"

曹丕接管政权时，统治集团中的派系斗争趋于白热化，有人主张大换班，用谯沛人来排斥其他的派系。徐宣认为，只有顾全大局，加强团结，才能稳定政权。这个道理，曹丕其实是很懂得的。但是，怎样才能把不同的派系团结在一起呢？曹丕并没有想出什么好的办法，仍然袭用曹操的"以权术相驭"的手段进行控制，迫使不同的派系统统效忠于曹丕个人，这就免不了产生一系列的诛杀事件。黄初元年，曹丕诛丁仪、丁廙。六月，曹丕治兵，南征。霍性上疏谏劝，丕杀之。孔桂因亲附曹植，亦杀之。《三国志·魏书·高柔传》曰："文帝践阼……民间数有诽谤妖言，帝疾之，有妖言辄杀，而赏告者。"黄初三年，十一月，曹丕至宛，诏百官不得干预郡县，捕杨俊，诏问尚书，俊自杀。黄初七年，曹丕杀鲍勋。②

这种不得人心的做法只能收效于一时，而不能妥善地处理各个派系之间的矛盾，造就一个同心同德的政治局面。曹丕临死，召曹真、陈群、司马懿并受遗诏辅嗣主曹叡，目的是使三个派系的代

---

① 参阅唐长孺：《九品中正制度试释》，见《魏晋南北朝史论丛》。
② 参阅张可礼：《三曹年谱》，济南：齐鲁书社，1983年。

表人物互相牵制,共同维护曹魏政权。曹叡是一个类似秦皇、汉武的人物,度量也不像曹丕那样忌刻。《三国志·魏书·明帝纪》注引孙盛曰:

> 初,诸公受遗辅导,帝皆以方任处之,政自己出。而优礼大臣,开容善直,虽犯颜极谏,无所摧残,其君人之量如此之伟也。

但是,曹叡宽宏的度量和“政自己出”的专制性格是矛盾的。在他执政期间,始终未能克服这个矛盾。一方面,他“好学多识,特留意于法理”;另一方面,他又说“尊儒贵学,王教之本也”,下令删汰“苛法”,“务从宽简”。一方面,他不事诛杀,能容忍大臣的谏诤;另一方面,又刚愎自用,加强校事官制度,鼓励检举告密,以便大权独揽(以上均见《三国志·魏书·明帝纪》及注)。曹叡的这些矛盾的做法和曹丕同样,虽然企图对曹操的名法之治有所调整,仍然未能建立一种稳定的整体性的政权结构。

关于校事官制度,当时许多人都表示反对,其中以齐王芳嘉平年间程晓所陈述的意见最为典型。他说:

> 昔武皇帝大业草创,众官未备,而军旅勤苦,民心不安,乃有小罪,不可不察,故置校事,取其一切耳,然检御有方,不至纵恣也。此霸世之权宜,非帝王之正典。其后渐蒙见任,复为疾病,转相因仍,莫正其本。遂令上察官庙,下摄众司,官无局业,职无分限,随意任情,唯心所适。法造于笔端,不依科诏;狱成于门下,不顾覆讯。其选官属,以谨慎为粗疏,以谮诇为贤能。其治事,以刻暴为公严,以循理为怯弱。外则托天威以为声势,内则聚群奸以为腹心。大臣耻与分势,含忍而不言,小人畏其锋芒,郁结而无告。……纵令校事有益于国,以礼义言之,尚伤大臣之心,况奸回暴露,而复不罢,是衮阙不补,迷而不返也。(《三国志·魏书·程晓传》)

校事官制度与曹魏政权共始终,它是由皇帝直接控制的用来诛锄异己、维护极权的工具,是一种分裂的因素,而不是统一的因素。

就在曹叡执政期间,政权结构中的纵向分裂和横向分裂已经相当严重,无法弥补了。

蜀汉政权和孙吴政权在诸葛亮和孙权死后都发生了变化,一个是软弱无能,一个是残酷暴虐,总的都是上下离心,人各异志,和曹魏政权面临的形势大致相同。这种情况迫使人们去作进一步的探索,究竟怎样才能解答时代所提出的课题呢?

至于如何消灭分裂割据状态,实现全国性的大一统,魏、蜀、吴三国的有识之士几乎都反对武力征服,而主张首先应该革新内政,实际上也就是主张营建一个更好的政治经济体制模式。比如曹丕问贾诩:"吾欲伐不从命以一天下,吴、蜀何先?"贾诩回答说:

> 攻取者先兵权,建本者尚德化。陛下应期受禅,抚临率土,若绥之以文德而俟其变,则平之不难矣。……昔舜舞干戚而有苗服,臣以为当今宜先文后武。(《三国志·魏书·贾诩传》)

曹丕欲大兴军征吴,辛毗反对说:

> 今日之计,莫若修范蠡之养民,法管仲之寄政,则充国之屯田,明仲尼之怀远。十年之中,强壮未老,童龀胜战,兆民知义,将士思奋,然后用之,则役不再举矣。(《三国志·魏书·辛毗传》)

蜀国的谯周著《仇国论》说:

> 今我与肇建(指曹魏)皆传国易世矣,既非秦末鼎沸之时,实有六国并据之势,故可为文王,难为汉祖。夫民疲劳则骚扰之兆生,上慢下暴则瓦解之形起。……如遂极武黩征,土崩势生,不幸遇难,虽有智者将不能谋之矣。(《三国志·蜀书·谯周传》)

吴国的陆逊反对孙权兴兵取夷州,认为:

> 臣闻治乱讨逆,须兵为威,农桑衣食,民之本业,而干戈未戢,民有饥寒。臣愚以为宜育养士民,宽其租赋,众克在和,义以劝勇,则河渭可平,九有一统矣。(《三国志·吴书·陆逊传》)

三国时期的政治家们从实践方面围绕着时代课题所进行的探索,有成功的一面,也有许多不足之处。这种探索为当时的思想家们提供了丰富的思考材料。汉魏之际的思想演变和玄学的产生就是紧密地配合这种探索,从理论上进行升华、提炼和总结,绝不是一个脱离历史的思维自身的孤立的运动过程。

三、汉魏之际的思想演变

董卓之乱,洛阳、长安变成一片废墟,两汉四百年来辛勤积累的文化财富毁灭殆尽。《后汉书·儒林列传》说:

> 初,光武迁还洛阳,其经牒秘书载之二千余两,自此以后,参倍于前。及董卓移都之际,吏民扰乱,自辟雍、东观、兰台、石室、宣明、鸿都诸藏典策文章,竞共剖散,其缣帛图书,大则连为帷盖,小乃制为縢囊。及王允所收而西者,裁七十余乘,道路艰远,复弃其半矣。后长安之乱,一时焚荡,莫不泯尽焉。

为了恢复正常的封建秩序,实现由乱到治的转化,当时许多有识之士都很重视文化建设问题。比如孔融在北海,"立学校,表显儒术,荐举贤良郑玄、彭璆、邴原等"(《后汉书·孔融传》)。刘表在荆州,"关西、兖、豫学士归者盖有千数,表安慰赈赡,皆得资全。遂起立学校,博求儒术,綦母闿、宋忠等撰立《五经》章句,谓之后定"(《后汉书·刘表传》)。建安八年,曹操下《修学令》说:

> 丧乱已来,十有五年,后生者不见仁义礼让之风,吾甚伤之。其令郡国各修文学,县满五百户置校官,选其乡之俊造而教学之,庶几先王之道不废,而有以益于天下。(《三国志·魏书·武帝纪》)

曹操的这个政策,曹丕、曹叡一直在坚持。高柔给明帝曹叡上疏说:

> 昔汉末陵迟,礼乐崩坏,雄战虎争,以战陈为务,遂使儒林之群,幽隐而不显。太祖(曹操)初兴,愍其如此,在于拨乱之

际,并使郡县立教学之官。高祖(曹丕)即位,遂阐其业,兴复辟雍,州立课试,于是天下之士,复闻庠序之教,亲俎豆之礼焉。陛下(曹叡)临政,允迪睿哲,敷弘大猷,光济先轨,虽夏启之承基,周成之继业,诚无以加也。(《三国志·魏书·高柔传》)

刘备在蜀国也热心提倡儒学。《三国志·蜀书·许慈传》说:

先主定蜀,承丧乱历纪,学业衰废,乃鸠合典籍,沙汰众学,(许)慈、(胡)潜并为学士,与孟光、来敏等典掌旧文。

吴国的孙休永安元年下诏说:

古者建国,教学为先,所以道世治性,为时养器也。自建兴以来,时事多故,吏民颇以目前趋务,去本就末,不循古道。夫所尚不惇,则伤化败俗。其案古置学官,立五经博士,核取应选,加其宠禄;科见吏之中及将吏子弟有志好者,各令就业。一岁课试,差其品第,加以位赏。使见之者乐其荣,闻之者羡其誉。以敦王化,以隆风俗。(《三国志·吴书·三嗣主传》)

孔融、刘表以及三国的领导人进行文化建设,都把儒家的经学放在头等重要的地位,这是和两汉传统一脉相承的。由此可以看出,儒家的经学在汉魏之际仍然具有深厚的影响,是当时的思想的主流,在恢复正常的封建秩序方面,能够发挥其他各家所无法取代的作用。

经学和经学思潮是两个不相同的概念,不可混为一谈。汉魏之际,虽然儒家的经学受到各个地方政权代表人物大力提倡,仍在继续发展,但是,以天人感应的神学目的论为特征的经学思潮却是声名狼藉,已经失势了。① 这是因为,经学思潮是由董仲舒立足于经学所发起的一场哲学运动,它适应汉代封建统一帝国的需要,表述了汉代封建统治阶级的利益和幻想,为他们提供一种思维模式

---

① 曹操曾说:"性不信天命之事。"(见《三国志·魏书·武帝纪》注引《魏武故事》)

和理论形态,因而它的命运是和汉代的政治密切联系在一起的。随着汉代封建统一帝国的崩溃,经学思潮失去了所依附的主体,它的灭亡就是历史的必然。至于经学,则代表中国封建社会的传统的文化和传统的价值,它的命运不受王朝更替的影响,而和封建社会本身直接联系在一起,具有极大的稳定性。经学以《诗》《书》《礼》《易》《春秋》为研究对象。这些经典是唐、虞、三代直到春秋时期的学术文化的总汇。从孔子开始,儒家学者结合封建社会的需要从各个不同的角度对这些经典进行研究,并且建立了一套学术性的传承关系,师徒相传。经学的发展实质上是一场文化运动。这场文化运动的核心内容和基本目的就是为封建社会树立纲常名教,也就是树立一套尊卑贵贱的宗法等级制度以及调整各种关系的政治规范和伦理规范。到了汉代,经学逐渐上升为正统,这场文化运动广泛地渗透到社会生活的各个方面,它的核心内容和基本目的已经不仅是儒家学者所坚持的一种主张,而且深入到封建化的整个历史进程之中,变成了全民族的共同的生活方式、价值标准和心理状态了。如果说在先秦时期,儒家只是作为一个学派而与其他各家相互争鸣,那么经过汉代四百年来的历史发展,不管是道家、法家、名家、墨家或者杂家,都得承认儒家所主张的纲常名教就是正常的封建秩序之所在。汉魏之际是一个乱世,为了由乱转化为治,重建正常的封建秩序,各个地方政权的代表人物不约而同地都选择了儒家的经学。应当承认,这是历史的选择,只要封建化的进程还在进行,他们就不可能做出别的选择。

王国维的《汉魏博士考》详尽分析了当时经学的发展,认为总的趋势是古文经学取代了今文经学。他指出:

> 古文学之立于学官,盖在黄初之际。自董卓之乱,京洛为墟。献帝托命曹氏,未遑庠序之事,博士失其官守,垂三十年。今文学日微,而民间古文之学乃日兴月盛。逮魏初复立太学博士,已无复昔人,其所以传授课试者,亦绝非曩时之学,盖不必有废置明文,而汉家四百年学官,今文之统已为古文家取而代之矣。试取魏时诸博士考之,邯郸淳传《古文尚书》者也,乐

详、周生烈传《左氏春秋》者也，宋均、田琼皆亲受业于郑元，张融、马照亦私淑郑氏者也，苏林、张揖通古今字指，则亦古文学家也，余如高堂隆上书述《古文尚书》、《周官》、《左氏春秋》，赵怡、淳于峻、庾峻等亦称述郑学。……然则魏时所立诸经，已非汉代之今文学，而为贾（逵）、马（融）、郑（玄）、王（肃）之古文学矣。……学术变迁之在上者，莫剧于三国之际。……蜀汉与吴亦置博士，虽员数无考，而风尚略同。①

　　这种学术变迁是和作为汉代官方意识形态的经学思潮的灭亡以及作为文化传统的经学本身的持续发展分不开的。今文经学是汉代的官学。自从董仲舒依据《公羊春秋》提出了一套天人感应的神学体系以后，其他的今文经学家群起仿效，纷纷用神学来解释自己所依据的经典，比如《尚书》有"洪范五行"，《礼记》有"明堂阴阳"，《齐诗》有"四始五际"，《周易》有"阴阳卦气"。汉代的统治者支持今文经学，不是着眼于学术，而是着眼于它所宣扬的天人感应的神学体系。古文经学在王莽时虽曾一度立为学官，东汉时又降为私学，主要是因为它并不热心宣扬这种神学体系，而只着重从名物训诂和典章制度方面进行学术性的研究。在汉魏之际的历史条件下，恰恰这方面的研究迎合了时代的需要，而天人感应的神学体系却不合时宜，许多今文经学家纷纷抛弃旧业，学习古文经学。尹默的例子可以说明这种学术变迁已经形成为时代的风尚。《三国志·蜀书·尹默传》说：

　　　　尹默字思潜，梓潼涪人也。益部多贵今文而不崇章句，默知其不博，乃远游荆州，从司马德操、宋仲子等受古学。

《晋书·礼志》说："魏氏承汉末大乱，旧章殄灭，命侍中王粲、尚书卫觊草创朝仪。"王粲属于经学中的荆州学派，卫觊"好古文"，都是古文经学家。魏明帝令陈群、刘劭等人改定刑制，规定"但用郑氏章句，不得杂用余家"（《晋书·刑法志》）。这是只承认古文经学

---

① 　王国维：《观堂集林》卷四，北京：中华书局，1984 年。

对法律的解释为合法。① 至于《周官》中所阐述的所谓吉凶军宾嘉五礼,更是各国制定国家大典所必须参考的。

但是,尽管古文经学关于名物训诂和典章制度的研究优于今文经学,却缺乏理论的深度,不能提出更高层次的哲学思想来回答时代的课题。比如郑玄和王肃是当时古文经学的两大家,但是他们只是拥有渊博知识的学者,而不是有概括能力的思想家。他们可以为重建封建秩序提供经义上的依据,却不能对这种封建秩序本身作出理论的解释,为当时的人们提供一种指导思想和行动的世界观。由于缺乏理论的深度,他们的知识多半局限于一些具体细节问题的考订,而且丛杂琐碎,相互矛盾。比如关于《丧服》的研究,"三年之丧,郑云二十七月,王云二十五月。改葬之服,郑云服缌三月,王云葬讫而除"(见《晋书·礼志》)。这些争论并不是无聊的,因为作为传统文化的生活准则必须规定得十分具体,人们才得以遵循。但是,它们的意义何在,各种生活准则之间的关系怎样才能处理得更协调,如何站在哲学的高度对它们进行论证,所有这些重大问题,古文经学都回避了。

黑格尔在《逻辑学》第一版序言中指出:

> 假如一个民族觉得它的国家法学、它的情思、它的风习和道德已变为无用时,是一件很可怪的事;那么,当一个民族失去了它的形而上学,当从事于探讨自己的纯粹本质的精神,已经在民族中不再真实存在时,这至少也同样是很可怪的。……一个有文化的民族竟没有形而上学——就像一座庙,其他各方面都装饰得富丽堂皇,却没有至圣的神那样。②

一般说来,一个民族的精神结构是由多种层次组合而成的。如果说包括国家法学、情思、风尚和道德在内的文化是它的精神结构的核心和基础,那么哲学作为对文化本身的反思和理解,则是这

---

① 瞿同祖在《中国法律之儒家化》中指出:"儒家有系统之修改法律则自曹魏始。"(见《中国法律与中国社会》,北京:中华书局,1981年,第334页)

② 黑格尔:《逻辑学》,北京:商务印书馆,第1—2页。

个民族的精神结构的神经中枢。文化是培育哲学的深厚土壤，不以一定的文化作背景的哲学是不存在的。同时文化的意义和价值也必须依赖哲学的论证和解释，才能富有生命，充满活力。因此，对于一个有文化的民族来说，它的精神需要也是多层次的。由于文化与人们的物质生活方式的生产联系得较为紧密，哲学是更高地悬浮于空中的思想领域，所以在中国封建社会，体现在经学中的传统的宗法文化大致是稳定的，哲学的发展则受时代的影响而复杂多变。在汉魏之际的历史条件下，用天人感应的神学目的论对传统的宗法文化进行论证和解释已经是不合时宜了，至于如何作出新的论证和解释，提炼为一种新的哲学，则有待于探索。当时的人们为了重建正常的封建秩序，固然需要传统的宗法文化，也需要一种新的哲学。如果没有新的哲学来统率，传统文化中的那些生活准则就成了失去思想灵魂的僵死的条文，无法在实际生活中发挥应有的调节作用。在这方面，由于古文经学缺乏更高层次的理论兴趣，只局限于从事名物训诂和典章制度的研究，所以探索新哲学的任务就由当时兴起的诸子之学来承担了。

应该看到，汉魏之际的诸子之学和先秦是大不相同的，而和两汉有某种类似。先秦的诸子之学是对即将到来的封建局面的向往和设计，反映了不同阶层的利益，表现了不同的理想、学说和价值观念，它们自是而相非，形成不同的学派，热烈争鸣。到了汉初，这种情况发生了很大的改变。司马谈的《论六家要旨》说：

> 《易大传》："天下一致而百虑，同归而殊途。"夫阴阳、儒、墨、名、法、道德，此务为治者也，直所从言之异路，有省不省耳。(《史记·太史公自序》)

在这个时期，各家都转移到为已成定局的封建统一帝国服务的轨道上来，大方向是一致的，只是考虑问题的角度不同，方法途径不同，它们之间的斗争性减少了，融合性增大了。汉武帝"罢黜百家，独尊儒术"，推广以儒家的经学为中心的文化运动，诸子之学更进一步发生了质的改变。除了儒家以外，其他学派的传承关系完全断绝了,虽然它们的学说仍在社会上流传不息,但是由于受到已形成为全民族的共同文化背景的影响,变得和先秦大异其趣。这种诸子之学不再作为独立的学派与儒家相对立,儒家既然已被确认为正统,也用不着和它们互争雄长。诸子之学普遍接受了儒家的宗法思想,儒家也不断地从诸子之学中汲取营养,丰富自己的内容,扩大自己的视野。在尔后的发展中,虽然诸子之学始终处于从属的地位,却是整个封建文化不可缺少的组成部分。每当儒家思想僵化,出现了危机,诸子之学就会在不改变主从关系的条件下应运而起,补充儒家的不足,恢复民族文化的生机。东汉末年,马融、郑玄和一些经学家儒道兼修,热心地研究《老子》,王符、崔寔、仲长统、荀悦等人广泛地从法家、名家的思想中汲取营养,就是显明的例子。汉魏之际的诸子之学,大体上承袭了两汉的这种性格,只是旗帜更为鲜明,所反映的历史内容有所不同。

就思想的解放程度而言,汉魏之际可以和先秦媲美,人们冲破了经学思潮的束缚,对诸子之学发生了极大的兴趣,整个思想领域一片喧闹沸腾景象。但是,尽管如此,这个时期的诸子之学却不能形成如同先秦那样的学派运动。人们主要是从社会实践的紧迫需要出发,为了解决某些具体问题,从诸子之学中去寻找政治谋略和方法措施,并不关心把它们建立为独立的学派。虽然人们的思想表现出不同的倾向,并且相互之间展开了争论,但是只局限于政治谋略和方法措施的层次,不涉及整个学说体系的问题,因而不能和先秦的那种学派之争相等同。当时许多人都是博采众长、杂糅各家,有的人则是前后矛盾,从一种倾向跳到另一种倾向,要确切地说出他们究竟属于哪一家,是相当困难的。在这个时期,诸子之学仍然只是作为儒家的一种补充,并没有改变中国封建文化整体结构中的那种主从关系。它们的发展趋势与当时总的历史进程相适应,逐渐由分歧走向融合。这种融合受文化传统核心层次的价值观念所制约,不能和儒家的宗法思想相背离,而必须以它为基础。至于融合的结果没有顺理成章地形成一种新的经学思潮,却产生了不伦不类的玄学,完全是历史的偶然。

哲学史的研究不能排斥这种偶然性。正是由于汉魏之际的思想领域里有着大量的偶然性，所以才充分反映了那个时代的特色，显示了中华民族文化的丰富多彩和思维模式的多元化。偶然性是必然性的补充和表现形式，并不是无规律可循的。如果我们结合当时的时代课题，从中国封建文化的整体结构着眼，还是可以在上下波动的思想曲线中划出一道与经济发展的轴线相平行的轴线，清理出一条如何向玄学逐渐过渡的线索来的。

以曹操为例，他的思想前后矛盾，跳跃性极大，表现得十分曲折。在《度关山》中，他说："天地间，人为贵。立君牧民，为之轨则。……侈恶之大，俭为共德。……兼爱尚同，疏者为戚。"这里既有儒家的思想，又有墨家的思想。在《秋胡行》中，他说："万国率土，莫非王臣。仁义为名，礼乐为荣。"这是纯粹儒家的思想。在《以高柔为理曹掾令》中，他说："夫治定之化，以礼为首；拨乱之政，以刑为先。"这是认为儒家只能用于治世，乱世要用法家。在《举贤勿拘品行令》中，他要求选拔"不仁不孝而有治国用兵之术"的人才，完全是法家的思想（均见《曹操集》）。如果我们联系曹操所营建的绝对专制系统和以权术相驭的用人之道来研究，可以看出，这个曲线大致是以法家思想为轴线而上下波动的。傅玄曾说："魏武好法术，而天下贵刑名。"（《晋书·傅玄传》）在曹操的倡导下，法家的刑名之学一时间蔚为风尚。但是，如果我们把范围扩大，进一步研究整个曹魏时期的思想曲线，可以看出，它的中轴线并不是法家思想，而是儒家思想。这是因为，曹操的名法之治激化了各种矛盾，造成了阶级关系紧张，特别是国家政权和强宗豪右、大姓名士之间的关系紧张，许多人都纷纷表示反对，要求转移到儒家政治的轨道上来。当时曾经围绕着刑礼先后的问题展开了激烈的争论，结果是主张礼先刑后的一派占了上风。这种主张是从文化传统的价值观念出发的，归根结底，是反映了以宗法关系为组织形式的庄园经济发展的需要。因此，尽管当时的诸子之学蜂拥而起，显示出各种可能的发展方向，但是始终没有离开儒家思想这道轴线。这是文化传统和庄园经济的选择机制在起作用，是一种历史的必然。

比较起来,蜀汉和孙吴两国的思想发展不像曹魏这么曲折,波动不大,这是和它们的政治经济体制模式相对稳定的情况密切相关的。比如孙权在吴国尽量谋求与强宗豪右、世家大族相妥协,推行一条"施德缓刑"的政策,虽然曹魏先刑后礼的法家思想也曾渗透到吴国来,但是找不到市场,没有发展的机会。《三国志·吴书·陆逊传》记载:

> 南阳谢景善刘廙先刑后礼之论,逊呵景曰:"礼之长于刑久矣,廙以细辩而诡先圣之教,皆非也。君今侍东官,宜遵仁义以彰德音,若彼之谈,不须讲也。"

诸葛亮治理蜀国,以儒法合流的思想为指导,推行了一条礼法并用、德威兼举的政策。[①] 这种政策起到了很好的调节作用,一方面纠正了刘璋暗弱政治的偏差,建立了集权,同时也维护了蜀汉立国的政治基础,造就了一个同心同德的政治局面。

新哲学的孕育过程不是在蜀汉、孙吴而是在曹魏进行的。这不仅是因为曹魏处于中原地区,拥有发达文化的优势,而且因为曹魏的政治最不稳定,各种各样的矛盾纠缠扭结,对理论的需要最为强烈。当时在曹魏的思想领域所显示的曲线,实质上代表着人们在政治实践活动中所选择的不同方向。虽说时代的共同课题是重建正常的封建秩序,拨乱反正,完成统一大业,但却没有被人们自觉地意识到,形成为一种集体意志,而表现为许多单个的意志的相互冲突。加上实践所提出的问题都是具体的,人们从直接的现实出发,分别采取了不同的行动,缺乏统筹兼顾的全局观点,常常是顾此失彼,加剧了冲突。此外,曹丕、曹叡并没有成功地纠正曹操名法之治的偏差,各方面的关系仍然十分紧张,这种政治环境使得士大夫阶层痛切地感到理想与现实的冲突。所有这些冲突,都是刺激人们去进行理论探索的动力。为了使人们的实践活动有一个

---

① 参阅朱大渭:《论诸葛亮治蜀——兼论诸葛亮是儒法合流的典型人物》,见《魏晋隋唐史论集》第一辑,北京:中国社会科学出版社,1981 年。

共同的方向,为了使各方面的活动组成为一个彼此协调的整体,为了建立一个符合理想的政治环境,人们站在不同的层次上进行了广泛的理论探索,并且沿着由低层次向高层次逐渐上升的过程,最后孕育出了一个综合表现时代精神的新哲学。

比如曹操推崇墨家的俭德,身体力行,带头提倡。这对于扭转东汉末年侈靡的陋习,养成一种廉洁的政治,毫无疑问是起了积极作用的。毛玠秉承曹操的意旨,"务以俭率人,由是天下之士莫不以廉节自励,虽贵宠之臣,舆服不敢过度"(《三国志·魏书·毛玠传》)。但是,片面地强调俭德,诚如王弼所指责的,"墨者尚乎俭啬,而矫以立之。……矫以立物,乖违必作"(《老子指略》)。和洽早就为此对曹操提出了批评。他说:

> 天下大器,在位与人,不可以一节检也。俭素过中,自以处身则可,以此节格物,所失或多。今朝廷之议,吏有著新衣、乘好车者,谓之不清;长吏过营,形容不饰,衣裘敝坏者,谓之廉洁。至令士大夫故污辱其衣,藏其舆服;朝府大吏,或自挈壶餐以入官寺。夫立教观俗,贵处中庸,为可继也。今崇一概难堪之行以检殊途,勉而为之,必有疲瘁。古之大教,务在通人情而已。凡激诡之行,则容隐伪矣。(《三国志·魏书·和洽传》)

和洽的这段言论虽然是就事论事,也具有认识论的意义,是一种理论的探索,表明人们的认识随着实践活动的展开而逐渐走向全面。刘廙站在更高的层次来讨论这个问题。在《备政》篇中,他指出,由于片面地强调俭德,使得官吏的俸禄十分菲薄,不足以赡养家室,"贫则仁义之事狭,而怨望之心笃"。结果是"奸益多巧弥大",事与愿违,适得其反,败坏了整个政治,养成了一种欺诈的作风。为了消除弊端,刘廙主张应该对政治问题作通盘考虑,照顾各方面的关系,树立全局的整体的观点。他说:

> 夫为政者,譬犹工匠之造屋也。广厦既成,众楹不安,则梁栋为之断折;一物不备,则千柱为之并废。善为屋者,知梁

棁之不可不安,故栋梁常存;知一物之不可以不备,故众榱与之共成也。善为政者,知一事之不可阙也,故无物而不备;知一是之不可失也,故众非与之共得。其不然者,轻一事之为小,忽而阙焉,不知众物与之共多也;睹一非之为小也,轻而陷焉,不知众是与之共失也。(《群书治要》卷四十七)

刘廙是曹操的谋士,曾经提出先刑后礼的理论,说明他的政治思想倾向和曹操相同,都是主张推行名法之治,加强君主集权,致力于营建一个绝对专制系统。但是,在具体的实践过程中,这种名法之治流弊很多,产生了一系列主观愿望和客观效果相背离的矛盾现象。刘廙站在理论的高度,全面地分析了这些矛盾现象。他指出:

> 为人君者,莫不利小人以广其视听,谓视听之可以益于己也。今彼有恶而己不见,无善而己爱人者,何也? 智不周其恶,而义不能割其情也。……此朋党者之所以日固,独善之所以孤弄也。故视听日多,而暗蔽日甚,岂不诡哉! (《审爱》)
>
> 夫人君莫不愿众心之一于己也,而疾奸党之比于人也。欲得之而不知所以得之,故欲之益甚,而不可得亦甚;疾之益力,而为之者亦益勤矣。(《欲失》)

名法之治的最大的流弊是君主"多疑而自任",造成和臣下的对立。刘廙清醒地看到,如果不消除这种流弊,其结果必然是走向反面,"一君为臣而万臣为君",从根本上否定了君主集权。他指出:

> 若多疑而自任也,则其臣不思其所以为国,而思其所以得于君,深其计而浅其事,以求其指拫。……此为天下共一人之智,以一人而独治于四海之内也。其业大,其智寡,岂不蔽哉! 以一蔽主,而临不量之阿欲,能不惑其功者,未之有也。苟惑之,则人得其志矣;人得其志,则君之志失矣。君劳臣逸,上下易所,是一君为臣,而万臣为君也。以一臣而事万君,鲜不用矣。(《任臣》,均见《群书治要》卷四十七)

刘廙本来是主张推行名法之治的,但是客观的实践活动引导他看出其中包含了各种矛盾,潜伏着深刻的危机,这在认识上是一个很大的提高。桓范的认识比刘廙又进一层。他认为先刑后礼的理论本身就是片面的,刑德应该相须而行,不能偏用。桓范说:

> 夫治国之本有二,刑也,德也,二者相须而行,相待而成矣。天以阴阳成岁,人以刑德成治,故虽圣人为政,不能偏用也。故任德多、用刑少者,五帝也;刑德相半者,三王也;杖刑多、任德少者,五霸也;纯用刑、强而亡者,秦也。(《治本》)

桓范认为,君主如何驾驭臣下是一门高妙的艺术。他说:

> 御踶齧必烦辔衔,统庸臣必劳智虑。是以人君其所以济辅群下,均养小大,审核真伪,考察变态,在于幽冥窈妙之中,割毫折芒纤微之间,非天下之至精,孰能尽于此哉!(《为君难》)

为了掌握这门艺术,桓范认为,君主应该做到“七恕九虑”。所谓九虑,就是九种防止臣下欺君枉上、营私舞弊的考虑。所谓七恕,就是七种改善君臣关系的恕道。把“七恕九虑”有机地结合起来,这就是刑德相须而行的具体的方法措施。

桓范是一个儒法合流型的人物。他认为法家所主张的“尊君卑臣、富国强兵”有可取之处,但其谲诈苛刻的偏向则要用儒家来纠正。他说:

> 夫商鞅、申、韩之徒,其能也,贵尚谲诈,务行苛刻,废礼义之教,任刑名之数,不师古始,败古伤化,此则伊尹、周、邵之罪人也。然其尊君卑臣、富国强兵、守法持术,有可取焉。(《辨能》,均见《群书治要》卷四十七)

单纯从理论的角度看,桓范的儒法合流的思想未可厚非,诸葛亮根据这种思想治理蜀国,也确实取得了成功。但是在曹魏政治中,这种思想却难以奏效。明帝曹叡大体上也属于儒法合流型的人物,他的实践活动不但没有打开新的政治局面,反而促使君臣离心现象越来越严重。在曹魏政治中，君臣离心现象是个痼疾，这是长期推行名法之治所结成的恶果，如果不根本否定名法之治，这个痼疾是无从医治的。杜恕结合实践的需要，比桓范又进了一层，提出了君臣一体的思想，集中批判了名法之治所追求的"尊君而卑臣"的错误目标。杜恕说：

> 《书》称君为元首，臣为股肱，期其一体相须而成也。而俭①伪浅薄之士，有商鞅、韩非、申不害者，专饰巧辩邪伪之术，以荧惑诸侯，著法术之书，其言云"尊君而卑臣"，上以尊君，取容于人主，下以卑臣，得售其奸说，此听受之端，参言之要，不可不慎。元首已尊矣，而复云尊之，是以君过乎头也。股肱已卑矣，而复曰卑之，是使其臣不及乎手足也。君过乎头，而臣不及乎手足，是离其体也。君臣离体，而望治化之洽，未之前闻也。（《体论》，见《群书治要》卷四十八）

杜恕强烈要求完全以儒家思想来指导政治。他说：

> 今之学者，师商、韩而上法术，竞以儒家为迂阔，不周世用，此最风俗之流弊，创业者之所致慎也。（《三国志·魏书·杜恕传》）

他所著的《体论》八篇，基本思想就是以礼作为万物之体。本传裴注引《杜氏新书》曰：

> 以为人伦之大纲，莫重于君臣；立身之基本，莫大于言行；安上理民，莫精于政法；胜残去杀，莫善于用兵。夫礼也者，万物之体也，万物皆得其体，无有不善，故谓之《体论》。

在汉魏之际这个历史时期，把儒家思想构筑成一个完整体系的著作，大概只有杜恕的这部《体论》，但只偏重于政治思想方面，没有上升到哲学世界观的高度。《体论》八篇，"一曰君，二臣，三言，四行，五政，六法，七听察，八用兵"（见《全三国文》卷四十二）。

---

① 《全三国文》卷四十二"俭"以意改为"险"。

虽然杜恕企图以礼把这八个方面统率起来,提出了"礼也者万物之体也"的命题,但是没有进行更高层次的理论探索,没有作出哲学上的论证,这个命题实际上并不具有世界观的指导意义,而只是表述了人们的政治行为必须以礼为准则。前面说过,文化传统中的生活准则如果不以哲学来统率,是无法在实际生活中发挥应有的调节作用的。既然当时儒家的理论思维显得十分薄弱,提不出一种新哲学来满足实践的需要,于是人们就只得重新捡起业已过时的神学目的论来应付场面了。

比如明帝时期,军国多事,用法深重,加上营治宫殿,大兴土木,公卿大夫以至学生都得参加力役,弄得怨声载道。杨阜给明帝上疏说:"天地神明,以王者为子也,政有不当,则见灾谴。""今吴、蜀未平,而天屡降变,陛下宜深有以专精应答。"高堂隆上疏说:"夫灾变之发,皆所以明教诫也,惟率礼修德,可以胜之。""臣观在昔书籍所载,天人之际,未有不应也。"(《三国志·魏书·杨阜高堂隆传》)实际上,这种天人感应的思想对于扭转名法之治的偏差,抑制君主的任性妄为,丝毫不起作用。旧思想的死灰复燃从反面说明了人们对新哲学的强烈需要,同时也说明了儒家已经丧失了构筑新哲学的能力。

沐并,字德信,曾经从理论思维的角度比较了儒道两家的高低。他承认儒家的礼是"百世之中庸",作为一种文化传统的生活准则是不能否定的,但是缺乏理论的深度,只有道家才是"穷理尽性、陶冶变化之实论"。他说:

> 夫礼者,生民之始教,而百世之中庸也。故力行者则为君子,不务者终为小人,然非圣人莫能履其从容也。是以富贵者有骄奢之过,而贫贱者讥于固陋,于是养生送死,苟窃非礼。由斯观之,阳虎玙璠,甚于暴骨,桓魋石椁,不如速朽。此言儒学拨乱反正、鸣鼓矫俗之大义也,未是夫穷理尽性、陶冶变化之实论也。若能原始要终,以天地为一区,万物为刍狗,该览玄通,求形景之宗,同祸福之素,一死生之命,吾有慕于道矣。(《三国志·魏书·常林传》注引《魏略》)

在当时的政治生活中,逐渐孕育出了一种主张清静无为、与民休息的黄老思想。事实上,为了扭转名法之治的偏差,重建正常的封建秩序,除了黄老思想,别无其他的对症良药。许多带有不同思想倾向的人都认识到这一点,只是程度不同,没有上升为一种系统的理论。比如管宁"娱心黄老,游志六艺"。杜畿治理河东,"崇宽惠,与民无为"。陈群认为"静则天下安,动则天下扰"。栈潜主张"与民休息"。蒋济给明帝上疏说:"今虽有十二州,至于民数,不过汉时一大郡。二贼未诛,宿兵边陲,且耕且战,怨旷积年。宗庙宫室,百事草创,农桑者少,衣食者多,今其所急,唯当息耗百姓,不至甚弊。"王肃给明帝上疏说:"大魏承百王之极,生民无几,干戈未戢,诚宜息民而惠之以安静遐迩之时也。"(均见《三国志》本传)

在中国封建社会的历史上,由大乱之世转为大治,都必须经过一个清静无为、与民休息的过程。西汉初年盛行的黄老思想,就是这种历史要求在理论上的反映。东汉初年,光武"以柔道治天下",实际上也是一种黄老思想。汉魏之际尽管没有实现全国性的统一,也同样需要用黄老思想来理顺各种关系,巩固局部地区的统一。关于这一点,曹丕、曹叡本人也有所认识。比如黄初四年,曹丕征孙权不克,下《敕还师诏》说:"今开江陵之围,以缓成死之禽。且休力役,罢省徭戍,畜养士民,咸使安息。"(《三国志·魏书·文帝纪》注引《魏略》)黄初五年,曹丕从广陵退军,诏三公说:

> 三世为将,道家所忌。穷兵黩武,古有成戒。况连年水旱,士民损耗,而功作倍于前,劳役兼于昔,进不灭贼,退不和民。夫屋漏在上,知之在下,然迷而知反,失道不远,过而能改,谓之不过。今将休息,栖备高山,沉权九渊,割除摈弃,投之画外。(《三国志·魏书·王朗传》注引《魏书》)

青龙四年,曹叡下诏说:

> 有虞氏画像而民弗犯,周人刑错而不用。朕从百王之末,追望上世之风,邈乎何相去之远?法令滋章,犯者弥多,刑罚愈众,而奸不可止。……有司其议狱缓死,务从宽简。(《三国

志·魏书·明帝纪》)

既然黄老思想为当时的政治实践所必需，而且君臣上下都有一定的认识，何以不能形成一种集体意志，用来指导人们的行动呢？主要原因可能有两条：一是曹丕、曹叡本人的认识程度不够，决策思想经常摇摆不定，而且热衷于追求个人的集权；二是受当时的思想斗争形势的影响，人们普遍地把儒家的经学视为文化的正统，黄老思想已不可能像西汉初年那样发展为一种占统治地位的思潮。不过总的说来，在政治思想领域，经过实践的检验和历史的筛选，黄老思想也确实显示出了它的优越性，这就为玄学的产生作了重要的铺垫。

王弼在《老子指略》中曾经指出当时的法家、名家、儒家、墨家、杂家各有所得，也各有所失，只有道家才能做到"崇本以息末，守母以存子"，既高于各家，又不遗漏各家的长处。王弼的这个说法是符合实际情况的。因此，我们不能把玄学简单地归结为某一家，而要充分地估计到它的复杂性。玄学是这个时期的各种思想的全面总结，培育玄学的思想因素也是多层次、多方面的，除了以上所说的政治思想领域的铺垫以外，还有从名实关系的角度考察人物的名理之学，以及士大夫由时代的忧患感所激发的对人生理想和政治理想的广泛而深入的探索。

三国时期，人才辈出，魏、蜀、吴在选拔任用考核人才方面都积累了一套成功的经验，而且上升为理论，形成了人才学的思想。比如吴国的姚信，孙皓宝鼎年间为太常，著有《士纬》十卷、《姚氏新书》二卷(见《全三国文》卷七十一)，《隋书·经籍志》有著录，这是两部品题人物的专著。诸葛亮在《前出师表》中，对郭攸之、费祎、董允、向宠等文武大臣的德才作了品题。在相传为诸葛亮所作的《便宜十六策》中，包含了不少宝贵的人才学思想，值得仔细研究。在《答关羽书》中，诸葛亮从人格美的角度对马超、张飞和关羽作了细致的比较。他说："孟起兼资文武，雄烈过人，一世之杰，黥、彭之徒，当与翼德并驱争先，犹未及髯之绝伦逸群也。"(均见《诸葛亮集》)这种品题含蓄隽永，和魏晋风度已经相距不远了。曹魏的人才学更加兴旺发达，出现了不少总结性的著作，其中以刘劭的《人物志》系统性最强，代表了这个时期的人才学的最高水平。

如果把整个政治思想领域看作一个大的系统，人才学这个层次是从属于政治谋略思想的。政治谋略思想所探索的是有关政治的总的方向、路线、目标这一类带有根本性的问题，人才学并不涉及这些问题，只是服务于一定的政治谋略，探索如何从用人方面作出组织上的保证。因此，有什么样的政治谋略，就有什么样的人才学，魏、蜀、吴三国的人才学应该是各具特色的。

曹魏的人才学的特色在于它是服务于名法之治、以综核名实为主导观念的名理学。就政治谋略思想而言，曹魏的名法之治是东汉的名教之治的反动。人们常把东汉末年的政治危机单方面地归结为推行名教之治的结果，其实并不尽然。不过名教之治以名誉取人，也确实在社会上引导出一种争名的陋习，产生了名不副实的流弊。王弼在《老子指略》中指出："儒者尚乎全爱，而誉以进之。……誉以进物，争尚必起。"这是针对着名教之治在用人方面的流弊，有所指而言的。当时王符、崔寔、仲长统等人都主张综核名实，在用人制度上进行改革。在政治谋略思想上，他们大体上属于儒法合流型，并不完全否定儒家的名教，只是为了纠正外戚宦官擅权、君权旁落的现象，主张适当地用法家的刑名之学来补充。在当时的历史条件下，他们的批判重点倒是集中于君权，认为吏治腐败的根源不在于吏治本身，而在于君主的昏暗不明。比如王符指出："君明察而百官治。……君不明则百官乱而奸宄兴。"（《潜夫论·爱日》）曹魏时期的综核名实的思想虽然是直接承袭他们而来，但是由于历史条件的变化，主要不是批判君权，而是致力于营建一个绝对专制系统，为名法之治服务。

曹操曾说："吾任天下之智力，以道御之，无所不可。"（《三国志·魏书·武帝纪》）这个道就是赵翼所说的"以权术相驭"的用人之道，完全是法家的思想。《韩非子·主道》说：

> 明君无为于上，群臣竦惧乎下。明君之道，使智者尽其虑，而君因以断事，故君不穷于智；贤者勑其材，君因而任之，

故君不穷于能;有功则君有其贤,有过则臣任其罪,故君不穷于名。……道在不可见,用在不可知,虚静无事,以暗见疵。……大不可量,深不可测,同合刑名,审验法式。……故群臣陈其言,君以其言授其事,事以责其功。功当其事,事当其言,则赏;功不当其事,事不当其言,则诛。

曹操、曹丕、曹叡祖孙三代把这种思想付诸实践,虽然纠正了东汉末年用人方面的流弊,营建了一个绝对专制系统,促进了北方地区的统一,但是又产生了一系列新的流弊,名与实的内在矛盾并没有得到真正的解决。王弼在《老子指略》中指出:"法者尚乎齐同,而刑以检之。名者尚乎定真,而言以正之。……夫刑以检物,巧伪必生;名以定物,理恕必失。"曹魏时期的名理学不能不正视这种现象,进一步去探索究竟什么才是最好的用人之道。既然用人之道从属于政治谋略思想,而政治谋略思想又受人们的哲学世界观的制约,所以这种探索也就逐渐由低层次向高层次上升,发展为一种涉及各种高深理论问题的哲学探索。人们把名理学看作是过渡到玄学的桥梁,是符合实际情况的。

建安年间,曹操从综核名实的思想出发,先后三次发布了不拘一格选拔人才的求贤令,虽然取得很大成效,但是由于片面地强调唯才是举,把才与德的关系不适当地对立起来,无论在理论上或实践上都引起了不少的矛盾。他的人才学的思想以及对才与德的看法,前后抵牾,零乱而不成系统。同时,他的实践活动也造成国家政权和大姓名士之间的紧张关系。所有这些,都为后来的人才学的兴旺发达准备了条件。

在用人方面综核名实的问题不属于一般认识论的问题,而是对人的社会行为,特别是政治行为如何有效地鉴别、评价和控制的问题。为了去鉴别、评价和控制,首先就得确定一套衡量的价值标准。这套价值标准不能凭个人的主观任意来确定,必须考虑到是否符合文化传统,是否有利于稳定整个的政治局面。因此,名与实的问题是和才与德的问题紧密联系在一起的。当时何夔就从这个角度对曹操蔑视传统道德的用人政策提出了批评。何夔说:

自军兴以来，制度草创，用人未详其本，是以各引其类，时忘道德。窃闻以贤制爵，则民慎德；以庸制禄，则民兴功。以为自今所用，必先核之乡闾，使长幼顺叙，无相逾越。显忠直之赏，明公实之报，则贤不肖之分，居然别矣。（《三国志·魏书·何夔传》）

曹丕、曹叡执政时期，人们对名实问题、才德问题展开了热烈的讨论。曹叡依据当时流行的观点，认为"选举莫取有名，名如画地作饼，不可啖也"。卢毓反对这种说法，认为：

　　名不足以致异人，而可以得常士。常士畏教慕善，然后有名，非所当疾也。愚臣既不足以识异人，又主者正以循名案常为职，但当有以验其后。故古者敷奏以言，明试以功。今考绩之法废，而以毁誉相进退，故真伪浑杂，虚实相蒙。（《三国志·魏书·卢毓传》）

这两种看法孰是孰非，应该作具体分析，不可一概而论。曹叡针对当时诸葛诞、邓飏等追逐名誉的浮华作风，主张重实而不重名，是有一定道理的。这种主张也是由综核名实的思想自然引申而来。但是卢毓的看法更接近于人才学作为一门社会行为学的实质。名代表一套由文化传统和社会体制所确定的客观的价值规范体系，人们只有在这套价值规范体系的引导和制约之下，才能妥善处理个人和社会之间的矛盾，使自己的行为走上正轨。因此，名是不能轻易否定的。儒家的所谓名教之治，就是把宗法伦理、三纲五常确定为价值规范体系。法家的名法之治从某种意义说来也是一种名教，只不过它所确定的价值规范体系是为加强君主个人的集权服务，与儒家有所不同而已。《卢毓传》又记载：

　　毓于人及选举，先举性行，而后言才。黄门李丰尝以问毓，毓曰："才所以为善也，故大才成大善，小才成小善。今称之有才而不能为善，是才不中器也。"丰等服其言。

卢毓把才与德结合起来考察人物，而把德摆在第一位，这是和曹操唯才是举的思想根本对立的。当时曹操推行名法之治，流弊甚多，曹丕、曹叡已经觉察，试图用儒家的名教之治来纠正，虽然积重难返，未见成效，但是儒家的那一套价值规范体系又重新树立起来，得到全社会的公认。在这种思想背景下，曹叡接受了卢毓的意见，认为以才德为标准对官吏进行考核是解决名实矛盾的最好的办法。

其实，这种办法能否解决名实的矛盾，也很难说。刘劭秉承曹叡的意旨，作《都官考课》七十二条。这种考课法一拿到朝廷上讨论，就受到许多大臣的强烈反对。傅嘏批评刘劭说：

> 夫建官均职，清理民物，所以立本也；循名考实，纠励成规，所以治末也。本纲未举而造制未呈，国略不崇而考课是先，惧不足以料贤愚之分，精幽明之理也。(《三国志·魏书·傅嘏传》)

杜恕"以为用不尽其人，虽才且无益，所存非所务，所务非世要"。他上疏说：

> 世有乱人而无乱法。若使法可专任，则唐、虞可不须稷、契之佐，殷、周无贵伊、吕之辅矣。今奏考功者，陈周、汉之法为，缀京房之本旨，可谓明考课之要矣。于以崇揖让之风，兴济济之治，臣以为未尽善也。(《三国志·魏书·杜恕传》)

傅嘏、杜恕的意见对于推进名理学的发展，是起了重要作用的。因为用人方面的流弊，根本原因在于政治方向、路线和目标发生了偏差，不从根本入手而只是孤立地在综核名实上做文章，叫做舍本求末。由于长期推行名法之治，君主"多疑而自任"，在曹魏政治中已经造成了一种君臣疑心的痼疾。当时用人方面的流弊有着时代的特色，已不同于东汉末年的那种名不副实，而是在高度集权的体制下，人们动辄得咎，只能揣摩君主的意旨办事，无法尽量施展自己的才能。用人与被用、主体与客体，这两个方面本来是相互依存，不可分割的。如果只是用综核名实的办法对付臣下，不考虑君主本身的行为是否正当，要想建立一个君臣一体的有效能的行政系统,是根本不可能的。因此,为了解决理论和实践中的各种矛盾,名理学不能不进一步去探索究竟怎样才算一个理想君主的问题。

在这个时期,关于什么是理想君主的问题,一直在进行热烈的讨论。曹植写了《汉二祖优劣论》。曹丕、曹植、丁仪就《周成汉昭论》这个共同的题目各抒己见。曹丕仰慕汉文帝的无为政治,写了一篇《太宗论》,颁于天下,明示不愿征伐的决心。直到高贵乡公曹髦时期,这种讨论还在继续进行。曹髦认为,"自古帝王,功德言行,互有高下,未必创业者皆优,绍继者咸劣也",比较起来,夏少康优于汉高祖。有一派大臣同意这个看法,认为"少康布德,仁者之英也;高祖任力,智者之儁也。仁智不同,二帝殊矣","少康为优,宜如诏旨"。另一派大臣则认为,"论德则少康优,课功则高祖多",优劣难以评定。曹髦总结说:"太上立德,其次立功,汉祖功高,未若少康盛德之茂也。"(《三国志·魏书·三少帝纪》注引《魏氏春秋》)可以看出,这种讨论是名理学的深化和发展。

值得注意的是,当时具有各种不同思想倾向的人都把道家的无为思想看作是理想君主的素质。比如刘廙本来主张推行名法之治,但他反对君主"多疑而自任",认为"人君诚能知所不知,不遗灯烛童昏之见,故无不可知而不知也"。桓范主张刑德并用,也把道家的"闲情无欲"推崇为君主的最高美德(均见《群书治要》卷四十七)。杜恕属于儒家,他说:

> 夫君子欲政之速行,莫如以道御之也。皋繇喑而为大理,有不贵乎言也;师旷盲而为大宰,有不贵乎见也;唯神化之为贵。是故圣王冕而前旒,所以蔽明;黈纩充耳,所以掩聪也。观夫弊俗偷薄之政,耳目以效聪明,设倚伏以探民情,是为以军政虏其民也,而望民之信向之,可谓不识乎分者矣。(《群书治要》卷四十八)

刘劭的《人物志》是这个时期的名理学的一部总结性的著作。刘劭是一个多方面的人物,基本倾向属于儒家。他曾"集五经群书，以类相从，作《皇览》"，"又以为宜制礼作乐，以移风俗，著《乐论》十四篇"。他与"庾嶷、荀诜等定科令，作《新律》十八篇，著《律略论》"，也带有法家倾向。他爱好"清谈"，"清静之人慕其玄虚退让"，道家倾向也很明显（见《三国志·魏书·刘劭传》）。《人物志》杂取儒、道、名、法诸家，集中体现了他多方面的思想倾向，看来和他秉承曹叡意旨所作的《都官考课》不相同。《都官考课》专讲如何考核官吏，《人物志》则进一步探索理想君主的问题，这说明傅嘏、杜恕对考课法的批评，刘劭是作了认真考虑的。

《人物志》在哲学史上的意义和价值不在于它的综核名实、辨官论才的人才学思想本身，而在于它站在更高的理论层次探索了理想君主的问题，为玄学的产生作了重要的铺垫。事实上，在中国封建社会的君主专制政体下，决策权完全操纵在君主一人之手，不管是实行儒家的名教之治或者法家的名法之治、黄老的无为之治，都得通过君主个人作出决定才有可能。由于天人感应的神学目的论已经失势，人们不再把君主看作天神的代理人了，但是君主的权力至高无上，对于整个政局具有举足轻重的作用，却是一个客观的事实。因此，人们围绕着时代课题所作的各种探索，最后都汇聚到理想君主这个关键性的问题上来。这个问题是由当时的实际政治所提出来的，但是只有提到哲学世界观的高度进行综合全面的考察，才能作出回答。汉魏之际的诸子之学发展到了这个时期，已经进入总结阶段。王弼在《老子指略》中提到杂家，他说："杂者尚乎众美，而总以行之。"刘劭的《人物志》杂取儒、道、名、法诸家，可能王弼所说的杂家就是指的这种倾向。刘劭企图以理想君主这个问题为纲，对当时的各种矛盾提出一个总的解决方案，这种系统化的努力实际上也就成为玄学的前奏。

《人物志》的《流业》篇把人物分为十二类："有清节家，有法家，有术家，有国体，有器能，有臧否，有伎俩，有智意，有文章，有儒学，有口辩，有雄杰。"清节家的特点是"德行高妙，容止可法"，这种人有自任之能，宜于师氏之任。法家的特点是"建法立制，强国富人"，这种人有立法之能，宜于司寇之任。术家的特点是"思通道化,策谋奇妙",这种人有计策之能,宜于三孤之任。国体家兼有三材,"其德足以厉风俗,其法足以正天下,其术足以谋庙胜",宜于三公之任。兼有三材而规模较小,是器能家的特点,宜于冢宰之任。臧否家是清节家的支流,有司察之能,宜于师氏之佐。伎俩家是法家的支流,有权奇之能,宜于司空之任。智意家是术家的支流,有人事之能,宜于冢宰之佐。文章家"能属文著述",宜于国史之任。儒学家"能传圣人之业,而不能干事施政",宜于安民之任。口辨家有应对资给之能,宜于行人之任。雄杰家"胆力绝众,材略过人",宜于将帅之任。刘劭认为,这十二材都是人臣之任,不包括主德。主德应该聪明平淡,不表现为某一种特殊的才能。如果表现为某一种特殊的才能,就会对具有此种才能的人有所偏好,不能总达众材,把其他的人安排得各得其所。他说:

> 凡此十二材,皆人臣之任也,主德不预焉。主德者,聪明平淡,总达众材,而不以事自任者也。是故主道立,则十二材各得其任也。……是谓主道得而臣道序,官不易方,而太平用成。若道不平淡与一材同用好,则一材处权,而众材失任矣。

前面说过,傅嘏反对刘劭的《都官考课》的主要论点是:"夫建官均职,清理民物,所以立本也;循名考实,纠励成规,所以治末也。"傅嘏认为,"大魏继百王之末",加上战争频繁,兵马倥偬,为了应付临时性的需要所建立的百官群司,与《周官》中所确定的法典性的职官制度根本不合。如果忽略官制建设而只看重对官吏的考核,并不能解决问题。刘劭在《人物志》中已经对傅嘏的责难作了正面的回答。刘劭大体上是以《周官》的官制为依据来区分人物的类别的。虽说《人物志》的主要内容是论述如何品鉴人物的才能和情性,但是目的和归宿却在于建立一套适合曹魏政治形势的新秩序,造就一种新的政治局面。《流业》篇列举了一大批著名的历史人物作为各种类别的典型代表,同时也说明只有他们才是各种官职的最理想的人选。这批名单包括延陵、晏婴、管仲、商鞅、范蠡、张良、伊尹、吕望、子产、西门豹、子夏、张敞、赵广汉、陈平、韩安国、司马迁、班固、毛公、贯公、乐毅、曹丘生、白起、韩信。刘劭把这批生在不同时代、具有不同的思想倾向和才能的人统统纳入一套整齐的官制系统之内，实质上是表现了人们共同的政治理想。在《材能》篇中，刘劭批评了"人材有能大而不能小"的说法，认为"人材不同，能各有异"，"材能既殊，任政亦异"。就人材本身而言，他们各有所长，也各有所短，但相互之间并不是一种排斥冲突的关系，其所以发生排斥冲突的现象，关键在于君主用人不当，不能用其所长，避其所短。刘劭认为，如果君主能够根据各种不同才能的本性，量能授官，发挥自己强大的组织作用，就可建立一个最有效能的官制，兴办各种事业。因此，拿"建官均职"和"循名考实"二者来比较，诚如傅嘏所说，有本末之分，但是刘劭的认识比傅嘏又深入一层，把君主的组织作用突出到"建官均职"之上。

在中国封建社会的历史上，关于理想君主的问题历代都是哲学思想讨论的中心。因为这个问题凝聚着统治阶级关于自身的幻想，表现了人们对封建秩序的不同的理解和追求。单就秦汉以来四百年的历史而言，统治思想的面貌所发生的三次大变化都和理想君主的问题密切相关，而这个问题也是和当时的时代课题联系在一起的。比如秦始皇为了以武力和法令统一全中国，塑造了一个绝对专制君主的理想。汉初奉行黄老思想，则以清静无为作为君主的典范。汉武帝时期，为了稳定幅员广阔、规模宏大的封建统一帝国，把君主塑造为"任德而不任刑"的天神的代理人。

在汉魏之际的历史条件下，由于大姓名士、强宗豪右已发展成为历史的主体，王权的建设不能不满足他们的要求，体现他们的利益。但是曹魏长期推行的名法之治，恰好在这方面发生了偏差，表现在用人方面，就是王权过分集中，造成对人才的压制。因此，人们按照自己的愿望和幻想去塑造善于调节各种关系的理想君主的形象，是和当时的历史进程相配合的。如果把这个问题再进一步提到哲学的高度来论证，使之成为"永恒的规律"，代表这个新时期的统治思想的面貌也就大体上被勾勒出来了。

刘劭认为，理想的君主应该是英雄或圣人。《英雄》篇说：

聪明秀出谓之英，胆力过人谓之雄。……英雄异名，然皆偏至之材，人臣之任也。故英可以为相，雄可以为将。……故一人之身，兼有英雄，乃能役英与雄。能役英与雄，故能成大业也。

在《九征》篇中，刘劭对英雄提供了情性上的依据。他认为："凡有血气者，莫不含元一以为质，禀阴阳以立性。"但是有的人得阴气多而成为"玄虑之人"，这就是他所谓的英。有的人得阳气多而成为"明白之士"，这就是他所谓的雄。只有圣人"阴阳清和"，"能兼二美"。圣人具有中和的品德，"中和之质必平淡无味，故能调成五材，变化应节"。

中和也叫做中庸。《体别》篇说：

夫中庸之德，其质无名，故咸而不碱，淡而不醴，质而不缦，文而不缋，能威能怀，能辨能讷，变化无方，以达为节。

刘劭用道家的无名来解释儒家的中庸，认为君主只有具有无名的品德，才能因应变化，达成预定的目标。当时"魏武好法术"，"魏文慕通达"，明帝"特留意于法理"，如果以刘劭所规定的无名标准来衡量，只能算作偏材，都够不上理想君主的资格。

刘劭所说的无名，实际上是一种最高的智慧。刘劭反复强调聪明的重要性。《人物志序》说："夫圣贤之所美，莫美乎聪明。聪明之所贵，莫贵乎知人。知人诚智，则众材得其序，而庶绩之业兴矣。"这不是一般的聪明，而是具有平淡无味的中和之质的聪明，所以观人察质，"必先察其平淡，而后求其聪明"（《九征》）。这种聪明是各种道德的统帅。《八观》篇详尽阐述了这个论点，把聪明提到哲学范畴的高度，使之成为传统道德的神经中枢。刘劭说：

夫仁者，德之基也；义者，德之节也；礼者，德之文也；信者，德之固也；智者，德之帅也。夫智出于明，明之于人，犹昼之待白日，夜之待烛火。其明益盛者，所见及远。……是故别而论之，各自独行，则仁为胜。合而俱用，则明为将。故以明将仁，则无不怀；以明将义，则无不胜；以明将理，则无不通。

然则苟无聪明,无以能遂。……圣之为称,明智之极明也。

在当时的历史条件下,确实需要一种最高的智慧来解答时代的课题。但是智慧必须是主客合一的产物,应该包括主体和客体两个方面。如果单就认识主体立论,强调聪明的重要性,而不阐述它在客体方面的依据,这种聪明也就成了无源之水、无本之木,难以成立。刘劭在《材理》篇中探索了这个问题。他说:

> 夫建事立义,莫不须理而定。……夫理有四部。……若夫天地气化,盈虚损益,道之理也;法制正事,事之理也;礼教宜适,义之理也;人情枢机,情之理也。四理不同,其于才也,须明而章,明待质而行。是故质于理合,合而有明,明足见理,理足成家。是故质性平淡,思心玄微,能通自然,道理之家也;质性警彻,权略机捷,能理烦速,事理之家也;质性和平,能论礼教,辩其得失,义礼之家也;质性机解,推情原意,能适其变,情理之家也。

这一段话充分表现了刘劭理论上的缺陷。刘劭所见的理不是囊括宇宙、统贯天人之理,而是平列为四部的分立之理,虽然这四部也包括宇宙、法制、礼教、人情,但是由于缺乏一个最高层次的哲学范畴来统率,无法组成为一个有机联系的系统性的结构。在这一段话中,“质于理合”代表了刘劭的基本思想。所谓质,指的是人所禀受的元气,也就是人的具体的气质和情性。人的认识能力受先天禀赋的制约,具有某种质的人只能认识与之相合的理。由于质各有特点,互不相通,因而各人所见的理自然不相同。虽然刘劭也承认有一个“天下之理”,但是按照这种说法,这个“天下之理”并不具有认识客体的普遍性的意义,实际上被人们的先天气质分裂成一个一个的碎片。王弼在《老子指略》中批评杂家说:“杂以行物,秽乱必兴。”从刘劭的《人物志》我们可以看出,当时孕育新哲学的过程已经接近完成,只是缺少最后一块理论基石,把宇宙、法制、礼教、人情之理统统串联起来,提供一个世界统一性的根本原理。

哲学思想的发展是一个虚与实不断转化的辩证的运动过程。

有时候,越是忙碌于现实,反而不能把握现实,如果和现实保持一定的距离而转回到自身,却能更深刻地把握现实。当时除了由关心紧迫的现实问题而发展起来的儒家的经学、诸子的政治谋略学和综核名实的人才学以外,还有一种似乎脱离现实的玄远之学。这种玄远之学站在更高的理论层次,探索世界统一性的根本原理,为新哲学熔炼了最后一块理论基石。《三国志·魏书·荀彧传》注引《晋阳秋·荀粲传》说:

> 粲字奉倩。粲诸兄并以儒术论议,而粲独好言道,常以为子贡称夫子之言性与天道不可得闻,然则六籍虽存,固圣人之糠秕。粲兄俣难曰:"《易》亦云圣人立象以尽意,系辞焉以尽言,则微言胡为不可得而闻见哉?"粲答曰:"盖理之微者,非物象之所举也。今称立象以尽意,此非通于意外者也,系辞焉以尽言,此非言乎系表者也;斯则象外之意,系表之言,固蕴而不出矣。"……太和初,到京邑与傅嘏谈。嘏善名理而粲尚玄远,宗致虽同,仓卒时或有格而不相得意。裴徽通彼我之怀,为二家骑驿,顷之,粲与嘏善。

荀粲出身于儒学世家,青年早逝,未入仕途,和王弼的经历大致相同。他不满意当时儒学理论上的浅薄,热心探索"象外之意,系表之言",也就是那隐蔽着的宇宙本质。这种探索和儒学并不是对立的。他的玄远之学和傅嘏的名理学有时虽然发生抵触,也不是一种相互排斥的关系,而是可以疏通的。这种玄远之学实际上是在从事总结概括的工作,也就是进行哲学的抽象。既然是总结、概括和抽象,一方面必须以各种具体的材料为基础,另一方面,也只有尽量摆脱各种具体材料的纠缠,思辨性的思维才能获得自由。为了获得这种自由,在当时的历史条件下,除了借助老子哲学中的"无",别无其他可以利用的思想资料。

为荀粲与傅嘏做疏通工作的裴徽,是一个值得重视的人物。《三国志·魏书·钟会传》注引《王弼传》说:

> 时裴徽为吏部郎。弼未弱冠,往造焉。徽一见而异之,问

> 弼曰:"夫无者诚万物之所资也,然圣人莫肯致言,而老子申之无已者何?"

玄学所讨论的这个重要问题,首先是由裴徽提出来的。《三国志·魏书·管辂传》注引《辂别传》记载:"冀州裴使君(裴徽)才理清明,能释玄虚,每论《易》及老、庄之道。"裴徽对管辂说:"吾数与平叔(何晏)共说老、庄及《易》,常觉其辞妙于理,不能折之。""何尚书(何晏)神明精微,言皆巧妙,巧妙之志,殆破秋毫,君当慎之!自言不解《易》九事,必当以相问。"从这些史料来看,裴徽也是三玄之学最早的提倡者。

在汉魏之际这个历史阶段的后期,思想的重点已逐渐从对现实问题的关注转移到玄远之学上来。由于时代的苦难,政治环境的恶劣,名法之治的流弊长期不能铲除,知识分子痛切地感受到理想与现实的激烈冲突,人格和心理状态大都是分裂的。以曹植为例,黄初、太和年间,他的作品明显地流露出两种矛盾的倾向,一种是如《求自试表》所表现的,肯定现实,忧国忧民,向外积极追求建功立业;另一种则如《释愁文》《髑髅说》所表现的,抒发个人的不幸和苦闷,消极厌世,从虚无寂灭中追求精神上的解脱。向外追求接近现实的通道越是受到阻遏,向内的追求越是强烈。人们对玄远之学发生兴趣是以这种历史背景为动因的。这种向内的追求以扭曲的主观的形式反映了当时的时代精神,促使人们的自我意识不断地觉醒。黑格尔在《精神现象学》中把苦恼的意识规定为自我意识的最后一个环节,认为人们在这种二元化的、分裂的、相互矛盾着的意识中得不到安静的统一,必须扬弃这种状态而过渡到理性的确定性。[1] 当时人们为了摆脱如同曹植所感受到的那种深沉的苦恼,尽量缓解理想与现实的冲突,都在综合儒道方面打主意。王昶是一个典型的例子。王昶热心世务,著《治论》二十余篇,又著《兵书》十余篇。他教导子侄以儒家的孝敬仁义为立身之本,又以

---

[1]　黑格尔:《精神现象学》上卷,北京:商务印书馆,1979 年,第 140—154 页。

道家的玄默冲虚给他们命名，认为只有这种谦退之德才能保世持家，永全福禄。他说："欲使汝曹立身行己，遵儒者之教，履道家之言，故以玄默冲虚为名，欲使汝曹顾名思义，不敢违越也。"（《三国志·魏书·王昶传》）

王昶的这种思想代表了流行于普通人中间的一种健全的常识，一种稳妥的处世之道，却没有上升为系统化的哲学理论。事实上，如果不把这种常识和处世之道提到世界观的高度来论证，尽管它们有时也能帮助人们安身立命，也无法形成一种稳定的精神结构，去应付纷至沓来的主观与客观、个人与社会、理想与现实的各种矛盾。当时一些富有理论探索精神的人们不满足于这种外在的形式上的综合，而追求一种超越现实的思辨性的世界观。荀粲曾和傅嘏、夏侯玄讨论功名与见识之间的关系：

> 常谓嘏、玄曰："子等在世途间，功名必胜我，但识劣我耳！"嘏难曰："能盛功名者，识也。天下孰有本不足而末有余者耶？"粲曰："功名者，志局之所奖也。然则志局自一物耳，固非识之所独济也。我以能使子等为贵，然未必齐子等所为也。"（《三国志·魏书·荀彧传》注引《晋阳秋·荀粲传》）

荀粲所说的"识"指的是一种超越的世界观，和傅嘏所理解的并不相同。这种识尽管不能成为人们在现实世界猎取功名的有用工具，但却高于受外物和权力束缚的功名。人们的精神在功名里并不能获得自由，只有在这种摆脱了一切特殊性的超越的世界观里，才能获得苦恼的意识所企慕的安静的统一而怡然自得。

何晏也曾作了类似于荀粲的这种比较。《三国志·魏书·何晏传》注引《魏氏春秋》记载：

> 初，夏侯玄、何晏等名盛于时，司马景王亦预焉。晏尝曰："唯深也，故能通天下之志，夏侯泰初是也；唯几也，故能成天下之务，司马子元是也；唯神也，不疾而速，不行而至，吾闻其语，未见其人。"盖欲以神况诸己也。

何晏认为，夏侯玄思想深刻，长于分析；司马师能随机应变，长于事功;但是都比不上自己精通玄理,达到神化的境界。夏侯玄是一位名理学家,司马师是一位政治家,从何晏的观点看来,只有更高层次的哲学才是人们值得去着意追求的。

为了建立一个更高层次的哲学体系,汉魏之际的思想家们进行了各种各样的探索,终于找到了一个否定性的"无"作为这个世界观的理论基石。"无"虽然是否定性的概念,从辩证法的观点来看,却具有最大的肯定性,实际上是包容一切的大全。《列子·天瑞》篇张湛注引何晏《道论》说:

> 有之为有,恃无以生;事而为事,由无以成。夫道之而无语,名之而无名,视之而无形,听之而无声,则道之全焉。故能昭音响而出气物,包形神而章光影;玄以之黑,素以之白,矩以之方,规以之员。员方得形而此无形,白黑得名而此无名也。

"有之为有,恃无以生",这个命题承袭了汉代宇宙生成论的传统说法,以"无"作为"道之全"则是玄学的独创性的命题。从无生有是汉代的宇宙生成论普遍流行的观点,《淮南子》、扬雄、《易纬》、张衡、《白虎通》都采纳了这种观点。汉魏之际的哲学世界观没有停留于对自然现象作简单描述的层次上,而是在各种具体材料的基础上作进一步的总结、概括和抽象。但是,既然"无"这个否定性的概念威力无穷,能够生出林林总总、五光十色的世界,那么把"无"看作包容一切的大全,使之成为进行总结、概括和抽象的理论前提,也是可以成立的。从何晏的《道论》我们可以看出从宇宙生成论到玄学本体论的关系。

何晏和王弼一样,都特别强调天下殊途而同归,百虑而一致。何晏解释孔子的"予一以贯之"时说:

> 善有元,事有会。天下殊途而同归,百虑而一致,知其元,则众善举矣,故不待多举,一以知之也。(《论语集解·卫灵公章注》)

这说明玄学的着眼点是会通而不是否定,它与当时的经学、诸子学、名理学以及玄远之学并不是对立的,而是站在更高的层次企图把它们统统包容起来，为人们提供一个全面系统的哲学理论去观察世界、处理问题。

汉魏之际的后期，分裂割据的状态接近尾声，统一的前景清晰可见。何晏的《景福殿赋》说："历列辟而论功，无今日之至治。彼吴、蜀之湮灭，固可翘足而待之。"（《文选》卷十一）为了完成统一大业，迎接一个符合理想的新的历史时期的到来，哲学家们也在进行艰苦的努力。这种努力的成果就凝聚在"以无为本"这个抽象的哲学命题之上，于是哲学史上的一场巨大的变革通过长达六十余年的艰难历程终于脱颖而出了。

第二章　何晏、王弼的生平与著作

黑格尔在《哲学史讲演录》的《导言》里曾发表了这样一段议论。他说：

> 哲学史所昭示给我们的，是一系列的高尚的心灵，是许多理性思维的英雄们的展览，他们凭借理性的力量深入事物，自然和心灵的本质——深入上帝的本质，并且为我们赢得最高的珍宝，理性知识的珍宝。因此，哲学史上的事实和活动有这样的特点，即：人格和个人的性格并不十分渗入它的内容和实质。与此相反，在政治的历史中，个人凭借他的性情、才能、情感的特点，性格的坚强或软弱，概括点说，凭借他个人之所以为个人的条件，就成为行为和事件的主体。在哲学史里，它归给特殊个人的优点和功绩愈少，而归功于自由的思想或人之所以为人的普遍性格愈多，这种没有特异性的思想本身愈是创造的主体，则哲学史就写得愈好。[①]

黑格尔把哲学家称为"理性思维的英雄"，这个观点是值得赞许的。人人都有理性思维，哲学家之所以高于常人，成为"理性思维的英雄"，是因为他所拥有的理性的力量更为强大，他对宇宙、人生的本质的理解更为深入，他为我们赢得的理性知识的珍宝更为丰富。这种"理性思维的英雄"对普遍性的事物倾注了全部的热情，尽管他也和常人一样，生活于特殊的境遇之中，有必要去从事政治的或其他方面的社会活动，并且表现出性格上的特点，但是，

① 黑格尔：《哲学史讲演录》第一卷，北京：商务印书馆，1978 年，第 7 页。

他的生活的意义,他的追求和理想,却在于超越自我,从特殊性上升到普遍性,把自己对普遍性的理解凝结为一种思想。哲学家的思想就是他所建立的功业,他的思想所提供的真理的颗粒愈多,则他的功业也愈加辉煌。从这个角度来看,我们今天研究一位哲学家,主要应该着重于他的著作而不是生平。因为著作是他的思想的记录,是他把自己的个性完全溶化在普遍性之中的结晶,也是他之所以成为"理性思维的英雄"的本质所在。而生平则不过是体现了他的非本质的特征,一种无法超越的特殊的境遇。

就生平事迹而言,何晏、王弼两人可称道之处是很少的。何晏是政治斗争中的失败者,史籍记载存在着基本的歪曲,近于人身攻击,比如说他好修饰,耽情色,服五石散,聚浮华客,为尚书时又党同伐异,轻改法度,甚至强占国家财富等等。至于王弼,则是少不更事,"为人浅而不识物情",年仅二十四岁即遇疠疾而早逝。他们特殊的境遇可以说是悲惨而黯淡。但是他们的独创性的思想却是影响深远,以致改变了一个时代的精神风貌,掀起了一场声势浩大的玄学思潮,完全有资格配得上"理性思维的英雄"的称号。这种特殊性与普遍性相互背离的情况在他们身上是表现得相当突出的。

虽然如此,关于他们的生平还是值得研究的。只是我们的研究应当尽量避免特殊性的纠缠,不必就事论事,去为何晏一一辩诬,也不必驰骋想象,去填补王弼生活中的空白。由于史料缺乏,恢复他们个人生活史的真相已是不可能了。而且从哲学史的角度来看,这种工作也是不必要的。我们对他们的生平感兴趣,是想通过他们个人生活的特殊性去窥探那个时代的普遍性,弄清他们的思想的形成和发展的脉络,作为进一步去挖掘他们思想的内在意蕴的依据。

一、何晏的生平与著作

何晏,字平叔,南阳宛(今河南省南阳县)人。他是东汉大将军何进的孙子。父亲何咸,早亡。母亲尹氏。曹操担任司空期间,纳尹氏,同时收养了何晏。是年何晏七岁。

关于何晏的生年,史未具载。侯外庐推断为公元 195 年前后①,陆侃如推断为公元 190 年左右②,冯增诠、姜宏周、陆学艺认为当不得早于公元 193 年③。现姑假定生于公元 193 年,则何晏于公元 249 年被司马懿所杀,一共活了五十七岁。

何晏的一生大致可以分为三个阶段。建安年间跟随曹操与曹氏兄弟一起生活为第一阶段,曹丕、曹叡执政的黄初、太和年间为第二阶段,齐王芳正始年间为第三阶段。

何晏与曹丕、曹植的年岁相差无几。曹丕生于 187 年,大约比何晏大七岁。曹植生于 192 年,仅大何晏一岁。何晏小时虽然"明惠若神",甚为曹操所喜爱,"并见宠如公子",但他与曹氏兄弟相处并不是很融洽的,特别是为曹丕所憎恶。《世说新语·夙惠》说:

> 何晏七岁,明惠若神,魏武奇爱之。因晏在宫内,欲以为子。晏乃画地令方,自处其中。人问其故,答曰:"何氏之庐也。"魏武知之,即遣还。

《太平御览》三百八十五引《何晏别传》曰:

> 晏小时养魏宫,七八岁便慧心大悟。众无愚智,莫不贵异之。魏武帝读兵书,有所未解,试以问晏。晏分散所疑,无不冰释。

又三百九十三引《何晏别传》曰:

> 晏小时,武帝雅奇之,欲以为子。每挟将游观,命与诸子长幼相次。晏微觉,于是坐则专席,止则独立。或问其故,答曰:"礼,异族不相贯坐位。"

---

① 侯外庐:《中国思想通史》第三卷,北京:人民出版社,1957 年,第 105 页。
② 陆侃如:《中古文学系年》,北京:人民文学出版社,1985 年,第 342 页。
③ 冯增诠、姜宏周、陆学艺:《中国古代著名哲学家评传》续编二,济南:齐鲁书社,1982 年,第 56 页。

《三国志·魏书·曹爽传》注引《魏略》曰：

> 太祖为司空时，纳晏母并收养晏，其时秦宜禄儿阿苏亦随
> 母在公家，并见宠如公子。苏即朗也。苏性谨慎，而晏无所顾
> 惮，服饰拟于太子，故文帝特憎之，每不呼其姓字，尝谓之为
> "假子"。

何晏虽然与曹氏兄弟相处不睦，从小养成了一种独立的性格，
但由于为曹操所喜爱，他所受到的教育大概是很全面的。曹丕在
《典论》中曾叙述了曹操教育子弟的情况：

> 上以四方扰乱，教余学射，六岁而知射。又教余骑马，八
> 岁而知骑射矣。……上雅好诗书文籍，虽在军旅，手不释卷。
> 每定省从容，常言人少好学则思专，长则善忘，长大而能勤学
> 者，唯吾与袁伯业耳。余是以少诵诗论，及长而备历五经四
> 部，史、汉、诸子百家之言，靡不毕览。(《全三国文》卷八)

何晏与曹氏兄弟一起生活，在严格的教育环境中成长，为他后来的
发展打下了良好的基础。

何晏的青年时代是在邺城度过的。建安九年（公元204年），
曹操击败袁绍，攻克邺城，逐渐在此形成了一个邺下文人集团。这
是建安文学的根据地，大批文人聚集在此，饮酒赋诗，互相唱和，抒
发豪情壮志，奏出了时代的最强音。《文心雕龙·时序》篇描述当
时的盛况说：

> 魏武以相王之尊，雅爱诗章；文帝以副君之重，妙善辞赋；
> 陈思以公子之豪，下笔琳琅。并体貌英逸，故俊才云蒸。仲宣
> （王粲）委质于汉南，孔璋（陈琳）归命于河北，伟长（徐幹）从
> 宦于青土，公干（刘桢）徇质于海隅，德琏（应玚）综其斐然之
> 思，元瑜（阮瑀）展其翩翩之乐；文蔚（路粹）、休伯（繁钦）之
> 俦，于叔（邯郸淳）、德祖（杨修）之侣，傲雅觞豆之前，雍容衽席
> 之上，洒笔以成酣歌，和墨以藉谈笑。观其时文，雅好慷慨；良
> 由世积乱离，风衰俗怨，并志深而笔长，故梗概而多气也。

何晏与这批邺下文人交往的情况，现在已经无从详考了。但是何晏与曹丕、曹植年岁相差无几，而且跟随曹操一起生活于宫内，可以想见，他是肯定会受到建安作家"慷慨而多气"的精神感染的。何晏与王弼不同。王弼是一位纯粹的哲学家，没有写什么文学作品。何晏在太和年间写了《景福殿赋》，在正始年间写了几首诗，曾经表现出文学的才华。钟嵘的《诗品》把何晏的诗作列为中品。《文心雕龙·明诗》篇说："正始明道，诗杂仙心，何晏之徒，率多浮浅。"尽管何晏在文学上的成就不是很高，但他青年时代从邺下文人那里受到了文学上的全面的熏陶，则是没有疑问的。

在曹丕、曹叡执政的黄初、太和年间，何晏受到排挤，无所事任，郁郁不得志。《三国志·魏书·曹爽传》及注记载：

> 晏尚主，又好色，故黄初时无所事任。及明帝立，颇为冗官。

> 南阳何晏、邓飏、李胜、沛国丁谧、东平毕轨咸有声名，进趣于时，明帝以其浮华，皆抑黜之。

曹丕于黄初元年（公元220年）称帝，221年刘备称帝于蜀，222年孙权称帝于吴。这个时期的总的形势已不同于建安年间。王夫之分析说：

> 汉、魏、吴之各自帝也，在三年之中，盖天下之称兵者已尽，而三国相争之气已衰也。曹操知其子之不能混一天下，丕亦自知一篡汉而父子之锋铦尽矣。先主固念曹氏之不可摇，而退息乎岩险。孙权观望曹、刘之胜败，既知其情之各自帝，而息相吞之心，交不足惧，则亦何弗拥江东以自帝邪？……丕之逆也，权之狡也，先主之慎也，皆保固尔后而不降天罚，以其知止而能息民也。（《读通鉴论》卷十）

在这个时期，三国鼎立形成了一种力量的均势，各国都应调整自己的战略目标，从外部的军事争夺转移到内政的建设上来，休养生息，理顺关系，以巩固局部地区的统一。孙权在吴国推行"施德缓刑"的政策，江东名宗大族相安无事，政局是比较稳定的。刘备、诸葛亮在蜀国推行儒法合流的政策,也取得了成功,统治集团内部始终保持和睦的状态。唯独曹丕、曹叡一直未能找到一种行之有效的施政方针,虽然察觉到名法之治的流弊,却又醉心于树立君主的威权,营建一种不得人心的绝对专制系统。

曹丕作为一个帝王,猜忌成性,黄初元年,即诛杀一向拥护曹植的丁仪、丁廙。孔桂也因曾亲附曹植,被借故诛杀。至于曹丕对曹植、曹彰等兄弟,则是严加防范,迫害打击,剥夺他们行动的自由。何晏既然从小就被曹丕所憎恶,此时不受信任,是可以理解的。

明帝曹叡表面上褒礼大臣,实际上刚愎自用,大权独揽。他的抑黜浮华的措施,是根据综核名实的思想,为加强个人集权服务的。但是,当时问题的症结在于政治方向、路线和目标发生了偏差,不从根本入手而只是孤立地在综核名实上做文章,实际上是舍本求末。明帝曹叡固然没有认识到这种本末关系,当时的一批忠直的大臣也没有抓住问题的症结。王夫之对曹叡政权的形势作了分析,他指出:

> 魏主叡之后,一传而齐王芳废,再传而高贵乡公死,三传而常道乡公夺。青龙、景初之际,祸胎已伏,盖炭炭焉,无有虑此为叡言者,岂魏之无直臣哉?叡之营土木、多内宠、求神仙、察细务、滥刑赏也,旧臣则有陈群、辛毗、蒋济,大僚则有高堂隆、高柔、杨阜、杜恕、陈矫、卫觊、王肃、孙礼、卫臻,小臣则有董寻、张茂,极言无讳,不避丧亡之谤诅,至于叩棺待死以求伸;叡虽包容勿罪,而诸臣之触威以抒忠也,果有身首不恤之忧。汉武、唐宗不能多得于群臣者,而魏主之廷,森森林立以相绳纠。然而阽危不救,旋踵国亡。由是观之,直谏之臣易得,而忧国之臣未易有也。(《读通鉴论》卷十)

直谏之臣与忧国之臣的区别,主要在于能否提出某种具有远见卓识的战略思想。如果我们考虑到何晏此时的特殊境遇,他在《景福殿赋》中所表露的识见,是比当时的一批直谏之臣要高出一筹的。

明帝曹叡也附庸风雅,喜爱文学。《文心雕龙·时序》篇说:"至明帝纂戎,制诗度曲;征篇章之士,置崇文之观;何(晏)、刘(劭)群才,迭相照耀。"何晏此时虽然被曹叡抑黜为冗官,在政治上没有地位,但是作为"篇章之士"被曹叡搜罗,用来歌功颂德,粉饰太平。太和六年(公元232年),魏明帝将东巡,恐夏热,故许昌作殿,名曰景福,既成,命人赋之。其时韦诞、缪袭、夏侯惠均作赋歌颂,何晏亦作《景福殿赋》。赋这种文学体裁,其特点是以铺陈夸张的手法咏物叙事,并略寓规劝讽谏之意,在表达思想上受到很大的限制。何晏既然以文学侍从的身份奉命而作,自有不能违命的苦衷,但是他巧妙地利用这种文学体裁,在咏物叙事之中陈述了自己的政见,表面上看来,似乎是踵事增华,近于诏谀,实际上蕴涵着一种批判意识,希望明帝曹叡在战略思想上作一次根本性的调整。《景福殿赋》是何晏留存下来的一篇最早的著作,虽然玄学思想并未成熟,但却提供了一条观察政治问题的新的思路,其中的识见高出当时许多身居高位的大臣,应该予以足够的重视。

何晏在赋中首先歌颂曹叡:"至于帝皇,遂重熙而累盛。远则袭阴阳之自然,近则本人物之至情。上则崇稽古之弘道,下则阐长世之善经。庶事既康,天秩孔明。故载祀二三,而国富刑清。"这就是后来玄学家所服膺的名教本于自然思想的最早的表述。接着何晏把无为树立为最高的政治理想:"钦先王之允塞,悦重华之无为。"所谓无为,并不是无所作为,必须采取一系列行之有效的措施,才能达到这种境界。何晏结合夸张的描写,夹叙夹议,对曹叡进行规劝:"故将广智,必先多闻。多闻多杂,多杂眩真。不眩焉在,在乎择人。故将立德,必先近仁。欲此礼之不僭,是以尽乎行道之先民。""于南则有承光前殿,赋政之宫。纳贤用能,询道求中。疆理宇宙,甄陶国风。云行雨施,品物咸融。其西则有左城右平,讲肆之场。二六对陈,殿翼相当。僻脱承便,盖象戎兵。察解言归,譬诸政刑,将以行令,岂唯娱情。""遥目九野,远览长图。频眺三市,孰有孰无。睹农人之耘籽,亮稼穑之艰难。惟飨年之丰寡,思《无逸》之所叹。感物众而思深,因居高而虑危。惟天德之不易,惧世俗之难知。观器械之良窳,察俗化之诚伪。瞻贵贱之所在,悟政刑之夷陂。亦所以省风助教,岂惟盘乐而崇侈靡。"何晏认为,由于"规矩既应乎天地,举措又顺乎四时",这就造成一种风俗淳美、和谐融洽的太平盛世,以此为基础去消灭吴、蜀,完成全中国的统一大业,是指日可待的。他说:"是以六合元亨,九有雍熙。家怀克让之风,人咏康哉之诗,莫不优游以自得,故淡泊而无所思。历列辟而论功,无今日之至治,彼吴、蜀之湮灭,固可翘足而待之。"最后何晏对曹叡提出了殷切的期望,委婉含蓄地陈述了自己关于革新政治的核心思想。他说:"然而圣上犹孜孜靡忒,求天下之所以自悟。招忠正之士,开公直之路。想周公之昔戒,慕咎繇之典谟。除无用之官,省生事之故。绝流遁之繁礼,反民情于太素。"

何晏在黄初、太和年间,心情是很苦闷的。虽然他有政治理想,也有高超的识见,但是明帝曹叡只把他看作一个文学侍从之臣,俳优蓄之。《世说新语·容止》篇说:

> 何平叔美姿仪,面至白,魏明帝疑其傅粉。正夏月,与热汤饼。既啖,大汗出,以朱衣自拭,色转皎然。

在这个时期,一些敏感的知识分子痛切地感到理想与现实的冲突,他们的精神风貌已经和建安年间不大相同了。为了排遣苦闷,何晏可能于此时开始服五石散。《世说新语·言语》篇说:

> 何平叔云:"服五石散,非唯治病,亦觉神明开朗。"

被钟嵘誉为"建安之杰"的曹植在这个时期写的《释愁文》是具有典型意义的。我们可以通过这篇名文窥探当时的知识分子所共同感受到的苦闷,理解何晏服五石散以及在名士中发展为一种风尚的时代原因。曹植把"愁"描写为一种近于实体性的东西,也像是一种无法驱散的弥漫于四周的氛围,沉重地窒息着人们的心灵。他说:

> 予以愁惨,行吟路边,形容枯悴,忧心如醉。……愁之为物,唯惚惟悦,不召自来,推之弗往,寻之不知其际,握之不盈

一掌。寂寂长夜，或群或党，去来无方，乱我精爽。

曹植设想有一位玄灵先生为他开了一副释愁的良方：

> 吾将赠子以无为之药，给子以澹薄之汤，刺子以玄虚之
> 针，灸子以淳朴之方，安子以恢廓之宇，坐子以寂寞之床。使
> 王乔与子遨游而逝，黄公与子咏歌而行，庄子与子具养神之
> 馔，老聃与子致爱性之方。趣遐路以栖迹，乘青云以翱翔。

《释愁文》以低沉的情调表现了当时的知识分子追求自由与解
脱的心境。但是，无论是方士的游仙思想或是服五石散，都只能得
到暂时性的麻醉，而不能得到真正的自由与解脱。在这个时期，一
些优秀的知识分子转向对于哲学的探索，希望通过这种高层次的
精神活动使理想与现实的冲突得到缓解，寻求真正的自由与解脱。
曹植与何晏是同龄人。从曹植的《释愁文》我们可以看出黄初、太
和年间的时代苦闷已迫使建安文学的精神发生了很大的转变。何
晏于此时超越自我，致力于向普遍性的升华，从中我们也可以看出
建安文学与正始玄学之间的发展的轨迹和精神的传承。

正始年间（公元 240—249 年），是何晏的生命的发扬期，也是
他作为哲学家与作为政治家的双重身份形成尖锐矛盾的时期。他
的玄学思想在此以前只是处于酝酿阶段，直到正始年间才正式形
成，他的一些重要论著都是在此期间写成的。他利用自己的声望，
积极促进思想领域里的变革，奖掖后进，鼓励创新，成为"正始玄
风"的主要倡导者和实际的领袖人物。这就是说，何晏由一个二三
流的普通文人蜕变为一个开创了一代玄风的哲学大师是在正始的
十年间实现的，因而他作为一个哲学家是完全成功的。但是，他作
为一个政治家却是彻底失败了。也许是他耽于玄想，不懂实际；也
许是他性格软弱，贻误时机；也许是他依附于庸碌无能的曹爽，无
法施展自己的才智；总之，他不是老谋深算的司马懿的对手，在正
始十年的高平陵政变中，惨遭诛杀。关于他在此期间的政治活动，
《三国志·魏书·曹爽传》及注说：

> 南阳何晏、邓飏、李胜、沛国丁谧、东平毕轨咸有声名，进

趣于时,明帝以其浮华,皆抑黜之;及爽秉政,乃复进叙,任为腹心。

　　初,爽以宣王年德并高,恒父事之,不敢专行。及晏等进用,咸共推戴,说爽以权重不宜委之于人。乃以晏、飏、谧为尚书,晏典选举,轨司隶校尉,胜河南尹,诸事希复由宣王。宣王遂称疾避爽。晏等专政,共分割洛阳、野王典农部桑田数百顷,及坏汤沐地以为产业,承势窃取官物,因缘求欲州郡。有司望风,莫敢忤旨。晏等与廷尉卢毓素有不平,因毓吏微过,深文致毓法,使主者先收毓印绶,然后奏闻。其作威如此。

　　(晏)至正始初,曲合于曹爽,亦以才能,故爽用为散骑侍郎,迁侍中尚书。晏前以尚主,得赐爵为列侯,又其母在内,晏性自喜,动静粉白不去手,行步顾影。晏为尚书,主选举,其宿与之有旧者,多被拔擢。

正始年间是魏晋禅代的前奏,司马懿发动的高平陵政变是一个重要的转折点。何晏在此期间的政治活动究应作何评价,涉及到一系列特殊事件的专门性的研究,不能简单地以上述的记载作为判断的依据。何晏参加曹爽集团,与司马氏集团展开了一场激烈的权力争夺,这是没有疑问的。问题是,这场权力争夺有没有政治原则上的根本分歧,如果存在着分歧,那么究竟哪一个集团更符合历史的需要。

明帝曹叡临死时,听从刘放、孙资的谗言,罢免燕王宇大将军之职,命曹爽与司马懿共同辅助八岁的幼主齐王芳。从此他们二人开始了权力争夺。曹爽起用被明帝抑黜多年的何晏等人,可能有改弦更张的意图,在政治上重新有所作为。至于是否采纳何晏在《景福殿赋》中所陈述的政见,史未具载,已无可稽考了。夏侯玄是何晏的好友,曹爽的姑子,属于曹爽集团的重要人物。当时司马懿曾问以时事,夏侯玄提了三条建议,一条是"审官择人",做到"人心定而事理得","静风俗而审官才";一条是"除重官",做到"事简业修,上下相安";再一条是"改服制",以兴朴素之教,消弭侈之心。夏侯玄也是一位玄学家,他的这些意见与何晏大致是相同的。司

马懿读了以后,回信说:

> 审官择人,除重官,改服制,皆大善。礼乡闾本行,朝廷考事,大指如所示。而中间一相承习,卒不能改。秦时无刺史,但有郡守长吏。汉家虽有刺史,奉六条而已,故刺史称传车,其吏言从事,居无常治,吏不成臣,其后转更为官司耳。昔贾谊亦患服制,汉文虽身服弋绨,犹不能使上下如意。恐此三事,当待贤能然后了耳。

这就是说,司马懿拒绝了这三条建议,站在保守的立场,反对改革。夏侯玄委婉地驳斥了司马懿的看法,提出了玄学家所共同服膺的"抑末正本"的战略思想,回信说:

> 汉文虽身衣弋绨,而不革正法度,内外有僭拟之服,宠臣受无限之赐,由是观之,似指立在身之名,非笃齐治制之意也。今公侯命世作宰,追踪上古,将隆至治,抑末正本,若制定于上,则化行于众矣。夫当宜改之时,留殷勤之心,令发之日,下之应也犹响寻声耳,犹垂谦谦,曰"待贤能",此伊、周不正殷、姬之典也。窃未喻焉。(《三国志·魏书·夏侯玄传》)

从这一段史料来看,曹爽集团倾向于改革,而司马氏集团则倾向于保守。司马氏集团在政治斗争中取得胜利,当然无法接受玄学对它的批判和调整,这对玄学尔后发展的影响,是极为深远的。

何晏在曹爽集团中任吏部尚书,分工主管选举。史籍说他在任期内党同伐异,挟怨报复,除了借故罢免了卢毓的官职以外,还罢免了傅嘏。《三国志·魏书·傅嘏传》说:

> 正始初,除尚书郎,迁黄门侍郎。时曹爽秉政,何晏为吏部尚书,嘏谓爽弟羲曰:"何平叔外静而内铦巧,好利,不念务本。吾恐必先惑子兄弟,仁人将远,而朝政废矣。"晏等遂与嘏不平,因微事以免嘏官。

但是,也有人认为何晏主管选举是秉公行事的。傅嘏的亲侄(傅玄之子)傅咸评论说:

正始中，任何晏以选举，内外之众职各得其才，粲然之美于斯可观。(《晋书·傅玄传》)

生活于明清之际的王夫之对发生于曹魏正始年间的这个历史事件作出了与晋人完全不相同的解释。也许是由于时间的距离排除了观察者的主观干扰，使得王夫之的解释更接近于历史的真相。他说：

史称何晏依势用事，附会者升进，违忤者罢退，傅嘏讥晏外静内躁，皆司马氏之徒，党邪丑正，加之不令之名耳。晏之逐异己而树援也，所以解散私门之党，而厚植人才于曹氏也。卢毓、傅嘏怀宠禄，虑子孙，岂可引为社稷臣者乎？借令曹爽不用晏言，父事司马懿，而唯言莫违，爽可不死，且为戴莽之刘歆。若逮其篡谋之已成，而后与立异，刘毅、司马休之之所以或死或亡，而不亦晚乎！爽之不足与有为也，魏主叡之不知人而轻托之也。乃业以宗臣受顾命矣，晏与毕轨、邓飏、李胜不与爽为徒而将谁与哉？……

当是时，同姓猜疏而无权，一二直谅之臣如高堂隆、辛毗者，又皆丧亡，曹氏一线之存亡，仅一何晏，而犹责之已甚，抑将责刘越石之不早附刘渊，文宋瑞之不亟降蒙古乎？呜呼！惜名节者谓之浮华，怀远虑者谓之铦巧，《三国志》成于晋代，固司马氏之书也。后人因之掩抑孤忠，而以持禄容身、望风依附之逆党为良图。公论没，人心尽矣。(《读通鉴论》卷十)

何晏是忠于曹魏政权的。王夫之认为当时"曹氏一线之存亡，仅一何晏"，这句话并不算过分。齐王曹芳不是一个合格的君主，其所作所为处处令人失望，史称他"好亵近群小，游宴后园"。正始八年，何晏谏说："善为国者必先治其身，治其身者慎其所习。""可自今以后，御幸式乾殿及游豫后园，皆大臣侍从，因从容戏宴，兼省文书，询谋政事，讲论经义，为万世法。"(《三国志·魏书·三少帝纪》)何晏没有对齐王曹芳讲论玄学，而是规劝他用传统的儒学来约束自己，做一个合格的君主。不过总的说来，何晏在此期间的政治活动,并没有取得什么成效。当时司马氏集团的势力盘根错节,咄咄逼人,何晏清醒地看到自己的政治活动充满着危机,沉重的忧患之感时时袭上心头,迫使他去寻求超越。从他留存下来的两首诗中,我们可以窥见他此时的心情。《世说新语·规箴》篇注引《名士传》曰:

> 是时曹爽辅政,识者虑有危机。晏有重名,与魏姻戚,内虽怀忧,而无复退也。著五言诗以言志曰:"鸿鹄比翼游,群飞戏太清。常畏大网罗,忧祸一旦并。岂若集五湖,从流唼浮萍。永宁旷中怀,何为怵惕惊。"

另一首《失题》诗云:

> 转蓬去其根,流飘从风移。芒芒四海涂,悠悠焉可弥。愿为浮萍草,托身寄清池。且以乐今日,其后非所知。(见丁福保编《全三国诗》)

比较起来,在政治与哲学二者之间,何晏的兴趣更多地倾向于哲学。这也是当时的一股风尚,许多具有高层次精神需要的知识分子都认为世俗的功名权位不值得去追求,唯有超越的识见即哲学世界观才值得人们去着意追求。何晏曾以"不疾而速,不行而至"的神化境界比喻自己,认为这种境界既高于长于分析的夏侯玄,也高于长于事功的司马师。这就是意味着,何晏是把哲学的探索看作是自己一生的事业所在。事实上,何晏在正始年间的活动,的确是把重点放在倡导玄学方面,而且取得了很大的成功。

在此期间,何晏主持编纂了一部《论语集解》,正始中上之,盛行于世。这既是一部经学著作,也是一部玄学著作,或者说是一部把经学的传统与玄学的创新有机结合起来的著作。何晏在序文中说:

> 前世传受师说,虽有异同,不为训解。中间为之训解,至于今多矣,所见不同,互有得失。今集诸家之善,记其姓名,有不安者,颇为改易,名曰《论语集解》。

何晏对前人的研究成果是很尊重的,学术态度也十分严谨。他根据自己审慎的比较鉴别,对孔安国、包咸、周氏、马融、郑玄、陈群、王肃、周生烈诸家的解释,择善而从,并各记其姓名。但是何晏也与汉代拘守师说的经学家不同,他既尊重传统而又不囿于传统,"有不安者,颇为改易",提出了许多新颖的看法,作了创造性的发展。从他所集的前人的成说来看,多半是属于儒家的政治准则和伦理规范方面,这些已经形成为传统文化的核心层次,何晏对此并未持有异议,而是"集诸家之善",表示赞同。从他感到不安而加以改易的部分来看,多半是属于天人之学即高层次的哲学思想方面。我们曾经指出,当时儒家的理论思维显得十分浅薄,不能满足人们高层次的精神需求,许多人都对天人新义怀有热切的期待。比如沐并,一方面承认儒家的礼是"百世之中庸",是一种不可超越的生活准则,另一方面又批评儒学"未是夫穷理尽性、陶冶变化之实论",认为应该从道家那里去寻求世界观的满足(《三国志·魏书·常林传》注引《魏略》)。再比如荀粲,出身儒学世家,也表现了由儒而入道的倾向。《三国志·魏书·荀彧传》注引《荀粲传》说:"粲诸兄并以儒术论议,而粲独好言道,常以为子贡称夫子之言性与天道不可得闻,然则六籍虽存,固圣人之糠秕。"其实,在孔子的思想里,是存在着一种天人之学的,问题是要通过一番艰苦的理论工作,突破汉人的藩篱,透过神学的迷雾,去把它挖掘出来,同时适应人们对天人新义的普遍的期待,作出进一步的发展。何晏在主编《论语集解》时,与沐并、荀粲不同,不是公然表示要离开儒家去转向道家,而是想方设法把玄学的创新植根于经学的传统之上。他与参加编纂的孙邕、郑冲、曹羲、荀颛(荀粲之兄)四位典型的儒家学者建立了良好的合作关系。因而《论语集解》既是一部总结性的经学著作,又在倡导玄学方面起了重要的作用。

但是,何晏在《论语集解》中阐发的玄学思想片断零碎,尚未形成体系。为了从本体论的角度创建一种新的天人之学,还要进行多方面的探索,仅仅局限于《论语》这部经典,是远远不够的。在此期间,何晏对《周易》《老子》(也许还包括《庄子》)产生了浓厚的兴趣,因为这几部经典蕴涵着丰富的本体论思想,最切合他当时创建体系的需要。实际上,对《易》、老、庄感兴趣,具有时代的共性,许多人都在热心研究,蔚为风尚,何晏只不过是凭借自己的政治地位和学术声望,成为这股风尚的中心。《三国志·魏书·管辂传》注引《辂别传》记载:

> 冀州裴使君(裴徽)才理清明,能释玄虚,每论《易》及老、庄之道。
>
> 裴使君曰:吾数与平叔共说老、庄及《易》,常觉其辞妙于理,不能折之。又时人吸习,皆归服之焉。
>
> (刘)邠自言:数与何平叔论《易》及老、庄之道,至于精神退流,与化周旋,清若金水,郁若山林。

刘勰分析正始年间学风的转变时指出:

> 魏之初霸,术兼名法;傅嘏、王粲,校练名理。迄至正始,务欲守文;何晏之徒,始盛玄论。于是聃、周当路,与尼父争涂矣。(《文心雕龙·论说》)

何晏倡导的正始玄论是否就是使老、庄思想充斥文坛,而和儒家争夺思想阵地,这个问题是值得重新研究的。何晏推崇《周易》《老子》,这是事实,但对庄子的思想却有贬辞。东晋的王坦之著《废庄论》,曾援引了荀子、扬雄、何晏三人的言论作为自己的依据。他说:

> 荀卿称庄子蔽于天而不知人。扬雄亦曰庄周放荡而不法。何晏云,鬻、庄躯放玄虚,而不周乎时变。三贤之言,远有当乎!(《晋书·王坦之传》)

在魏晋玄学的发展中,最早把老子和庄子并称的是嵇康。他说:"老子、庄周,吾之师也。"又说:"又读庄老,重增其放。"(《与山巨源绝交书》)其所以推崇庄子,是因为在魏晋禅代之际,名教与自然的结合发生了危机,关于自我意识与精神境界的问题突出为首位。而在何晏的时代,则是着重于探索如何从本体论的角度来论证名教与自然的结合，目的在于"周乎时变"而不在于"越名教而任自然"的"玄虚"。《世说新语·文学》篇注引《魏氏春秋》曰："晏少有异才，善谈《易》、《老》。"又引《文章叙录》曰："晏能清言，而当时权势，天下谈士，多宗尚之。"从这些材料来看，何晏倡导的正始玄论，主要是谈论《易》《老》，其结果也不是如同后人所理解的那样，使得道家思想取代了儒家的地位，而是在当时的知识分子中激发了一种研究哲学的浓烈的兴趣。

由于当时人们对高层次的本体论的哲学怀有普遍的期待，同时这种新的本体论的哲学尚未形成清晰的轮廓，所以他们以何晏为中心，聚会清谈，必然是探索性的。这种清谈不同于先秦诸子的学派争鸣，也不同于汉代经学的师徒传授，而有似于今日的学术讨论会。在这种清谈中，没有必须服从的权威，没有既定的传统的成见，也不分地位高低，年龄大小，每个人都在平等自由的气氛中，围绕着对本体论哲学的探索，各抒己见，畅所欲言。何晏作为清谈的主持人，不以权威自居，不把自己的意见强加于人，而是表现了一种以探索真理本身为唯一目的的崇高的风范。这在中国学术史上是一件划时代的大事，从经学学风向玄学学风的转变，是和何晏的大力倡导分不开的。下面我们比较两条材料，看看这种学风的转变对于玄学的开拓精神和尔后发展的随机性具有何等重要的意义。《世说新语·文学》篇记载：

> 何晏为吏部尚书，有位望，时谈客盈坐，王弼未弱冠往见之。晏闻弼名，因条向者胜理语弼曰："此理仆以为极，可得复难不？"弼便作难，一坐人便以为屈，于是弼自为客主数番，皆一坐所不及。

> 郑玄在马融门下，三年不得相见，高足弟子传授而已。尝算浑天不合，诸弟子莫能解。或言玄能者，融召令算，一转便决，众咸骇服。及玄业成辞归，既而融有"礼乐皆东"之叹。恐玄擅名而心忌焉。

在汉代经学家中，马融的思想还算是比较开明的，但由于受经

学师法传统的影响,在学风上却是封闭保守。他本人以经学大师自居,骄贵不可一世,师生之间,等级森严,层层依附,结成一种知识性的封建行帮关系。郑玄在他门下,仅因未取得入室弟子的资格,三年不得相见,偶然表露了一下青出于蓝而胜于蓝的识见,便被认为是触犯了师法传统,而受到马融的忌妒。这种学风只允许弟子墨守成规,恪遵师说,而不允许独立思考,标新立异,因而汉代的经学数百年来基本上呈现出一种板结状态。正始年间,何晏为了促进思想领域的变革,首先必须在学风上引起一场变革。如果不大力突破经学中封闭保守的旧学风,倡导一种与此根本对立的新学风,鼓励独立思考和标新立异的开拓精神,思想领域的变革是很难实现的。当时何晏与王弼聚会清谈,何晏已有五十余岁,王弼年未满二十,无论就政治地位、学术声望或年龄大小来说,王弼在何晏面前都只能算是晚辈。但是何晏完全不考虑自己所拥有的外在的优越条件,而只是潜心于哲学真理的本身,把自己经过反复论证而后确立的一个论点提请王弼来反驳。这是一种平等的对话,自由的探讨,也是激烈的辩论。辩论当然有胜有负,但是判定胜负的标准并不是什么师法传统,也不是什么地位、声望或年龄,而是客观的哲学真理本身。结果王弼在这场辩论中取得了胜利,"一坐人便以为屈",何晏也对王弼佩服得五体投地。王弼作为一个后起之秀,有幸生活于何晏所倡导的这种良好的学风之中,创见受到鼓励,思想迅速发展,这是和郑玄在马融门下的遭遇大不相同的。

在贵无论玄学的建立过程中,何晏的倡导者的功绩是不可泯灭的。虽然他只是提出了某些重要的玄学论点,没有组织成完整的体系,但是他一生都在进行不懈的探索,而且豁达大度,虚怀若谷,把这项工作真诚地让给王弼去完成。《世说新语·文学》篇记载:

> 何平叔注《老子》,始成,诣王辅嗣。见王注精奇,乃神伏曰:"若斯人,可与论天人之际矣!"因以所注为《道德二论》。
>
> 何晏注《老子》未毕,见王弼自说注《老子》旨。何意多所短,不复得作声,但应诺诺。遂不复注,因作《道德论》。

这两条记载，一云"始成"，一云"未毕"，但都表明，何晏确实是由衷地承认自己对《老子》的理解比不上王弼，而甘拜下风。在中国学术史上，能够具有何晏这种真正的学者风度的人，大概并不是很多的。

关于对《周易》的理解，何晏也自认为比不上管辂，曾虚心地向他请教。《三国志·魏书·管辂传》注引《辂别传》记载：

> 辂辞裴使君(裴徽)，使君言："何、邓二尚书，有经国才略，于物理无不精也。何尚书神明精微，言皆巧妙，巧妙之志，殆破秋毫，君当慎之！自言不解《易》九事，必当以相问。"
>
> 辂为何晏所请，果共论《易》九事，九事皆明。晏曰："君论阴阳，此世无双。"时邓飏与晏共坐，飏言："君谓善《易》，而语初不及《易》中辞义，何故也？"辂寻声答之曰："夫善《易》者不论《易》也。"晏含笑而赞之"可谓要言不烦也"。

何晏究竟对《周易》中的哪九个问题感到困惑莫解，如今已无可详考了。《南齐书·张绪传》记载："绪长于《周易》，言精理奥，见宗一时。常云何平叔所不解《易》中七(九)事，诸卦中所有时义，是其一也。"根据这条唯一的记载，我们大致可以推测，何晏是企图探索一条以义理解《易》的新路数，来改变汉代象数派易学的旧传统。所谓时义就是卦义，也就是邓飏所说的辞义。汉代象数派易学讲卦气，讲卦变，而不讲卦义。何晏发现卦义是《周易》原始结构中的重要组成部分，虽然不得其解，但是这个发现本身所具有的理论意义是不可忽视的。以王弼为代表的义理派的易学正是贯彻了这条新思路，把发掘六十四卦的卦义作为核心而后建立起来的。

何晏的著作，《隋书·经籍志》著录有：《孝经注》一卷(亡)，《论语集解》十卷，《官族传》十四卷，《魏晋谥议》十三卷，《老子道德论》二卷(亡)，《何晏集》十一卷。这些著作除《论语集解》外，大部分都散失了。严可均《全三国文》收辑了少量残篇。目前我们研究何晏的思想，也只能以此为据了。

二、王弼的生平与著作

陈寿《三国志》未给王弼立传,仅于《钟会传》尾附叙数语:

> 初,会弱冠与山阳王弼并知名。弼好论儒道,辞才逸辩,注《易》及《老子》,为尚书郎,年二十余卒。

裴松之注引何劭《王弼传》记述稍详:

> 弼幼而察惠,年十余,好老氏,通辩能言。父业,为尚书郎。时裴徽为吏部郎,弼未弱冠,往造焉。徽一见而异之,问弼曰:"夫无者诚万物之所资也,然圣人莫肯致言,而老子申之无己者何?"弼曰:"圣人体无,无又不可以训,故不说也。老子是有者也,故恒言无所不足。"寻亦为傅嘏所知。

> 于时何晏为吏部尚书,甚奇弼,叹之曰,"仲尼称后生可畏,若斯人者,可与言天人之际乎!"正始中,黄门侍郎累缺,晏既用贾充、裴秀、朱整,又议用弼。时丁谧与晏争衡,致高邑王黎于曹爽。爽用黎,于是以弼补台郎。初除,觐爽,请间。爽为屏左右,而弼与论道移时,无所他及,爽以此嗤之。时爽专朝政,党与共相进用,弼通傥不治名高。寻黎无几时病亡,爽用王沈代黎,弼遂不得在门下,晏为之叹恨。弼在台既浅,事功亦雅非所长,益不留意焉。

> 淮南人刘陶善论纵横,为当时所称,每与弼语,尝屈弼。弼天才卓出,当其所得,莫能夺也。

> 性和理,乐游宴,解音律,善投壶。其论道,附会文辞不如何晏,自然有所拔得多晏也。颇以所长笑人,故时为士君子所疾。弼与钟会善,会论议以校练为家,然每服弼之高致。

> 何晏以为圣人无喜怒哀乐,其论甚精,钟会等述之。弼与不同,以为圣人茂于人者神明也,同于人者五情也。神明茂,故能体冲和以通无;五情同,故不能无哀乐以应物。然则圣人之情,应物而无累于物者也。今以其无累,便谓不复应物,失

之多矣。

弼注《易》，颍川人荀融难弼《大衍义》。弼答其意，白书以戏之曰："夫明足以寻极幽微，而不能去自然之性。颜子之量，孔父之所预在。然遇之不能无乐，丧之不能无哀。又常狭斯人，以为未能以情从理者也。而今乃知自然之不可革。足下之量，虽已定乎胸怀之内，然而隔逾旬朔，何其相思之多乎！故知尼父之于颜子，可以无大过矣！"

弼注《老子》，为之《指略》，致有理统；著《道略论》，注《易》，往往有高丽言。太原王济好谈，病老、庄，尝云："见弼《易》注，所悟者多。"

然弼为人，浅而不识物情。初与王黎、荀融善，黎夺其黄门郎，于是恨黎，与融亦不终。

正始十年，曹爽废，以公事免。其秋，遇疠疾亡，时年二十四，无子，绝嗣。弼之卒也，晋景王闻之，嗟叹者累日。其为高识所惜如此。

为王弼作传的何劭与晋武帝同年，当生于青龙四年（公元236年），比王弼小十岁。《晋书·何劭传》说："劭博学，善属文，陈说近代事，若指诸掌。"他的这篇《王弼传》是写得相当成功的。他以简练的笔触，翔实的史料，朴素无华地描绘了这位并无显赫功业而又生命短暂的青年哲学家的形象，不仅表现了王弼个人性格上的特点和无限忠诚于哲学事业的品质，而且展示了当时思想领域的形势和时代的精神风貌。何劭的这篇《王弼传》（此外还有一篇《荀粲传》）是他的传世之作。我们今天也只有依据他所提供的史料，来了解王弼的生平了。

何劭略去了王弼的家世、童年，直接从他与裴徽的交往谈起。陆侃如《中古文学系年》系此事于正始元年，假定在王弼十五岁左右。裴徽是何晏的好友，王弼的父执，他一见面，就向王弼提出了当时的思想领域普遍关注而又不得其解的关键问题，这就是关于有与无、儒与道、名教与自然的关系问题。这也就是玄学的主题。玄学的主题并不是首先由王弼提出来的，从裴徽提问的语气来看，贵无论玄学的理论基石业已通过人们多方面的共同探索寻找到了,只是如何以无作为"万物之所资"的本体来说明解释一系列纷然杂陈的现象,尚未得到妥善的解决,因而玄学的主题是那个时代最尖端的哲学问题。王弼刚刚开始他的哲学事业,便接触到这个最尖端的问题,显露出一个早熟的哲学天才的卓越智慧。王弼一生的哲学事业都是围绕着这个时代最尖端的哲学问题而展开的。当时,王弼的《周易注》《老子注》可能正在酝酿之中,思想体系尚未形成,但从他对裴徽的回答来看,基本的思路业已清晰地呈现出来了。他认为,无与有、本体与现象,结成了一对反复循环的关系,无不可以直接训说,而必须通过有来阐明,孔子由于对无有了深刻的体验,尽管从不说无而只是谈有,但处处都揭示了那隐蔽着的宇宙本体,相反,老子对无直接训说,却只能停留于有的现象领域,而不能上升到高层次的体无境界。王弼的这个回答不仅准确地把握了本体论哲学的关键问题,找到了一种合理的方法来处理本体与现象之间的关系,而且照顾到当时以儒学为核心的传统的价值观念,妥善地摆正了孔子与老子的地位。王弼的这条思路是具有极为重大的哲学意义的。因为贵无论玄学的理论基石已经通过"夫无者诚万物之所资也"这个命题得到人们的公认,为了使之充实丰满,建成一个囊括宇宙、统贯天人的完整的体系,则要进行一系列艰苦的探索,把无与有、本体与现象紧密结合起来。王弼的这条思路表明,他的哲学工作是要把前辈学者的研究继续向前推进,不是重复裴徽、荀粲以及何晏等人的工作,从现象中抽象出一个本体来,而是致力于使二者相结合,来构筑一个"举本统末""守母存子"的哲学体系。王弼以一个十五岁左右的青年,刚刚起步踏上哲学的道路,便能跻身于时代的前列,领袖群伦,与他所发现的这条天才的思路是分不开的。这也是他在短暂的一生中得以创建出不朽的哲学伟业的关键所在。

贵无论玄学的创建过程,可能经历了前后两个不同的阶段。前一阶段主要着重于确立本体比现象更根本的观点,论证现象世界纷然杂陈,千变万化,万物虽众,其本为一。后一阶段才把本体与现象之间反复循环的关系突出为重点。荀粲是属于前一阶段的哲学家，我们可以把他的思路来和王弼比较一下。荀粲死时年仅二十九岁，也是一位青年哲学家。据何劭《荀粲传》（见《三国志·魏书·荀彧传》裴注），他"太和初到京邑与傅嘏谈"，当与裴徽、何晏同辈，而长于王弼。荀粲出身儒学世家而独好言道，崇尚玄远之学。他认为，"六籍虽存，固圣人之糠秕"，因而致力于追求"象外之意，系表之言"，也就是那隐蔽着的宇宙本体。荀粲的这个工作是有意义的。因为本体隐而不见，如果不尽量摆脱各种具体材料的纠缠，透过现象去把它发掘出来，那么创建本体论的哲学便缺乏必要的前提。但是，如果仅仅停留于此，只是孤悬一个抽象的本体，用道家的玄远去排斥儒家的实际，那么不仅难以创建一个完整的哲学体系，而且从根本上违反了传统的天人之学"明于本数，系于末度"的精神。王弼后来居上，提出的思路显得比荀粲高明，是因为王弼属于后一阶段，如同接力赛跑一样，他是以前人所达到的终点作为自己的起点的。

至于何晏，则介于前后两个阶段之间。作为正始玄风的倡导者，何晏已经总结了前一阶段的工作成果，提炼出了"以无为本"的命题，这是贵无论玄学的基本命题，哲学史上从经学思潮过渡到玄学思潮就是以这个命题的出现为标志的。但是，如何由无以全有，再由有而返无，通过一种反复循环的关系使二者紧密结合，却是何晏苦心探索而尚未解决的难题。何晏凭着他历经坎坷的探索经验以及豁达大度的宽广胸怀，一当听到王弼的新思路，便表示由衷的赞叹："仲尼称后生可畏，若斯人者，可与言天人之际乎！"事实上，为了创建一种不同于汉代神学目的论的新的天人之学，如果不贯彻王弼的这条新思路，也的确是难以成功的。可以想象，何晏的赞叹是怎样使王弼名声大振，成为当时的思想界的一颗新星，同时又是怎样使他坚定信心去贯彻自己的思路，把构筑体系当作自己毕生的事业。

由于王弼决心献身于哲学事业，所以对实际的政治、世俗的功名，表现出一种漠不关心的态度。据何劭描述，王弼的政治生活是很黯淡的,性格上也存在着许多弱点。比如他"为人浅而不识物情","颇以所长笑人",既不懂世故人情,又狂妄自大,因而为士君子们所讨厌。特别是书呆子气十足,不善于与权贵打交道,失去了晋升的机会。当他补了一个低级官职,初次拜见曹爽,请求单独晤谈,在这次难得的机会中,他不看对象,不分场合,只是谈了一通抽象的玄学,而没有涉及其他方面的事,结果遭到曹爽的嗤笑。曹爽的嗤笑是有道理的,在曹爽的心目中,王弼是一个难以理解的怪人,是一个政治上一无所能的书呆子,是一个少不更事的幼稚的小青年。但是,王弼的态度也自有他的道理。他认为,自己的兴趣本来不在于政治,"事功亦雅非所长",官职弄丢了,反而更有条件去专心搞哲学。

王弼的这种态度实际上是一种自觉的选择,深思熟虑的决断。当时与王弼持同样态度的,还有一个荀粲。荀粲曾对傅嘏、夏侯玄说:"子等在世途间,功名必胜我,但识劣我耳。"他认为,政治与哲学是相互排斥的,自己宁愿选择哲学而蔑视世俗的功名。何晏也是如此,他把"不疾而速,不行而至"的思辨玄理看得高于一切。在那个政治风云变幻莫测的时代,一个人如果想使自己由特殊性上升到普遍性,做成一个真正的人,除了超越政治而投身于哲学以外,也实在别无其他选择。其实,王弼并不是不关心政治,他只是不关心当时的权力争夺的实际的政治。既然他所认定的哲学事业是要结合本体与现象、自然与名教,构筑一种"明于本数,系于末度"的新的天人之学,为那个时代提供一种新的内圣外王之道,那么他就不能不去关心政治,站在历史的高度,提出一套系统的政治谋略思想。事实上,王弼对名法之治和名教之治的流弊的分析,比当时所有的政治家都要深刻,他的立足于和谐的调整方案,完美地表达了那个时代共同的政治理想。也许他与曹爽单独晤谈的玄学,就是以这套系统的政治谋略思想为内容。何劭的《王弼传》说:"时爽专朝政,党与共相进用,弼通儁不治名高。"当时曹爽正忙于与司马懿集团进行激烈的权力争夺,所关心的只是如何扩大自己的势力去压倒对方,而王弼却是以哲学家的高见卓识和通脱俊拔的气度,所关心的是如何实现时代的理想,而不是依附曹爽去追求个人的名位。曹爽和王弼是属于两个不同层次的人,一个是蹩脚的政治家,一个是深刻的哲学家。曹爽限于自己的水平,当然不能理解王弼的深刻思想,而要去嗤笑他。如果我们换一个角度,根据当时的时代精神来重新看这个问题,倒是应该去嗤笑曹爽,而不应该和曹爽一般见识,去嗤笑王弼。

何劭的描述为我们展示了王弼多方面的性格,说他"性和理(《艺文类聚》卷七十四引此句作'弼性好弘理'),乐游宴,解音律,善投壶"。这是一种具有高深教养而又充满着蓬勃生趣的京洛少年的形象,绝不是那种道貌岸然、少年老成的书呆子。游宴是当时贵族子弟的一种社交活动,在建安年间的邺下文人集团中即已盛行。曹植的《箜篌引》生动地描述了这种游宴的盛况:"置酒高殿上,亲交从我游。中厨办丰膳,烹羊宰肥牛。秦筝何慷慨,齐瑟和且柔。阳阿奏奇舞,京洛出名讴。乐饮过三爵,缓带倾庶羞。主称千金寿,宾奉万年酬。久要不可忘,薄终义所尤。谦谦君子德,磬折欲何求?"王弼参加的游宴,也许没有曹植所描述的这般豪华,但是,游宴通常具有的那种丰盛的酒肴,美妙的歌舞,以及宾主之间欢乐的气氛和深厚的情谊,却是使王弼流连忘返的。这是一种生活的享乐,也是一种精神的交流。主人高殿置酒,殷勤好客,"谦谦君子德,磬折欲何求",不抱有任何确定的目的,而只是全身心沉溺于这种游宴的本身。但是这种无目的的游宴激发了每一个人的精神,提升到昂扬状态,在酒酣耳热之际,或者抒发豪情壮志,或者倾诉人生感慨,思想的闪光,情感的喷射,融会为一种共同的精神氛围,人们可以从中受到感奋,获得启发,因而这种无目的的游宴实际上蕴涵着一种对普遍性的追求,时代的精神也往往在这种欢语笑谑的社交场合盘旋回荡。如果说建安年间的邺下文人集团通过游宴而谱写了大量慷慨悲凉的诗篇,奏出了那个时代的最强音,那么到了正始年间,游宴的主题就逐渐演变为抽象的思辨玄理了。《艺文类聚》所引的《王弼传》说他"性好弘理",我们可以想见这位青年哲学家的风采。这种风采类似于柏拉图在《会饮篇》中所描述的苏格拉底。他举杯痛饮，但头脑清醒，兴致勃勃地和人们谈哲学。在当时，游宴和清谈是名士们最喜爱的两种社交活动，经常在游宴之后继以清谈，或者在清谈之后继以游宴。这种广泛的社交，自由的聚会，既塑造了那一代名士的共同的形象，也培育了王弼的才华横溢、全面发展的独特的个性。

王弼作为一个青年哲学家，一个理性思维的英雄，他的"天才卓出"的思想在周围一群人里确实具有一种非凡的气派。他曾使"善论纵横"的刘陶为之屈服，也赢得了"以校练为家"的钟会的钦佩。每当他思有所得，在辩论中是没有人能把他独到的见解驳倒的。与何晏相比，在"附会文辞"方面不如何晏，就"自然有所拔得"而言，是超过何晏的。

何劭的《王弼传》为我们保存了一段王弼与何晏直接交锋的珍贵史料，使我们得以窥见他们二人玄学旨趣的区别所在。关于这段史料，我们将在以后专门分析二人的思想时详细讨论，这里只想特别指出，王弼之所以超过何晏，主要在于他找到了一条适合于处理本体论哲学问题的新方法。何晏认为，圣人无喜怒哀乐。这是针对着汉代经学思潮的传统成见，试图从本体论哲学的角度来重新给圣人下定义。汉代的经学思潮把圣人看作是神而不是人。这种圣人不仅能与天神相通，"独见前睹"，无所不知，无所不晓，而且长相也十分奇特，不同于常人（参见《白虎通·圣人》）。何晏把圣人由神变成了人，认为圣人与常人并非神人之别，而只是无情与有情之别。相对于汉代经学思潮的传统成见而言，何晏的论点无疑是一种观念上的革新，钟会等一批名士无保留地接受了这个论点，是可以理解的。但是何晏所设想的无情的圣人也并不是真正的人，仍然十分奇特，无法树立为理想的人格，为人们所普遍效法。因为人作为一个自然的感性的血肉之躯，谁也不能无情，理想的人格应该是情与理的和谐的统一，而不是二者的对立。何晏由于在方法论上存在着缺陷，只是适应于玄学创建初期的需要，着重于确立本体比现象更为根本的观点，因而把情与理对立起来，在圣人与常人之间设了一道难以逾越的鸿沟。如果不沟通二者的关系，不仅无法为那个时代提供一种新的内圣外王之道,构筑一种本体论的天人新义也将陷入困境。王弼"自然有所拔得"而超过何晏的地方,在这次直接的交锋中,是表现得非常突出的。

王弼没有把何晏的论点视为权威定论,也不像钟会等人那样随声附和,人云亦云,而是根据本体论哲学内在的逻辑要求,勇于创新,敢于突破,提出了一条超过何晏的新论点。王弼认为,"圣人茂于人者神明也,同于人者五情也。神明茂,故能体冲和以通无;五情同,故不能无哀乐以应物。然则圣人之情,应物而无累于物者也"。王弼的这个圣人有情的论点上承建安文学的传统,下启整个魏晋南北朝的一代玄风,具有极为重要的哲学意义。建安文学发现了人的情感的美学意蕴,这个发现是与人的自觉联系在一起的,如果认为理想的人格是无情的,人的自觉也必将随之而窒息。王弼顺应着时代思潮的主流,进一步发掘出了人的情感的哲学意蕴。王弼认为,圣人和常人同样是一往情深,并非无情,这是"自然之性",也是人不可改变的本质。只是圣人的智慧高于常人,"能体冲和以通无",把握了那最高的宇宙本体,因而圣人之情不同于常人之处,就在于"应物而无累于物"。这是一种自由的情感,一种渗透着宇宙意识而脱离了低级趣味的情感。王弼的这个论点把圣人变成了真正的人,填平了圣人与常人之间的鸿沟,从而也为当时广大的士族知识分子树立了一个理想的人格形象。凡人皆有情,因而"应物"是谁也不能免的,但是,"无累于物"却是一个理想的境界,未必人人都能做到,这就要求人们尽量把自己由特殊性向普遍性提升,努力参究玄理,净化自己的情感。王弼以后,竹林七贤、元康名士以及东晋名士,几乎都是以"应物而无累于物"作为自己所追求的最高的人格理想。而且这个论点也为这个时代的新的内圣外王之道奠定了坚实的理论基础。"无累于物"是内圣,"应物"是外王,因而理想的君主形象也就是理想的士族知识分子的形象。王弼的这个圣人有情的新论点完全破除了何晏所感到的困惑,同时也是贵无论玄学体系业已成熟的一个明显标志。王弼这次与何晏的直接交锋,年龄不过二十三岁①,而何晏已有五十六岁了。如果我们从方法论的角度来比较二人的得失,可以看出,何晏只是孤悬一个抽象的本体,而把本体与现象分为二截,以致在沟通一系列既对立又统一的关系问题上,常常发生困难;而王弼则早在十五岁左右刚刚开始他的哲学生涯时,就发现了一条天才的思路,找到了本体与现象之间的反复循环的关系,致力于二者的结合。王弼之所以超过何晏,主要是由于他在圣人究竟是有情还是无情这个具体问题上坚决勇敢地贯彻了自己的新思路,是方法论的胜利,同时也是由于他对传统的天人之学有着比何晏更为深刻的领会,能够根据本体论的哲学去进一步发展"明于本数,系于末度"的基本精神。

王弼死于正始十年(公元 249 年),时年二十四岁,上推生年,当为黄初七年(公元 226 年)。在中国以及世界哲学史上,王弼确实是一位罕见的哲学天才。为了探寻这位哲学天才与其时代的文化土壤的内在联系,应该了解一下有关他的家世的情况。《三国志·魏书·钟会传》注引《博物记》说:

> 初,王粲与族兄凯俱避地荆州,刘表欲以女妻粲,而嫌其形陋而用率,以凯有风貌,乃以妻凯。凯生业,业即刘表外孙也。蔡邕有书近万卷,末年载数车与粲,粲亡后,相国掾魏讽谋反,粲子与焉,既被诛,邕所与书悉入业。业字长绪,位至谒者仆射。子宏字正宗,司隶校尉。宏,弼之兄也。

注又引《魏氏春秋》说:

> 文帝既诛粲二子,以业嗣粲。

根据这些残存的史料,我们知道,王弼为刘表的外曾孙,王粲的嗣孙。王家是山阳高平(今山东金乡)的名门望族。王粲的曾祖父王龚和祖父王畅皆为汉朝三公,王粲则是建安七子之冠冕。王粲获得蔡邕的万卷藏书,后来这批珍贵的文化遗产统统归王弼之父王业所有。王弼之兄王宏曾撰有《易义》(见《经典释文·序

---

① 陆侃如《中古文学系年》系此事于正始九年,即公元 248 年。

录》),学术上有较高的造诣。王弼自幼生活在这样一个拥有万卷藏书、学术气氛甚浓的家庭里,他所受到的熏陶是可以想见的。

当时的门阀士族都具有高深的文化教养,对子弟的教育也很严格,并且形成了一套代代相传的家学渊源。由于史料缺乏,王弼童年所受到的教育已不可详知,但我们可以从钟会为其母所作的传里想见大致的情况。钟会为钟繇之子,长王弼一岁,是王弼的好友,也是敏惠过人,年少知名。《三国志·魏志·钟会传》注引《会母传》说:

> 夫人性矜严,明于教训,会虽童稚,勤见规诲。年四岁授《孝经》,七岁诵《论语》,八岁诵《诗》,十岁诵《尚书》,十一诵《易》,十二诵《春秋左氏传》、《国语》,十三诵《周礼》、《礼记》,十四诵成侯《易记》,十五使入太学问四方奇文异训。

王弼也是在十五岁左右跟随他的父亲王业一起去见裴徽的。如果他在此以前也和钟会一样,受到了良好的家庭教育,那么他所显露出的早熟的哲学天才,也就不是无本之木、无源之水了。

王弼的著作现存有《老子注》《老子指略》《周易注》《周易略例》《论语释疑》等几种。楼宇烈的《王弼集校释》把这些都汇集在一起,是目前最完备的本子,颇便参考。

第三章　何晏的玄学思想

一、本体论思想的确立

何晏的著作只有《论语集解》完整地保存下来。这是一部集解性质的书,他的玄学思想只能在某些关键地方以画龙点睛之笔作出结论式的提示,而不能充分发挥。他的《道德论》或《道德二论》倒是重要的玄学著作,这是他受到王弼的启发,从天人之际的角度,根据自己的原作《老子注》改写而成的。可惜全文已佚,只在张湛的《列子注》中保存了两个片断。这是我们目前得以窥见何晏玄学思想的极为珍贵的史料,先征引如下:

> 有之为有,恃无以生;事而为事,由无以成。夫道之而无语,名之而无名,视之而无形,听之而无声,则道之全焉。故能昭音响而出气物,包形神而章光影;玄以之黑,素以之白,矩以之方,规以之员。员方得形而此无形,白黑得名而此无名也。(《列子·天瑞》篇张湛注引何晏《道论》)

> 为民所誉,则有名者也;无誉,无名者也。若夫圣人,名无名,誉无誉,谓无名为道,无誉为大。则夫无名者,可以言有名矣,无誉者,可以言有誉矣。然与夫可誉可名者岂同用哉?此比于无所有,故皆有所有矣。而于有所有之中,当与无所有相从,而与夫有所有者不同。同类无远而相应,异类无近而不相违。譬如阴中之阳,阳中之阴,各以物类自相求从。夏日为阳,而夕夜远与冬日共为阴;冬日为阴,而朝昼远与夏日同为阳。皆异于近而同于远也。详此异同,而后无名之论可知矣。

> 凡所以至于此者何哉?夫道者,惟无所有者也。自天地

已来皆有所有矣；然犹谓之道者，以其能复用无所有也。故虽处有名之域，而没（当作不没）其无名之象；由以在阳之远体，而忘（当作不忘）其自有阴之远类也。夏侯玄曰："天地以自然运，圣人以自然用。"自然者，道也。道本无名，故老氏曰强为之名。仲尼称尧荡荡无能名焉，下云巍巍成功，则强为之名，取世所知而称耳。岂有名而更当云无能名焉者邪？夫唯无名，故可得遍以天下之名名之；然岂其名也哉？惟此足喻而终莫悟，是观泰山崇崛而谓元气不浩芒者也。（《列子·仲尼》篇张湛注引何晏《无名论》）

这两段史料，吉光片羽，何晏的贵无论的玄学思想已大致具体而微地表现出来了。仔细玩味，其中提出了以下四个值得注意的要点：

第一，贵无论玄学的基本范畴是有与无。有就是存在，既包括圆方、白黑、音响、气物、形神、光彩等各种直接呈现着的自然界的物象，也泛指社会领域的各种人事。但是与之相对的无并不是非存在，无只是无形、无名，隐藏在存在的背后，是语言所不能表达、感觉所无法把握而又支配着存在的一种实有。这种无也叫做道。道是"无所有"的，道就是自然，"道本无名"。只有理解了道的这些特性，才能得到"道之全"。

第二，这个无或道是从存在中抽象出来的。因为"自天地已来皆有所有矣"，并非一无所有，绝对虚无，人们生存于天地之间，就得与这些"有所有"打交道，而不容轻易否定。但是为什么还要从中抽象出一个无或道来呢？因为"有之为有，恃无以生；事而为事，由无以成"，在存在的背后同样有一个不容轻易否定的本体。透过存在去把这个本体发掘出来，不仅是为了满足理论的兴趣，而且是出于实践的需要。因为"天地以自然运，圣人以自然用"，圣人由内圣而通向外王，成就辉煌的功业，是和他善于发挥这个无形无名的本体的内在功能分不开的。

第三，这个无或道虽然是"无所有"，但却是与"有所有"相通的。拿圣人来打比方，圣人的无名无誉可以说是有名有誉，但却与通常的有名有誉不相同,因为圣人的"有所有"与"无所有相从","能复用无所有"。因此,无与有并不彼此排斥,而是相互联结的,无不能离开有,有也不能离开无。

第四,何晏援引了汉人的同类相应和元气论的思想来证明无的实有。他举例说,阴中之阳,阳中之阴,都在各自寻找它们的同类。夏天是阳,但夏天的黑夜和冬天的阴相应;冬天为阴,但冬天的白昼和夏天的阳相应。圣人的"有所有"与"无所有相从",就是符合这种同类相应的道理的。表面上看来,"无所有"似乎是一无所有,绝对虚无,其实是很大的误解,这就如同有形的泰山是由无形的元气凝聚而成,人们却只承认泰山的存在而否认元气为实有,在道理上是很难讲通的。

从何晏所说的这几个要点,我们看不出他建立了一个完整的系统,但是他已相当明确地提出了一种不同于汉代的神学目的论和元气自然论的本体论的哲学思想,这在中国哲学史上是一件大事。我们只有通过一系列的比较,才能较为准确地理解这种产生于中国曹魏正始年间的本体论哲学思想的意义。

首先是和西方的思想相比较。在西方哲学史上,最先提出有与无的概念的人是巴门尼德。巴门尼德认为,存在是有,非存在是无,只有存在是存在的,非存在是根本没有的。对于非存在,我们没有任何知识,也无可言说。存在是一,是不可分的,是不动地局限在无始无终的巨大锁链之内,它绝不可能从虚无中产生,无不能生有。同时,存在也不是具体的存在物,不同于圆方、白黑、音响、气物等感性的现象,它是思想的对象,因为思想与存在是同一的。从这些言论看来,巴门尼德的存在就是从个别中抽象出来的一般,殊相中的共相,是排斥了一切具体内容的贫乏空洞的概念。这种存在的概念和中国哲学中的有的概念是不相同的。中国哲学所谓的有,包括天地万物社会人事的一切,既是一般的存在,也是具体的存在,既是思想的对象,也是感性的对象。这种有处于不断运动生灭的过程中,不是不动的。它也叫群有,因而它不是一,而是可分的。如果说巴门尼德的存在概念使他得到了"反自然哲学家"的称号,那么中国哲学中的有则带着诗意的感性光辉对人的全身心发出微笑,纯粹是一个自然主义的概念。与此相联系,中国哲学所谓的无,也决不同于巴门尼德的非存在。非存在不能产生存在,但无却能生有。非存在是不可思议的,但无却是智慧的最高源泉。诚然,中国哲学中的无也是不可言说的,其本质特征是无名,但是人们可以"强为之名",用一系列模糊的语言去描述它,因为它虽无而实有,凡是从事高层次的哲学思考,不能不以无为对象。至于巴门尼德的非存在,则根本不是哲学思考的对象。巴门尼德只思考存在,因为非存在不能为他提供任何知识。

从某种意义上来说,中国哲学所谓的无倒有点类似于巴门尼德的存在。无之所以难以名状,因为它是个别中的一般,殊相中的共相,是一个极度抽象而没有任何具体内容的概念。无是一而不可分的,无是大全,无是不动的,无是无始无终的。这个无和存在一样,也是思想的对象,人们可以体验它,把握它,与无相同一。但就基本的思路而言,这个无与巴门尼德的存在毕竟有很大的差别。我们仔细玩味何晏的这个命题,"有之为有,恃无以生;事而为事,由无以成",可以看出,无不仅具有本体论的意义,而且具有功能性的意义。从本体论的意义上来说,无诚然有点类似于巴门尼德的存在。但是,巴门尼德的存在是完全不具有功能性的意义的。根据何晏的这条思路,可以发展出一种体用结合的内圣外王之道。根据巴门尼德的思路,则只能发展出柏拉图以至黑格尔的那种理念论的思想。

黑格尔高度评价巴门尼德关于存在的思想,并且把纯存在或纯有当作他的逻辑学的开端。黑格尔扬弃了巴门尼德的形而上学,不把存在与非存在、有与无看作是对立的,而是引进了变易的概念,从辩证法的角度来处理二者的关系。黑格尔认为,由于纯有是纯粹的抽象,是绝对的否定,这种否定,直接地说来,也就是无,所以有与无并不是对立的,而是彼此过渡的。有过渡到无,无过渡到有,有与无的真理,就是二者的统一,这种统一就是变易。所谓变易,当然是功能性的概念。黑格尔之所以能够推动逻辑范畴的运动,并且通过一系列迂回而间接的过程,根据缺乏任何具体内容的存在的概念发展出一套系统的国家法学和社会伦理的思想,完全是得力于他充分发挥了变易的功能。但是,尽管如此,黑格尔所说的存在与非存在、有与无,仍然是按照巴门尼德原来的意义使用的,而与中国哲学中的有与无的含义并不相同。中国最先提出有与无的概念的人是老子。老子曾说:"有无相生。"这就是说,变易的原则始终存在于这一对范畴之中,而且根据这一对范畴可以直接引发出一套社会政治伦理思想,用不着像黑格尔那样迂回而间接。这种不同,归根结底是由于中国和西方所关心的哲学问题不相同,无论就哲学的源头或发展的道路而言,都存在着差异。

古希腊哲学从泰勒斯开始,就提出了万物本原的问题。泰勒斯以为是水,阿那克西美尼以为是气,赫拉克利特以为是火,恩培多克勒以为是火、气、水、土,到了留基伯和德谟克利特,则归结为原子。所谓本原,是一个未经分化的笼统的概念,至少包含着以下三层意思:世界的起源,世界的构成,世界的本体。本原问题是古希腊哲学家对茫茫无际的自然(也就是中国人所说的天)进行不断追问的情况下提出来的哲学问题。这个不断追问的过程也就是不断抽象的过程。巴门尼德的存在的概念就是由此而产生的,因而研究存在的学问也就叫做本体之学。这种本体之学既然从个别中抽象出一般,那么如何再从一般返回到个别,一般与个别之间的合理的关系究竟是怎样,这些问题就变得十分突出。西方哲学中的本体论思想大致是围绕着一般与个别的关系问题而展开的。

中国哲学的发源地是西周的天命神学。西周的天命神学并不关心世界的起源、构成和本体的问题,尽管不可避免地要涉及这些问题,但很少对它们进行追问,而是始终把天人之际当作首要的问题。天人之际的问题不同于一般与个别的问题,后者是一个纯粹的哲学问题,或者说是元哲学的问题,而前者则必然要与社会政治伦理紧密相连,不可分割。因为人们是出于对人事的热切关怀,受实用目的的驱使,才去探索天人关系的,如果不能满足人事的需要,这种探索就失去了意义。春秋时期,人们从这种探索中抽象出了天道和人道两个概念。后来老子对天道和人道进行再抽象，提出了道的概念。从此，道就变成了中国哲学包括各家各派都一致公认的最高的哲学概念，所谓哲学也可称之为道学。由于道是从传统的天人之学中抽象出来的，也就是说，它是一个关系范畴，而不是一个存在范畴，所以它不是一个可以由理智去把握的知识的对象，而必须要用渗透着感性经验的直觉去体验。如果以道作为最高的哲学概念，是根本无法发展出类似柏拉图和黑格尔那种理念论的思想来的，但是，根据道而发展出一种本体论的思想来，却并非不可能。中国哲学中的本体乃是体用之体，体不离用，用不离体。尽管体用这一对范畴的广泛使用是较晚的事，但其潜在的萌芽的形态在先秦的天人之学中就已经产生了。

老子为了给道作出规定，提出了有与无这一对范畴，认为道是无，也是有与无的统一。所谓无，就是无形、无名的意思，但无可以生有，有是内在地统一于无的。《老子》第一章说："无名天地之始，有名万物之母。故常无欲以观其妙，常有欲以观其徼。此两者同出而异名，同谓之玄，玄之又玄，众妙之门。"这就是说，有与无都叫做玄，或者说是暂且借用来描述玄的一种名言工具。玄就是道，这个道是"天地之始""万物之母""众妙之门"，有点类似于泰勒斯等人所说的本原，而不同于巴门尼德的存在。但从另一个角度来看，道是一而不可分的，道是大全，道不是一个具体的存在物，又类似于巴门尼德的存在，而不同于泰勒斯等人所说的本原。实际上，如果我们根据中国传统的天人之学来理解，而不用西方的哲学思路来比附，还是能够较为准确地把握住道、有、无这些概念的哲学含义的。所谓道，它是对天道与人道的进一步的抽象，而天道与人道的关系乃是一种反复循环的关系，人们对人道不断追问而上溯到天道，对天道不断追问又返回到人道，经过一系列的反复循环，于是宇宙人生之整体乃突现在人们的面前。人们发现，这个整体既是天人关系所从属的本体，又能发而为支配天人关系的功能。哲学以道为研究对象，也就是以此宇宙人生之整体为研究对象。整体不可分析，不可言说，混成无形，故道为无。但万物均由此整体而生,依赖此整体而发挥作用,故道又为有与无的统一。无指整体之体,有指整体之用。唯有通过有与无这一对范畴,才能使自己的思想接近于此整体,摆脱天命神学以及其他各种对天人关系的肤浅的理解,而上升到高层次的哲学境界。故老子说:"此两者同出而异名,同谓之玄,玄之又玄,众妙之门。"由此可见,中国哲学中的本体论所探索的问题不是一般与个别的关系,而是体用关系,或者本体与现象的关系,无形与有形的关系。这种思维模式把世界的存在及其统一看作是一个自明之理,把探索的重点放在沟通天与人、主与客、自然与社会的相互关联、相互作用之上,对所有这些从来都没有怀疑其为实有,因而根据这种思维模式,所谓无并不含有巴门尼德所说的非存在的意义,有与无的统一也不同于黑格尔的那种抽象思辨逻辑的联结,而是整体及其作用的内在的联结。

儒家的《易传》所提出的本体论与道家的老子哲学从思维模式上看,是完全一致的。《周易·系辞》说:"一阴一阳之谓道。""形而上者谓之道,形而下者谓之器,化而裁之谓之变,推而行之谓之通,举而措之天下之民谓之事业。"《易传》所谓的道,指一阴一阳,阴阳无形,是为形而上。这种形而上的道与老子所说的无是相通的,形而上仅只描述阴阳的无形,因其虽无而实有。但这种实有又不同于某种具体的存在物,不可以耳目闻见,故虽有而似无。器则有形有名,是为形而下,相同于老子所说的有。这些与老子同样玄之又玄的概念,说的其实也是整体及其作用。形而上的道并不是一种抽象思辨的逻辑本体,而是具有强大的支配一切的功能的。"生生之谓易","阴阳不测之谓神"。如果能深刻领会这种体用关系,善于通权达变,施之于天下之民,则可以成就一番事业。

在先秦哲学中,唯有《周易》和《老子》这两部经典蕴涵着的本体论的思想最为丰富。这是具有中国特色的本体论,是从传统的天人之学中提炼抽象而成的。何晏的本体论的思想就是根据这两部经典引申发挥出来的,因而何晏所说的有与无,我们决不能用西方的哲学概念来作简单的比附,把它们理解为存在与非存在。同时,对贵无论玄学所讨论的问题,也不可从纯哲学的角度,看作是一般和个别的关系。"有之为有,恃无以生;事而为事,由无以成。"这个命题所讨论的是形而上与形而下的关系,道与器的关系,无形与有形的关系,也就是体用关系,或者本体与现象的关系。引起这种讨论的动因不是什么纯哲学的兴趣,而是出于解决现实的社会政治问题的需要,确立一种"明于本数,系于末度"的最高的智慧的源泉。

但是,在《周易》和《老子》中,这种哲学本体论的思想是和宇宙生成论的思想纠缠扭结在一起,尚未完全独立分化出来。《老子》说:"道生一,一生二,二生三,三生万物。"《周易》说:"易有太极,是生两仪,两仪生四象,四象生八卦。"严格说来,这种宇宙生成论并不是哲学,而是具体科学。现代的宇宙学仍然以宇宙如何生成的问题作为研究的对象。在古代,人们提出这个问题来是很自然的。自从人们开始摆脱传统的宗教世界观的束缚,就要追问,既然天地万物不是由超自然的神灵所主宰,那么它们究竟是怎样生成的,又是根据什么规律运动发展的? 这种追问与古希腊哲学家对万物本原问题的追问是类似的,表现了人类哲学思想的共性。但是,古希腊哲学家所追问的着重于世界究竟由什么构成的问题。于是他们沿着这条思路,从个别中抽象出一般,把人们直接接触到的丰富多彩的自然界归结为一种单纯普遍的本质,从而发展出了一套带有西方特色的本体之学。而中国哲学一直是把世界如何生成的问题作为思考的中心,着重讨论的是规律问题。换句话说,古希腊哲学着重于追问天本身,中国哲学则着重于追问天道。对天道的追问,目的是为了给人道提供最高的哲学依据,因而这个问题也是从探索天人之际中引发出来的。但是,宇宙生成论毕竟不同于哲学本体论。先秦时期,人们探索宇宙生成的问题,形成了两大派,一派是"或使",一派是"莫为"。庄子对这两派都提出了批评,认为它们共同的缺点是"未免于物""在物一曲",思想停留于直接呈现出来的物上,而未能深入到隐藏在物背后的本质(见《庄子·则阳》)。中国的本体之学不是从单纯地追问天道中形成的,而是从追问天人之际中形成的。为了把《周易》和《老子》所蕴涵的本体论思想发掘出来，使之充实完满，形成一种独立的学问，必须作一番扬弃的工作，把其中的宇宙生成论的思想尽量地删汰掉。

我们曾经指出，两汉时期哲学的发展似乎是一种大倒退，本体论的问题被悬搁起来，宇宙生成论的问题则突出为首位。但这也是势所必至，理有固然，不得不如此的。当时以董仲舒为代表的神学目的论是最大的"或使"派，以王充为代表的元气自然论是最大的"莫为"派。董仲舒的思想核心是天人交感，同类相应。王充的主张是，天地合气，万物自生。他们虽然在一系列具体问题上针锋相对，但其共同的缺点，诚如庄子所指出的，是"未免于物""在物一曲"。不过比较起来，董仲舒的思想并没有脱离天人之学的主流，而王充则只是在单纯地追问天道。董仲舒曾说："道之大，原出于天，天不变，道亦不变。"董仲舒以天为最高主宰，以阴阳五行为间架结构，精心拼凑了一个宇宙生成的模式，主要还是为了对这个道作出规定。这个道是囊括宇宙、统贯天人之道，其中必然蕴涵着一种体用思想，既有对整体的把握，又能由此生发出实践的功能。只是董仲舒给这个道上蒙上了一层神学的外衣，思想停留于感性的表层，未能使道豁然显露于人们的面前。至于王充，他的整个追问只是得出了一个天道自然无为的结论，而始终没有找到天道与人道相互联结之点。

我们且回过头来再玩味一下何晏的这几个命题："有之为有，恃无以生；事而为事，由无以成。""夫道者，惟无所有者也。""自然者，道也。""道本无名。"何晏承袭了"有生于无"的说法，说明他仍未完全摆脱宇宙生成论的影响，但他并不怎么关注宇宙生成的具体过程，其着眼点只是为了论证"以无为本"，说明他已经作了一番扬弃的工作。他把道规定为"自然""无名""无所有"，这显然是接受了王充的元气自然论的思想，并且通过这个思想剥去了董仲舒蒙在道上面的那层神学的外衣。但是何晏绝不是一个自然论者，而是一个目的论者。他的目的在于发挥这个自然之道的内在功能，以解决他那个时代所面临着的人道方面的问题。关于天道与人道的相互联结之点，这个问题在王充那里并不突出，因为王充所关注的只是天道。对于何晏来说,却是一个关键问题。从这一点来看,何晏又显然是接受了董仲舒的天人之学。"天地以自然运,圣人以自然用。"这个自然之道本身就是蕴涵着体与用的。"道本无名",但可根据其体用关系强为之名,天道与人道的相互联结之点也就因此体用关系而豁然显露出来。故何晏说:"仲尼称尧荡荡无能名焉,下云巍巍成功,则强为之名,取世所知而称耳。"这种解释,就其为天人之学而言,与董仲舒是完全一致的。《春秋繁露·奉本》篇说:

> 孔子曰:"唯天为大,唯尧则之。"则之者,大也。"巍巍乎其有成功也",言其尊大以成功也。齐桓晋文不尊周室,不能霸;三代圣人不则天地,不能至王。阶此而观之,可以知天地之贵矣。

由此可见,何晏对汉代的神学目的论和元气自然论进行了双重的改造,并且往上承接了先秦的《周易》和《老子》所奠定的传统,从而推出了一种本体论的天人新义。尽管单从何晏的《道论》和《无名论》这两个残存的片断来看,他的天人新义尚未建立为一个完整的系统,但其中几个思想要点所蕴涵的哲学意义,是值得我们去仔细玩味的。

何晏的《无名论》,直接讨论的是关于圣人的人格问题,也就是什么是理想的君主的问题。这是汉魏之际思想领域的一个热门话题。刘劭认为,理想的君主,"其质无名"。刘劭是从人才学的角度来讨论这个问题的,他所说的无名,意思是具备了一切优秀品德,完美和谐,而不偏于一端,难以名状。实际上,这种无名也就是最大的名。刘劭的这个思想与何晏是完全相通的,但就其所达到的哲学层次而言,刘劭却大大低于何晏。因为刘劭只把无名看作是一种天生的材质,而何晏则把无名提升为本体。本体为"道之全",故难以名状。圣人善于发挥此本体的功能,故"巍巍乎其有成功"。因此,所谓内圣的问题就不仅是一个低层次的品德或材质的问题,而主要是一个高层次的哲学问题,即对蕴涵在"道之全"中的体用关系的体认问题。在那个时代，人们一直是在追求一种不同于汉代神学目的论的新的内圣外王之道。何晏为这种新的内圣外王之道提供了本体论的理论根据，他的哲学思考是和那个时代的普遍的追求息息相通的。

二、对本体与现象相互联结的探索

黑格尔对什么叫哲学系统曾发表了一段很好的议论。他说：

> 每一原则在一定时间内都曾经是主导原则。当整个世界观皆据此惟一原则来解释时，——这就叫做哲学系统。我们自然必须了解这全部解释。但如果这原则还是抽象的，不充分的，则它就不能充分地解释属于我们世界观内的各种形态。例如，空疏的"单一"这范畴便不能表达出精神的深度。譬如，笛卡儿的原则就只能很好地适用于解释机械性，而不适宜于解释别的东西。他对于别的界域的看法（譬如，对于植物性和动物性的解释），就很不充分，因此也就没有趣味。所以我们只讨论这些哲学的原则，但讨论到更具体的哲学系统时，我们又必须注意到这些原则的主要发展和应用①。

黑格尔的这一段话是就西方的本体之学立论的。他所说的原则就是从个别中抽象出的一般。他所说的原则的主要发展和应用就是从一般返回到个别。由于理念自身本质上是具体的，是不同的规定之统一，既是普遍，又是特殊，或者说这种普遍自身就是特殊，所以一般与个别、哲学原则及其发展和应用，乃是一而二，二而一，相互联结，密不可分的。但是由于各种各样的原因，虽然人们主观上一直在致力于把握此二者的联结，客观上却往往导致此二者的割裂，或者停留于一般而不能返回到个别，或者沉溺于个别而不能上升到一般，因此，关于一般与个别的问题也就成为哲学永恒的主题。

---

① 黑格尔：《哲学史讲演录》第一卷，第41页。

中国的本体之学属于另一种类型，不大用一般与个别、普遍与特殊这一类的概念，最常用的是本末概念。《庄子·天下》篇说："明于本数，系于末度。"这是对中国的本体之学所提出的最高要求。所谓"本数"，相当于黑格尔所说的原则。所谓"末度"，相当于原则的发展和应用。一个充实而丰满的本体论的哲学系统，应该做到"本数"与"末度"的有机结合，而不能使二者相割裂。如果仅仅"明于本数"而不能"系于末度"，叫做有体而无用。反之，如果仅仅"系于末度"而不能"明于本数"，叫做有用而无体。只有通过一系列的反复循环，由用以求体，再由体而及用，才能构筑成一个有体有用的完整的哲学系统。但是，在中国哲学史上，这个哲学系统始终是没有完成的。因而关于体与用的问题，或者本体与现象的问题，也就成为中国哲学的永恒主题。

从前面的论述，我们可以看出，何晏对"明于本数"的问题，已经作了许多探索，并且为贵无论玄学确立了一个总的原则，叫做"以无为本"。至于如何据此唯一原则来解释各个领域的问题，特别是关于社会政治伦理方面的问题，则是何晏进一步探索的重点。

实际上，对于一个真正站在时代前列思考的哲学家来说，由用以求体和由体而及用这两个过程，都是紧密结合，交错进行的。用何晏自己的话来表述，这叫做"思其反"的方法。何晏注《论语》"未之思也，夫何远之有"说：

> 夫思者，当思其反。反是不思，所以为远。能思其反，何远之有？言权可知，唯不知思耳！思之有次序，斯可知矣。（《论语集解·子罕》）

何晏是就"道"与"权"的关系说这番话的。道就是总的原则，权指原则的灵活运用。如何使道与权二者相互联结，何晏认为，应该用"思其反"的方法。这就是说，一方面由用以求体，从具体上升到抽象，使纷纭万变的现象归属服从于总的原则；另一方面，再由体而及用，从抽象返回到具体，通权达变，掌握神而明之的应变能力。因此，所谓"思其反"，就是在道与权、体与用、本体与现象之间确立一种反复循环的关系。这种反复循环的关系自始至终即存在于整个的思维过程之中，只是在构筑哲学系统时，从逻辑上要划分为先后两个过程。

早在太和年间，何晏就已开始致力于本体与现象的相互联结的工作了。《景福殿赋》说：

> 大哉惟魏，世有哲圣。武（曹操）创元基，文（曹丕）集大命。皆体天作制，顺时立政。至于帝皇（曹叡），遂重熙而累圣。远则袭阴阳之自然，近则本人物之至情。上则崇稽古之弘道，下则阐长世之善经。庶事既康，天秩孔明。故载祀二三（太和六年），而国富刑清。

《景福殿赋》是一篇奉命而作的歌功颂德的文章，但何晏借此机会提出了名教本于自然的思想，从本体论的角度论证了那个时代共同的政治理想。我们可以把何晏的这篇文章与曹植于黄初年间作的《魏德论》来比较一下。尽管当时曹丕对曹植进行无情的迫害，但曹植仍把曹丕当作一位"圣主"来歌颂。在封建君主专制的政体下，人们的政治理想不能不寄托于帝王身上，这是不可超越的。曹植所表述的政治理想是："天地位矣，九域清矣。皇化四达，帝猷成矣。明哉元首，股肱贞矣。礼乐既作，兴颂声矣。"这与何晏所表述的政治理想是完全相通的。值得注意的是，曹植是用汉代流行的元气自然论的思想来论证的。曹植说："在昔太初，玄黄混并，浑沌鸿濛，兆朕未形。"这说的是宇宙的生成。"元气否塞，玄黄喷薄，辰星乱逆，阴阳舛错。"这说的是元气的失调。"贯道艺之清英，穷混元于太素。"这与东汉末年王符所说的"理其政而和天气""兴大化而升太平"如出一辙。何晏扬弃了元气自然论的思想，而从本体与现象相互联结的角度来论证，比较起来，曹植的论证显得转弯抹角，何晏则简易直截，这就为当时人们观察社会政治伦理问题提供了一个更为可取的思路。

何晏并不认为现实的帝王个个都是明君圣主。比如他在《景福殿赋》中就曾针对着曹叡"特留意于法理"的综核名实的思想表示过不满。他说："故将广智，必先多闻；多闻多杂，多杂眩真；不眩焉在，在乎择人。"正始年间，他对齐王芳"好褒近群小，游宴后园"的错误作过严肃的规劝。他注《论语》"圣人吾不得而见之矣"说："疾世无明君。"（《述而》）注"朝闻道，夕死可矣"说："言将至死，不闻世之有道。"（《里仁》）注"中庸之为德也，其至矣乎，民鲜久矣"说："庸，常也。中和，可常行之德。世乱，先王之道废，民鲜能行此道久矣。非适今。"（《雍也》）

照何晏看来，现实的帝王是现象界，理想的帝王则属于本体界，或者说是本体与现象的完美结合。理想的帝王以客观的道为准则，"唯道是从"，并不是专横跋扈、任意妄为的。这个道既是自然之道，也是内圣外王之道。他注《论语》"子绝四：毋意，毋必，毋固，毋我"说："以道为度，故不任意。用之则行，舍之则藏，故无专必。无可无不可，故无固行。述古而不自作，处群萃而不自异，唯道是从，故不有其身。"（《子罕》）注"觚哉觚哉"说："觚哉觚哉，言非觚也。以喻为政，不得其道则不成。"（《雍也》）

关于自然之道，他在《道论》和《无名论》中已经说了许多，在《论语集解》中，则着重于从体道的角度来描述圣人的人格。他注"知我者，其天乎"说："圣人与天地合其德，故曰唯天知己。"（《宪问》）注"君子有三畏，畏天命，畏大人，畏圣人之言"说："顺吉逆凶，天之命也。大人即圣人，与天地合其德。深远不可易知测，圣人之言也。"（《季氏》）注"仁者乐山"说："仁者乐如山之安固，自然不动，而万物生焉。"（《雍也》）注"夫子之文章，可得而闻也。夫子之言性与天道，不可得而闻也"说："章，明也。文采形质著见，可以耳目循。性者，人之所受以生也。天道者，元亨日新之道。深微，故不可得而闻也。"（《公冶长》）

从后一条注文来看，何晏也把圣人的人格分为现象与本体两个方面。"夫子之文章"指的是现象，包括夫子之述作、威仪、礼法等表现于外的"文采形质"，所有这些，都是可以耳听目视、依循学习的。"夫子之言性与天道"则属于本体，圣人对"元亨日新之道"有深刻的体认，"与天地合其德"，所以关于性与天道方面的思想，其理深微，其言难测，不能为常人所理解，唯有天即本体自身才是圣人的知己。他注"瞻之在前，忽焉在后"说："言恍惚不可为形象。"（《子罕》）这就是说，道本无名，圣人与道合而为一，故亦无名，"恍惚不可为形象"。但由于道虽无而实有，所以何晏又认为，"仁者乐如山之安固，自然不动，而万物生焉"。

究竟体道的圣人其现象与本体两个方面的关系如何，在这个问题上，何晏的探索表现出极大的困惑。为了适应于玄学创建初期的需要，何晏着重于确立本体比现象更为根本的观点，因而把圣人的人格拔到半人半神的高度，和常人完全对立，以致他最优秀的弟子都无法理解。有时何晏自己也感到这个观点不能解释众多的事实，又把圣人说得平易近人，也和常人一样，"欲寡其过而未能无过"（见《宪问》注），经常在犯错误。

何晏"以为圣人无喜怒哀乐"的论点，就是根据前者的考虑提出来的。何劭的《王弼传》说："其论甚精，钟会等述之。"这个论点得到钟会等一批名士的赞赏，说明它在确立本体论的哲学原则方面产生了很大的影响。但这个论点被王弼所驳倒，说明它割裂了本体与现象的相互联结，在理论上存在着很大的漏洞。汤用彤先生在《王弼圣人有情义释》一文中对此作了鞭辟入里的分析。他指出：

> 推平叔之意，圣人纯乎天道，未尝有情，贤人以情当理，而未尝无情。至若众庶固亦有情，然违理而任情，为喜怒所役使而不能自拔也。……
>
> 何晏对于体用之关系未能如王弼所体会之亲切，何氏似犹未脱汉代之宇宙论，末有本无分为二截，故动静亦遂对立。……
>
> 平叔言圣人无情，废动言静，大乖体用一如之理，辅嗣所论天道人事以及性情契合一贯，自较平叔为精密。[1]

---

[1] 见《汤用彤学术论文集》，北京：中华书局，1983 年，第 255、263 页。

但从后者的考虑来看,何晏对本体与现象的相互联结也是一直在进行不懈的探索,并非存心要把末有本无分为二截。他注《论语》"子食于有丧者之侧,未尝饱也"说:"丧者哀戚,饱食于其侧,是无恻隐之心。"(《述而》)注"子于是日哭,则不歌"说:"一日之中,或哭或歌,是亵于礼容。"(《述而》)注"子与人歌而善,必使反之,而后和之"说:"乐其善,故使重歌而自和之。"(《述而》)这就是说,何晏也同样承认圣人有情,并非无情,只是圣人之情以礼为节,以善为准,能做到情与理的统一。这和王弼所说的"圣人茂于人者神明也,同于人者五情也",意思大致是相同的。何晏不像汉代的神学目的论那样,把圣人看作天生就是"与天地合其德",而是认为圣人也和常人一样,是从现象逐渐上升到本体,甚至认为圣人也不能体道,只是志慕而已。他注"志于道,据于德,依于仁,游于艺"说:"志,慕也。道不可体,故志之而已。据,杖也。德有成形,故可据。依,倚也。仁者功施于人,故可倚。艺,六艺也。不足据依,故曰游。"(《述而》)由于圣人尚不能体道,所以五十而知天命之后,还要学《易》,才能不犯大错误。他注"加我数年,五十以学《易》,可以无大过矣"说:"《易》穷理尽性以至于命。年五十而知天命。以知命之年,读至命之书,故可以无大过。"(《述而》)

从何晏的这些前后矛盾的思想,可以看出,他在处理本体与现象的关系上遇到了困难,常常是顾此失彼,捉襟见肘,不能自圆其说。但是,作为一种本体论的哲学,它的内在的逻辑要求就是使本体与现象相联结,而不能使二者相割裂。特别是要求从中推演出一种内圣外王之道,以解决人事的问题,否则,这种本体论的哲学就将失去意义。何晏的探索不能违反这些要求,因此,就其哲学思考的基本倾向而言,他是极力促使二者的联结的。

何晏特别强调本体对现象的统率作用。他注《论语》"君子上达,小人下达"说:"本为上,末为下。"(《宪问》)这是他的玄学思想最基本的论点。但为了确立这个论点,他必须回答一系列与此有关的问题,比如本体究竟从何而来,本体究竟是孤悬于现象之上,还是与现象密不可分的内在的本质,人们对本体究竟是直接把握,

还是应通过现象分析入手,等等。在这些问题上,何晏的思想也出现了混乱。他注"予一以贯之"说:

> 善有元,事有会,天下殊途而同归,百虑而一致。知其元,则众善举矣。故不待多学,而一知之。(《卫灵公》)

这一段话对"本为上,末为下"作了具体的解释。一方面,何晏认为,本体是殊途同归、百虑一致的产物,也就是说,它是会通而成的,"善有元,事有会",万理归于一理,因而与现象是相互联结的。但是另一方面,他又认为,"故不待多学,而一知之",这个通贯万理之一又排斥了现象,变成了一个孤悬的抽象的本体了。按照何晏本来的思路,他是要用"思其反"的方法,通过不断的反复循环来探索本与末的关系。他的这个"故不待多学,而一知之"的论点,不仅与他本来的思路相矛盾,也与他其他的一些论述相矛盾。

他注"思而不学则殆"说:"不学而思,终卒不得,徒使人精神疲殆。"(《为政》)他注"切问而近思"说:"切问者,切问于己所学未悟之事。近思者,思己所未能及之事。泛问所未学,远思所未达,则于所习者不精,所思者不解。"(《子张》)注"学如不及,犹恐失之"说:"学自外入,至熟乃可长久,如不及,犹恐失之。"(《泰伯》)从这些论述来看,何晏并非一贯地反对"多学",而是和孔子一样,主张学思结合的。因为不学而思,只能使人精神疲殆而无所得,学是从外面接受各种各样由现象所提供的材料,必须十分精熟方可长久据为己有,这是一个无穷的追求过程,既得之,犹恐失之。思是在学的基础上进行的,不能离开学而去"泛问""远思",正确的途径是"切问而近思"。何晏根据这个思想来解释"故"与"新"的关系。他注"温故而知新,可以为师矣"说:"温,寻也。寻绎故者,又知新者,可以为人师矣。"(《为政》)这就是说,既温寻旧得,又能开悟新知,新知不能离开旧得而凭空产生。这个思想显然与他所说的"故不待多学,而一知之"的论点形成了矛盾。

本体论的哲学必然重视抽象的理论思维,因为只有运用这种思维才能把握那无形无象的本体。但是本体论的哲学为了处理本体与现象之间的关系，又不能不重视感性的经验和生动的直观，因为离开了现象，本体就变成了无源之水、无本之木。在这个问题上，何晏陷入了进退维谷的困境，未能为贵无论的玄学发展出一套前后一贯的认识论和方法论的思想。但从他的哲学思考的基本倾向来看，他是极力适应本体论哲学的内在要求进行探索的。他不像汉代的神学那样通过现象去窥测天意，而是凭借人自身所拥有的理性力量去探索那隐藏在现象背后的本体和规律。他注《论语》"其或继周者，虽百世可知也"说："物类相召，世数相生，其变有常，故可预知。"（《为政》）这种对理性力量所表现出的无限信心，是何晏进行不懈探索的原动力。

由于中国的本体之学属于体用之学，其所谓体，不同于西方哲学中的一般，其所谓用，也不同于西方哲学中的特殊，无论是体或用，都带有浓厚的社会政治伦理的色彩，并不完全是纯哲学的概念，所以这种本体之学也就很自然地成为内圣外王之道的理论基础。

前面业已指出，何晏所谓的道，既是自然之道，也是内圣外王之道。就自然之道而言，何晏可以从纯哲学的角度，不必涉及价值判断问题。但就内圣外王之道而言，他无法超越他那个时代的价值标准。《世说新语·文学》篇注引《文章叙录》曰："自儒者论以老子非圣人，绝礼弃学，晏说与圣人同，著论行于世也。"何晏把道家的老子抬到与儒家的孔子相同的地位，认为都是圣人，这是从自然之道的角度来考虑的。因为贵无论玄学的基本概念都是从老子那里援引过来的，其本体论的思想也是以老子哲学为基础，如果不把老子说成是圣人，以道解儒的工作就将无法进行。但是，何晏在社会政治伦理思想中的价值观，仍然遵循着儒家的准则。他注《论语》"攻乎异端，斯害也已"说："攻，治也。善道有统，故殊途而同归。异端不同归也。"（《为政》）注"可与共学，未可与适道"说："适，之也。虽学，或得异端，未必能之道。"（《子罕》）为了给他那个时代提供一种内圣外王之道，何晏不能不根据他那个时代的价值标准来区分什么是"善道"，什么是"异端"。这不是何晏个人的

第三章 何晏的玄学思想

选择,而是他那个时代的选择。

人们通常认为何晏关于无为的政治理想来源于老子,事实并非如此。《景福殿赋》说:"钦先王之允塞,悦重华之无为。"重华即舜。这是根据《论语》中的儒家思想来说的。何晏注《论语》"无为而治者,其舜也与"说:"言任官得其人,故无为而治。"(《卫灵公》)何晏关于无名的思想,也是直接承袭孔子而来的。《论语·泰伯》说:"子曰:大哉尧之为君也。巍巍乎!唯天为大,唯尧则之。荡荡乎!民无能名焉。巍巍乎!其有成功也。焕乎!其有文章。"何晏在《无名论》中解释说:"仲尼称尧荡荡无能名焉,下云巍巍成功,则强为之名,取世所知而称耳。"他在《论语集解》中注"巍巍乎其有成功也,焕乎其有文章"说:"功成化隆,高大巍巍。焕,明也。其立文垂制又著明。"因此,关于无为和无名这两个概念,其具体的内容就是指"任官得其人","功成化隆","立文垂制又著明",儒家关于外王的政治理想大致都凝缩在这几句话中了。但是,在孔子原本的思想中,并不具有本体论的哲学意义,而老子则把无为和无名提到本体论的高度来论证。何晏之所以把老子和孔子都同样看作是圣人,是因为他那个时代对新的内圣外王之道存在着两方面的需要,一方面要坚持儒家以名教为特征的价值观,另一方面要用本体论的天人新义去取代神学目的论的天人旧义。根据前者的需要,何晏不能不奉孔子为圣人,根据后者的需要,又不能不把老子说成是与圣人同。在整个魏晋时代,关于孔子与老子同异的问题一直是热门话题,而对这个问题最巧妙的回答就是那句模棱两可的"将无同"(莫非是相同吧)。其实,这是一个解释学的问题。何晏在论述自然之道时,可以大谈"以无为本",看来是一个道家的忠实的信徒。但当他论述内圣外王之道时,又像是一个地地道道的儒家。为了把这二者结合起来,使自然之道与内圣外王之道不致发生断层现象,只能沿着儒道兼综的道路蹒跚地前进。因而关于孔老同异的问题,唯一可能的回答也只能是模棱两可的。

实际上,这也是一个本体与现象相互联结的问题。何晏虽然反复强调"本为上,末为下",致力于确立本体比现象更为根本的观点,但是他对现象仍然是倾注了热情的关切。因为构筑本体论哲学的最大的动因并非出于思辨的需要,而是为了给属于现象的名教提供合理性的根据。所谓名教,它的确切含义并不是指的儒家思想,也不是指某个政治集团所推行的方针国策,而是指由长期的历史发展所形成的一套完整的封建宗法等级制度。儒家思想以及崇儒的政策对这种制度的形成固然起了极大作用,但这种制度毕竟是人们必须生活于其中的社会政治伦理实体,而不是可以自由选择的思想或政策。在何晏所生活的时代,名教是一种必然的不以人们的意志为转移的社会关系。人们只能把它当作既成的事实来接受,在它的规定下参与社会生活,而决不能否定名教,因为否定名教等于否定整个社会,从而也否定了自己。但是,人和动物不同。动物和它的生活活动直接是一个东西,人则谋划着他的未来,自觉地创造历史。人不像动物那样仅仅和一个被规定性直接合流在一起,他是一个有意识的存在。如果名教出现了弊端,变得不那么合理,人们就会想方设法地去对它进行调整、纠正、改造。早在东汉末年,荀悦就主张以"真实"来纠正名教中的虚伪。曹魏时期,杜恕进一步探索这个问题,提出以"诚"来纠正。玄学综合总结了这些探索的成果,提炼出了自然这个范畴。所谓自然,它的确切含义并不是指的道家思想,也不是指茫茫无垠的自然界本身,而是指支配着自然界的那种和谐的规律。人们根据对它的认识和理解,来谋划一种和谐自由舒畅的社会发展前景,使得社会领域的君臣、父子、夫妇的人际关系能像天地万物那样调适畅达,各得其所,从而自然这个范畴也就成为人们自觉地创造历史的一种精神力量。从这个意义来看,名教与自然这对范畴反映了人们社会历史实践活动中两个矛盾着的方面,蕴涵了必然与自由、自在与自为等一系列丰富而深刻的哲学内涵,本身就是既对立又统一,紧密相连,不可分割的。汉魏之际,分裂割据,战争频仍,社会动乱,历史给人们带来了巨大的苦难。这种苦难既是人们所无法逃避的,又是人们所无法忍受的。因而人们只有着眼于名教与自然的结合才能找到一条摆脱苦难的出路。何晏作为玄学思潮的倡导者,从本体论的角度把名教归属于现象范畴，但是这种属于现象的名教既是引发他的哲学思考的现实的不可超越的生活土壤，也是检验他的哲学思考是否成功的客观依据。

何晏对名教中以孝悌为核心的宗法伦理关系是十分重视的。他注《论语》"其为人也孝弟，而好犯上者，鲜矣。不好犯上而好作乱者，未之有也。君子务本，本立而道生。孝弟也者，其为仁之本与"说："鲜，少也。上，谓凡在己上者。言孝弟之人必恭顺，好欲犯其上者少也。本，基也。基立而后可大成。先能事父兄，然后仁道可大成。"（《学而》）何晏也特别强调礼的规范作用。他注"恭近于礼，远耻辱也"说："恭不合礼，非礼也，以其能远耻辱，故曰近礼也。"（《学而》）注"慎而无礼则葸"说："葸，畏惧之貌。言慎而不以礼节之，则常畏惧。"（《泰伯》）注"上好礼，则民易使也"说："民莫敢不敬，故易使。"（《宪问》）

何晏不仅肯定了孝悌和礼，而且对儒家所提出的其他一些规范也作了充分的肯定。他注《论语》"子罕言利与命与仁"说："罕者，希也。利者，义之和也。命者，天之命也。仁者，行之盛也。寡能及之，故希言也。"（《子罕》）注"论笃是与？君子者乎？色庄者乎"说："论笃者，谓口无择言。君子者，谓身无鄙行。色庄者，不恶而严，以远小人。言此三者，皆可以为善人。"（《先进》）

照何晏看来，名教中的这些规范就是区分"善道"和"异端"的标准，人们应该以此严格要求自己，而不得有所违反。他注"士而怀居，不足以为士矣"说："士当志道，不求安，而怀其居，非士也。"（《宪问》）注"岁寒然后知松柏之后凋也"说："喻凡人处治世，亦能自修齐，与君子同。在浊世，然后知君子之正，不苟容。"（《子罕》）所谓"修齐"，就是修身、齐家。《大学》指出："自天子以至于庶人，壹是皆以修身为本。"这是儒家一贯主张的德治思想，强调从天子到庶人都要讲究修身，自觉地遵循名教中的各种规范。正始年间，何晏根据这个思想对齐王芳进行了严肃的规劝。他说：

> 善为国者必先治其身，治其身者慎其所习。所习正则其身正，其身正则不令而行；所习不正则其身不正，其身不正则

虽令不从。是故为人君者,所与游必择正人,所观览必察正象,放郑声而弗听,远佞人而弗近,然后邪心不生而正道可弘也。季末暗主,不知损益,斥远君子,引起小人,忠良疏远,便辟亵狎,乱生近暱,譬之社鼠;考其昏明,所积以然,故圣贤谆谆以为至虑。舜戒禹曰"邻哉邻哉",言慎所近也,周公戒成王曰"其朋其朋",言慎所与也。《书》云:"一人有庆,兆民赖之。"可自今以后,御幸式乾殿及游豫后园,皆大臣侍从,因从容戏宴,兼省文书,询谋政事,讲论经义,为万世法。(《三国志·魏书·三少帝纪》)

太和年间,何晏也是根据这种同样的思想,对明帝曹叡提出了殷切的期望。《景福殿赋》说:"故将立德,必先近仁。欲此礼之不僭,是以尽乎行道之先民。""纳贤用能,询道求中。""睹农人之耘耔,亮稼穑之艰难。惟飨年之丰寡,思《无逸》之所叹。感物众而思深,因居高而虑危。惟天德之不易,惧世俗之难知。观器械之良窳,察俗化之诚伪。瞻贵贱之所在,悟政刑之夷陂。亦所以省风助教,岂惟盘乐而崇侈靡。"

何晏对仁作了一系列的规定:"先能事父兄,然后仁道可大成。"(《学而》)"仁者乐如山之安固。"(《雍也》)"仁者功施于人。"(《述而》)"仁者行之盛也。"(《子罕》)他注"殷有三人焉"说:"仁者爱人。三人行异而同称仁,以其俱在忧乱宁民。"(《微子》)"仁者爱人"是一条最基本的规定。小而言之,施之于家族,"能事父兄"。大而言之,施之于天下国家,则"忧乱宁民""功施于人"。惟其如此,故"乐如山之安固",这就达到本体的境界了。尧之所以取得巍巍成功而又无名,就是因为尧是一个最大的仁者。

何晏大体上是通过这样一些论述把自然与名教、本体与现象联结在一起,从而也把自然之道与内圣外王之道联结起来了。玄学的内圣外王之道是渗透着一种强烈的社会政治理想的,不同于王充纯以天道为对象的那种自然主义。何晏注《论语》"如用之,则吾从先进"说:"将移风易俗,归之淳素,先进犹近古风,故从之。"(《先进》)《景福殿赋》说:"是以六合元亨,九有雍熙。家怀克让之风,人咏康哉之诗,莫不优游以自得,故淡泊而无所思。""绝流遁之繁礼,反民情于太素。"这就是那个时代的人们普遍向往的一种和谐自由舒畅的社会发展前景,一种合乎自然的名教。

三、何晏玄学思想的缺陷

关于本体与现象的相互联结,应该是内在的联结而不是外在的联结,应该是二者结为一个有机的整体,即体即用,即用即体,而不能分为两截。这是衡量一个本体论哲学是否成熟的客观标准。拿这个标准来衡量何晏的玄学思想,其中的缺陷是相当明显的。何晏本人也清醒地意识到这种缺陷,坦率地承认自己的玄学思想比不上王弼。实际上,王弼的玄学思想也没有达到这个标准,也可以说,在中国哲学史上,不管是哪一种类型的本体之学都没有达到这个标准。这是因为,所谓本体之学无非是一种捕捉世界之网,而世界是一个无限运动的过程,人们绝不可能把世界的整体捕捉到手,至多只能捕捉到某一个片断。虽然如此,人们还是要把那个无法达到的客观标准树立为最高理想,并且朝着最高理想进行无限的追求。这就是凡是从事本体之学的哲学家,包括政治伦理思想根本对立的哲学家,为什么都一致根据这个客观标准来互相指责的原因所在。

概括地说,何晏玄学思想的缺陷可以这样来表述:当他谈论本体时,却遗落了现象,当他谈论现象时,又丢掉了本体。诚然,何晏也曾提出过"思其反"的方法,认识到一方面应该由用以求体,另一方面再由体以及用,通过不断的反复循环去把握体与用、本体和现象之间的关系。但是,他的这种认识是模糊的、抽象的,未能贯彻到各个具体的领域,常常是浅尝辄止,刚刚开了一个头,又止步不前。

我们在本章第一节分析了何晏的《道论》和《无名论》。这是他集中谈论本体的两段文字。尽管他确立了本体论哲学的一些基本论点,就有与无的关系发表了一些很好的议论,但是却一直停留于抽象思辨的领域。读了这两段文字，我们无法具体地了解究竟"有之为有，恃无以生；事而为事，由无以成"这个命题是怎样提炼出来的。按照他的"思其反"的方法，本来是应该由用以求体的，但是他却把用撇在一旁，劈头盖脑地拈出一个体来。于是这个体就成了一个孤悬之体，对于体的规定和描述也只能是有与无这一类的名词概念颠来倒去的重复。总之，本体是要展开成一个具体的哲学系统的，是要结合众多的自然现象和社会现象来做出规定和描述的。恰恰在这个关键之点上，何晏把现象遗落了。

第二节我们着重分析了他的《论语集解》，肯定了他在结合本体与现象方面所作的努力，也指出了他在许多具体问题上把二者割裂开来的缺陷。就《论语》本身而言，其中蕴涵的本体论的思想并不是很多，从玄学的观点来看，大半谈的是一些现象。但这些现象并非不重要，特别是作为社会政治伦理实体的名教，是一种人们无法超越的社会关系，是一种客观的必然。按照何晏的"思其反"的方法，本来是应该由体以及用，从本体的角度对这种名教进行全面的反思，把它提升到自由的境界，根据体现着超越的理想的自然范畴对它重新作出解释。但是何晏在谈论名教时，却只是强调名教中的一些价值规范，而没有进一步去发掘这些价值规范怎样才能合乎自然。换句话说，当何晏谈论现象时，又把本体丢掉了。

本体论的哲学确实需要有一套属于自己的方法，这种方法应该不同于汉代的宇宙生成论所使用的方法。汉代的董仲舒和王充对宇宙生成的看法，一个主张"或使"，一个主张"莫为"，但他们都同样使用实证的方法来确立自己的论点。所谓实证，就是举例。董仲舒为了证明天人感应，辛勤地搜罗了一大堆的例证。王充为了证明天道自然无为，针锋相对地通过大量的实例去逐条地"疾虚妄"。汉代哲学从总体上看显得极为滞重而烦琐，是和这种实证的方法分不开的。何晏想出了一条"思其反"的方法，就其基本精神和发展方向而言，是与实证的方法不相同的。但他自己在许多地方仍未脱汉人窠臼。比如他在《无名论》中，为了证明无为实有，就用了汉人的那种举例的方法：既然阴阳同类相应，为什么有无不能同类相应,既然有形的泰山由无形的元气凝聚而成,为什么说无是一无所有,等等。应当承认,人们在思维过程中,举例是必不可少的。但光是举例,则思维只能停留于感性的表层,"未免于物","在物一曲",而不能上升到本体思维的高度。这种本体思维,应该是世界观与方法论的统一,就是说,它首先是一种世界观,然后才转化为一种方法论。只有当人们真正把握了那个隐藏在现象背后而又无处不在的本体,才能自觉地、具体地并且得心应手地运用本体思维去捕捉世界。因此,本体思维与何晏所说的那种"思其反"的方法是不相同的,是一种高层次的思维。何晏之所以在处理本体与现象的关系上经常遇到困难,滞而不通,固然是由于未能把"思其反"的方法贯彻到各个具体的领域,但归根结底,还是由于他并没有真正把握到那个本体,他的世界观尚未成熟。

为了把握那个本体以形成一套真正属于自己的前后一贯的本体思维,批判继承前人所积累的运用本体思维的经验,是一个必要的前提。这就需要从前人遗留下来的大量经典中挑选出合适的经典作为自己的依据,并且作出推陈出新的解释。我们曾经指出,在整个魏晋时代,关于孔子与老子同异的问题一直是热门话题,而对这个问题最巧妙的回答就是那句模棱两可的"将无同"(莫非是相同吧)。其所以产生这个问题,是因为在那个特定的时代,人们一方面需要坚持以孔子为代表的名教,另一方面又需要根据老子的那种本体思维来重新论证。老子本身的激烈否定名教的思想,是那个时代的人们所不能接受的。而孔子本身的停留于低层次的理论水平,又为当时的人们所不满。这种双重的需要归结为一个解释学上的难题,人们只有去其所异而求其所同,机智地避开问题的症结,采取一种模棱两可的回答。但是,何晏对这个难题的回答,似乎是过于笨拙了。而王弼对这个难题的回答比何晏则要巧妙得多。王弼说:"圣人体无,无又不可以训,故言必及有;老庄未免于有,恒训其所不足。"(《世说新语·文学》)按照王弼的这种思路,就是一方面致力于把孔子关于名教的思想提到"体无"的高度,另一方面又把老子关于本体的论述放置到名教的基地上来。何晏虽然口头上也承认老子与圣人同,但是他的《道德论》和《论语集解》实际上是把儒道分为二截,以致在谈论本体时看来是道家,谈论现象时又看来是儒家。因此,何晏的玄学思想之所以零碎而不成系统,也是由于他没有找到一种按照新的时代需要以解释传统经典的方法。

在中国哲学史上,一些有代表性的哲学体系大多是通过重新解释经典的形式建立起来的。这些哲学体系依据经典而又不囿于经典,利用前人的思想资料,创立新意。就其所创立的新意而言,实际上是反映了新的时代需要,不同于经典的本义;但它究竟是依据经典引申出来的,也不能说与经典的本义毫无关联。因此,一部中国哲学史,在一定的意义上也就表现为一部对传统经典的解释史。而每一种新的哲学体系的建立,也必然伴随着一种解释方法上的革新。这种现象固然是中国中世纪哲学的特点,其实也符合人类哲学思想发展的一般规律。因为新的哲学观念不能从新的经济和新的政治中直接产生,而必须以前人所积累的思想资料为前提。恩格斯晚年在致施米特与梅林的信中曾反复谈到,当初他和马克思为了创立唯物史观,"是把重点放在从作为基础的经济事实中探索出政治观念、法权观念和其他思想观念以及由这些观念所制约的行动",但他们这样做的时候却"为了内容而忽略了形式方面,即这些观念是由什么样的方式和方法产生的"。"经济在这里并不重新创造出任何东西,但是它决定着现有思想资料的改变和进一步发展的方式。"①思想资料是过去时代的产物,体现着前人探索宇宙人生奥秘所取得的成果,其中有一些被后人奉为经典。但这些经典在新的历史条件下不能原封不动地套用,必须重新解释,有所改变,有所发展,才能获得新的生命,具有新的意义。新的哲学观念就是在这种重新解释经典的过程中产生的。虽然新的哲学观念归根到底由经济的因素所制约,但是它的形式的方面是相对独立的,有它自己的内在的逻辑。从这个角度来看,建立一个新的

---

① 《马克思恩格斯选集》第四卷,北京:人民出版社,1972年,第500、485—486页。

哲学体系,必须有一套新的解释经典的方法。对解释方法的探索,同时也就是对理论的探索,方法上的缺陷同时也就是理论上的缺陷。

在何晏所生活的时代,人们对高层次的本体论的哲学怀有普遍的期待,因而研究《周易》和《老子》蔚然成风。这种情形是可以理解的。因为在当时的各种经典中,唯有《周易》和《老子》的思辨性最强,所蕴涵的本体论的思想最多,依据它们阐发出一套合乎时代需要的新的本体论的哲学,是具有客观可能性的。但是,《周易》和《老子》毕竟是两个不同的哲学系统,彼此之间存在着一系列的矛盾。就其荦荦大端而言,一个是儒家,一个是道家;一个主张刚健进取,一个主张贵柔守雌;一个把世界统一于阴阳,一个则以道为最高范畴;一个赞美仁义礼智,一个则对之猛烈抨击。因此,如何克服这一系列的矛盾,把它们解释成完全一致,确实十分困难,并非轻而易举就能解决的。特别是它们经过汉人长期研究,业已形成了一套解释。这种解释尽管属于汉代的上层建筑,不适合新的时代需要,却已凝结为一种成见和常识。如果不从根本上推翻汉人的旧解释,提出一套系统的新解释来改变人们的成见和常识,则难以使这两部经典焕发新的意义,获得新的生命。相比之下,这个任务比前者更为艰巨。

何晏的《老子注》并未完成,只写了《道德论》,而《道德论》全文已佚,只残存《道论》和《无名论》两个片断。从这两个片断来看,何晏对《老子》的解释是不成功的,比不上王弼。王弼在《老子指略》中指出:“《老子》之书,其几乎可一言而蔽之。噫!崇本息末而已矣。”王弼根据本末关系来把握《老子》书中所蕴涵的本体论思想,是颇有见地的,这种把握也切合传统天人之学的“明于本数,系于末度”的基本精神。所谓本末关系,也就是说,本体与现象相互联结,如同本末一样,是一个东西的两个方面,谈本体不能脱离现象,谈现象也不能脱离本体。但是何晏却没有看出这种本末关系,只是把纷然杂陈的众多现象统一于没有任何规定性的无。这就既不能圆满解决贵无论玄学所面临的一系列的矛盾,也无法全面地解释《老子》。

何晏没有写出关于《周易》的著作,因为他在解释时遇到了困难。他"自言不解《易》九事。"《南齐书·张绪传》记载:"绪长于《周易》,言精理奥,见宗一时。常云何平叔所不解《易》中七(九)事,诸卦中所有时义,是其一也。"所谓时义就是卦义。《周易》六十四卦,根据阴阳二爻的推移变化,组成了不同的卦爻结构,编纂了含义不同的卦爻辞。《彖传》和《象传》分别作了解释,指出每一卦都有一种不同于其他卦的特殊的卦义,显示出一种受各种条件制约的具体的情景,并指导人们如何选择合理的行动趋吉避凶,朝有利方面转化。所有这些卦义,从本体论的角度来看,都属于现象范畴。《周易》的本体论思想在《彖传》和《象传》中表现得最少,大部分蕴涵在《系辞》和《说卦》中。这两篇著作用"一阴一阳之谓道"这个命题把六十四卦的卦义统一起来,认为只有掌握了阴阳变化的规律,才能适应各种具体的情景,无往而不通。但是,《周易》的这种本体论思想在汉代的象数派的易学中完全淹没了。汉易象数学以孟喜、京房的卦气说为主流,易纬也属于这个系统。这种卦气说不讲卦义,打乱《周易》原有的次序,把六十四卦分为四正卦、十二辟卦、四十八杂卦,重新排列,与四时、八方、十二月、二十四节、七十二候、三百六十日相配,按日以候气,分卦以征事,构筑了一套新的框架结构,阐发天人感应、阴阳灾异的思想。卦气说虽然提供了一个完整的宇宙观,其思维模式却是宇宙生成论而不是本体论。为了把宇宙万象尽量纳入这种框架结构之中,使之受卦气的支配,汉易象数学发明了互体说,于是卦体的变化加多,而卦义也更加淹而不明了。郑玄的十二爻辰以及荀爽、虞翻的升降、卦变,大体上都承袭了这种思维模式。钟会、王弼都反对互体说,何晏也可能持同一看法,这是极力突破汉易象数学的藩篱、恢复《周易》原有的卦义说的一种尝试。既然《彖传》和《象传》已对六十四卦的卦义一一作了解释,可以推想,何晏在理论上所感到的困惑并不在于卦义本身,而在于如何用"以无为本"的命题来统率这许多具体的卦义。从本体论哲学的高度来看,这也就是如何辩证地解决有与无、现象与本体的关系问题。由此可见,何晏解释《周易》和《老子》所遇到的困难具有同样的性质,都是由于没有找到一种合理的方法解决本体论哲学的关键问题所引起的。

《周易·系辞》说:

> 夫《易》,圣人之所以极深而研几也。唯深也,故能通天下之志。唯几也,故能成天下之务。唯神也,故不疾而速,不行而至。

这是《周易》对自己的本体之学的一种很好的概括。所谓"极深",就是"明于本数",唯其"明于本数",故能开通天下人的思想。所谓"研几",就是"系于末度",唯其"系于末度",故能成就天下人的事业。"深"为体,"几"为用,"深"与"几"最完美的结合就是"神"。"神"是不能脱离"深"与"几"而单独存在的。但是何晏对《周易》的这种体用结合的本体之学作了片面的理解。《三国志·魏书·何晏传》注引《魏氏春秋》曰:

> 初,夏侯玄、何晏等名盛于时,司马景王亦预焉。晏尝曰:"唯深也,故能通天下之志,夏侯太初是也;唯几也,故能成天下之务,司马子元是也;唯神也,不疾而速,不行而至,吾闻其语,未见其人。"盖欲以神况诸己也。

何晏认为,夏侯玄思想深刻,长于分析;司马师能随机应变,长于事功;但是却比不上自己精通玄理,达到神化的境界。实际上,脱离了"极深"和"研几"的神化境界是根本不存在的,即令何晏自以为达到了这种神化境界,而这种神化境界既不能"极深",也不能"研几",那就只能算作是知识分子的一种概念的游戏,或者是一种神秘的呓语,而决不能成为时代精神的精华。

由于何晏对《周易》和《老子》的本体之学并没有真正理解,所以他既无法对这两部经典作出全面的解释,也不能形成一套真正属于自己的前后一贯的本体思维,以解决本体与现象的关系问题,成功地构筑一个完整的哲学系统。

第四章　王弼的解释学

一、中国哲学对理解的探索

王弼的玄学思想所依据的经典与何晏一样，主要是《周易》和《老子》，何晏作了《论语集解》，王弼也作了《论语释疑》。但是何晏只是提出了某些重要的玄学论点，而王弼则成功地建立了一个完整的体系。究其原因，是由于何晏在解释经典的方法上存在着缺陷，而王弼在《周易略例》和《老子指略》中则对方法问题进行了深入的研究，突破汉人藩篱，找到了一个按照新的时代需要全面地解释这几部经典的方法。

所谓解释，也就是理解，而理解是存在着层次上的差别的。有人停留于字面上的理解；有人能发掘出隐藏在字里行间的深层的含义；有人更能结合时代的需要，引申发挥，推出新解；有人不仅在某些个别的论点上推出新解，而且融会贯通，创建出一种既依据经典而又不同于经典的崭新的哲学体系。何晏对经典的理解可能是摇摆于第二和第三两个层次之间，而王弼则上升到第四个层次了。

关于理解的这四个层次，各有其功能，不可偏废。古人习惯于把第一个层次称之为训诂之学，把第二、三、四层次称之为义理之学。如果义理之学不以训诂为基础，其流弊为穿凿附会，空疏不实。相反，如果训诂之学脱离了义理，其流弊则为咬文嚼字，烦琐支离。因而历史上所形成的训诂和义理这两大派，既互相斗争，又互相制约。但就哲学家而言，特别是那些划时代的大哲学家，必然要走一条纯粹的义理之学的道路，常常不受训诂的束缚，也最容易为训诂派留下攻击的把柄。这是因为，哲学家和训诂家不同，他所追求的不是经典的本义,而是极力使自己的理解臻于上乘,凭借这种理解来发挥自己的哲学思想。从这个角度来看,哲学家是立足于创造去理解传统的,而训诂家则像是传统的管家婆,只是力求把传统保存得完好无缺。究竟二者谁是谁非,这就牵涉到一个对理解的看法问题了。

哲学家为了创建自己的体系,必须对何为理解的问题作一番研究,也就是说,他应该形成一套为自己所特有的解释学的理论和方法。拿何晏与王弼来相比。何晏对《老子》的解释服膺于王弼,对《周易》的解释则服膺于管辂。这种情形说明,何晏的玄学思想缺乏解释学上的依据,而这种缺乏对一个哲学家来说,常常是致命的。如果说何晏服膺于王弼属于贵无论玄学内部的切磋商讨,尚情有可原,那么他服膺于管辂,就决不能原谅了。管辂是汉易象数派的末流,在思想上是与何晏所企图建立的义理派的易学根本对立的。管辂对何晏的批评是极为尖刻的。他说:"若欲差次老庄而参爻象,爱微辞而兴浮藻,可谓射侯之巧,非能破秋毫之妙也。""欲以盆盎之水,求一山之形,形不可得,则智由此惑。故说老庄则巧而多华,说《易》生义则美而多伪,华则道浮,伪则神虚。"(《三国志・魏书・管辂传》注引《辂别传》)何晏面对着象数派易学的这种严重的挑战,不仅未予有力的还击,反而赞叹不已,此时此际,他的那些经过辛勤探索而本来大大高于管辂的义理派的易学思想,顷刻化为乌有了。王弼与何晏不同,他在各种各样的挑战面前,一直是立于不败之地的。何劭的《王弼传》说:"弼天才卓出,当其所得,莫能夺也。"王弼所立的《大衍义》曾受到荀融的非难。荀融的易学思想也属于象数派。但是王弼不像何晏那样轻易表示屈服,而是不作正面回答,站在更高的层次,讲了一通圣人有情的论点,把自己比作孔子,把荀融比作颜回,跟他开了一个机智的玩笑。在贵无论玄学创建初期,人们不习惯这种标新立异的哲学思想,进行种种非难,这是必然的。为了使这种哲学思想站稳脚跟,必须找到解释学上的依据,能够证明自己的大破大立不仅符合时代的需要,也是对传统经典最正确的理解。王弼之所以高于何晏,是因为他对理解本身作了充分的研究，而且确实形成了一套带有玄学色彩的解释学的理论和方法。在中国哲学史上，他的《周易略例》和《老子指略》这两部著作是具有划时代的意义的，可以看作是关于中国哲学从先秦以至两汉对理解的探索的一次全面系统的总结。

理解是与人类的思维同步的。当人类把自己的思维成果用文字记载下来以后，对文字的理解就成了思维进一步发展的必要的中介和前提。这种理解，目的在于从已知推出未知，它的本质是创造，一方面继承传统，同时又不断地推动传统的革新。从世界史的角度来看，每一个有文化的富有创造性的民族，必然是对理解的本质进行了长期的探索。唯其如此，它的文化才能形成一道生命洋溢、奔腾向前的洪流。就中国的历史而言，自觉地探索理解的问题，可以追溯到西周初年。《尚书·多士》说："惟尔知惟殷先人有册有典，殷革夏命。"《多士》是周公告诫殷顽民的一篇训辞。周公一方面深入研究了殷人的典册，同时又发展了一种为殷人所无的天命转移的历史观，以此告诫殷人，叫他们服从周人的统治。从《尚书·无逸》中，可以看出，周公对殷代的历史相当熟悉，确实是作了一番比较客观的研究。周公指出，殷代先哲王都是励精图治，不敢过度享乐而谨慎戒惧，所以中宗、高宗、祖甲享国都很长久，殷代后王则是酗酒畋猎，奢侈腐化，耽于逸乐，所以享国或十年，或七八年，或五六年，或四三年。周公从中得出了一个十分深刻的历史教训，要周人引以为戒。这种历史教训是殷人典册事实上所无而又为情理上所应有的。这就是真正的理解。周人就是凭借这种理解创造出一套系统的天命神学，在殷周之际促使宗教思想发生一次巨大的变革。

先秦的诸子百家，他们的思想都有经典上的依据，都有一套适合于自己的解释学的理论和方法，其中以儒家的探索最为充分。孔子自称"述而不作"，实际上，他是利用整理和解释传统文化典籍的形式来发挥他的思想。这些文化典籍包括《诗》《书》《礼》《乐》《易》《春秋》等。在《论语》中记载了不少关于这方面的言论。比如：

子贡曰:"贫而无谄,富而无骄,何如?"子曰:"可也。未若贫而乐,富而好礼者也。"子贡曰:"《诗》云:'如切如磋,如琢如磨',其斯之谓与?"子曰:"赐也!始可与言《诗》已矣。告诸往而知来者。"(《学而》)

子夏问曰:"'巧笑倩兮,美目盼兮,素以为绚兮。'何谓也?"子曰:"绘事后素。"曰:"礼后乎?"子曰:"起予者商也,始可与言《诗》已矣。"(《八佾》)

子曰:"南人有言曰:'人而无恒,不可以作巫医。'善夫!不恒其德,或承之羞。"子曰:"不占而已矣。"(《子路》)

"不恒其德,或承之羞",是《周易·恒卦》九三爻辞。孔子引用了《恒卦》的这条爻辞,并着重指出,只有不把《周易》用于占卜才能体会出这个具有普遍性意义的道理。不把《周易》用于占卜而着重于从义理上引申发挥,是孔子的读易法。由于这个方法被儒家自觉地运用,《周易》这部占卜之书才逐渐地摆脱宗教巫术的性质,被改造成为发挥儒家的义理之书。孔子对子贡和子夏表示赞赏,也是就他们善于从义理上引申发挥而言的。这种引申发挥之义并非原文的本义,但也不是无中生有,而是确有所据的。唯其如此,所以孔子才能以"述而不作"的形式,创造出"一以贯之"的思想体系。

孟子的解释学是直接继承孔子的,并且作了进一步的发展。他说:

故说诗者,不以文害辞,不以辞害志。以意逆志,是为得之。如以辞而已矣,《云汉》之诗曰:"周余黎民,靡有孑遗。"信斯言也,是周无遗民也。(《孟子·万章上》)

尽信《书》,则不如无《书》。吾于《武成》,取二三策而已矣。仁人无敌于天下,以至仁伐至不仁,而何其血之流杵也?(《孟子·尽心下》)

孟子认为,在文(文字)、辞(语言)、志(意义)三者之中,志(意义)是第一位的。为了把握原文的意义,唯一正确的途径就是"以意逆志"。"意"是自己的意思或意图,是属于主观的。"志"是原文本身的意义,是属于客观的。只有以自己的主观去揣度原文的客观,才能得到真正的理解。因此,这样的理解必然带有很大的选择性,如果原文的客观不符合自己的主观,可以大胆地怀疑。孟子的这种理论为自由的理解和创造性的发挥开辟了广阔的天地,对尔后中国文化思想的发展是起了极大的促进作用的。

庄子对理解的探索比孟子又更深一层。他说:

> 世之所贵道者书也,书不过语,语有贵也。语之所贵者意也,意有所随。意之所随者,不可以言传也,而世因贵言传书。世虽贵之,我犹不足贵也,为其贵非其贵也。故视而可见者,形与色也;听而可闻者,名与声也。悲夫,世人以形色名声为足以得彼之情!夫形色名声果不足以得彼之情,则知者不言,言者不知,而世岂识之哉!

> 桓公读书于堂上,轮扁斫轮于堂下,释椎凿而上,问桓公曰:"敢问,公之所读者何言邪?"公曰:"圣人之言也。"曰:"圣人在乎?"公曰:"已死矣。"曰:"然则君之所读者,古人之糟魄已夫!"桓公曰:"寡人读书,轮人安得议乎!有说则可,无说则死。"轮扁曰:"臣也以臣之事观之。斫轮,徐则甘而不固,疾则苦而不入。不徐不疾,得之于手而应于心,口不能言,有数存焉于其间。臣不能以喻臣之子,臣之子亦不能受之于臣,是以行年七十而老斫轮。古之人与其不可传也死矣,然则君之所读者,古人之糟魄已夫!"(《庄子·天道》)

> 孔子谓老聃曰:"丘治《诗》、《书》、《礼》、《乐》、《易》、《春秋》六经,自以为久矣,孰知其故矣,以奸者七十二君,论先王之道而明周召之迹,一君无所钩用。甚矣夫!人之难说也,道之难明邪?"老子曰:"幸矣子之不遇治世之君也!夫六经,先王之陈迹也,岂其所以迹哉!今子之所言,犹迹也。夫迹,履之所出,而迹岂履哉!"(《庄子·天运》)

> 荃者所以在鱼,得鱼而忘荃;蹄者所以在兔,得兔而忘蹄;言者所以在意,得意而忘言。吾安得夫忘言之人而与之言哉!(《庄子·外物》)

庄子和孟子一样，也是认为，在文字、语言、意义三者之中，意义是第一位的，庄子也没有完全否定文字、语言的作用，认为它们是表达意义的一种工具。但是庄子的哲学思想高于孟子，他把意义看作是一个本体问题。由于本体隐藏于可见可闻的形色名声之内，所以意之所随者，是语言所不能表达的。六经是先王之陈迹，迹是足穿鞋子踏成的，但不能把迹当作鞋子。因此，应当通过迹去探索它的所以迹，由表现于外的形色名声找出隐藏于内的实质，只有这样才能得到真正的理解。迹与形色名声以及语言文字这些都属于现象，是古人之糟粕，唯有意义本身才是古人之精华。庄子认为，这种意义是确实存在的，也是可以理解的，从他的基本思路来看，与孟子所说的"以意逆志"是完全相通的。但是，庄子的哲学思想高于孟子，不仅在于他把作为理解的客体的意义看作是一个本体问题，而且也把理解的主体提升到本体论的高度进行了探索。庄子以轮扁积数十年功力所掌握的精湛技艺为例，说明这种技艺得心应手，口不能言，但确有奥妙存于其间。这种技艺是不可言传的，但也并非绝对不能理解。为了真正理解这种技艺，主体自身的技艺也应该达到如此精湛的程度。这就是说，"以意逆志"并不是凭借自己的主观去穿凿附会，而是凭借自己对本体的真实的切身的体验去与那不可传的客体的意义进行亲切的交流。如果自己缺乏这种体验，那就落于下乘，只能抓住一些表面的形迹和糟粕。因此，庄子满怀激情地呼唤一种真正的理解，"吾安得夫忘言之人而与之言哉！"在中国哲学史上，站在本体论的高度对理解的主体和客体两个方面进行深入的探索，以庄子为第一人。

两汉时期，哲学家们对理解的问题仍在继续探索，各人也都形成了一套适合于自己的解释学的理论和方法。董仲舒说：

> 《诗》无达诂，《易》无达占，《春秋》无达辞，从变从义，而一以奉人（天）。

> 古之人有言曰：不知来，视诸往。今《春秋》之为学也，道往而明来者也。然而其辞体天之微，故难知也。弗能察，寂若无；能察之，无物不在。是故为《春秋》者，得一端而多连之，见

一空而博贯之，则天下尽矣。(《春秋繁露·精华》)

《春秋》论十二世之事，人道浃而王道备，法布二百四十二年之中，相为左右，以成文采，其居参差，非袭古也。是故论《春秋》者，合而通之，缘而求之，伍其比，偶其类，览其绪，屠其赘，是以人道浃而王法立。(《春秋繁露·玉杯》)

董仲舒在儒家的几部经典中挑选了《春秋》特别是《春秋公羊传》作为自己的依据，这是因为《春秋公羊传》讲"大一统"，最适合当时的时代需要。董仲舒的《对策》说："《春秋》大一统者，天地之常经，古今之通谊也。"但是，《春秋》本来是鲁国的国史，记载自隐公至哀公十二世共二百四十二年的史实，这些与汉王朝的现实情况相距甚远，因此，如何把历史与现实联系起来，证明《春秋》之义就是汉王朝的大纲大法，就成了一个解释学上的难题。这个难题对其他的一些经学大师来说，是同样存在的。如果他们能够解决这个难题，不以《春秋》而以其他的经典为依据来为汉王朝确立大纲大法，也并非完全不可能。事实上，汉武帝于建元五年置五经博士，只是企图用儒家来取代百家，用经学来统一思想，并没有特别选中董仲舒的《公羊》学。他曾向治《诗》的申公请教，也曾与治《书》的倪宽谈论经学，但都不满意，因为这些学者墨守训诂，拘泥古义，找不到历史传统与现实需要之间有什么联结之点。直到元光元年，武帝即位的第七年，才从治《公羊》的董仲舒所回答的三道策问中，找到合意的思想。与董仲舒同时治《公羊》的还有一个公孙弘，此外还有治《穀梁》的瑕丘江公，他们也没有建立成什么体系。从这个角度来看，董仲舒的胜利首先是解释学上的胜利，他对理解的问题进行了深入的探索，顺利地解决了那个解释学上的难题。

董仲舒认为，"《诗》无达诂，《易》无达占，《春秋》无达辞，从变从义，而一以奉天"，这是他的解释学的基本原则，不承认经典原文有固定不变的解释，而是强调解释是随着人们对意义的理解而不断变化的，但也不是任意理解，必须服从天的支配。由于确立了这个原则，董仲舒就获得了极大的自由，可以不必像其他的经学大师那样墨守训诂,拘泥古义,而能高度地发挥自己的创造性了。究竟这种理解的目的何在呢? 董仲舒认为,"《春秋》之为学也,道往而明来者也"。这就是说,理解的目的并不是发思古之幽情,而是面向未来的,但为了面向未来,必须反视过去,所以"不知来,视诸往"就是一条应当遵循的普遍的规律。既然如此,那么《春秋》所论及的十二世共二百四十二年的史实究竟与汉王朝的现实有什么联结呢? 董仲舒认为,《春秋》这部经典的精神实质就是"人道浃而王道备",历史传统与现实需要的联结之点就在于此。这种精神实质隐而不见,是很难理解的。但如果能把它发掘出来,又是无处不在的。所谓"弗能察,寂若无,能察之,无物不在",说的就是这个意思。为了真正理解这种"寂若无"的《春秋》之义,并把它运用于实际,应该有一套行之有效的方法。这个方法就是"合而通之,缘而求之,伍其比,偶其类,览其绪,屠其赘",即不仅通过分析综合去紧紧把握其精神实质,而且还要"屠其赘",大胆抛弃许多不合时宜的具体结论。应当承认,董仲舒的这一套解释学的理论和方法确实比当时其他的一批经学大师要高明得多。也正因为他对理解的问题进行了深入的探索,所以才能在五经博士激烈角逐的过程中夺取胜利,成功地建立了一个完整的体系,揭开了经学思潮的序幕。

王充也有一套适合于自己的解释学的理论和方法。王充的哲学目的在于"疾虚妄",即反对经学思潮中的天人感应的神学目的论,确立天道自然无为的观点。为了达到这个目的,他必须对传统的经典特别是儒道两家的经典作一番细致的研究,取其精华,去其糟粕,说明他所遵循的理解的原则。他指出:

> 儒者说《五经》,多失其实。前儒不见本末,空生虚说。后儒信前师之言,随旧述故,滑习辞语。苟名一师之学,趋为师教授,及时蚤仕,汲汲竞进,不暇留精用心,考实根核。故虚说传而不绝,实事没而不见,《五经》并失其实。(《论衡·正说》)

> 道家论自然,不知引物事以验其言行,故自然之说未见信也。(《论衡·自然》)

就王充的天道自然无为的观点而言，主要源于道家，但他不满道家"不知引物事以验其言行"的缺点。王充对儒家并未全部否定。据熊伯龙《无何集》统计，《论衡》称引孔子，有三百多处。王充对董仲舒，也时有赞美之语。他所着重批判的，是儒家以及诸子百家的种种虚妄之说，而对其中可以为经验所证明的实知则予以肯定。因此，王充是把传统经典中的各种言论按照虚与实的标准区分为两大类，认为虚的一类属于糟粕，实的一类则是精华，而丝毫不顾这些言论究竟是出于何人之口。这就是王充所遵循的理解的原则。这是一种注重效验的实证的原则，是一种独立思考、大胆怀疑的原则，也是一种凭借理性去自由理解的原则。《对作》说："是故《论衡》之造也，起众书并失实，虚妄之言胜真美也。故虚妄之语不黜，则华文不见息，华文放流，则实事不见用。故《论衡》者，所以铨轻重之言，立真伪之平，非苟调文饰辞为奇伟之观也。"由于王充遵循这种理解的原则，所以他达到了自己"疾虚妄"的目的，成功地建立了一个体系，在当时那个经学思潮占据统治地位的时代，吹进一股清新强劲之风，推动文化思想不断创新而不致陷入僵化。

从以上的论述，可以看出，中国哲学关于理解的探索是有着源远流长的悠久传统的，每个哲学家都有一套适合于自己的解释学的理论和方法，并且也都表现出他所生活的那个时代的共同特色。一般说来，领导着一场解释学的革新运动的，往往是那些划时代的哲学大师。因为他们面临着大破大立的双重任务，既要推翻前人的旧说，又要确立自己的新见，如果不在解释学上作一番革新，这种双重任务是难以完成的。我们曾经指出，在曹魏正始年间，人们对本体论的哲学怀有普遍的期待，也就是说，当时有许多人都在从事构筑体系的工作。这正如同汉武帝时期一样，并非仅有董仲舒一人在从事重新解释儒家经典的工作。王弼在当时的哲学竞赛中之所以冠绝群伦，也和董仲舒一样，首先是由于他成功地找到了历史传统与现实需要的联结之点，王弼的胜利就是解释学的胜利。

二、王弼解释学的基本思想

王弼解释学的基本思想集中体现在《周易略例》和《老子指略》这两部著作之中。在王弼以前,虽然每个哲学家都有一套解释学的理论和方法,但都零碎而不成系统,散见于其他言论之中,并没有独立出来进行专门的研究。王弼的这两部著作阐述了他对《周易》和《老子》的主要思想的理解以及何以如此理解的依据,因而可以看作是关于解释学的专著。在中国哲学史上,这两部著作是具有划时代的意义的。

汉魏之际,许多人都对《周易》和《老子》发生兴趣,热心研究,并且阐述了自己的理解。这些理解都是用的"以意逆志"的方法,即以自己的主观去揣度原文的客观。因此,随着人们主观的不同,对原文所怀有的期待的不同,理解也相应地有所不同。大致说来,人们的理解呈现着一种由人事的智慧向哲学的本体逐步逼近的趋势。

钟会之母常以《易》与《老子》教训钟会从中汲取人事的智慧。《三国志·魏书·钟会传》注引钟会为其母所作的传说:

> 雅好书籍,涉历众书,特好《易》、《老子》,每读《易》孔子说鸣鹤在阴、劳谦君子、籍用白茅、不出户庭之义,每使会反覆读之,曰:"《易》三百余爻,仲尼特说此者,以谦恭慎密,枢机之发,行己至要,荣身所由故也,顺斯术己往,足为君子矣。"

刘劭的理解,总的倾向是偏于人事的智慧的,但也接触到其中所蕴涵的本体论的哲学思想了。《人物志·八观》篇说:

> 《易》以感为德,以谦为道。《老子》以无为德,以虚为道。

刘劭对《老子》的理解是与玄学相通的。何晏也是这样理解《老子》的。他的《道论》说:"有之为有,恃无以生;事而为事,由无以成。"但是,《老子》与《周易》的相通之点究竟何在呢?这个问题在刘劭那里并不存在,因为刘劭的兴趣在于人事的智慧,而不在于本体论的哲学。《老子》以无为德,《周易》并没有谈有说无,刘劭可以不必正视二者的矛盾,但对于玄学来说,却是难以回避的。玄学既然从《老子》中提炼出"以无为本"作为自己的思想核心,同时又致力于自然与名教的结合,不能不以儒家的《周易》作为自己所依据的经典,因此,只有从有与无的关系来理解《周易》,把《周易》说成是和《老子》一样,也是阐述"以无为本"的经典,贵无论玄学才能构筑成一个完整的体系。这就是摆在贵无论玄学面前的一道解释学的难题。何晏并未解决这道难题。他对《周易》中的九个问题感到困惑莫解,诸卦中所有时义是其中之一。时义就是卦义,也就是为时间、地点、条件所制约的具体的情景。六十四卦的卦义,表示六十四种具体的情景,所谈的都是有,并未说无。面对着这种矛盾,如何用"以意逆志"的方法来作出自圆其说的解释呢?王弼的解释学就是针对着这道难题而展开的。

王弼年未弱冠,刚刚开始他的哲学生涯,裴徽就以长者的身份向他提出了这道解释学的难题:"夫无者,诚万物之所资,圣人莫肯致言,而老子申之无已,何邪?"王弼回答说:"圣人体无,无又不可以训,故言必及有;老庄未免于有,恒训其所不足。"(《世说新语·文学》)人们常常把王弼的回答仅仅看作是一种少年的机智,实际上这是一种天才的洞见,一种严肃的哲学思考。作为一种本体论的哲学,无论在世界观或方法论方面,都要求解决本体与现象的关系问题,如果不能合理地解决这个关键问题,而只是孤悬一个抽象的本体,这种哲学必然是空疏贫乏,无法在实际生活中发挥应有的作用。在贵无论玄学创建初期,这个关键问题又表现为一道解释学的难题。王弼找到了一种有无互训的方法解决了孔老之间的矛盾,而且照顾到当时以儒学为核心的传统的价值观念,表面上看来确实是机智的,但是其中蕴涵着一种十分深刻的本体思维。这种本体思维是何晏、裴徽等人所无而为王弼一人所独有的。王弼正是由于凭借这种本体思维才取得了实质性的突破,不仅全面地解释了《周易》和《老子》,而且使这两部经典中的本体论思想形成一种有无互补的关系,结合时代需要展开为与汉代神学目的论大异其趣的新的内圣外王之道。如果说何晏的"以无为本"的命题揭开了玄学思潮的序幕,那么玄学的成熟应该是以王弼对裴徽的这个回答为标志的。

《周易》和《老子》这两部经典作为理解的客体,其中确实蕴涵着丰富的本体论思想。为了把其中的本体论思想发掘出来,理解的主体自身也必须上升到本体思维的高度,才能得到真正的理解。历史上的一些大哲学家曾经理解了别人,但又常常慨叹别人不理解自己。孔子说:"莫我知也夫!""知我者其天乎!"(《论语·宪问》)老子说:"吾言甚易知,甚易行,天下莫能知,莫能行。""知我者希。"(《老子》七十章)庄子与惠施碰在一起,往往是激烈辩论,互不相让,但是庄子仍把惠施看作唯一理解自己的人。后来惠施死去,庄子到墓前凭吊,满怀悲恸地叹息说:"自夫子之死也,吾无以为质矣,吾无与言之矣。"(《庄子·徐无鬼》)这些例子说明,真正的理解是非常难得的。这种真正的理解也并不是主体与客体完全契合无间,而是主体与客体都站在同一层次上进行亲切的交流,即令在交流过程中发生尖锐的矛盾,如同庄子与惠施那样,但只要能从对象身上发现真正的自我,这也算是真正的理解了。从这个意义上来看,所谓对客体的理解,同时也是主体对自身的思考,主体若不以某个客体为对象,对自身的思考也很难进行。因此,在理解的主体和客体之间,存在着一种既对立又统一的关系。说它们是对立的,是因为任何思考都是具体的思考,是针对着特殊处境的思考,主体所思考的问题必然不同于客体,二者绝不可能契合无间。说它们是统一的,是因为理解是一个关系范畴,主体不能说我就是我,主体必须找到同一层次的客体作为一面镜子,才能映现出自己。王弼对《周易》和《老子》的理解,就如同庄子与惠施的那种关系一样,既对立,又统一。这两部经典所蕴涵着的本体论在汉代的四百年间没有得到真正的理解,裴徽、何晏等人也理解得不深不透,直到王弼才被发掘出来,说明王弼是《周易》和《老子》的最好的知己。但是王弼也不是按照它们本来的意义来理解的,实质上是借它们来表现自己对本体论哲学的新的思考。这就需要有所抛弃,有所保存,说明自己所依据的理解的原则。王弼的《周易略例》和《老子指略》就是适应这种解释学的需要,也就是构筑自己的新的本体论哲学的需要,而不得不作的。

王弼的《老子指略》说:

> 《老子》之书,其几乎可一言而蔽之。噫!崇本息末而已矣。观其所由,寻其所归,言不远宗,事不失主。文虽五千,贯之者一;义虽广瞻,众则同类。解其一言而蔽之,则无幽而不识;每事各为意,则虽辩而愈惑。
>
> 然则《老子》之文,欲辩而诘者,则失其旨也;欲名而责者,则违其义也。故其大归也,论太始之原以明自然之性,演幽冥之极以定惑罔之迷。因而不为,损而不施;崇本以息末,守母以存子;贱夫巧术,为在未有;无责于人,必求诸己;此其大要也。

这一段话是王弼对《老子》的主要思想的理解,同时也是他全面地解释《老子》所依据的基本原则。我们可以看出,王弼的理解是与何晏不相同的。何晏的理解是"以无为本",王弼则理解为"崇本息末"。

"崇本息末"这个命题是"以无为本"的进一步的发展和具体的应用。"以无为本"则是"崇本息末"的必要的理论前提。如果不首先确立"无"为万物之本的观念,"崇本"便无从谈起。但是如果不充分探索无与有、本体与现象的各种关系,所谓"以无为本"便成了毫无内容的空疏贫乏的抽象。固然,"以无为本"通过思辨的形式反映了人们对统一的理想,突破了神学目的论的束缚,在哲学史上的意义不可低估。但是,如果不把这条原理具体化为世界观的各种形态,贯彻到谋略思想、政治哲学、人生哲学以及认识领域中,只是像咒语一样颠来倒去不断重复,是绝不会有生命力的。哲学的生命力在于它对社会实际生活所起的作用,而不在于它的思辨性的程度。"以无为本"的思辨性虽高,如果不用于社会实际生活,至多只能成为少数知识分子的概念的游戏。因此,"以无为本"这条原理需要具体化，这既是社会历史的要求，也是哲学发展自身的逻辑要求。

王弼的玄学思想高于何晏，不在于抽象的程度更高，而在于结合具体的能力更强。王弼针对着何晏所遇到的困难，着重于探索本体与现象二者之间的关系，以"崇本息末"为指导思想对《老子》作了全面的崭新的解释。何晏对这种解释感到惊奇，佩服得五体投地，赞叹说："若斯人，可与论天人之际矣。""天人之际"是何晏苦思而不得其解的难题，王弼通过"崇本息末"的方法解答了，从而成功地建立了一种符合时代需要的天人新义。

王弼把《老子》五千言概括成一句话，叫做"崇本息末"，这与孔子把《诗》三百概括成"思无邪"如出一辙。"思无邪"一语本是《诗经·鲁颂·駉篇》之文，原意为咏马行直前，无有邪曲，孔子赋以新意，理解为思想纯正，认为所有诗篇都可以用这句诗来概括尽。但是，我们在《老子》五千言中，却找不到"崇本息末"的提法。王弼用"崇本息末"来概括《老子》的思想，有没有为人所信服的依据呢？

实际上，"崇本息末"这个命题不见于先秦，而流行于汉魏之际。东汉末年，王符首先提出了这个命题，他说："凡为治之大体，莫善于抑末而务本，莫不善于离本而饰末"，"故明君莅国，必崇本抑末，以遏乱危之萌。此诚治乱之渐，不可不察也"（《潜夫论·务本》）。曹魏时期，司马芝针对当时典农官弃农经商的现象，给明帝上书说："王者之治，崇本抑末，务农重谷。"高堂隆针对明帝用法深重、不崇礼乐的做法，上疏说："不正其本而救其末，譬犹焚丝，非政理也。"傅嘏批评刘劭的考课法说："夫建官均职，清理民物，所以立本也；循名考实，纠励成规，所以治末也。"夏侯玄给太傅司马懿上书说："今公侯世作宰，追踪上古，将隆至治，抑末正本，若制定于上，则化行于众矣。"（均见《三国志》本传）由此可见，"崇本息末"这个命题带有强烈的时代气息，而且着重运用于政治谋略思想的探讨。虽然人们从中引导出的具体政治主张并不相同，但却共同认识到，现实的社会政治生活是一个由多层次、多因素组成的相互联系的整体，其中各种矛盾纷然杂陈，有的居于主要地位，有的则居于次要地位，为了进行有效的管理调整，必须分清主次本末，抓住对全局最重要最有决定意义的问题，而不能目光短浅，头痛医头，脚痛医脚。汉魏之际人们对这个命题产生浓厚的兴趣，是为现实的动因所驱使的。究竟什么是本，什么是末，为了更深入地理解二者的关系，只有提升到本体论的高度进行全面的思考，才能得到根本的解决。王弼所理解的"崇本息末"，就其政治谋略思想的层次而言，是与当时许多人的思考息息相通的。但是除此之外，王弼还赋以新意，认为本末关系就是本体与现象的关系，所谓"崇本息末"就是发挥本体对于现象的统率作用。因此，这个命题所蕴涵的思想实质上是王弼自己的思想，是王弼对长达一百余年关于政治谋略思想讨论的哲学总结，反映了不同于先秦的时代特色，并不是《老子》书中本来的意义。

但是，在《老子》书中也确实蕴涵着这种本体论的思想，王弼的概括不为无据。《老子》这本书，汉代的有代表性的解释有《淮南子》《老子指归》《河上公老子章句》《老子想尔注》。这些解释，有的着重于发挥宇宙生成论的思想，有的偏于养生养神，益寿延年，有的则从宗教神学方面穿凿附会。《老子》书中丰富的本体论思想在这些解释中淹没不见了。王弼"以意逆志"，通过"崇本息末"这个命题来理解《老子》，把其中的本体论思想重新发掘出来，可以说是真正理解了《老子》，是《老子》的最好的知己。从这个角度来看，王弼的理解又是与《老子》本来的意义相符合的。问题是，《老子》的本体论是先秦的产物，贵无论玄学的本体论是汉魏之际的产物，虽然思维形式相似，但其历史的动因和所反映的内容却不相同。因此，如何克服这个距离，按照新的时代需要，改造和发展《老子》的本体论思想，清除其中若干扞格难通之处，也是重新全面解释《老子》的一道难题。王弼在《老子指略》中反复强调，要着重领会其精神实质，而不可拘泥个别的文句。他说："《老子》之文，欲辩而诘者，则失其旨也；欲名而责者，则违其义也。""解其一言而蔽之，则无幽而不识；每事各为意，则虽辩而愈惑。"王弼所依据的这种解释学的原则，使他获得了极大的自由，一方面紧紧把握了贯穿在

《老子》中的本体论思想的精髓，同时又不受文句束缚，大胆抛弃许多不合时宜的具体结论，结合汉魏之际的时代课题进行创造性的理解，把它推进到一个新的发展高度。这也就是对《老子》思想的扬弃，一方面有所抛弃，同时又有所保存。只有通过王弼的扬弃，《老子》才能在汉魏之际获得新的生命，具有新的意义，改变了先秦、两汉的旧面貌，成为贵无论玄学的一部重要经典。

王弼解释《周易》所依据的原则，其着眼点与解释《老子》相同。但由于《周易》和《老子》原文的内在的逻辑结构不相同，在汉代所经历的解释的情况不相同，因而王弼重新解释它们所依据的原则虽然实质上相同，其表现形式则各有特点。《老子》这部书，汉人的解释尽管都着重于阐发"有生于无"的宇宙生成论的思想，但也通过不同的途径为过渡到"以无为本"的本体论作了铺垫。东汉末年和曹魏时期围绕着本末问题展开了长期讨论，更是直接提出了"崇本抑末"的命题。王弼总结利用这些思想成果，把《老子》五千言概括为"崇本息末"，就逻辑思路而言，显得顺理成章，并不十分困难。《周易》的情况却与此完全不同。汉代象数派的易学不仅破坏了《周易》原有的逻辑结构，作了花样翻新的排列，而且歪曲了《周易》的性质，使它的哲学思想屈从于神学的支配。因此，王弼对《周易》的解释，遇到重重困难。如果不首先清除汉人加在《周易》书上的神学积垢，还《周易》以本来面目，就很难看出其中的本体论思想，更谈不上去进一步发展了。汉代象数派的易学没有为王弼提供什么可以直接利用的成果，而只是设置了许多障碍。王弼必须针对这种情况来运用自己的解释学的原则。

唐人李鼎祚的《周易集解序》准确指出王弼的新易学和郑玄的旧易学的主要区别所在。李鼎祚说：

> 自卜商入室，亲授微言，传注百家，绵历千古，虽竞有穿凿，犹未测渊深。唯王（王弼）、郑（郑玄）相沿，颇行于代。郑则多参天象，王乃全释人事。且《易》之为道，岂偏滞于天人者哉！致使后学之徒，纷然淆乱，各修局见，莫辨源流。天象远而难寻，人事近而易习，则折杨黄华，嗑然而笑，方以类聚，其在兹乎！

郑玄的旧易学以乾坤十二爻左右相错,与十二辰相配,然后再配以十二律、十二月、二十四节气、二十八星宿,构筑了一个天象学的模式。这是直接承袭孟喜、京房、《易纬》的卦气说发展而来的。虽然郑玄剔除了卦气说中的若干阴阳灾异的神学色彩,但是由天象以窥探人事的思维路数,则基本上没有改变。李鼎祚扬郑抑王,把王弼的新易学贬为"折杨黄华"(即里巷小曲),不能登大雅之堂,但也承认"近而易习",人们听了便欣然而笑。在汉魏之际的历史条件下,易学逐渐孕育着一场革命。人们迫于社会实践的需要,纷纷从《周易》中汲取关于人事方面的智慧,王弼的"全释人事"的新易学是合乎人心、顺乎潮流的。

　　《周易》关于人事方面的智慧,多半凝聚于卦爻辞以及解释它们的《彖传》《象传》之中。王弼倾注全力对这些进行了研究,而没有来得及注完《系辞》《说卦》等,可能是迎合时代的需要,出于轻重缓急的考虑。但是,六十四卦所显示的都是一些具体的情景。如果只是就事论事,不用一个总体性的思想把它们贯穿起来,提高到世界观的形态,那么,其中关于人事的智慧就只能停留在零碎片断的处世格言的水平,而根本无法推翻旧的思维模式,完成一场易学史上的革命。而这个问题,正是王弼在《周易略例》中要着重解开的纽结。

　　王弼解释《周易》所依据的原则,集中表现在《明彖》和《明象》之中。他在《明彖》中所提出的"以寡治众""以一制动""统宗会元""约以存博""简以济众",从思想实质来看,和他解释《老子》所遵循的"崇本息末"的原则是完全一致的,都是着眼于解决本体与现象的关系。但是,《明彖》所论述的主题以及所达到的抽象程度,则和《老子指略》不相同。《老子指略》立足于更高的层次,直接就本体论哲学的基本问题立论;而《明彖》则局限于六十四卦的卦义,论述每一个卦义中都贯穿着一个总体性的思想。从本体论的角度来看,所有这些卦义都属于现象范畴,至于如何把这些卦义归结为"以无为本",王弼在《明彖》中并未涉及这个问题。王弼避开了《系辞》用"一阴一阳之谓道"来统帅六十四卦的提法,也没有不顾实际情况去生搬硬套"以无为本"，而只是拈出了一个"理"字（"物无妄然，必由其理"）。这个"理"不是贵无论玄学的最高范畴，而只是贯穿在每一个卦义中的总体性的思想，属于本体论哲学的较低的层次。正因为王弼解释《周易》着重于阐发蕴涵于各个具体卦义中之理，其《周易注》的思辨性虽然低于《老子注》，但是结合具体的能力却比《老子注》更强。

在《明象》中，王弼指出，"言生于象""象生于意""意以象著""象以言著"，在"言"（卦爻辞）、"象"（卦爻象）、"意"（意义）三者的关系中，意义是第一性的。所谓"意义"就是思想，就是关于人事的智慧。如果把《周易》看作是一部哲理书，必然要把意义放在首位，这也是义理派易学的特点之所在。反之，如果把它看作是一部卜筮之书，卦象就成了首位了。《周易》这部书，从它开始形成时起，一直进行着哲学与宗教、理性与信仰的斗争。先秦时期，从《易经》发展到《易传》，意味着哲学和理性在这场斗争中取得了辉煌的胜利。《易传》的作者运用当时最先进的哲学思想来解释卦象，也是把意义放在首位，使象从属于意。卦象本身并没有表示"一阴一阳之谓道"的意义，这个意义是《易传》的作者研究宇宙人生所提炼出来的。意义在先，以意义来解释卦象在后，这种关系不同于语言与思维的关系，而是《易传》的作者利用卦象来表述哲学思想所经历的逻辑程序。从这个角度来看，王弼的"象生于意"的提法是可以成立的。两汉时期，阴阳灾异的迷信思想盛行，哲学降为神学的奴婢，于是人们把卦象奉为神圣，看作是体现了天神的意旨，纷纷从事卦象的排列推演，寻求新的占法。王弼针对着这种情况，矫枉过正，提出了"忘象以求其意"的口号，这是站在维护哲学和理性的立场，去反击宗教巫术。何晏屈服于管辂的旧易学，说明他在这场斗争中失败了。王弼之所以能取得胜利，在于他不仅完美地继承了《易传》改造《易经》的方法，而且站在新的世界观的高度作了进一步的发展。

所谓"忘象以求其意"，并不是说要离开卦象空无依傍地去捕捉意义，这种意义实际上是不存在的。按照王弼的思路，"言"是说明"象"的工具，"象"是说明"意"的工具，"意"虽然居于首位，但不能离开"象"而悬空存在，所以应该"寻言以观象"，"寻象以观意"，只是在"得意"以后，应该"忘象"，以摆脱感性的束缚。王弼的这种理解的原则是与庄子直接相通的。庄子曾说："吾安得夫忘言之人而与之言哉！"忘言并非不言，但唯有忘言，才能使理解臻入上乘，而不至于误把糟粕当作精华。王弼就是运用了这种高层次的理解，把握了六十四卦所蕴涵的关于人事的智慧，因而得出了六十四个必然之理，对《周易》作出了全面的崭新的解释。

　　我们曾经指出，何晏玄学思想的缺陷表现在把体用分为两截，即当他谈论本体时，却遗落了现象；当他谈论现象时，又丢掉了本体。王弼与何晏不同，他达到了本体思维的高度，随时随地都注意到二者之间的辩证关系，当他谈论本体时，能够由体以及用；当他谈论现象时，能够由用以求体。王弼的这种本体思维同时也就是他的解释学的基本思想。大体上说，由于《老子》原文偏于说无，王弼在解释《老子》时着重于由体以及用；《周易》原文所谈的是六十四卦的卦义，属于有的范畴，王弼则着重于由用以求体，致力于发掘其中的本体论的哲学意义。通过王弼的这种新的解释，于是《周易》和《老子》的矛盾便顺利解决，形成了一种有无互补的关系，在贵无论玄学的理论基础上获得有机的统一。

三、《老子指略》

　　《老子》原文开宗明义便说："道可道，非常道；名可名，非常名。"这是《老子》本体论思想的总纲，指出本体比现象更为根本。《老子》的这种本体论思想也正是贵无论玄学所要确立的理论前提，所以王弼在《老子指略》中开头就解释这个命题。他说：

　　　　夫物之所以生，功之所以成，必生乎无形，由乎无名。无形无名者，万物之宗也。不温不凉，不宫不商。听之不可得而闻，视之不可得而彰，体之不可得而知，味之不可得而尝。故其为物也则混成，为象也则无形，为音也则希声，为味也则无呈。故能为品物之宗主,苞通天地,靡使不经也。若温也则不能凉矣,宫也则不能商矣。形必有所分,声必有所属。故象而形者,非大象也;音而声者,非大音也。

王弼运用辨名析理的方法,论证了一个思辨性的玄理,指出本体之所以为本体,就在于它不同于现象,如果同于某种现象,它就不成其为本体。因为有形有名是各种具体现象的品格,如果以有形有名来规定本体,就把本体混同于现象了。所以说,"无形无名者,万物之宗也"。

既然如此,这个无形无名的本体与有形有名的现象有一种什么样的关系呢? 王弼说:

> 然则四象不形,则大象无以畅;五音不声,则大音无以至。四象形而物无所主焉,则大象畅矣;五音声而心无所适焉,则大音至矣。故执大象则天下往,用大音则风俗移也。无形畅,天下虽往,往而不能释也;希声至,风俗虽移,移而不能辩也。是故天生五物,无物为用。圣行五教,不言为化。是以"道可道,非常道;名可名,非常名"也。

王弼认为,本体与现象的关系是不可割裂的。如果没有现象,本体的作用便无从表现,现象也必须依赖于本体,才能有所宗主。本体相对于现象来说,是第一性的。因而紧紧把握住本体,充分发挥其作用,就能无往而不通。本体的这种作用是不知其所以然而然的,妙在不言中。所以说"道可道,非常道;名可名,非常名"。王弼的这种解释大体上是与《老子》原文的意义相符合的。从这里我们也可以看出,贵无论玄学的本体论是直接承接《老子》的本体论发展而来的,其所谓无是指无形无名的本体,其所谓有是指有形有名的现象,因而无与有的关系不同于西方哲学中的一般与个别的关系,而是本体及其作用的关系。由于中国和西方的哲学传统所思考的问题各有特点,在思维方式和理论形态上也相应地有所不同。西方哲学可以不管实际的作用问题而一心一意从事纯哲学的思考,可以促使哲学从总体性的学问中分化出来,可以把社会政治伦理问题从哲学中驱除出去,可以就一般与个别的关系发展出一种纯粹的本体论和认识论。中国哲学则是始终与实际的作用问题纠缠在一起,用不离体,体不离用,尽管《老子》哲学中的无形无名之体已达到了抽象思辨的极限,但仍要通过各种有形有名的现象表现其实际的作用。如果一种哲学有体而无用,这种哲学是不会为中国人所接受的。所以王弼在确立本体比现象更为根本的观点之后,紧接着就强调这个本体能够产生"天下往""风俗移"的强大的社会作用。王弼的这种思维方式就是由体以及用,这是与西方哲学中的那种由一般返回到个别的思维方式不相同的。

以下王弼就根据这个由体以及用的思想来说明他对《老子》五千言的理解,同时也展开他自己所构筑的玄学体系。他说:

> 五物之母,不炎不寒,不柔不刚;五教之母,不皦不昧,不恩不伤。虽古今不同,时移俗易,此不变也,所谓"自古及今,其名不去"者也。天不以此,则物不生;治不以此,则功不成。故古今通,终始同;执古可以御今,证今可以知古始;此所谓"常"者也。无皦昧之状,温凉之象,故"知常曰明"也。物生功成,莫不由乎此,故"以阅众甫"也。

王弼认为,本体就是"五物之母","五教之母"。所谓五物,即金、木、水、火、土,泛指一切自然现象。所谓五教,即父子有亲,君臣有义,夫妇有别,长幼有序,朋友有信,泛指一切社会现象。这种自然现象和社会现象的本体虽无任何具体的规定性,但却是始终存在,古今不变的。而且其实际的作用更是不可忽视,"天不以此,则物不生;治不以此,则功不成"。因此,这种本体也是"古今通、终始同"的永恒普遍的常道。懂得了这个无形无名的常道就叫做明。把握了这个常道就可以驾驭支配现存的一切事物。所谓"执古可以御今",说的就是由体以及用的意思。当时许多人包括何晏、王弼在内都热心研究本体论的哲学,并非出于纯粹的理论兴趣,而是受社会实践需要的驱使,为了解决各种各样困扰着他们的现实的问题。既然如此,人们对本体的理解就不能照搬《老子》的原意,一定要有所修正,有所补充。王弼在这段话中一方面把本体说成是"五物之母",同时也说成是"五教之母",所谓五教也就是名教,而《老子》原文却是激烈反对名教的,这种理解显然是偏离了《老子》的原意的。王弼所说的"圣行五教,不言为化",这种"不言为化"的五教就是一种合乎自然的名教,是当时的人们普遍期待的名教,也是时代的理想。王弼根据这种时代的理想来理解《老子》的本体,那么当他展开自己的玄学体系时,更是要着眼于本体所能发挥的作用,来实现这种时代的理想了。

在本体论哲学创建的初期,确立本体比现象更为根本的观点是十分必要的。经过一段时期的深入探索以后,才能过渡到体用一如、即体即用的问题上来。先秦道家本体论哲学的发展线索就是如此。老子极力强调道为万物之宗主,道生万物。庄子与老子不同,认为道无所不在,把道从至高无上的地位拉到蝼蚁、稊稗、瓦甓、屎溺这些卑下的现象中来。玄学的发展线索也大致与此相同。王弼处于本体论哲学创建的初期,因而必须奉《老子》为经典,为这种新的哲学奠定理论基础。到了郭象,适应于本体论哲学发展的需要,就转而奉《庄子》为经典了。王弼与郭象之不同,正如老子与庄子之不同一样。

王弼为了把本体与现象区别开来,进一步论证说:

> 故可道之盛,未足以官天地;有形之极,未足以府万物。是故叹之者不能尽乎斯美,咏之者不能畅乎斯弘。名之不能当,称之不能既。

虽然如此,这个本体并不是非存在,不是绝对虚无,而是"官天地"(统御天地),"府万物"(包括万物),可以说是宇宙的大全。人们对这个宇宙的大全是难以用名言概念去把握的,因为名言概念有局限,只能把握它的一个部分,而不能把握它的全体。但是,由于这个宇宙的大全是确实存在着的,而且具有实际的作用,所以《老子》又用了一系列的名言概念来描述它,形容它。王弼解释说:

> 夫"道"也者,取乎万物之所由也;"玄"也者,取乎幽冥之

所出也;"深"也者,取乎探赜而不可究也;"大"也者,取乎弥纶而不可极也;"远"也者,取乎绵邈而不可及也;"微"也者,取乎幽微而不可覩也。然则"道"、"玄"、"深"、"大"、"微"、"远"之言,各有其义,未尽其极者也。然弥纶无极,不可名细;微妙无形,不可名大。是以篇云:"字之曰道","谓之曰玄",而不名也。

王弼认为,就《老子》原文的这些名言概念而言,每一个都各有其义,只能把握宇宙大全的某一部分,而不是其全体,比如"大"与"微"就互相矛盾,而本体却是既"大"且"微"的。因此,理解《老子》也与把握这个难以名状的本体同样,不可拘泥于个别的文句,而要着重去领会其精神实质。所以说,"《老子》之文,欲辩而诘者,则失其旨也;欲名而责者,则违其义也"。

究竟《老子》五千言的精神实质是什么呢? 王弼认为,可以用一句话来概括,就是"崇本息末"。所谓"崇本息末",并不是说只要本体,不要现象,只是说本体比现象更重要,应该发挥本体对于现象的统率作用。王弼把"崇本以息末,守母以存子"这两个命题并列,说明二者的意义是可以互训的。应当承认,王弼的概括是符合《老子》的原意的。《老子》五十二章说:"天下有始,以为天下母。既得其母,以知其子;既知其子,复守其母,没身不殆。"这是一种本体论的思维模式,一方面从本体到现象,同时又从现象回到本体,如此反复循环,就能把握到那个难以名状的宇宙之大全。王弼认为,这是唯一正确的思维模式,与此相反的错误的思维模式叫做"用其子而弃其母","舍本而攻末",只抓住了现象,而丢掉了本体。这种错误的思维模式把宇宙之大全弄得支离破碎,不仅无法理解《老子》的精神实质,而且会在实际生活中特别是在政治谋略问题上产生一系列的偏差。

王弼由此而找到了哲学本体论与内圣外王之道的联结之点,找到了传统思想与现实需要的联结之点。这是一种天才的发现,也是解释学的胜利。王弼根据他对《老子》五千言的精神实质的理解,提炼出了一种本体论的思维模式,然后用这种思维模式来分析当时的诸子之学,敏锐而深刻地指出它们的共同缺点在于"用其子而弃其母",所以必然会陷入片面,不能解决现实存在的各种问题。他说:

> 而法者尚乎齐同,而刑以检之。名者尚乎定真,而言以正之。儒者尚乎全爱,而誉以进之。墨者尚乎俭啬,而矫以立之。杂者尚乎众美,而总以行之。夫刑以检物,巧伪必生,名以定物,理恕必失;誉以进物,争尚必起;矫以立物,乖违必作;杂以行物,秽乱必兴。斯皆用其子而弃其母,物失所载,未足守也。

我们曾经指出,汉魏之际的诸子之学不同于先秦的学派运动,当时人们主要是从社会实践的紧迫需要出发,为了解决某些具体问题,从诸子之学中去寻找政治谋略和方法措施,并不关心把它们建立为独立的学派。由于人们缺乏统筹兼顾的全局观点,虽然从诸子之学所找到的政治谋略和方法措施在某个局部问题上行之有效,就整体而言,常常是前后矛盾,顾此失彼。曹操所推行的名法之治大体上属于王弼所说的法家和名家,此外曹操也崇尚墨家的俭德,这些在实际生活中都产生了很大的流弊。曹丕企图转向儒家的名教之治。曹叡则想搞儒法合流。其他的一些思想家和政治家也在进行紧张的探索,提出了各种各样的说法,大都是不拘一格,杂糅各家,属于王弼所说的杂家。所有这些,诚如王弼所指出的,都是捉襟见肘,破绽百出,不能使各方面的活动组成为一个彼此协调的整体。王弼奉《老子》为经典,并且把握了其中的"崇本息末"的精髓,但他的目的所在却与先秦的老子不同,不是搞成一个道家学派去与其他各家相对立。王弼与当时的诸子之学一样,也是从社会实践的紧迫需要出发的。只是王弼提出了一种本体论的思维模式,强调只有运用这种正确的思维模式,才能纠正诸子之学的各种偏差,实现时代的理想。

王弼接着指出诸子之学各有所长,作为整体的一个组成部分,它们都是不可否定的,但如果以偏概全,把部分当作整体,就会产生许多不必要的冲突和无谓的争论。他说：

> 然致同途异，至合趣乖，而学者惑其所致，迷其所趣。观其齐同，则谓之法；睹其定真，则谓之名；察其纯爱，则谓之儒；鉴其俭啬，则谓之墨；见其不系，则谓之杂。随其所鉴而正名焉，顺其所好而执意焉。故使有纷纭愦错之论，殊趣辨析之争，盖由斯矣。

王弼认为，诸子之学的所有这些冲突和争论都可以用《老子》的本体思维来平息。因为这是一种高层次的思维，能够揭示事物之根源，抓住事物之要领。这种思维的特点是，"举终以证始，本始以尽终；开而弗达，导而弗牵"，并不告诉人们具体的结论，却启发人们的思考，去把握事物的发展的全过程。因此，这种思维一方面能够促使观点相同的人在思想上得到进一步的提高，另一方面也能够促使观点相异的人找到他们的共通之点。总之，为了达到天下一致而百虑、殊途而同归的目的，必须认真研究《老子》这本书，深刻理解它的精神实质。他说：

> 又其为文也，举终以证始，本始以尽终；开而弗达，导而弗牵。寻而后既其义，推而后尽其理。善发事始以首其论，明夫会归以终其文。故使同趣而感发者，莫不美其兴言之始，因而演焉；异旨而独构者，莫不悦其会归之征，以为证焉。夫途虽殊，必同其归；虑虽百，必均其致。而举夫归致以明至理，故使触类而思者，莫不欣其思之所应，以为得其义焉。

从王弼的这些论述，我们可以看出，王弼研究《老子》不同于一般的注疏家，不是通过文字训诂力求恢复《老子》的本义，也不同于那些从中寻找处世格言的人，像王昶那样，学得一点玄默冲虚贵柔守雌的人生哲学。同时，王弼奉《老子》为经典，也不能说他是一个道家的信徒。王弼在谈论本体以及本体与现象的关系时，表现了很大的思辨性，但是他很快从悬浮于空中的思辨领域回到现实生活中来，逐一考察了诸子之学的各种类型的谋略思想。王弼认为，应该从《老子》中去领会其高层次的本体思维，唯有根据这种思维才能解决现实生活中的各种问题。因此，王弼对《老子》的理解是一种自由的理解，带有极大的选择性，而这个选择的标准就是他所生活的那个时代的社会实践活动。

就《老子》的本义而言，它的那些绝圣弃知、诋毁仁义、贬抑君主的思想显然是不会为当时的人们所接受的。王弼对此作了巧妙的解释，认为这些并非《老子》的本义，而是表述了一种特殊的思维模式，正话反说，人们由于不理解这种思维模式，所以免不了对《老子》产生种种误解。王弼说：

> 安者实安，而曰非安之所安；存者实存，而曰非存之所存；侯王实尊，而曰非尊之所为；天地实大，而曰非大之所能；圣功实存，而曰绝圣之所立；仁德实著，而曰弃仁之所存。故使见形而不及道者，莫不忿其言焉。夫欲定物之本者，则虽近而必自远以证其始。夫欲明物之所由者，则虽显而必自幽以叙其本。故取天地之外，以明形骸之内；明侯王孤寡之义，而从道（得）一以宣其始。故使察近而不及流统之原者，莫不诞其言以为虚焉。是以云云者，各申其说，人美其乱（辞）。或迁其言，或讥其论，若晓而昧，若分而乱，斯之由矣。

王弼认为，人们对《老子》产生误解，是因为"见形而不及道"，只看见事物的现象，而看不见事物的实质。《老子》与这些人相反，总是着眼于事物的实质，所以"虽近而必自远以证其始""虽显而必自幽以叙其本"。由于事物的实质常常与其现象相反，只执守于事物本身，反而不能保存自身，所以说圣功是绝圣之所立，仁德是弃仁之所存，侯王之尊是非尊之所为。《老子》的这些说法是不能从常识的角度来理解的。但是人们恰恰是从常识出发，讥笑它迂阔、荒诞、虚妄，似乎是明白，其实是混乱，误解就是由此而产生的。

照王弼看来，《老子》的思维模式与一般人之不同，是层次高低的不同。为了正确地理解《老子》，应该懂得《老子》的这种高层次的思维模式的特点。一般人的思维模式着重于辨明名与实的关系，王弼对此并未全盘否定，而是表示赞同。他说：

> 名也者,定彼者也;称也者,从谓者也。名生乎彼,称出
> 乎我。

> 夫不能辩名,则不可与言理;不能定名,则不可与论实也。
> 凡名生于形,未有形生于名者也。故有此名必有此形,有此形
> 必有其分。仁不得谓之圣,智不得谓之仁,则各有其实矣。

这种思维模式认为,名称虽然是人给予的,实际上却是客观的事物所决定的,所以有此名必有此形。人们根据这种名实关系来思考,不能把仁说成圣,也不能把智说成仁,每一类事物都用一个固定的名称来表述,如果不能辩名,也就不能析理。王弼认为,这在一定的范围之内是适用的,是与人们的常识相符合的。但是,这却是一种低层次的思维,无法把握那个难以名状的本体。《老子》也曾用了这种低层次的思维来表述本体。比如《老子》用了"道"和"玄"这两个名称来表述本体,"故涉之乎无物而不由,则称之曰道;求之乎无妙而不出,则谓之曰玄"。"道"是就本体之大而言,"玄"是就本体之深而言。但"道"和"玄"这两个名称都不是本体自身,也不能表述本体的多方面的全面而深刻的含义。所以《老子》为了表述这个本体,一方面用了"道"和"玄"这两个名称,另一方面又为了使人不执著于名称,"谓玄则玄之又玄,称道则域中有四大"。因此,人们必须把自己的思维提升到与《老子》相同的高层次水平,才能把握它的精神实质。

究竟《老子》的思维模式的特点是什么呢?王弼解释说:

> 凡物之所以存,乃反其形;功之所以尅,乃反其名。夫存
> 者不以存为存,以其不忘亡也;安者不以安为安,以其不忘危
> 也。故保其存者亡,不忘亡者存;安其位者危,不忘危者安。
> 善力举秋毫,善听闻雷霆,此道之与形反也。

王弼认为,一般人的常识把名与形看成是一致的,《老子》却把二者看成是相反的。照一般人看来,"举秋毫"不能说是"善力","闻雷霆"也不能说是"善听","存"不等于"亡","安"也不等于"危",但是《老子》却从它们相互转化相互依存的角度看出二者之间的同一

性。这便是《老子》的思维模式的特点。从这里我们可以看出,王弼所说的常人的思维就是形式逻辑的思维,他所理解的《老子》的思维就是辩证的思维,这两种思维的区别相当于黑格尔所说的知性与理性的区别。人们根据形式逻辑只能了解到一些现象,一些整体的细节,如果用这种低层次的思维去把握那个整体的总画面,那个隐藏于现象背后而又支配现象的本体,就显得片面、狭隘而无能为力了。

在整个曹魏时期,政局一直不稳,君臣离心的现象十分严重,各方面的关系都不协调,虽然人们选择了各种各样的谋略思想,采取了各种各样的方法措施,但却不能从根本上解决问题。王弼关心时事,积极用世,他根据对当时的时代课题和政治积弊的深刻理解和观察,分析其原因,认为关键在于人们的思维模式停留于低层次的水平,未能把握《老子》的"崇本息末"的精神实质。王弼于是以"崇本息末"这个命题为核心,提出了一套如何理顺各种关系以达到大治的崭新的政治谋略思想。他说:

> 夫邪之兴也,岂邪者之所为乎? 淫之所起也,岂淫者之所造乎? 故闲邪在乎存诚,不在善察,息淫在乎去华,不在滋章;绝盗在乎去欲,不在严刑;止讼存乎不尚,不在善听。故不攻其为也,使其无心于为也;不害其欲也,使其无心于欲也。谋之于未兆,为之于未始,如斯而已矣。故竭圣智以治巧伪,未若见质素以静民欲;兴仁义以敦薄俗,未若抱朴以全笃实;多巧利以兴事用,未若寡私欲以息华竞。故绝司察,潜聪明,去劝进,萷华誉,弃巧用,贱宝货。唯在使民爱欲不生,不在攻其为邪也。故见素朴以绝圣智,寡私欲以弃巧利,皆崇本以息末之谓也。

王弼的这一段议论在当时可以说是石破天惊,比所有的政治家和思想家都要高明,而这段议论却出自被讥为"为人浅而不识物情"的少年书生之口,由此我们也可以看出高层次的哲学思维所具有的强大的威力。就本体论的哲学意义而言,本指本体,末指现象,所谓"崇本息末"意思是应该发挥本体对于现象的统帅作用。如果运用这个观点来观察社会政治生活中的各种具体现象,就应该着眼于事物的相互依存和相互转化,从大量的复杂关系中找出最重要最有决定意义的东西,把握制约这些现象的根本原因,而不能孤立地从现象本身入手。照王弼看来,曹魏政治经常出现手段与目的、主观动机和客观效果之间的矛盾,就是由于未能遵循"崇本息末"的原则,犯了"舍本而攻末"的错误。王弼找到了当时社会政治问题的症结,抱着强烈的忧患意识和饱满的政治激情议论说:"夫邪之兴也,岂邪者之所为乎?淫之所起也,岂淫者之所造乎?"这种议论对于当时的执政者来说,无异于当头棒喝,严厉警告他们,为了实现大治,按照过去的那套老办法是绝对不行的,必须在政治谋略思想上来一个根本的转变。

王弼接下来着重对名法之治和名教之治的流弊作了深刻的分析。名法之治的指导思想源于法家。这种思想把权力之间的对抗和争夺看作社会政治生活的核心,行术用明以察奸伪,严刑峻法镇压异己,目的在于营建一种君权至高无上的绝对专制系统。当年曹操"以权术相御"的用人之道,完全以威权和智巧来对付臣下,就是推行这种名法之治。到了曹丕、曹叡执政期间,名法之治多年来已形成一种顽固的传统,未有根本的转变。王弼分析说:

> 夫素朴之道不著,而好欲之美不隐,虽极圣明以察之,竭智虑以攻之,巧愈思精,伪愈多变,攻之弥甚,避之弥勤。则乃智愚相欺,六亲相疑,朴散真离,事有其奸。盖舍本而攻末,虽极圣智,愈致斯灾,况术之下此者乎!夫镇之以素朴,则无为而自正,攻之以圣智,则民穷而巧殷。故素朴可抱,而圣智可弃。夫察司之简,则避之亦简;竭其聪明,则逃之亦察。简则害朴寡,密则巧伪深矣。夫能为至察探幽之术者,匪唯圣智哉?其为害也,岂可记乎!故百倍之利未渠多也。

名教之治的指导思想源于儒家。这种思想根据宗法伦理确立一套客观的价值规范体系,正名定分,以此来引导和制约人们的行

为,使之符合名分的标准。名教之治最大的流弊就是虚伪,名不副实。王弼分析说:

> 夫敦朴之德不著,而名行之美显尚,则修其所尚而望其誉,修其所道而冀其利。望誉冀利以勤其行,名弥美而诚愈外,利弥重而心愈竞。父子兄弟,怀情失直,孝不任诚,慈不任实,盖显名行之所招也。患俗薄而名兴行(兴名行)、崇仁义,愈致斯伪,况术之贱此者乎? 故绝仁弃义以复孝慈,未渠弘也。

表面上看来,王弼的这两段议论似乎是对《老子》原文中的绝圣弃智和绝仁弃义的一种解释,并非针砭时弊。实际上,正是由于王弼为了针砭时弊,才能对《老子》原文产生同情的理解。同时另一方面,也正是由于王弼对《老子》有了同情的理解,所以他对时弊的分析比当时所有的政治家和思想家都要高出一筹。我们曾经指出,关于名法之治和名教之治的流弊,许多人都已观察到了,但是没有一个人能够站在"崇本息末"的高度作出全面的分析。王弼把他对时代课题的思考和对《老子》的理解这两件不同的事情巧妙地结合在一起,使之契合无间,一方面继承了传统,同时也革新了传统。经过王弼的解释,《老子》这部经典也就不同于先秦的原貌,而在曹魏正始年间获得了一种新的生命和新的意义了。

在曹魏正始年间,人们并不需要像先秦的老子那样绝圣弃智,绝仁弃义,因为经过汉代四百年来的努力,圣智仁义已经凝结为封建宗法等级制度中的必要的组成部分,它们是不可超越的,也是不能否定的。只是从本体论的角度看来,它们是末而不是本,如果不顾及本而单纯地提倡它们,其结果必然事与愿违而失去它们。根据这种考虑,所以王弼对《老子》原意作了某种修正,使之适合当时的需要。他说:

> 夫圣智,才之杰也;仁义,行之大者也;巧利,用之善也。本苟不存,而兴此三美,害犹如之,况术之有利,斯以忽素朴乎!

在王弼所生活的这个特定的时代，人们究竟应该如何来理解《老子》，把握它的精神实质，以解决当时困扰着人们的各种各样现实的问题呢？王弼认为，关键在于领会其中的本体思维的智慧，"既知其子""复守其母"，学会通过迂回的手段达到目的的方法，而不能像那些手中掌握权力推行名法之治和名教之治的人那样，头脑简单，执迷不悟。他说：

> 故古人有叹曰：甚矣，何物之难悟也！既知不圣为不圣，未知圣之不圣也；既知不仁为不仁，未知仁之为不仁也。故绝圣而后圣功全，弃仁而后仁德厚。夫恶强非欲不强也，为强则失强也；绝仁非欲不仁也，为仁则伪成也。有其治而乃乱，保其安而乃危。后其身而身先，身先非先身之所能也；外其身而身存，身存非存身之所为也。功不可取，美不可用。故必取其为功之母而已矣。篇云："既知其子"，而必"复守其母"。寻斯理也，何往而不畅哉！

从王弼的《老子指略》，我们可以看到，他解释《老子》所遵循的原则是一种创造性的理解，自由的理解。他一方面发掘出了《老子》原文中所蕴涵的本体论的哲学思想，另一方面又紧密联系当时的实际，有所修正，有所发展。因而与其说是王弼在解释《老子》，倒不如说是王弼利用《老子》来解释他自己。王弼说："夫恶强非欲不强也，为强则失强也；绝仁非欲不仁也，为仁则伪成也。"这是一个重要的伏笔，尔后王弼展开他的体系，会通《周易》与《老子》，就是以这个伏笔为基础的。

四、《周易略例》

在易学史上，王弼的《周易略例》是一部划时代的著作。王弼在这部著作中对《周易》的编纂体例、卦爻结构及其哲学功能进行了系统的研究，猛烈抨击了汉易的象数学的思维模式，为义理派的新易学奠定了理论基础。易学史上义理派与象数派的明显分野就是以这部著作的出现为标志的。

《周易》包括《易经》和《易传》两部分。《易经》是一部占筮书，《易传》则是一部哲学书，但是《易传》的哲学思想是利用了《易经》占筮的特殊结构和筮法建立起来的，因而这两部分在内容上有差别而在形式上却存在着联系，形成了一种哲学思想和宗教巫术的奇妙结合。这种结合并不是完美无缺、天衣无缝的，它的内容和形式、哲学思想和宗教巫术常常发生尖锐的矛盾。如果使内容屈从于形式，那么它的哲学思想便会沦落为宗教巫术的奴婢；反之，如果使形式服从于内容，那么它的卦爻结构和编纂体例就成为表现哲学思想的一种工具。《周易》的形式就是象数，它的内容就是义理。由于形式与内容不可分，象数与义理乃是紧密结合在一起的。讲象数，目的在于阐发某种义理，谈义理，也不能脱离象数这种表现工具。《周易》这部书是中外思想史上的一个极为特殊的现象，它的形式和内容两个方面都应该引起足够的重视。义理派的特征不在于扫落象数，象数派的特征也不在于排斥义理，这两派的分野，关键在于如何处理内容与形式的关系，也就是说，究竟是使内容屈从于形式还是使形式服从于内容。

何谓象数？象指的是八卦的卦象，数指的是爻的奇偶。从占筮的角度来说，象数就是占筮道具（即蓍草）所显示出来的征兆，体现了鬼神的意旨，具有一种神秘的性质，人们可以根据象数显示的变化来预测吉凶祸福，这是象数的原始含义。《易传》的作者对这种象数作了全新的解释，不把它们看作是一种筮法，而认为其中蕴涵着阴阳学说的哲理，于是基本上剔除了其中的宗教巫术的成分，把它们改造成表现哲学思想的一种工具。因此，《易传》的易学就是义理派的易学，它所从事的工作就是使形式服从于内容。但是另一方面，《易传》也没有完全否定占筮，在一定程度上保留了宗教巫术的杂质。比如《说卦》把八卦的卦象看作是沟通神人关系的手段，《系辞》认为"天地之数五十有五"，这些神秘的数字是事物变化的根本原因。照这个说法，象数又恢复了它的原始的含义而凌驾于哲学思想内容之上，《易传》的易学又具有象数派易学的特征了。

这两种相互对立的思想倾向并存于《易传》之中，所以后来的象数派和义理派都可以在《易传》中找到自己的根据。

就《易传》的主导倾向而言，应该承认，它是属于义理派的易学。《易传》之所以能够成功地把《易经》这部占筮之书改造成为一部哲学书，根本原因在于它发挥了解释学的优势。《易传》并没有扫落象数，只是在处理象数与义理的关系时，把义理摆在首位，使象数服从于表现义理的需要。为了达到这个目的，《易传》对象数的体例、结构和功能作了一系列不同于筮法的新的规定，诸如承、乘、比、应、时、位、中等等。这些规定也是《易传》解释《易经》并且阐发自己的哲学思想所依据的基本原则。《易传》所说的"形而上者谓之道，形而下者谓之器"就是立足于本体论哲学的高度，来说明象数与义理之间的关系。象数有形可见，是为形而下，义理隐藏于象数之中，看不见，摸不着，是为形而上。但是形而上的义理必须借助形而下的象数才能表现出来。《系辞》说：

> 子曰："书不尽言，言不尽意。"然则圣人之意，其不可见乎？子曰："圣人立象以尽意，设卦以尽情伪，系辞焉以尽其言，变而通之以尽利，鼓之舞之以尽神。"
>
> 夫乾确然示人易矣，夫坤隤然示人简矣。爻也者，效此者也。象也者，像此者也。爻象动乎内，吉凶见乎外，功业见乎变，圣人之情见乎辞。
>
> 是故《易》者，象也。象也者，像也。彖者，材也。爻也者，效天下之动者也。

《系辞》的这些说法就是义理派易学的理论依据。它首先肯定有一个"圣人之意""圣人之情"，这就是义理，也就是哲学思想。这种哲学思想是文字语言所不能完全表达的，所以圣人借助于《周易》的卦象、爻象以及卦辞、爻辞来表达。在言（卦爻辞）、象（卦爻象）、意（义理）三者的关系中，意是居于首位的。我们可以把《系辞》的这个思想和王弼的论述拿来比较一下。王弼在《明象》中说：

> 夫象者，出意者也。言者，明象者也。尽意莫若象，尽象

莫若言。言生于象,故可寻言以观象。象生于意,故可寻象以观意。意以象尽,象以言著。

可以看出,义理派易学的共同特征就是使形式服从于内容,极力把原本于筮法的象数改造成表现哲学思想的一种工具。王弼的义理派的易学思想继承了《易传》的这种主导倾向,他在《周易略例》中围绕着象数形式所提出的许多看法,除个别细节外,大体上是与《易传》一脉相承的。

但是,王弼的义理派的易学思想比之于《易传》,要显得更为纯粹、坚定、明确。《易传》只是呈现出一种主导倾向,王弼则是独立成派了。《易传》并没有完全否定卜筮,而是保留了某些对象数的神秘崇拜,比如把卦爻结构看作是一个圆满自足的先验的体系,认为"极数知来之谓占",特别是在《说卦》中把八卦与四时、八方相配,组成为一个八卦方位的宇宙图式,并且以牵强附会的手法列举了一系列杂乱无章的卦象。所有这些说明《易传》还存在着一种与义理派格格不入的象数派的倾向,而这种倾向在王弼的易学中是被完全摈落了。

《易传》中的象数派的倾向在汉易中得到了充分的发展,这种倾向独立成派是从汉易开始的。汉易之所以对象数学的思维模式感到极大的兴趣,主要是受当时今文经学的影响,为了用《周易》的卦爻结构来讲阴阳灾异。当时几乎所有的今文经学家都在讲阴阳灾异,比如董仲舒的《春秋阴阳》,刘向的《洪范五行》,《齐诗》的"四始五际",《礼记》的"明堂阴阳"。以孟喜、京房的卦气说为代表的汉代象数派的易学比这些讲法要显得优越,是因为它能作出一种貌似精确的数学计算,可以把阴阳灾异说得毫厘不爽。《汉书·京房传》介绍京房的易学指出:"其说长于灾变,分六十四卦,更直日用事,以风雨寒温为候,各有占验。"这种卦气说实质上是一种新的占法。它根据《说卦》的八卦方位说,首先把八卦与四时、八方相配,然后再与十二月、二十四节、七十二候、三百六十日相配,组成一个比《说卦》更加整齐有序的象数模式,按日以候气,分卦以征事,占验人事的吉凶祸福,预言政治的成败兴衰。从讲阴阳灾异的角度来看,这种卦气说的象数模式确实具有特殊的优越性,是一个非常合用的工具。

所谓卦气,是说卦爻的变化代表阴阳二气的消长。由于阴阳二气是万化之源,体现了神意,支配着所有的天象和人事,决定了各种各样的吉凶祸福,所以为了进行预测,必须仔细观察卦爻的变化。汉代象数派的易学倾注全力来研究卦爻的变化,其故在此。实际上,这是把形式置于首位,与义理派的易学恰恰相反,表现了象数派易学的基本特征。从孟喜、京房到易纬,也包括整个汉代的象数派的易学,都在从事这个使内容服从于形式的工作。他们费了不少的心思,绞了不少的脑汁,对六十四卦、三百八十四爻进行花样翻新的排列组合,目的是想安排一个框架结构,以便把所有的天象和人事的知识统统塞进去。

王弼在《明象》中对汉易的这种象数学的思维模式进行了猛烈的抨击。他说:

> 是故触类可为其象,合义可为其征。义苟在健,何必马乎?类苟在顺,何必牛乎?爻苟合顺,何必坤乃为牛?义苟应健,何必乾乃为马?而或者定马于乾,案文责卦,有马无乾,则伪说滋漫,难可纪矣。互体不足,遂及卦变;变又不足,推致五行。一失其原,巧愈弥甚。纵复或值,而义无所取。盖存象忘意之由也。忘象以求其意,义斯见矣。

王弼认为,象数派易学的根本错误在于“存象忘意”,把形式置于首位,而丢掉了其中的义理。其实汉易象数学并非排斥义理,只是象数学的义理乃是一种天人感应论的神学义理,或者是一种反映天象变化的宇宙生成论的义理,这是一种为感性所束缚的低层次的义理,与《易传》所说的“形而上者谓之道”的那种本体论的义理不相同。汉易象数学的义理实际上是一种“物质性的思维”,这种思维必然要把象数奉为神圣,或者以易象架设一个卦气框架,或者以易数架设一个太乙九宫、四正四维的框架,以为天象人事的变化尽在其中。为了达到这个目的,于是“案文责卦”,在象数形式的本身上打主意。遇到说不通的情况，就发明了互体说，把一卦变为四卦，增加卦象以说明之。互体也难以说通，又发明了卦变说来说明。卦变不足，又推致五行来增加卦象。王弼认为，这是一个研究方向上的错误，易学之所以陷入荒诞烦琐，"伪说滋漫"，都是由此而产生的。正确的研究方向应该是"忘象以求其意"，也就是说在"得意"以后，应该"忘象"以摆脱感性的束缚，使思维来一次由感性到理性的飞跃。义理派的易学与象数派的易学，二者的根本分歧之点就在于此。

我们可以看出，易学史上义理派与象数派的明显的分野是从王弼才开始的。义理派主张"忘象以求其意"，使形式服从于内容。象数派主张"存象忘意"，使内容服从于形式。这两种不同的倾向在《易传》原文中同时存在，虽然有主次轻重之不同，但却是奇妙地结合在一起的。这种复杂的情况只有联系到先秦哲学总的发展线索才能得到合理的说明。汉易为什么不顾《易传》中占主导地位的义理派的倾向，而特别看中带有宗教巫术色彩的象数学，这也不是汉易的过错。因为在那个特定的时代，人们需要用阴阳灾异的思想来对社会生活、特别是对王权进行调节。至于王弼打出义理派易学的旗号猛烈抨击汉易的象数学，主要是由于正始年间人们对本体论的哲学怀有普遍性的期待，对阴阳灾异的思想产生了深刻的不满。王弼是用了"以意逆志"的方法去读《周易》的。这个意是时代之意，当然也是王弼个人之意。由于《周易》本来就蕴涵着丰富的本体论的思想，所以王弼之意符合于《周易》之志，真正读懂了《周易》，也完美地继承了《周易》的义理派的易学思想。王弼的这种继承其实也是一种创新。王弼不仅反对汉易的象数学，也把原本存于《易传》中的象数学杂质完全清除掉了。义理派的易学思想是通过王弼的这种创新才形成了一套理论而独立成派的。

人们常说王弼以《老》解《易》，这是不确的。实际上，王弼是在以《易》解《易》，也就是说，他是根据原本存在于《易传》中的义理派的易学理论来解《易》，只是作了一番扬弃的工作，清除了其中的象数学的杂质，把义理派的易学理论发展得更为纯粹、坚定而明确。王弼在《周易略例》中集中阐述了他解释《周易》所遵循的基本原则。这些原则并非来源于《老子》，而是来源于《易传》。《老子》从来没有谈过象数，如何处理象数与义理、形式与内容的关系问题，在《老子》中根本不存在。这是一个仅仅属于易学的极为特殊的问题，但也是一个确定象数派与义理派的最后分野的至为重要的关键问题。王弼在《周易略例》中所研究的就是这样一个为《老子》所从未涉及的专门的易学问题。在《周易略例》中，王弼围绕着《周易》的编纂体例、卦爻结构及其哲学功能所阐述的一系列的思想，我们都可以在《易传》中找到它们的原始依据，除若干不甚重要的细节外，可以说基本上是忠实于《易传》的本义的。因为这个缘故，所以王弼的这部著作受到后来所有义理派易学家的重视。他们并不把这部著作看作是玄学著作，而看作是一部义理派的易学著作。

但是，王弼是一位哲学家，不同于一般的易学家。他研究《周易》，目的不在于恢复《周易》的本义，而是为了利用《周易》来发挥自己的哲学思想。从这个意义上来看，说王弼是以《易》解《易》，这也是不确的。前面我们业已指出，王弼根据贵无论玄学的内在的理论需要，针对《周易》和《老子》这两部经典原文的不同的情况，大体上确定了不同的解释的重点。由于《老子》原文偏于说无，王弼从中提炼出了"以无为本"作为贵无论玄学的基本命题，然后以"崇本息末""守母存子"为指导思想，着重于从由体以及用的方面来解决本体与现象的关系问题。《周易》原文与《老子》不同，并未说无，而是"言必及有"。六十四卦，三百八十四爻，所涉及的都是些现象，其中是否蕴涵着体用本末的哲理呢？如果回答是肯定的，那么如何把其中的哲理与"以无为本"这个最高命题挂上钩，组成一个崭新的哲学体系呢？应该承认，这些问题才是王弼在《周易略例》中所探索的重点，而不仅仅是以《易》解《易》。就王弼的真正的企图而言，他是想会通《老》《易》，一方面以《老》解《易》，同时也以《易》解《老》，使这两部经典中所蕴涵的本体论思想形成一种有无互补的关系，在贵无论玄学的理论基础上获得有机的统一。如果说他解释《老子》着重于发挥由体以及用的思想，那么他解释《周易》则着重于由用以求体。这个体是有层次之分的，也是无处不在的。从"以无为本"的最高层次来看，六十四卦为体之用，属于现象范畴。但是六十四卦与三百八十四爻之间也有一种体用本末的关系，卦为体，爻为用。虽然王弼在《周易略例》中并未明确拈出这一对范畴，其中的思想却是毫不含糊、无可置疑的。因此，我们如果说王弼只是想会通《老》《易》，这也是不确的。应该说，王弼是在从事一种推陈出新的改造工作，他所关心的不是《老》《易》的本身，不是业已成为过去的先秦的传统，而是正始年间的现实的需要，时代的课题。解释学的本质在于创新，在于找出传统与现实的联结点。通过王弼的重新解释，这两部经典终于改变了先秦的旧貌，而换上了正始年间贵无论玄学的新颜。从这个意义上来看，《周易略例》主要是一部玄学著作，是王弼的玄学体系中的一个有机组成部分，而不仅仅只是一部易学著作。

王弼的玄学体系是在《老子注》和《周易注》中全面展开的，《老子指略》和《周易略例》是这两部巨著的一个导引，是他的玄学体系的一个序曲。我们唯有通过《老子指略》和《周易略例》，才有可能去进一步了解他的玄学体系。前面我们说过，王弼之所以高于何晏，不在于他的抽象程度更高，而在于他结合具体的能力更强。王弼是针对着何晏所遇到的困难进行哲学探索的，他的整个思考始终围绕着一个中心问题，就是如何把现象与本体有机地联结起来。由于《周易》和《老子》原文的内在的逻辑结构不相同，一个是谈有，一个是说无，所以王弼重新解释它们，分别选择了不同的解释原则，解释《周易》着重于由用以求体，解释《老子》着重于由体以及用。于是王弼克服了何晏所遇到的困难，成功地构筑了一个完整的体系。

就解释《周易》而言，何晏所遇到的困难主要是不懂六十四卦的卦义。其实所有这些卦义在《彖传》和《象传》中都一一作了清楚的说明，何晏之所以感到困惑莫解，关键在于他找不到一条有效的途径突破汉人象数派易学的藩篱。汉人对象数形式倾注了全部的热情，只讲卦变而不讲卦义，看来学问高深，实则思想浅薄，《易传》的本体论思想在这种卦变说中完全淹没了。此种学风在汉魏之际仍然盛行，居于主流地位，并且赢得人们的赞赏。比如孔融对虞翻的卦变说就表示大为佩服。《三国志·吴书·虞翻传》说：

> 翻与少府孔融书，并示以所著《易注》。融答书曰："闻延陵之理乐，睹吾子之治《易》，乃知东南之美者，非徒会稽之竹箭也。又观象云物，察应寒温，原其祸福，与神合契，可谓探赜穷通者也。"

管辂的易学论《易》而不及《易》中辞义，也与虞翻属于同一思维模式。因此，为了恢复《易传》中原有的卦义说，必须从根本上推翻汉人的象数学。

王弼的《周易略例》就是为了克服何晏所遇到的困难而不得不作的。这部著作不仅在易学史上引起了一场革命性的变革，而且顺利地解决了贵无论玄学所面临的解释学的难题，具有双重的哲学意义。

《周易略例》共有七篇文章，各有重点。《明彖》论卦，《明爻通变》论爻，《明卦适变通爻》论卦与爻的关系，《明象》论形式与内容的关系，《辩位》阐述他对"同功异位"的独到见解，《略例下》杂论各种体例，《卦略》列举了十一卦的卦义，是全文的总结。这七篇文章组成了一个有机的序列，总的目的是想通过对《周易》体例和卦爻结构的研究，把象数形式完全改造成为表现义理的一种工具，以恢复《易传》中原有的卦义说。王弼在《周易注》中展开他的玄学体系，就是以卦义说为主轴的。而卦义说所依据的解释学的原则，就是通过《周易略例》的研究而后确定下来的。

王弼在《明彖》中首先指出，每一卦都有一个中心主旨，这就是一卦之体，而《彖辞》的作用就在于说明这个一卦之体。所以通过卦名和《彖辞》，可以找到贯穿在每一卦中的总体性的思想。如果掌握了这个总体性的思想，就可以统宗会元，提纲挈领，从容自如地应付各种错综复杂的变化而不致感到困惑。这个总体性的思想也叫做理,"物无妄然,必由其理"。实际上,这个理也就是卦义。六十四卦有六十四个卦义,六十四个具体的必然之理。而所有这些卦义又是与"天下之至赜",即支配宇宙人生的最高原理相通的。《明象》说:

> 夫《彖》者,何也?统论一卦之体,明其所由之主者也。……
>
> 物无妄然,必由其理。统之有宗,会之有元,故繁而不乱,众而不惑。……
>
> 故举卦之名,义有主矣;观其《彖辞》,则思过半矣。……
>
> 品制万变,宗主存焉;《彖》之所尚,斯为盛矣。……
>
> 繁而不忧乱,变而不忧惑,约以存博,简以济众,其唯《彖》乎!乱而不能惑,变而不能渝,非天下之至赜,其孰能与于此乎!故观《彖》以斯,义可见矣。

我们可以把王弼的这些说法来和《易传》比较一下。《系辞》说:"《彖》者,言乎象者也。""极天下之赜者存乎卦。""彖者,材也。""知者观其《彖辞》,则思过半矣。"《系辞》也是十分重视《彖辞》的作用,认为它是裁决论断一卦的卦义的,只要看了每一卦的《彖辞》,就能了解这一卦大体上的意义,而这种卦义并非各自孤立,而是"极天下之赜",与最高的原理相通。可以看出,王弼强调卦义的思想是直接继承了《系辞》而来的。事实上,《系辞》的说法是根据《彖传》而来的。《彖传》对六十四卦的卦义一一作了具体的论述,并且特别挑选出十几个卦义以明确的警句进行赞叹,比如"豫之时义大矣哉","随之时义大矣哉","颐之时大矣哉","大过之时大矣哉","险之时用大矣哉","遯之时义大矣哉","睽之时用大矣哉","蹇之时用大矣哉","解之时大矣哉","姤之时义大矣哉","革之时大矣哉","旅之时义大矣哉",等等。《系辞》总结了《彖传》的这些具体的论述,得出结论说,"彖者,材也"。王弼在《明象》中所阐述的思想,并非空无依傍,而是和《易传》一脉相承的。此外,《彖传》认为,从卦义中可以看出"天地万物之情"。比如

《恒卦》，"观其所恒，而天地万物之情可见矣"；《咸卦》，"观其所感，而天地万物之情可见矣"；《萃卦》，"观其所聚，而天地万物之情可见矣"。王弼根据这些说法，把卦义和"天下之至赜"联系起来。所以尽管王弼在《明象》中所致力发掘的只是六十四个卦义中的具体之理，并非"以无为本"的那个高层次的抽象之理，但是他根据《易传》的说法，在具体与抽象之间架设了一道桥梁。这就为他展开自己的多层次的哲学系统打下了理论基础。

王弼在《明象》中接着论述了"一卦之体必由一爻为主"的思想。他说：

> 夫众不能治众，治众者，至寡者也。夫动不能制动，制天下之动者，贞夫一者也。故众之所以得咸存者，主必致一也。动之所以得咸运者，原必无二也。……
>
> 故六爻相错，可举一以明也；刚柔相乘，可立主以定也。是故杂物撰德，辩是与非，则非其中爻，莫之备矣。故自统而寻之，物虽众，则知可以执一御也；由本以观之，义虽博，则知可以一名举也。故处璇玑以观大运，则天地之动未足怪也；据会要以观方来，则六合辐辏未足多也。……
>
> 夫少者，多之所贵也；寡者，众之所宗也。一卦五阳而一阴，则一阴为之主矣；五阴而一阳，则一阳为之主矣。夫阴之所求者阳也，阳之所求者阴也。阳苟一焉，五阴何得不同而归之？阴苟只焉，五阳何得不同而从之？故阴爻虽贱，而为一卦之主者，处其至少之地也。或者遗爻而举二体者，卦体不由乎爻也。

王弼所讲的这些具体的体例也是沿袭了《易传》的说法的。《系辞》说："若夫杂物撰德，辩是与非，则非其中爻不备。""阳卦多阴，阴卦多阳，其故何也？阳卦奇，阴卦偶。"《易传》所讲的这些体例也就是《易传》所据以解释《易经》的基本原则。实际上，《易经》本身是根本没有这些体例的。《易经》有卦名，有卦辞，而无卦义。卦名只是标志卦画的一种文字符号，卦辞乃是毫无深意的占卜的记录。至于由六爻相错所组成的六十四卦，虽然其间体现了一种严格的数学变化的规律，但是人们长期以来对这种规律并不理解，只是简单地把它们看作是一种筮法。《易传》为了利用《易经》的象数形式来发挥自己的哲学思想，必须规定一些体例，以便于作出新的创造性的解释，在卦画、卦名、卦辞之间建立一种有机的联系，使之表现出一种义理。如果单纯从形式的角度来看，《易传》的体例漏洞甚多，常常不能自圆其说。但是这些体例却为自由的理解开辟了广阔的天地，成功地把筮法改造成表现哲学思想的一种工具。随着哲学思想的发展，对表现工具提出了更多的要求，于是体例也就不断地丰富完备。拿王弼所讲的体例与《易传》相比较，王弼显然是丰富完备得多，而且凝练成了一种简洁明了的公式。《略例下》说：

> 凡《象》者，通论一卦之体者也。一卦之体必由一爻为主，则指明一爻之美以统一卦之义，《大有》之类是也。卦体不由乎一爻，则全以二体之义明之，《丰卦》之类是也。

王弼解释《周易》，在许多场合也不能严格遵守他自己所规定的这个体例。这并不是因为王弼所规定的体例不符合《易经》的实际，或者王弼自己在逻辑上陷于混乱，而是由于义理派的易学始终是站在解释学的立场来看待体例的，只要体例适合于表现自己的哲学思想，这就算是达到了目的。因此，义理派的易学对体例的研究实质上是对筮法的一种不断的改造。

表面上看来，所谓"一卦之体必由一爻为主"所讲的只是体例，它沿袭于《易传》，而且比《易传》讲得更为明确，实际上，其中贯穿着一种本体论的哲学思维由低级向高级的发展线索，体例是形式，哲学思维是内容，形式是服从于内容的。王弼在《明象》中，借助于"一爻为主"的体例，发挥了一套"以寡治众""以一制动""统宗会元""约以存博""简以济众"的本体论的思想。这些思想在《易传》中也是存在着的，但却没有概括成如同王弼这样的简明的哲学命题。从这个角度来看，王弼对体例的研究，乃是对蕴涵于《易传》中的本体论哲学的一种反思和创造性的发展。正是由于王弼把本体论的哲学推进到一个新的发展高度，所以他对筮法的改造也就比《易传》更为彻底。

《明象》论卦，《明爻通变》进而论爻。一卦六爻，结成一个整体，有一个中心主旨，《彖辞》的哲学功能在于"统论一卦之体"，阐明卦义，那么爻的功能又是什么呢？《系辞》指出："爻者，言乎变者也。""爻也者，效天下之动者也。"这就是说，爻是表示变化的。汉人的象数派的易学也承认爻是表示变化的，但却把这种变化看作是卦气的变化，天象的变化，而不是人事的变化。因而汉易搬用了研究天文历法的数学方法来研究这种变化，然后和人事的吉凶祸福牵强比附，作出神秘的预言。实际上，这是一种宗教巫术，并不是哲学思维。王弼在《明爻通变》中尖锐地批判了汉易的这种爻变观，为义理派易学的爻变观奠定了理论基础。他说：

> 夫爻者，何也？言乎变者也。变者何也？情伪之所为也。夫情伪之动，非数之所求也。故合散屈伸，与体相乖；形躁好静，质柔爱刚；体与情反，质与愿违。巧历不能定其算数，圣明不能为之典要，法制所不能齐，度量所不能均也。为之乎岂在夫大哉！陵三军者，或惧于朝廷之仪；暴威武者，或困于酒色之娱。近不必比，远不必乖。同声相应，高下不必均也；同气相求，体质不必齐也。召云者龙，命吕者律。故二女相违，而刚柔合体。隆墀永叹，远壑必盈。投戈散地，则六亲不能相保；同舟而济，则吴越何患乎异心。故苟识其情，不忧乖远；苟明其趣，不烦强武。能说诸心，能研诸虑，睽而知其类，异而知其通，其唯明爻者乎！

王弼认为，爻象所表示的变化主要是人事的变化，事物的变化，这种变化是由"情伪"所引起的。"情伪"这个名词本于《系辞》"情伪相感而利害生"。情即实情，伪即虚伪，合起来说，是指支配人们行动的种种矛盾的心理状态，也泛指事物由两个对立的方面所形成的种种复杂的实际情况。邢璹注说："变之所生，生于情伪，情伪所适,巧诈多端,故云情伪之所为也。"王弼认为,这种由情伪引起的变化,错综复杂,相互矛盾,"巧历不能定其算数,圣明不能为之典要",没有固定的格式,不能用数学的方法来计算,也不能用法制度量来整齐划一。但是,这种变化仍有规律可寻,只要能"识其情","明其趣",就可以"睽而知其类,异而知其通"。

王弼的这一段话,是针对着汉易的象数说,有所指而言的。汉易的象数说以孟喜、京房为代表。他们致力于研究爻变的本身,把三百八十四爻按照新发明的规则排列成一个整齐有序的象数模式,然后把天象人事瓜分割裂、削足适履、生搬硬套地统统塞入这个模式之中。王夫之有一段言论,批判了京房易学在理论上的荒谬,也连带批判了宋代邵雍的象数学。他说:

> 盖(京)房之为术,以小智立一成之象数,天地之化,且受其割裂,圣人之教,且恣其削补。道无不圆也,而房无不方,大乱之道也,侮五行而椓二仪者也。郑弘、周堪从而善之,元帝欲试行之,盖其补缀排设之淫辞有以荧之尔。取天地人物、古今王霸、学术治功,断其长,擢其短,令整齐瓜分如弈者之局、厨人之饤也,此愚所以闻邵子之言而疑也,而况房哉!(《读通鉴论》卷四)

王夫之所谓"道无不圆也,而房无不方",这句话一针见血,击中了象数学爻变观的要害。象数学固然十分重视爻变,但却极力使内容屈从于形式,绞尽脑汁把爻变本身搞成一种固定的格式,用种种人为的方法"定其算数","为之典要",这就必然圆凿方枘,与人事以及事物的实际变化格格不入。

王弼把人事以及事物的实际变化置于首位,认为这些变化是由"情伪"所引起的,爻只是表示这些变化的,并不是变化的本身,这就从根本上改变了象数学的思维模式,确立了使形式服从于内容的义理派易学的爻变观。王弼列举了一系列的实例,说明那自身等同的却排斥它自身,那自身不等同的东西却包含着同一,虽然变动无常,没有一成不变的格式,但其间却有着一种相反相成的关系。王弼认为，人们不能用数学的方法来研究这种关系。（"夫情伪之动，非数之所求也。"）但是可以通过体会义理的方法，"能说诸心，能研诸虑"，做到"睽而知其类，异而知其通"，把这种相反相成的辩证规律找出来。爻的哲学功能就是表示变化的，所以必须"明爻"才能认识变化的规律。

王弼由此展开进一步的论述。他说：

> 是故情伪相感，远近相追；爱恶相攻，屈伸相推；见情者获，直往则违。故拟议以成其变化，语成器而后有格。不知其所以为主，鼓舞而天下从，见乎其情者也。是故范围天地之化而不过，曲成万物而不遗，通乎昼夜之道而无体，一阴一阳而无穷。非天下之至变，其孰能与于此哉！是故卦以存时，爻以示变。

"卦以存时，爻以示变"，明确指出卦与爻各有不同的哲学功能，卦是表示时义即卦义的，这是一卦的中心主旨，爻则是表示变化的。就爻所表示的变化而言，有"情伪相感""远近相追""爱恶相攻""屈伸相推"等种种复杂的情况，但总的说来，都是对外物实际变化的一种拟议、效法、模仿。由于天地万物千变万化，神妙莫测，所以爻也就以一阴一阳"范围天地之化"，表示了"天下之至变"。从"语成器而后有格""鼓舞而天下从""曲成万物而不遗"这几句话来看，掌握了这个"天下之至变"不仅具有认识论的意义，而且可以在实践上发而为作用。王弼论爻以《明爻通变》标题，就包含了这两层意思。"明爻"说的是对变化的认识，"通变"说的是应变，即把这种认识运用于实践。所谓"卦以存时，爻以示变"，其实说的就是卦为体，爻为用，二者并非一般与特殊的关系，而是体与用的关系。

《明卦适变通爻》论述卦与爻的关系，反复阐明了卦为体、爻为用的思想。王弼说：

> 夫卦者，时也；爻者，适时之变者也。夫时有否泰，故用有行藏；卦有小大，故辞有险易。一时之制，可反而用也；一时之

吉，可反而凶也。故卦以反对，而爻亦皆变。是故用无常道，
事无轨度，动静屈伸，唯变所适。故名其卦，则吉凶从其类；存
其时，则动静应其用。寻名以观其吉凶，举时以观其动静，则
一体之变，由斯见矣。

王弼认为，"夫卦者，时也"。时也叫做时用，时义，其实就是卦义。
卦义为一卦之体，由时、中、位三者综合而成，代表一种时态，一种
由时间、地点、条件所制约的具体的情境。所谓"爻者，适时之变者
也"，是说爻代表在此具体情境下事物的变化以及人们应变的行
为。事物如何变化，行为的后果是吉是凶，并不决定于它们本身，
而决定于是否适合于具体情境的规定。这种由卦所代表的具体的
情境也可以说是一种形势、时机，这是总揽全局的。它不是一种抽
象之理，不是特殊中的一般，也不是纯思辨的本体，它乃是一种动
态的结构，是用中之体，变动无常，处于不断地迁徙流转的过程之
中，而且从总体上支配着决定着事物的变化以及人们的行为。但
是从另一方面来看，由爻所代表的事物的变化以及人们的行为也
并不是处于被支配被决定的消极状态，而是可以采取"适时之变"，
对总的形势作出全面的估计，确定适当的对策，推动形势朝有利的
方面转化。所以王弼认为，"夫时有否泰，故用有行藏；卦有小大，
故辞有险易。一时之制，可反而用也；一时之吉，可反而凶也。"《周
易》着眼于人们的实践的目的，把形势分为两类，一种是有利的，一
种是不利的。泰为亨通，大为君子道长，就总的形势而言，是有利
的，但如果行为不当，采取了错误的对策，其后果则是"一时之吉，
可反而凶也"。反之，否为闭塞，小为君子道消，属于不利的形势，
在此形势下，人们应该积极去谋求解脱之方，以转凶化吉，所以说
"一时之制，可反而用也"。由于卦与爻是紧密联系在一起的，卦的
变化决定了爻的变化，所以说"卦以反对，而爻亦皆变"。卦为体，
爻为用。王弼称卦的变化为"一体之变"，反复强调人们必须对这
个"一体之变"有一个清醒的认识，认为"存其时，则动静应其用"，
"用无常道，事无轨度，动静屈伸，唯变所适"。既然如此，那么如何
来认识这个"一体之变"呢？

王弼在《明卦适变通爻》中接着提出了一种由用以求体的方法，认为应从具体分析爻与爻之间的各种错综复杂的关系入手。他说：

> 夫应者，同志之象也；位者，爻所处之象也。承乘者，逆顺之象也；远近者，险易之象也。内外者，出处之象也；初上者，终始之象也。是故，虽远而可以动者，得其应也；虽险而可以处者，得其时也。弱而不惧于敌者，得所据也；忧而不惧于乱者，得所附也。柔而不忧于断者，得所御也。虽后而敢为之先者，应其始也；物竞而独安静者，要其终也。故观变动者，存乎应；察安危者，存乎位；辩逆顺者，存乎承乘；明出处者，存乎外内。远近终始，各存其会；辟险尚远，趣时贵近。

王弼所讲的这些体例，全都沿袭于《易传》，只是作了一次系统的总结。《易传》根据这些体例解释《易经》，借以发挥儒家的一套社会政治伦理思想，主张以阳刚为统率，以阴柔为从属，刚柔相济，阴阳配合，共同实现一种太和境界。《易传》认为，这种太和境界并非既成的事实，而是有待争取的目标，所以应该发扬"自强不息"的积极精神，审时度势，抓住事物发展的重要契机，采取正确的行动，因而由六爻相错所形成的这些体例也就成为指导人们正确行动的指南。王弼在讲这些体例时，并没有违反儒家的这种基本精神。而这种精神与《老子》原文中表现的那种贵柔守雌、无为而治的精神是完全不相同的。

"夫应者，同志之象也。"这是说，一卦六爻，初与四、二与五、三与上，阴求阳，阳求阴，互相感应，得应则志同相合。"位者，爻所处之象也。"这是说，二、四为阴位，三、五为阳位，柔爻居阴位，刚爻居阳位，谓之当位，否则为不当位。"承乘者，逆顺之象也。"这是说，以下对上曰承，以上对下曰乘，柔承刚为顺，刚承柔为逆，柔乘刚为逆，刚乘柔为顺，阴阳柔刚的领导与被领导的地位不能颠倒。"远近者，险易之象也。"邢璹注说："远难则易，近难则险。《需卦》九三近难，险也。初九远险，易矣。"远近之说本于《系辞》："二与四同功而异位，其善不同。二多誉，四多惧，近也。柔之为道，不利远者。""远近相取而悔吝生。""凡《易》之情，近而不相得则凶。"所谓"内外者，出处之象也"，"初上者，终始之象也"，邢璹注说，"内卦是处，外卦为出。初为始，上为终也"。

王弼全面分析了六爻相错所形成的这些体例，总结说，"故观变动者，存乎应，察安危者，存乎位；辩逆顺者，存乎承乘；明出处者，存乎外内；远近终始，各存其会；辟险尚远，趣时贵近"。这是说，由于爻变的体例反映了事物及人事变化的规律，所以可以根据爻之是否有应以观其变动，根据爻之是否得位以察其安危，根据爻之承乘关系以辩其逆顺，根据内卦外卦之分以明出处，爻有远近终始，则表示其吉凶险易因时而异。所有这些，说的都是人们对客观环境的理性的认识，对具体形势的清醒的估计。但是王弼并不仅仅停留于此，他的主要目的在于由此而引申出一种涉世妙用，发挥认识的实践功能，汲取人事的智慧，提高人们的应变能力。所以王弼把认识与行为紧密联系起来，反复告诫人们，尽管处于不利的客观环境之中，仍然可以采取合理的决策，变不利为有利。他指出，如果得其应，则虽远而可以动；如果得其时，则虽险而可以处；如果得所据，则虽弱而不惧于敌；如果得所附，则虽忧而不惧于乱；如果得所御，则虽柔而不忧于断；如果应其始，则虽后而敢为之先；如果要其终，则虽物竞而独安于静。总之，王弼所强调的是要高度发挥人的主观能动性，根据对客观形势的具体的分析，把认识转化为行动，以解决人们在社会实践活动中所面临的各种复杂的问题。

汉易象数派的卦气说也是把认识与行为紧密联系起来研究的。比如谷永说："王者躬行道德，承顺天地，……则卦气理效。……失道妄行，逆天暴物，……则卦气悖乱。"（《汉书·谷永传》）这是说，卦气是否正常运转与皇帝的行为直接相关。如果皇帝励精图治，搞好政治，"则卦气理效"；反之，如果倒行逆施，把政治搞坏，"则卦气悖乱"。《易纬稽览图》说："诸卦气温寒清浊，各如其所。"《易纬乾凿度》说："善虽微细，必见吉端，恶虽纤芥，必有悔吝。"这是说，从卦气的温寒清浊可以看出人们行为的善恶吉凶，二者之间存在着一种天人感应的关系。因此，为了找到人们行为的指南，应该仔细观察卦气的变化。

但是，汉易所谓的认识是对卦气的认识，是对象数形式的认识，也可以说是对体现在卦气中的神意的认识，带有宗教蒙昧主义的色彩。王弼认为，卦与爻所反映的变化不是卦气的变化，天象的变化，主要是人事的变化，人们应该通过卦爻的变化去汲取人事的智慧而不是作出神秘的预言。这就把认识置于理性主义的基础之上，从根本上改变了象数派的那种思维模式。所谓人事的智慧就是义理。义理有体有用，就卦而言，是为体，就爻而言，是为用。由六爻相错所形成的"应""位""承乘""远近""内外""初上"各种不同的体例，错综交织，共同构成一种时态，显示一种受多样规定性制约的具体的情境，而且千变万化，不拘一格。为了认识这种复杂的变化，人们固然要把握一卦之体，由体以及用，同时也要具体分析爻与爻之间的各种体例，由用以求体，否则便无从具体地体会义理，使自己的决策思想和应变能力趋于上乘。所以王弼在《明卦适变通爻》中总结说：

> 吉凶有时，不可犯也；动静有适，不可过也。犯时之忌，罪不在大；失其所适，过不在深。动天下，灭君主，而不可危也；侮妻子，用颜色，而不可易也。故当其列贵贱之时，其位不可犯也；遇其忧悔吝之时，其介不可慢也。观爻思变，变斯尽矣。

王弼在这一段话里，对卦与爻的关系作了进一步的考察。王弼认为，形势和时机是总揽全局的，人们的行为受此全局的制约和支配，所以应该有一种战略的眼光，根据对形势和时机的认识来决定自己的行为。如果违犯时机，不适合形势的要求，尽管罪过不大，错误不重，也会导致凶咎的后果。这一条原则，无论对"动天下，灭君主"这样的国家大事，还是对"侮妻子，用颜色"这样的家中小事，都是适用的。因此，当遇到贵贱的分位业已确定的形势，这是绝不可去触犯的。当形势仅仅呈现出一些细微的悔吝的苗头，也不可掉以轻心，而要谨慎从事。所谓"观爻思变，变斯尽矣"，是说通过爻变去认识卦的"一体之变",就能全面地把握变化。这就是由用以求体的思想了。

《明象》就如何处理内容与形式的关系问题,指出了义理派易学与象数派易学的根本分歧所在。王弼并没有否定象数,他对卦、爻以及卦爻结构体例的研究,都是只涉及象数形式而没有谈义理。他所说的卦以六爻为成而以一爻为主,其中一与多的关系就是数的关系。所谓"卦以存时,爻以示变","观爻思变,变斯尽矣",说明他对卦象、爻象是十分重视的。前面说过,《周易》这部书是中外思想史上一个极为特殊的现象,它的内容和形式两个方面都应该引起足够的重视。如果研究《周易》而完全排斥其象数形式,它的义理也就空无依傍,失去着落了。只是王弼在处理二者的关系时,是使形式服从于内容,而与汉易的那种使内容屈从于形式的做法不相同。在《明象》中,王弼一方面继承了《易传》的义理派的易学倾向,同时也援引了庄子的思想,说明他对象数形式的总的看法。他说:

> 故言者所以明象,得象而忘言;象者所以存意,得意而忘象。犹蹄者所以在兔,得兔而忘蹄;筌者所以在鱼,得鱼而忘筌也。然则,言者,象之蹄也;象者,意之筌也。是故,存言者,非得象者也;存象者,非得意者也。象生于意而存象焉,则所存者乃非其象也;言生于象而存言焉,则所存者乃非其言也。然则,忘象者,乃得意者也;忘言者,乃得象者也。得意在忘象,得象在忘言。故立象以尽意,而象可忘也;重画以尽情,而画可忘也。

庄子曾经呼唤一种真正的理解:"吾安得夫忘言之人而与之言哉!"(《庄子·外物》)在他所生活的那个特定的处境里,他找不到这种"忘言之人",于是把希望寄托于未来。他说:"万世之后而一遇大圣,知其解者,是旦暮遇之也。"(《齐物论》)忘言并非不言,但言者所以在意,故得意而忘言,才能有真正的理解。《易传》也在呼唤这种真正的理解,《系辞》说:"子曰:书不尽言,言不尽意。然则圣人之意其不可见乎?"《系辞》认为,言是可以尽意的,因为"圣人立象以尽意,设卦以尽情伪,系辞焉以尽其言"。但是,《系辞》的这个言尽意的观点在曹魏正始年间却遭到一些人的怀疑。荀粲就是一个显明的例子。《三国志·魏书·荀彧传》注引《荀粲传》说:

> 粲诸兄并以儒术论议,而粲独好言道,常以为子贡称夫子之言性与天道,不可得闻,然则六籍虽存,固圣人之糠秕。粲兄俣难曰:"《易》亦云圣人立象以尽意,系辞焉以尽言,则微言胡为不可得而闻见哉?"粲答曰:"盖理之微者,非物象之所举也。今称立象以尽意,此非通于意外者也,系辞焉以尽言,此非言乎系表者也;斯则象外之意,系表之言,固蕴而不出矣。"

荀粲的言不尽意的观点是根据庄子而来的。庄子认为,圣人之言是"迹",圣人之意是"所以迹","迹"并不等于"所以迹"。"迹"是"古人之糟粕",是死去的东西,与此相对,"所以迹"应该是古人之精华,是活着的东西。由于现象与本体不可割裂,"迹"与"所以迹"、糟粕与精华、死去的东西与活着的东西,也是紧密联系在一起的。庄子并不否认有真正的理解,只是认为这种理解应该把圣人之意置于首位,而不应该在圣人之言上咬文嚼字,把死去的糟粕当作活着的精华。忘言并非不言,但唯有忘言才能得意,因为圣人之言未尽圣人之意。虽然言不尽意,高层次的理解仍然是可能的。表面上看来,庄子的这个观点与《系辞》的言尽意论似乎相反,其实并不矛盾,而是相一致的。《系辞》一方面认为"书不尽言,言不尽意",指出语言文字有局限,不能完全表达圣人之意,另一方面又说,"圣人立象以尽意","系辞焉以尽言",认为尽管如此,圣人之意不能悬空存在,还是要利用象与辞这种工具才能表达出来。就象与辞本身而言,诚然不能完全表达圣人之意,但为了理解圣人之意,又必须依赖于这种有缺陷的表达工具。这就是形式与内容的既对立又统一的关系。庄子与《系辞》从不同的侧面揭示了这种关系,都是对真正的理解的一种可贵的探索。但是,《系辞》的说法却受到荀粲的怀疑,他认为"立象以尽意",其所尽之意非"象外之意","系辞焉以尽言",其所尽之言非"系表之言"。他援引庄子的思想,认为"六籍虽存,固圣人之糠秕",至于"象外之意,系表之言",那活着的精华,隐藏的意义,则有待于人们去认真发掘。究竟应该通过一种什么途径才能把它们发掘出来呢?这是一个解释学的问题,也就是说,应该立足于真正的理解,把言尽意论与言不尽意论辩证地统一起来。荀粲只看到二者的对立,虽然他对本体论的哲学怀着热切的期待,却不能构筑一个体系。王弼则发现了二者的相互联结之点,准确地把握了理解的本质。

王弼在《明象》中说,"尽意莫若象,尽象莫若言";"意以象尽,象以言著"。这是根据《系辞》言尽意的观点立论的,强调表达形式与所表达的内容之间的同一。他又进一步指出,"故言者所以明象,得象而忘言;象者所以存意,得意而忘象。犹蹄者所以在兔,得兔而忘蹄;筌者所以在鱼,得鱼而忘筌也。"这是根据庄子的言不尽意的观点立论的,强调表达形式与所表达的内容乃是一种手段与目的关系,二者之间存在着差别。王弼不像荀粲那样把这两种观点对立起来,而是认为真正的理解在于从二者的同一中看到差别,又从差别中看到同一。实际上,荀粲是不满于当时儒学理论上的浅薄,特别是象数派易学在理论上的浅薄,有所激而言的。象数派易学片面地强调形式与内容的同一,认为形式就是内容,因而倾注全力研究象数,以为圣人之意尽在此象数之中。荀粲的怀疑是很有道理的。他说:"盖理之微者,非物象之所举也。"汉易的致命的缺陷就在于看不到形式与内容的差别。当时许多有识之士都立足于破,力求破除汉易的象数学的藩篱,比如钟会的《易》无互体"说就是如此。但是为了全面地解释《周易》,以便从中引申出一种适合于正始年间时代需要的新的本体论哲学,问题的关键则在于立。只有立了义理派易学之新,才能彻底破除象数派易学之旧。这种大破大立的双重任务,是通过王弼的《周易略例》的研究最后完成的。

王弼指出,义理派易学的研究目的在于"得意",这个意就是荀粲所说的"象外之意""系表之言",也就是庄子所说的踏出"迹"来的"所以迹"，隐藏于形色名声之内的真正的活着的精华。象数派易学与此相反，他们误把手段当作目的，因而他们殚思竭虑，却只做了一点"存言""存象"的形式主义的工作，把最本质的东西忘掉了。但是意也不是离开言与象而悬空存在的，所以必须"寻言以观象"，"寻象以观意"，只是在"得意"之后，应该"忘言""忘象"，以摆脱形式的束缚，使思维来一次飞跃，去领悟那飘浮游离于言象之外的意义本身。就表现在言象之中的圣人之意而言，这种意在象数派易学中是被完全淹没了。至于那尚未表现在言象之中的"象外之意""系表之言"，更是为象数派易学所忽视。因此，王弼所说的"得意"，其着眼点也是双重的，包含着继承与革新两个方面，即不仅恢复那被淹没之意，而且要把握那更为深刻的"象外之意"。实际上，这就是一种创造性的理解。这种理解不离开传统，同时又不囿于传统。"尽意莫若象，尽象莫若言"，王弼的这种言尽意论表现了他尊重传统的一面。"得意在忘象，得象在忘言"，这种言不尽意论又表现了王弼锐意革新的突破意识。传统与革新的统一，这正是理解的本质。

前面说过，王弼的《周易略例》，其总的目的是想通过对《周易》体例和卦爻结构的研究，把象数形式完全改造成为表现义理的一种工具，以恢复《易传》中原有的卦义说。因此，王弼所说的"得意"，主要是指对六十四卦的卦义的把握。汉易象数学"存象忘意"，只注重卦象而忘掉卦义。王弼反其道而行之，认为"忘象以求其意，义斯见矣"，这是义理派易学独立成派的一个显明的标志。所谓"忘象"并非完全摈落卦象，但唯有不拘泥于卦象，才能为自由的理解开拓出一个广阔的天地。王弼在《卦略》中，运用他所确立的解释学的原则，分析了十一个卦义，虽然带有举例性质，但却是他在《周易注》中结合时代课题全面展开他的哲学系统的理论基础。

就《周易》哲学本身而言，其中存在着两种不同的整体观。一种是义理派易学的整体观。这种整体观立足于六十四卦的卦义，以乾、坤两卦为始，以既济、未济两卦为终，构成一个整体发展的序列。乾为"天下之至健"，坤为"天下之至顺"，由此而展开为六十四卦，其中或吉或凶，或泰或否，显示出各种错综复杂的具体的情境，发展到既济，"刚柔正而当位"，整体趋于和谐、平衡、有序，但这种状态只是暂时的，紧接着又转向于未济。《系辞》描述这种整体观的特征说："《易》穷则变，变则通，通则久。""《易》之为书也不可远，为道也屡迁，变动不居，周流六虚，上下无常，刚柔相易，不可为典要，唯变所适。"

除此以外，还有一种象数派易学的整体观，这就是《说卦》中的八卦方位说。《说卦》说："万物出乎震，震，东方也。齐乎巽，巽，东南也。齐也者，言万物之絜齐也。离也者，明也，万物皆相见，南方之卦也。……坤也者，地也，万物皆致养焉。……兑，正秋也，万物之所说也。……战乎乾。乾，西北之卦也，言阴阳相薄也。坎者，水也，正北方之卦也，劳卦也，万物之所归也。艮，东北之卦也，万物之所成终，而所成始也。"这种八卦方位说以八卦与四时、八方相配，构筑了一个时空交织的宇宙整体的框架，万物就在此框架中产生和发展。

我们可以看出，体现在这两种整体观中的"圣人之意"是不相同的。前者是一种本体论的哲学，后者实际上是一种适应于占卜需要的宗教巫术。义理派的易学重视卦义的研究，并不是把六十四个卦义看作彼此孤立不相联系的个别之理，而是把每一个卦义看作整体发展系列中的一个有机的环节。就卦与爻的关系而言，六十四卦为其体，三百八十四爻为其用。但就《易》之整体而言，则是一阴一阳为其体，六十四卦为其用。在易学史上，以明确的语言表述此种体用关系是到北宋才出现的，但是《易传》中的义理派的易学却是潜在地蕴涵着这种体用思想的。如果根本没有这种体用思想，则六十四卦的卦义就无所统率，而"一阴一阳之谓道"这个命题也就失去着落了。与此相反，象数派易学的整体观是用卦象的排列组合构筑而成的。震、离、兑、坎何以能代表东、南、西、北四方和春、夏、秋、冬四时，其根据不在卦义而在于卦象。实际上，卦象也不能成为根据，无非是宗教巫术的一种牵强附会。在这个整体观中,是无法找到本体论的哲学思维的。

我们曾经指出,王弼解释《老子》和《周易》选择了不同的着重点。由于《老子》原文偏于说无,所以他着重于由体以及用;《周易》原文所谈的是六十四卦的卦义,属于有的范畴,王弼则着重于由用以求体。在《周易注》中,王弼对六十四卦的卦义的分析,始终是贯穿着这种由用以求体的思想线索。人们常说王弼所求之体是一种抽象的思辨的本体,实则不然。由六十四卦的卦义所构成之体乃是《周易》哲学中的那个包括自然和社会在内的生生不已的整体,也可以说是充满着活泼生机的自然和社会本身。如果王弼只有《老子注》而无《周易注》,他的哲学系统是不完整的。正是由于这两部著作形成了一种有无互补的关系,才充分地反映了他那个时代的社会历史内容,显示了他的哲学系统的丰满性。王弼无论是解释《老子》或解释《周易》,都是立足于本体论哲学思维的整体观。《周易略例》之所以对象数派易学进行猛烈抨击,是因为如果不破除那种低层次的粗陋的整体观,便无从树立新的整体观,展开他的贵无论的玄学体系。

第五章　王弼的《老子注》

一、《老子注》的整体观

哲学以自然和社会的整体为研究对象,不同于具体科学。整体不可分析,难以言说,实际上是无限的世界,不等于各个有限的部分之和。但人唯有使自己的思想接近于此整体,把握此整体,才能上升到哲学的境界。整体观的层次愈高,智慧的层次也相应地提高。因而哲学可以说是对无限的追求,对整体的追求,人类的智慧也就在此种追求中不断地丰富和发展。

当人类刚刚脱离了本能的蒙昧状态、产生了自觉的意识时,就已经开始了对无限和整体的追求。他们把面对着他们的自然现象之网以及血缘社会的亲属关系看作是一个有联系的整体,并且以某种偶像和图腾来表示他们对整体的体认。经过一段相当迂回而艰难的历史过程,到了殷周之际,人们创造出了天的概念作为整体观的基石。

在西周天命神学中,天这个概念包含着三种不同的意义,一是指有意志的人格神,一是指自然之天,一是指义理之天。这三种不同的意义在西周的天命神学中是混合在一起的。西周的天命神学由原始的自然崇拜宗教发展而来。原始的自然崇拜宗教是一种万物有灵论,认为每一种自然物都有一个主宰着它的神灵,日有日神,月有月神,天也有天神,所以天这个概念本来就具有自然之天和有意志的人格神的双重意义。到了西周时代,周人把天神想象成宗法社会的政治和道德的立法者,于是天这个概念又增加了第三重意义,即义理之天。天的这三重意义混合在一起,成为天命神学的一个总体性的范畴。

我们曾经指出,西周的天命神学以天人关系为主题,把世界的统一性看作是一个自明之理,着眼于探讨天与人、主与客、自然与社会的相互关系,企图通过这些探讨来找到某种带规律性的东西,用来指导人事,特别是政治。它是一门统一的无所不包的学问,也是中国历史上第一次出现的系统而完备的整体观。但是,这种整体观是以宗教神学的形式表现出来的,停留于具体的有限的感性的层次。春秋时期,人们对天这个概念进行了一系列的改造,逐渐剔除了其中的人格神的含义,提出了许多新的说法,比如以天和地并举,称为"天地之德""天地之中""天地之性""天地之经"等等。这些说法着重于整体的内在的本质和规律,抽象的程度是更高了。在这个时期,人们对天道和人道也作出了新的解释。子产曾说:"天道远,人道迩,非所及也。"(《左传》昭公十八年)子产所说的天道是指传统的占星术,从哲学理性的角度来看,这样的天道当然和人道不相干。但是,如果把天道理解为整体的内在的本质和规律,这样的天道却是人道所必须严格遵循的。比如范蠡曾说:"天道盈而不溢,盛而不骄,劳而不矜其功。""天道皇皇,日月以为常。明者以为法,微者则是行。阳至而阴,阴至而阳。日困而还,月盈而匡。"(《国语·越语下》)范蠡把这种天道叫作"天节""天极",也叫作"天地之常""天地之刑""天地之恒制"。范蠡从"人事必将与天地相参"的角度来研究天道所表现的自然规律,强调只有顺应天道才能取得人事的成功。范蠡分析了天道对于人事的三种不同的情况:有夺、有予、有不予。夺是客观形势不利,予是客观形势有利,不予是客观形势不成熟。为了夺取政治和军事上的胜利,范蠡认为,必须"赢缩以为常,四时以为纪,无过天极,究数而止",严格遵循自然规律办事。

春秋时期人们对天和天道概念的改造,实际上是对整体的一种不断的追问。人们通过这种追问逐渐认识到,整体不是可以感知的人格神,也不是覆盖在头上的茫茫苍天,整体似无而实有,既抽象,又具体,它是支配天地人的一种关系和不能违反的规律。但是这种认识零碎片断,没有综合成为完整的体系,而西周天命神学中的那个含混不清的天的概念,仍然像阴影一样,阻碍着人们对整体作进一步的把握。比如春秋末年孔墨显学的情况就是如此。孔子和墨子显然是有一种整体观的,在他们关于社会政治伦理的言论中,处处流露出一种深沉的宇宙意识。就他们的整体观的系统性而言,确实是高于子产、范蠡等人,但是他们用"天命""天志"这样一些带有浓厚神学色彩的概念来表述对整体的体认,说明他们的整体观摇摆于宗教和哲学之间,没有很好地总结子产、范蠡等人的认识成果。

在中国思想史上,道家的创始人老子第一次把道凌驾于天之上,哲学的整体观才算摆脱了宗教神学的桎梏,有了自己独立的理论形态。《老子》二十五章说:

> 有物混成,先天地生,寂兮寥兮,独立不改,周行而不殆,可以为天下母。吾不知其名,字之曰道,强为之名曰大。大曰逝,逝曰远,远曰反。故道大,天大,地大,王亦大。域中有四大,而王居其一焉。人法地,地法天,天法道,道法自然。

老子所谓的道也是一个含混不清的概念,但与原始的天的概念相比,人格神的含义是被完全剔除了,其中所蕴涵的整体观的层次是大大提高了。实际上,道仅仅是对整体的一种近似的把握,是不知其名而强为之名的一种假说。老子反复强调,人们不可拘泥于道的概念本身,而应该通过这个概念去直接地体认整体。这个整体"有物混成",是一个具体的存在,另一方面,它又"寂兮寥兮",无声无形,超越于人们耳目感知的范围。这就是说,这个整体似无而实有,虽有而似无。它的特征可以勉强用"大"字来形容。所谓"大",既指空间的广袤,也指时间的绵延,实际上就是流行运动于时空之中的"独立不改"的无限的整体。因而它可以为天下万物之母,而天下万物最后又必然复归于这个整体。老子认为,宇宙间存在着四个大的整体,"道大,天大,地大,王亦大",而以道的层次为最高,所以"人法地,地法天,天法道"。至于道,则是自然而然,本来如此,所谓"道法自然",不仅意味着道以自身为法,而且也意味着人、地、天这三个低于道的整体都处于道的支配之下,效法道的纯任自然。

　　老子关于道的思想对中国哲学的影响以及在世界哲学中的意义,是极为重大的。现代哲学家金岳霖先生在《论道》一书中对此曾作了十分精辟的分析。他指出:"每一文化区有它底中坚思想,每一中坚思想有它底最崇高的概念,最基本的原动力。小文化区我们不必谈到。现在这世界底大文化区只有三个:一是印度,一是希腊,一是中国。它们各有它们底中坚思想,而在它们底中坚思想中有它们底最崇高的概念与最基本的原动力。""中国底中坚思想似乎儒道墨兼而有之。""中国思想中最崇高的概念似乎是道。所谓行道、修道、得道,都是以道为最终的目标。思想与情感两方面的最基本的原动力似乎也是道。""不道之道,各家所欲言而不能尽的道,国人对之油然而生景仰之心的道,万事万物之所不得不由,不得不依,不得不归的道才是中国思想中最崇高的概念,最基本的原动力。""关于道的思想我觉得它是元学底题材。""研究知识论我可以站在知识底对象范围之外,我可以暂时忘记我是人。凡问题之直接牵扯到人者我可以用冷静的态度去研究它,片面地忘记我是人适所以冷静我底态度。研究元学则不然,我虽可以忘记我是人,而我不能忘记'天地与我并生,万物与我为一',我不仅在研究对象上求理智的了解,而且在研究的结果上求情感的满足。""知识论底裁判者是理智,而元学底裁判者是整个的人。""最崇高概念的道,最基本的原动力的道绝不是空的,决不会像式那样的空。道一定是实的,可是它不只是呆板地实像自然律与东西那样的实,也不只是流动地实像情感与时间那样的实。道可以合起来说,也可以分开来说,它虽无所不包,然而它不像宇宙那样必得其全然后才能称之为宇宙。自万有之合而为道而言之,道一,自万有之各有其道而言之,道无量。"①

────────────

① 金岳霖:《论道》,商务印书馆,1985 年,第 15—17 页。

老子所谓的道就是合起来说的道,这是对传统的天人之学中的各种分开来说的道诸如天道、地道、人道的顺理成章的哲学概括。老子对各种分开来说的道也非常之重视,但却认为,它们都毫无例外地从属于那个合起来说的道。道一之道是至高无上的,人们唯有以道一之道为最终的目标,才能使自己的思想上升到真正的哲学的境界,获得一种高层次的整体观,从而更好地把握其他各种分开来说的道。在中国哲学思想发展的长河中,老子关于道的思想是一个极为重要的里程碑,它承前启后,继往开来,逐渐为各家所接受,形成了一种特殊的思维模式,一种与希腊、印度鼎立而三的中国这个大文化区的中坚思想。于是道的概念也就成了中国思想中最崇高的概念,尽管各家对道的理解不尽相同,甚至彼此抵牾,但都坚持不懈地追求行道、修道、得道,以道为最基本的原动力。

王弼在《老子注》中所继承发展的就是这样一种以道为最崇高的概念与最基本的原动力的中坚思想。就王弼对他的玄学思想的理论表述而言,似乎无的概念比道的概念更为崇高,许多研究者也常常因此而认为王弼所追求的最终目标是无而不是道。实际上,王弼曾经反复阐明,道与无都仅仅是对无限整体的一种近似的把握。由于这个无限整体从根本上来说是离言绝象,不可道、不可名的,所以道与无以及其他一系列的名言概念诸如玄、一、大、深、微、远等等只不过是对它的一种不可得而名而强为之名的摹状。应该说,王弼所追求的最终目标并不是这些名言概念本身,而是那个外在于一切名言概念的扑朔迷离的无限整体。这种追求是一个逐次逼近的过程,也是一个使自己的思想境界不断提升的过程,而驱使这种追求的最基本的原动力则是来自人事的需要,特别是政治的需要。我们可以仔细玩味王弼的这一段话,来体会他的哲学追求。他说:

> 夫执一家之量者,不能全家;执一国之量者,不能成国;穷力举重,不能为用。故人虽知万物[之]治也,治而不以二仪之道,则不能赡也。地虽形魄,不法于天则不能全其宁;天虽精

象,不法于道则不能保其精。冲而用之,用乃不能穷。满以造实,实来则溢。故冲而用之又复不盈,其为无穷亦已极矣。形虽大,不能累其体;事虽殷,不能充其量。万物舍此而求主,主其安在乎? 不亦渊兮似万物之宗乎? 锐挫而无损,纷解而不劳,和光而不污其体,同尘而不渝其真,不亦湛兮似或存乎? 地守其形,德不能过其载;天慊其象,德不能过其覆。天地莫能及之,不亦似帝之先乎? 帝,天帝也。(《老子注》四章)

所谓"执一家之量""执一国之量"的"量",意指人们的度量、器量、心量,也就是整体观的层次或看问题的视野。王弼认为,如果视野局限于一家,便不能保全这个家;如果视野局限于一国,也不能治好这个国。只有尽量站在高一级的层次,扩展自己的视野,从全局的观点出发来处理局部的事务,才能从容不迫,游刃有余。因此,虽然人们都懂得一些治理万物的措施方法,但是如果这些措施方法不是根据天地自然无为的"二仪之道",也是会捉襟见肘,顾此失彼,无法全面地满足治理万物的要求。王弼顺着这条思路由"家""国""万物"逐次逼近到"二仪之道",像升台阶一样,不断地提高整体观的层次。但是,他并没有就此止步,而是进一步探索天与地的局限。王弼认为,"地守其形,德不能过其载;天慊其象,德不能过其覆",因而"地虽形魄,不法于天则不能全其宁;天虽精象,不法于道则不能保其精"。这个道是一个无穷的极限,也就是无限,它的量不仅大大超过"一家之量""一国之量",而且天地也无法与之相比,所谓"二仪之道",即分开来说的道,是从属于这个合起来说的道的。因此,人们只有使自己的度量、器量、心量逼近此无限,容纳此无限,上升为一种深沉的宇宙意识,才能获得最高层次的整体观,从而更好地处理人事的问题。这就是王弼的哲学追求。

王弼的这种哲学追求在下面的一段话中有更清楚的阐述。他说:

> 人不违地,乃得全安,法地也。地不违天,乃得全载,法天也。天不违道,乃得全覆,法道也。道不违自然,乃得其性,法

自然也。法自然者，在方而法方，在圆而法圆，于自然无所违
也。自然者，无称之言，穷极之辞也。用智不及无知，而形魄
不及精象，精象不及无形，有仪不及无仪，故转相法也。道法
自然，天故资焉。天法于道，地故则焉。地法于天，人故象焉。
王所以为主，其主之者一也。（《老子注》二十五章）

王弼认为，"人法地，地法天，天法道，道法自然"，这是一个螺
旋上升辗转相法的过程。其所以必须辗转相法，是因为"用智不及
无知，而形魄不及精象，精象不及无形，有仪不及无仪"。这就是
说，由于域中的四大组成了一个相互联系层层隶属的等级系列，而
居于最高层次的道是大的极限，也就是无限，无限支配有限，所以
人们的智慧的层次也与此相应，感性不及理性，具体不及抽象，只
有逐次提高自己的思维能力，超越具体的有限的感性的层次，才能
把握无限。按照王弼的解释，所谓"道法自然"，意思是"道不违自
然，乃得其性"，自然是对道的内涵即道的本性的一种规定，并非另
一凌驾于道之上的实体。不仅道以自然为性，天地万物也都以自
然为性，自然之性遍及天地万物，是所有一切有限事物的内涵的本
性。因而自然也和道一样，可以合起来说，也可以分开来说。就分
开来说的自然而言，就是"在方而法方，在圆而法圆"，每一个有限
事物都有自己的自然，人之所以"得全安"，地之所以"得全载"，天
之所以"得全覆"，都是由于全其自然，保持了自己的本性。但是，
就合起来说的自然而言，自然为一，这是支配天地万物的一条总的
规律。这条总的规律对于处理人间事务的最高统治者来说，具有
特别重要的意义。因为"天地之性人为贵，而王是人之主也"，"王
所以为主，其主之者一也"。如果最高统治者不懂得"主之者一也"
的道理，不把自己的思想提升到"道法自然"的层次，就不能正确处
理人间的事务，而失去其所以为主的依据。正是为了给最高统治
者提供一种不违自然的内圣外王之道，才驱使王弼从事最高层次
的哲学追求，去探索那似乎远离人间事务而悬浮于空中的无限
整体。

王弼认为，人们追求什么，就可以得到什么，而追求的目标与

所得到的结果是有高低不同的层次之分的。《老子》二十三章："故从事于道者,道者同于道,德者同于德,失者同于失。同于道者,道亦乐得之;同于德者,德亦乐得之;同于失者,失亦乐得之。"王弼注说:

> 从事,谓举动从事于道者也。道以无形无为成济万物,故从事于道者以无为为君,不言为教,绵绵若存,而物得其真。与道同体,故曰"同于道"。
>
> 得,少也。少则得,故曰得也。行得则与得同体,故曰"同于得"也。
>
> 失,累多也。累多则失,故曰失也。行失则与失同体,故曰"同于失"也。
>
> 言随其所行,故同而应之。

王弼把这个思想运用于政治,认为统治者因其所追求的目标不同而相应地区分为高低不同的层次。"举动从事于道"的统治者无为而治,居于最高层次,是最理想的"大人"。其次是"与得同体",可以得到人民的亲近和颂扬。等而下之是"与失同体",这是政治的失败,只能得到人民的畏惧和侮蔑。《老子》十七章:"太上,下知有之。其次,亲而誉之。其次,畏之。其次,侮之。"王弼注说:

> 太上,谓大人也。大人在上,故曰"太上"。大人在上,居无为之事,行不言之教,万物作焉而不为始,故下知有之而已。
>
> 不能以无为居事,不言为教,立善行施,使下得亲而誉之也。
>
> 不复能以恩仁令物,而赖威权也。
>
> 不能以正齐民,而以智治国,下知避之,其令不从,故曰"侮之"也。

王弼由此得出结论,人主必须"躬于道"(《老子注》三十章),即身体力行于道;必须"与天地合德"(《老子注》七十七章),即把自己的思想境界提升到"与道同体"。这也就是说,只有做到内圣,才能发而为外王。在四十二章注中,王弼进一步论证,为什么内圣外王必须以道为最高依据。他说：

> 故万物之生，吾知其主，虽有万形，冲气一焉。百姓有心，异国殊风，而王侯得一者主焉。以一为主，一何可舍？

这就是说，由于道既是天地万物之主，也支配着"百姓有心，异国殊风"的人类社会，所以王侯应该"以一为主"而不得违反，否则，他的统治地位就难免会颠覆。从这里我们可以看出，王弼对道的研究，其着眼点在于人事，换句话说，他是以人的问题为基点，一步步探索而上升为对道的研究，又根据这种研究的结果来解决人的问题。这是与中国传统的天人之学的基本精神一脉相承的。

所谓"以一为主"，是把天地万物与人类社会看成一个统一的整体，其中有一条支配一切的总的规律。因而这个命题不仅"究天人之际"，而且"通古今之变"，人类社会作为一个统一的整体，也是"以一为主"，其中贯穿着一条古今不变的常道，可以为人们的理性所把握。于是王弼根据他所领悟到的"以一为主"的原理，又进一步指出：

> 无形无名者，万物之宗也。虽今古不同，时移俗易，故莫不由乎此以成其治者也。故可执古之道以御今之有。上古虽远，其道存焉，故虽在今可以知古始也。（《老子注》十四章）
>
> 事有宗而物有主，途虽殊而其归同也，虑虽百而其致一也。道有大常，理有大致。执古之道，可以御今；虽处于今，可以知古始。（《老子注》四十七章）

王弼在这两段言论里，对哲学的威力表示了极大的确信。所谓"执古之道，可以御今；虽处于今，可以知古始"，是说高层次的整体观既有理论上的洞见，又有实践的功能，可以妥善地处理驾驭当时困惑着人们的一系列紧迫的现实问题。王弼的这种确信来自他对道的真实的体认，对无限整体的实在的把握，绝不是仅仅出于一种纯粹抽象的思辨的逻辑推论。事实上，王弼在《老子注》中确实是提出了一种高出同时代人水平的系统完备的整体观。这种整体观以道为中坚思想和最崇高的概念，建构了一个"究天人之际，通古今之变"的体系,并且紧密结合曹魏正始年间的现实需要,引发出一套具有远见卓识的内圣外王之道,反映了当时的时代精神,因而它并不只是一种停留在纸面上的哲学理论,而是一股在现实生活中有着强大生命力的精神力量。

在《老子注》中,王弼是通过对《老子》原文的一系列的解释来展开他的整体观的。这些解释既是对《老子》本义的一种客观的同情的理解,又是根据曹魏正始年间的时代课题对《老子》本义的一种创造性的转化,因而既同于《老子》,又不同于《老子》。就其同者言之,是一种继承,就其不同者言之,则是一种发展。王弼在《老子注》中把这二者完美地结合在一起,不仅大大提高了蕴涵于《老子》原文中的整体观的层次,也为后人提供了一个值得仿效的解释学的典范。

二、整体观的几个逻辑支点

作为一种本体论的哲学,它所探讨的核心问题就是本体与现象的关系问题,谈本体不能割裂现象,谈现象也不能脱离本体,因而必须运用一系列成对的范畴来表述二者之间既对立又统一的复杂关系。在中国哲学史上,《老子》最先把整体观提高到本体论的哲学层次。王弼继承了《老子》的本体论的哲学思想,也沿用了《老子》的许多现成的范畴,诸如道与德、有与无、母与子、一与多、本与末、动与静等等。但是,由于《老子》的本体论的哲学思想与宇宙生成论的思想混杂在一起,不是那么纯粹而明确,加上《老子》心目中的整体,特别是社会整体,带有浓厚的绝仁弃义、小国寡民、否定名教的道家色彩,所以王弼在继承《老子》的同时,还必须适应当时人们的哲学追求和价值取向,作一番挑选、删汰、提炼和改造的转化工作。通过这种继承和转化,王弼终于建构了一个崭新的哲学体系,为自己所见的整体找到了坚实的哲学依据和逻辑支点。

就当时人们的哲学追求而言,已不同于先秦,也不同于两汉。先秦时期,人们力图摆脱传统的宗教世界观的束缚,否定超自然的神灵的主宰作用，因而宇宙的生成及其规律的问题就很自然地被突出出来，成为人们思考的中心。《老子》以道取代了有意志的人格神，从人类理性的角度来探讨这个问题，是和当时人们普遍性的思考息息相通的。两汉时期，董仲舒恢复了天的人格神的含义，以阴阳五行为间架，编织了一套宇宙生成的图式，反对者如扬雄、桓谭、王充等人则提出了异议，因而这个问题很自然地成为当时人们讨论的一个热点。直到东汉末年，人们的哲学兴趣才逐渐从宇宙生成论转移到哲学本体论上来。这是因为，当时紧迫的社会政治危机突出为首位，为了深入地认识其中内在的条理，提出有效的处理方案，必须运用抽象的理论思维进行总体性的把握，分清主次本末，何者为现象，何者为本质。在这个时期，王符、崔寔、仲长统、荀悦等人从社会政治问题中提炼出了一系列成对的哲学范畴，诸如本与末、名与实、才与性、天道与人事等等。所有这些，只有根据世界统一性的原理，提到哲学本体论的高度来考察，才能作出全面的首尾一贯的系统的解答。侧重于天道而远离人道的宇宙如何生成的问题已不再有人感兴趣了，人们迫切需要透过感性现象的表层来把握整体特别是社会整体的隐藏着的本质，追求一种新思维。这种追求从东汉末年一直延续到曹魏正始年间，并且变得越来越自觉，越来越明确。所以王弼注《老子》，不能不适应这种哲学问题根本转向的总趋势，以满足他那个时代对哲学的追求。

就当时人们的价值取向而言，尽管从东汉末年起，名教之治业已显露出深重的危机，加上曹操执政期间公然打出法家的旗号，企图以名法之治来取代名教之治，但是儒家所倡导的一套价值标准、行为规范以及关于社会政治人际关系的理想，仍然没有动摇，而为人们普遍遵循，这种情况和老子所生活的春秋时期迥然不同。春秋时期，中国社会正在进行着一场新旧交替的剧烈变革，当时的诸子百家代表不同的文化传统和利益倾向为即将到来的新社会提出了不同的设计方案，在价值取向上必然是多元的。以荆楚文化为背景的《老子》哲学，对中原华夏族所奉行的礼乐文化采取蔑视否定的态度，主张建立一种符合人的自然本性的没有名教的小国寡民的社会,这是完全可以理解的。但是,经过汉代四百年的经营,一种新型的统一的民族文化业已定型。这种民族文化以血缘家族为组织细胞,以大一统的政治为运转机制,以宗法性的伦理为价值准则。儒家的名教思想由于适合于这种需要,而取得了独尊的地位,变为不可超越的了。其所以不可超越,严格说来,倒并不在于儒家的名教思想本身,而在于它外化为一种无所逃于天地之间的实体性的结构,一种不得不顺从的生活方式和共同的民族心态。汉魏之际,时代课题只是重建一个正常的名教社会,而不是像先秦的老子那样,提出一个否定名教的社会理想。因此,王弼注《老子》,也必须对其中的那些否定名教的思想进行创造性的转化,以适应当时人们的普遍的价值取向。

事实上,王弼注《老子》,目的并非单纯地恢复《老子》的本义,也不是如同一般的哲学史家那样客观地评论《老子》哲学的是非得失,而是为了适应当时人们的普遍哲学追求和价值取向,借助于《老子》所提供的某些逻辑支点,来阐述自己所见到的整体,建构一个既源于《老子》而又超越于《老子》的崭新的本体论。照王弼看来,包括自然和社会在内的整体可以区分为本体和现象两个层次,现象是人们的耳目感官所接触到的,本体则隐藏于现象之内,无状无象,无声无响,视之不可得而见,听之不可得而闻。现象是整体的表层,本体是整体的深层。本体支配现象,是万事万物所不得不由、不得不依、不得不归的根本。因此,人们只有透过现象深入到本体,才能把握到一个完整的、统一的、无所不包的整体。与《老子》相比,这是一种更为纯粹而明确的本体论。这种本体论自然而然把探索本体与现象之间的关系问题突出为首位,至于宇宙如何生成的具体过程以及"或使"与"莫为"的争论则变得不甚重要或完全没有必要的了。因此,王弼按照自己的所见来注《老子》,首先是把其中的某些宇宙生成论的思想转化为哲学本体论。虽然王弼的转化工作做得不太彻底,留下了许多理论漏洞,但却是一种自觉的努力,表现了哲学发展总趋势的根本性的转向。

《老子》四十二章说:"道生一,一生二,二生三,三生万物。万物负阴而抱阳,冲气以为和。"王弼不像汉代哲学那样顺着这条思路,去搜罗一大堆经验材料对宇宙生成的过程作出更为具体的说明,而是运用思辨的方法,尽量把这条思路扭转到本体论的思路上来。他解释说:

> 万物万形,其归一也。何由致一?由于无也。由无乃一,一可〔无言〕。已谓之一,岂得无言乎?有言有一,非二如何?有一有二,遂生乎三。从无之有,数尽乎斯,过此以往,非道之流。故万物之生,吾知其主,虽有万形,冲气一焉。

《老子》四十章说:"天下万物生于有,有生于无。"这也是一个宇宙生成论的命题。王弼对这个命题作了新的解释。他说:

> 天下之物,皆以有为生。有之所始,以无为本。将欲全有,必反于无也。

这一段话说了三层意思。第一层首先肯定了《老子》原文的宇宙生成论。第二层把宇宙生成论归结为本体论,认为"有之所始,以无为本"。第三层把"以无为本"转过来用于方法,使之成为解决各种具体问题的指导方针。这三层意思层层推进,而以第二层最为重要,因为"以无为本"就是王弼贵无论玄学的基本命题。

王弼把《老子》的"有生于无"的命题转化成"以无为本",其着眼点在于阐明本体与现象既互相区分又互相联结的辩证关系。有指有形有象的现象,无指无形无象的本体。为了给当时的人们提供一个新的捕捉世界之网,一个深入把握事物本质的高级的理论思维,王弼必须强调本体不同于现象,树立本体比现象更为根本的观点。同时另一方面,为了承接传统的天人之学的精神,又必须按照"明于本数,系于末度"的要求,把二者有机地联结起来。因此,王弼围绕着有与无这一对范畴反复论证,使这对范畴成为他的哲学体系最主要的逻辑支点。

所谓"以无为本",意思是无形无象的本体乃是有形有象的现象产生的根由、存在的根据以及最后的归宿。这个命题绝不是否定客观世界,把存在归结为非存在。照王弼看来,有固然是存在,无也是存在,只是与有相比,无这种存在,其特征是无形无象,看不见,摸不着,隐藏在深层,对有形有象的存在起着支配和主宰的作用。其所以如此,是因为包括自然和社会在内的存在整体区分为本体与现象两个层次,有与无这一对范畴只不过是近似地描述这个存在整体的名言工具。就存在整体的现象层次而言,可以说是有,但就其本体层次而言,又可以说是无,因而有中有无,无中有有,二者既互相区分又是互相联结的。

《老子》一章说:"无名天地之始,有名万物之母。……此两者同出而异名,同谓之玄,玄之又玄,众妙之母。"王弼解释说:

> 凡有皆始于无,故未形无名之时,则为万物之始。及其有形有名之时,则长之、育之、亭之、毒之,为其母也。言道以无形无名始成万物,万物以始以成而不知其所以然,玄之又玄也。

> 两者,始与母也。同出者,同出于玄也。异名,所施不可同也。在首则谓之始,在终则谓之母。玄者,冥默无有也,始、母之所出也。不可得而名,故不可言同名曰玄。而言同谓之玄者,取于不可得而谓之然也。不可得而谓之然,则不可以定乎一玄而已。若定乎一玄,则是名则失之远矣。故曰玄之又玄也。众妙皆从玄而出,故曰众妙之门也。

王弼认为,《老子》所说的始与母,即无与有。此两者同出于玄,即无与有同出于冥默无有的无限整体,因而是统一的。其所以要用不同的名称来区分,是因为"在首则谓之始,在终则谓之母",用来指称万物生成的开始与终结的不同状态。至于无限整体,是根本无法用一个名称来固定的,只能用一些模糊的字眼去近似地把握,所以《老子》不说"同名曰玄",而只说"同谓之玄",在用词上颇费斟酌。尽管如此,为了使人们不致执著于名言概念而定乎一玄,又进一步说"玄之又玄"。总之,"众妙皆从玄而出",无与有这一对范畴的种种微妙的关系只有联系到那个"玄之又玄"的无限整体才能理解透彻。

由于无限整体具有生成的功能,所以可以称之为"谷神""玄牝""天地之根",它虽有而似无,虽无而实有,有与无的相通是为无限整体的这种内在本性所决定的。《老子》六章说:"谷神不死,是谓玄牝,玄牝之门,是谓天地根。绵绵若存,用之不勤"。王弼解释说:

　　　　谷神,谷中央无者也。无形无影,无逆无违,处卑不动,守静不衰,物以之成而不见其形,此至物也。处卑守静不可得而名,故谓之玄牝。门,玄牝之所由也。本其所由,与太极同体,故谓之天地之根也。欲言存邪,则不见其形;欲言亡邪,万物以之生。故绵绵若存也。无物不成而不劳也,故曰用而不勤也。

　　在这一段言论里,王弼会通《老》《易》,以《易》解《老》,把作为无限整体的"谷神""玄牝""天地之根"说成是"与太极同体"。所谓太极,也如同玄以及其他一些模糊的字眼一样,是对无限整体的一种不可得而名而强为之名的摹状之辞。照王弼看来,为了使自己的思想接近于此整体,把握此整体,使整体豁然显露于眼前,既不能用名言概念把它说成是有,又不能说成是无,因为"欲言存邪,则不见其形,欲言亡邪,万物以之生",实际上是一种非有非无、亦有亦无的生生不已、变动不居的存在本身。

　　在《老子注》中,王弼反复强调,人们不可拘泥于名言概念,而应该对有无这一对范畴作灵活的理解。《老子》十四章说:"视之不见名曰夷,听之不闻名曰希,搏之不得名曰微。此三者不可致诘,故混而为一。其上不皦,其下不昧,绳绳不可名,复归于无物,是谓无状之状,无物之象。"王弼解释说:

　　　　无状无象,无声无响,故能无所不通,无所不往。不得而知,更以我耳、目、体不知为名,故不可致诘,混而为一也。欲言无邪,而物由以成。欲言有邪,而不见其形。故曰无状之状,无物之象也。

　　《老子》二十一章说:"道之为物,惟恍惟惚。惚兮恍兮,其中有象;

恍兮惚兮,其中有物。"王弼解释说:

> 恍惚,无形不系之叹。以无形始物,不系成物,万物以始
> 以成,而不知其所以然。故曰恍兮惚兮,其中有物;惚兮恍兮,
> 其中有象也。

由此可见,有与无这一对范畴不可割裂开来,看成是凝固不动、完全对立的,它们的哲学意义在于表述整体的两种不同的结构层次和存在状态,整体不能只有本体而无现象,只有万物之始而无万物之成,反过来看,也不能只有现象而无本体,只有万物之成而无万物之始,因而有与无始终是相互依赖、紧密联结、往返流转的。只不过比较起来,无的哲学意义比有更重要,因为无揭示了整体的深层结构和内在的本质,如果只见有而不见无,不仅难以理解万物万形之所本,也无法把握那个统一的、完整的、无所不包的整体本身。为了解除人们纠缠于感性现象表层的迷惘,所以王弼把无这个范畴确立为自己的整体观的基石,认为"有之所始,以无为本"。

道与德这一对范畴也是王弼的整体观的重要逻辑支点。它们和有与无不同,主要不是表述本体与现象的关系,而是表述整体与部分、无限与有限的关系。王弼围绕着这对范畴发表了一系列的言论。他说:

> 德者,得也。常得而无丧,利而无害,故以德为名焉。何
> 以得德?由乎道也。

> 夫大之极也,其唯道乎! 自此已往,岂足尊哉! 故虽德盛
> 业大,富有万物,犹各得其德,而未能自周也。故天不能为载,
> 地不能为覆,人不能为赡。(《老子注》三十八章)

> 物生而后畜,畜而后形,形而后成。何由而生? 道也。何
> 得而畜? 德也。……凡物之所以生,功之所以成,皆有所由。
> 有所由焉,则莫不由乎道也。故推而极之,亦至道也。随其所
> [由],故各有称焉。

> 道者,物之所由也。德者,物之所得也。由之乃得,故不
> 得不尊。失之则害,故不得不贵也。(《老子注》五十一章)

王弼认为,道为物之所由以生成者,德为物之所得而蓄积者,故道不得不尊,德不得不贵,道与德乃是一对紧密联系不可分割的范畴,有道必有德,有德必有道。如果说道是物之所由以生成的大化流行的整体,那么德则是物因其形与势的不同由此整体所得而蓄积的一个部分。整体与部分虽然彼此蕴涵,但整体是无限,部分是有限,无限大于有限,而且这种大是推而极之以至无可再推的大,不同于人们所习见的天、地、人之大,所以道的哲学意义比德更为重要。

在二十五章注中,王弼围绕着道这个范畴,集中阐述了他对无限整体的体认。他说:

> 混然不可得而知,而万物由之以成,故曰混成也。不知其谁之子,故先天地生。
>
> 寂寥,无形体也。无物匹之,故曰独立也。返化终始,不失其常,故曰不改也。
>
> 周行无所不至而不危殆,能生全大形也,故可以为天下母也。
>
> 名以定形。混成无形,不可得而定,故曰不知其名也。
>
> 夫名以定形,字以称可。言道取于无物而不由也,是混成之中,可言之称最大也。吾所以字之曰道者,取其可言之称最大也。责其字定之所由,则系于大。夫有系则必有分,有分则失其极矣,故曰强为之名曰大。
>
> 凡物有称有名,则非其极也。言道则有所由,有所由,然后谓之为道,然则道是称中之大也。不若无称之大也。无称不可得而名,故曰域也。道、天、地、王皆在乎无称之内,故曰域中有四大者也。

王弼认为,通过名言概念来绝对地把握住无限整体,这在原则上是不可能的。因为无限整体的本身是以对有限部分的超越为前提的,一旦把它固定地系缚在某种名言概念之上,它便失去其超越的本质,而变成有限部分了。所以尽管用推而极之以至无可再推的道来称谓它,仍然可以往上再推到"无称"。所谓无称,包括了道、天、地、王在内,实际上是"包统万物"(《老子注》三十五章)的宇宙的大全。王弼反复强调,人们在思考此宇宙的大全时,不能为有限之分所限制,而应以超越为前提,因为"有形则有分","分则不能统众"(《老子注》四十一章),如果拘泥于耳目感知与名言概念,自己的思考就会跌入下乘,从而失落了此宇宙的大全。

顺着这条思路,所以王弼认为,无限整体虽然是有与无的统一,但就其超越的本质而言,也可以归结为无。他说:

> 道,无形不系,常不可名。以无名为常,故曰道常无名也。
(《老子注》三十二章)

> 道者,无之称也,无不通也,无不由也。况之曰道,寂然无体,不可为象。(《论语释疑》)

既然人们始终受耳目感知与名言概念的系缚,不能摆脱有限部分的纠缠,那么究竟怎样才能完整地把握住那个以无为特征的无限整体呢?既然无是一个否定性的概念,无形无名,什么也不是,那么究竟能在什么地方寻求无,又如何来发现无呢?照王弼看来,无限与有限、整体与部分的关系,归根到底仍然是本体与现象的关系。无不在别处,它就在有之中,只有通过有才能把握无。道也是如此,它并非那种停留于自身的寂静空阔的纯存在,而是有如水的泛滥,流转运动于万物之中而无所不在。《老子》三十四章:"大道泛兮,其可左右。"王弼注说:

> 言道泛滥无所不适,可左右上下周旋而用,则无所不至也。

韩康伯注《周易·系辞》引王弼《大衍义》说:

> 夫无不可以无明,必因于有,故常于有物之极,而必明其所由之宗也。

在注"一阴一阳之谓道"时,他发挥了王弼的思想,把这个道理阐述得更加清楚:

道者何？无之称也，无不通也，无不由也。况之曰道，寂然无体，不可为象。必有之用极，而无之功显，故至乎神无方而易无体，而道可见矣。

根据王弼关于有与无、道与德的反复论证，可以看出，他的哲学追求不在于确立一个孤悬的抽象的绝对本体，而在于确立一个本体与现象紧密联结的新思维去拥有整个的世界，把握"包统万物"的无限整体。

我们曾经指出，中国哲学发展的主流是一种天人之学，《庄子·天下》篇把这种天人之学的基本精神概括为"明于本数，系于末度"的内圣外王之道，着眼于全面地把握自然与社会的各种本末关系，用来指导人事，特别是政治。王弼的本体论作为一种"天人新义"，是与传统的天人之学的基本精神息息相通的。既然如此，所以王弼不能停留于纯哲学的讨论，而必须从实践功能的角度为内圣外王之道奠定一个新的理论基础。如果说有与无、道与德这两对范畴侧重于讨论纯哲学的问题，那么本与末、母与子这两对范畴就进一步扩展到实际应用的领域中来了。五十二章说："母，本也；子，末也。得本以知末，不舍本以逐末也。"我们可以从这一段话明显地看出王弼的哲学由世界观向方法论的扩展。所谓"母，本也；子，末也"，说的是本体对现象的支配作用。这是一种纯哲学的讨论，也是"以无为本"的另一种表述。所谓"得本以知末，不舍本以逐末也"，说的则是一种建立在本体论哲学基础上的谋略思想。在《老子指略》中，王弼把整部《老子》书的思想概括为"崇本息末"四个字。这个命题完美地体现了世界观与方法论的联结，可见王弼对这个命题的重视更甚于"以无为本"。

为了适应于探索本体论哲学的实践功能的需要，王弼第一次把体与用提升为一对哲学范畴，用来论证自己的整体观。他说：

凡有之为利，必以无为用。（《老子注》一章）

毂所以能统三十辐者，无也。以其无能受物之故，故能以寡统众也。木、埴、壁所以成三者，而皆以无为用也。言无者，

有之所以为利,皆赖无以为用也。(《老子注》十一章)

无之为物,水火不能害,金石不能残。用之于心,则虎兕无所投其爪角,兵戈无所容其锋刃,何危殆之有乎!(《老子注》十六章)

何以得德?由乎道也。何以尽德?以无为用。以无为用,则莫不载也。故物,无焉,则无物不经;有焉,则不足以免其生。

万物虽贵,以无为用,不能舍无以为体也。舍无以为体,则失其为大矣,所谓失道而后德也。以无为用,则得其母,故能己不劳焉而物无不理。(《老子注》三十八章)

高以下为基,贵以贱为本,有以无为用,此其反也。动皆知其所无,则物通矣。(《老子注》四十章)

从这些言论看来,王弼并未达到尔后中国哲学中的"体用一如""体用一源"的思辨高度,但其中蕴涵着极为可贵的即体即用的思想的萌芽,却是毫无疑义的。王弼认为,无虽然无形无名,看不见,摸不着,与有形有象的万物不相同,但绝不是空的,而一定是实的。正因为它是实的,所以才能"以寡统众","水火不能害,金石不能残"。实际上它就是使万物得其所得的本体。如果万物舍弃了无,就会丧失自己的本体,"不足以免其生"。这个无并非孤悬于有之外,而就在有之中。就无为有之所本的意义而言,王弼提出了"以无为本"的命题。就无为"有之所以为利"的最高依据的意义而言,王弼又进一步提出了"以无为用"的命题。这两个命题的综合,就是即体即用的思想,所以王弼说:"万物虽贵,以无为用,不能舍无以为体也。"

王弼十分重视本体的实践功能。所谓"万物虽贵,以无为用,不能舍无以为体也",意思就是万物不仅以无为用,而且以无为体,体是根本,用是由此体而自然生发出的实践功能,因而有体必有用,体与用紧密联结,不可分割。在《老子注》中,虽然体用对举仅有三十八章注一例,但是即体即用的思想却是随处可见的。例如他说:"故冲而用之又复不盈,其为无穷亦已极矣。"(《老子注》四章)"无为于万物而万物各适其所用,则莫不赡矣。"(《老子注》五章)"无物不成而不劳也,故曰用而不勤也。"(《老子注》六章)"道之出言淡然无味,……若无所中然,乃用之不可穷极也。"(《老子注》三十五章)"上德之人,唯道是用。……用夫无名,故名以笃焉;用夫无形,故形以成焉。"(《老子注》三十八章)"用一以致清耳,非用清以清。守一则清不失,用清则恐裂也。故为功之母不可舍也。"(《老子注》三十九章)"用夫自然,举其至理,顺之必吉,违之必凶。"(《老子注》四十二章)"用水之柔弱,无物可以易之也。"(《老子注》七十八章)这些言论所说的用,都是本体之用,用不离体,体不离用。正是由于本体具有如此强烈的实践功能,所以才值得人们去着意追求。

何晏的《无名论》曾说:"夏侯玄曰:'天地以自然运,圣人以自然用。'自然者,道也。"由此可以看出,在曹魏正始年间,站在高层次从事哲学探索的人们,都在追求一种能够用之于实践的本体论。夏侯玄以自然范畴为中介,联结了天与人,其所谓"天地以自然运",意思就是以自然为体;"圣人以自然用",意思就是以自然为用。何晏把自然归结为道,使这个命题的本体论的意义更为显豁。但是,究竟何谓自然,圣人以自然用于社会究竟表现在什么地方,无论夏侯玄或何晏都没有作出具体的说明,所以他们的探索只是体现了一种自觉的努力,而不能进一步展开成为一个体系。

王弼继承了何晏、夏侯玄的未竟之业,首先从天道的角度论证了自然这个范畴的根本含义为整体的和谐,然后把它扩展到人道的领域,为当时的人们树立了一个"用夫自然""不伤自然"的名教社会的理想。在他的整体观的几个逻辑支点中,以自然与名教这一对范畴最富有时代气息。王弼所推出的天人新义,主要是围绕着这一对范畴来展开的。

《老子》二章:"天下皆知美之为美,斯恶已;皆知善之为善,斯不善已。故有无相生,难易相成,长短相较,高下相倾,音声相和,前后相随。"王弼注说:

美者,人心之所进乐也;恶者,人心之所恶疾也。美恶犹

> 喜怒也,善不善犹是非也。喜怒同根,是非同门,故不可得而
> 偏举也。此六者,皆陈自然,不可偏举之名数也。

王弼和《老子》一样,把整个世界看成是由矛盾对立的两个方面所
结成的统一体,因而所谓自然,其具体的含义就是万事万物所内在
具有的相反相成的本性。王弼认为,《老子》书所列举的六个例子,
即有无、难易、长短、高下、音声、前后,虽相反而又相成,都是陈说
自然,揭示自然的本质含义,其实,万事万物莫不有其自然,其名数
不可偏举,人们应该举一反三,从宏观整体上来把握。

王弼根据这种对自然的理解,进一步提出了两个重要命题,一
个是"自然已足",再一个是"万物自相治理"。所谓"自然已足",
是说事物凭借其内在具有的相反相成的本性进行自我调节,不需
要任何外来的干预,而处于一种自满自足的和谐的状态之中。所
谓"万物自相治理",是说宇宙作为一个大的整体,其组成的各个部
分相互依存,相互制约,也具有自我调节的机制,因而同样不需要
任何外来的干预,其存在的状态也是自满自足,完美和谐的。
他说:

> 夫燕雀有匹,鸠鸽有仇;寒乡之民,必知旅裘。自然已足,
> 益之则忧。故续凫之足,何异截鹤之胫。(《老子注》二十章)
> 天地任自然,无为无造,万物自相治理,故不仁也。……
> 天地不为兽生刍,而兽食刍;不为人生狗,而人食狗。无为于
> 万物而万物各适其所用,则莫不赡矣。(《老子注》五章)

王弼认为,由于道生成万物而不塞其原,德畜养万物而不禁其
性,所以万物都是按照自己的"自然已足"的本性,"自生""自济",
调适畅达,有德无主,而宇宙整体也就处在一种自组织的过程之
中,具有一种自然而无为的玄德。《老子》十章:"生之、畜之,生而
不有,为而不恃,长而不宰,是谓玄德。"王弼注说:

> 不塞其原,则物自生,何功之有? 不禁其性,则物自济,何
> 为之恃? 物自长足,不吾宰成,有德无主,非玄而何? 凡言玄
> 德,皆有德而不知其主,出乎幽冥。

照王弼看来，这种自然而无为的玄德超越于耳目感知与名言概念的范围，其实就是宇宙整体的深层的本体结构。十七章注说："自然，其端兆不可得而见也，其意趣不可得而睹也。"但是，它并非不可知，仍然可以为人们所把握。二十二章注说："自然之道，亦犹树也。转多转远其根，转少转得其本。多则远其真，故曰惑也。少则得其本，故曰得也。"二十五章注说："道不违自然，乃得其性，法自然也。法自然者，在方而法方，在圆而法圆，于自然无所违也。"

王弼反复论证，人们不可为万物的多样性所迷惑，而应该少之又少，于多中见一，因为万物皆以自然为性，在自然之性上获得有机的统一。分而言之，一物有一物的自然，万物莫不各有其自然。合而言之，"包统万物"的宇宙整体就是一个"无称之言，穷极之辞"的大自然。

这么说来，人类社会作为宇宙整体的一个组成部分，也和天地万物一样，有其自然之性，其存在的状态也是"自生""自济""自然已足""自相治理"，呈现出一派不需要任何外来干预的生态平衡的和谐景象。《老子》二十九章："天下神器，不可为也。为者败之，执者失之。故物或行或随，或歔或吹，或强或羸，或挫或隳。是以圣人去甚，去奢，去泰。"王弼注说：

> 神，无形无方也。器，合成也。无形以合，故谓之神器也。
>
> 万物以自然为性，故可因而不可为也，可通而不可执也。
>
> 物有常性，而造为之，故必败也。物有往来，而执之，故必失矣。
>
> 凡此诸或，言物事逆顺反覆，不施为执割也。圣人达自然之性，畅万物之情，故因而不为，顺而不施。除其所以迷，去其所以惑，故心不乱而物性自得之也。

神器，指国家政权，这是个神圣的东西。王弼认为，其所以称之为神器，是因为它是由神与器"无形以合"所得而生成的。这和万物的生成一样，都是遵循着"道生之，德畜之"的普遍规律的，无形之神即道，合成之器即德，"无形以合"即道与德的结合。因此，国家政权也和万物一样,以自然为性,本身就具有逆顺反覆、相反相成的自我调节机制,不需要人为的干预。"圣人达自然之性,畅万物之情",不去强行干预,恣意妄为,而顺任其内部的机制进行调节,这就能造就出一种"物性自得"的和谐的政治局面。三十六章注说:"利器,利国之器也。唯因物之性,不假刑以理物。器不可睹,而物各得其所,则国之利器也。"国之利器即国家内部的自我调节机制,其功能在于因物之性而使物各得其所,结构与功能的内在的统一,说明国家本身就是一个自然的生成。

关于国家以及名教的自然的生成,王弼曾经按照"道生之,德畜之"的图式作了一系列的论证。《老子》二十八章:"朴散则为器,圣人用之则为官长。"王弼注说:

> 朴,真也。真散则百行出,殊类生,若器也。圣人因其分散,故为之立官长。以善为师,不善为资,移风易俗,复使归于一也。

《老子》三十二章:"始制有名,名亦既有,夫亦将知止。知止可以不殆。"王弼注说:

> 始制,谓朴散始为官长之时也。始制官长,不可不立名分以定尊卑,故始制有名也。过此以往,将争锥刀之末,故曰"名亦既有,夫亦将知止"也。遂任名以号物,则失治之母也,故"知止所以不殆"也。

朴就是道,道必散而为器,这是一个自然的生成。道与器的关系就是整体与部分、无限与有限的关系,二者是彼此蕴涵的。如果说道以自然为性,则"百行出,殊类生"之器也莫不以自然为性。因而人类社会各种以正名定分为中心的尊卑等级制度,其本来的状态是合乎自然的。但道为无形,器为有形,"有形则有分","分则不能统众"(《老子注》四十一章),所以人类社会的名分等级制度只有在"得道""守朴"的圣人的领导之下,才能"全其自然","移风易俗,复使归于一"。如果不是这样,采取人为的强制手段来推行名教之治或者名法之治,就会驱使人们去"争锥刀之末",从而失其自然,破坏了社会整体的和谐。

这就是王弼的名教本于自然的中心思想,也是他的天人新义的精髓所在。王弼继承了中国传统的天人之学的基本精神,一方面由人道上溯天道,同时又由天道返回人道,通过自然与名教这一对范畴把天与人紧密联结起来。其所谓自然固然侧重于天道,但也包含着人道的内容。其所谓名教固然侧重于人道,但也包含着天道的内容。天人合一,这就是一个完整的囊括宇宙、贯通天人的整体观。与传统的天人之学相比,王弼的卓越之处在于从本体论的哲学高度进行了论证,为这种整体观建立了一系列成对的逻辑支点。

三、《老子注》的思维模式

就理论思维的水平而言,王弼的本体论既高于宇宙生成论中以董仲舒为代表的神学目的论,又高于以王充为代表的元气自然论,是因为本体论的思维模式在分析综合能力方面远远超过了宇宙生成论的思维模式。宇宙生成论固然也探讨世界统一性的原理,有的归结为"或使",有的归结为"莫为",但其共同的缺点诚如庄子所批评的,都是束缚于具体的物象,停留于经验实证的水平,不能从个别上升到一般,从具体上升到抽象。其所以如此,是因为"或使"和"莫为"的问题并不属于真正的哲学问题,而是属于自然科学中的宇宙学的问题。因此,它不关心思维本身,不去研究认识过程中的矛盾,从而也无助于理论思维水平的提高。王弼的本体论恰恰是把认识过程中的矛盾提到首位,重视对思维本身的研究。王弼所运用的范畴都是成对的,诸如有无、道德、一多、本末、母子、体用、自然与名教等等。这一系列成对的范畴都处于一种辩证的、灵活的、转化的过程之中,既对立,又统一,既相互区别,又不可分割。王弼运用这些范畴来建构体系,不能不殚思竭虑,训练自己的理论思维一方面具有纵的穿透力,另一方面又具有横的结合力,就是说既要透过各种具体的现象分析出其抽象的本质,又要把诸多的本质综合起来,描绘出一幅世界统一性的完整图景。王弼把哲学的研究转移到对概念的研究、对思维本身的研究、对提高人们的分析综合能力的研究上来,从而引起了一场思维模式的巨大变革,开创了一代玄风。

我们在第三章分析何晏玄学思想的缺陷时曾指出,当他谈论本体时,却遗落了现象;当他谈论现象时,又丢掉了本体。尽管何晏已认识到应该用"思其反"的方法,从往返循环中来把握二者之间的关系,但常常是捉襟见肘,滞而不通。究其原因,是由于何晏未能形成一套成熟的系统的本体论的思维模式。

王弼是在何晏工作的基础之上起步的,他克服了何晏的困难,找到了一种有无互训的方法,谈有而必归结到无,谈无而必联系到有,一方面由用以见体,同时又由体以及用。这种本体论的思维也可以称之为整体思维,即通过本体与现象之间的关系去把握世界整体的思维,其所思维的对象并非只是一个孤悬的本体,而是包括本体与现象在内的整个的世界。

《庄子·天下》篇把传统的天人之学的基本精神概括为"明于本数,系于末度"的"内圣外王之道",实际上也是一种整体思维。但是,把这种整体思维提到本体论的哲学高度进行自觉的研究,并且根据其中的内在矛盾展开为一个认识的过程,却以王弼为第一人。

按照王弼的思路,所谓"明于本数",应该是"以无为本";所谓"系于末度",应该是"举本统末"。本与末的关系即本体与现象的关系。本体为一,现象为多,世界的统一性不在于现象之多,而在于本体之一,唯有把握了本体之一,才能统率现象之多。这是一种由一到多、由本体到现象的认识途径,也就是由体以及用的认识途径。但是,从另一方面来看,由于一与多、本与末相互联结,彼此蕴涵,如果不能多中见一,从现象中抽象出本体,则"举本统末"也就成了一句空话。因此,为了由体以及用,首先必须由用以见体。这是整体思维中的一对深刻的矛盾,王弼的认识论思想就是根据这对矛盾而展开的。

王弼对整体思维的研究,不是出于纯哲学的兴趣,而是以当时的实际政治为动因的。他痛切地感到当时人们思想的弊病,特别是统治者决策的失误,在于迷惑于现象之多而不见本体之一,目光短浅,分不清主次本末,抓不住对全局最重要最有决定意义的问题。他把这种错误的思想方法称之为"舍其母而用其子,弃其本而适其末"(《老子注》三十八章),"舍本以逐末"(《老子注》五十二章)。王弼认为,正确的方法应该是"守母以存其子,崇本以举其末"(《老子注》三十八章),"得本以知末"(《老子注》五十二章)。正确的方法可以导致社会政治生活的协调和发展。反之,错误的方法则导致不稳定因素增长,从根本上破坏系统的平衡。为了给这种正确的方法奠定一个坚实的理论基础,于是王弼便顺理成章地把谋略思想的考虑提升到本体论哲学的高度来探讨。

照王弼看来,为什么在处理本末问题时,应该把本摆在第一位,把末摆在第二位,是因为部分必从属于整体,现象必归结为本体,这是支配天地万物以及人类社会的一条总规律。他说:

> 圣智,才之善也;仁义,行之善也;巧利,用之善也。而直云绝。文甚不足,不令之有所属,无以见其指。故曰此三者以为文而未足,故令〔之〕有所属,属之于素朴寡欲。(《老子注》十九章)

> 万物万形,其归一也。何由致一? 由于无也。……故万物之生,吾知其主,虽有万形,冲气一焉。百姓有心,异国殊风,而王侯得一者主焉。以一为主,一何可舍? 愈多愈远,损则近之。损之至尽,乃得其极。(《老子注》四十二章)

王弼并不否定"圣智""仁义""巧利",但强调必须使之从属于社会整体的"素朴寡欲",才能显示出其真正的意义。前者为末,后者为本。至于现象之多,也必归结为本体之一。此本体之一是起主宰支配作用的,因而不能为现象的多样性所迷惑,必须损之至尽,才能得其根本。

王弼在《老子注》中反复论证本体之一对现象之多的主宰支配作用。此本体之一不同于董仲舒所说的"百神之大君",也不同于王充所说的元气自然，而是隐藏在现象之多背后的统一的普遍的本质规律。因此，人们在认识事物时，首先应该抓住此本体之一，也就是说，应该由体以及用。他说：

> 物有其宗，事有其主。如此，则可冕旒充目而不惧于欺，黈纩塞耳而无戚于慢。(《老子注》四十九章)

> 宗，万物之主也；君，万事之主也。以其言有宗，事有君之故，故有知之人，不得不知之也。(《老子注》七十章)

> 事有宗而物有主，途虽殊而其归同也，虑虽百而其致一也。道有大常，理有大致。执古之道，可以御今；虽处于今，可以知古始。(《老子注》四十七章)

> 无形无名者，万物之宗也。虽今古不同，时移俗易，故莫不由乎此以成其治者也。故可执古之道以御今之有。上古虽远，其道存焉，故虽在今可以知古始也。(《老子注》十四章)

> 稽，同也。今古之所同则，不可废。能知稽式，是谓玄德。玄德深矣，远矣。(《老子注》六十五章)

> 大象，天象之母也。不炎不寒，不温不凉，故能包统万物，无所犯伤。主若执之，则天下往也。(《老子注》三十五章)

此本体之一，就其根本而言，就是无。由于无与有紧密联结，不可分割，如果不首先做一番由用以见体的工作，又怎么可能抓住此本体之一，从而由体以及用呢？再说，所谓无只是一种"无称之言，穷极之辞"，实际上指称的是无限整体本身，那么，作为有限个体的人有没有可能完整地认识此无限整体，真正地做到"体无"呢？在这些问题上，王弼表现出极大的困惑。其实，这也是古今中外所有高层次的哲学家所感到的永恒困惑。正是由于这种困惑，所以才激发古今中外的哲学家去从事不懈的追求，而一部哲学史所昭示给我们的，也诚如黑格尔所指出的那样，"是一系列的高尚的心灵，是许多理性思维的英雄们的展览"。

关于第一个问题，王弼的《大衍义》回答说："夫无不可以无明，必因于有，故常于有物之极，而必明其所由之宗也。"韩康伯发挥王弼的思想说："必有之用极，而无之功显，故至乎神无方而易无体，而道可见矣。"这个回答包含着歧义，可以作出两种不同的解释。一种解释是根据西方的那种本体之学，理解为只有穷极了一切作为个别的有，才能使那作为一般的无豁然显露。另一种解释是根据中国所特有的本体之学，理解为从作用处见本体。看来前一种解释无论在事实上或理论上都有困难，因为谁也无法以有限之身去穷极一切的有，而且这也是西方的归纳学派的难题所在，并不是王弼的本义。王弼的回答是说，由体以及用与由用以见体是一种往返循环的双向运动，为了"系于末度"，首先必须由体以及用，反过来看，为了"明于本数"，则首先必须由用以见体。这种双向运动组成为一个圆圈，每一向运动的终点同时也是另一向运动的起点。因此，后一种解释可能是与王弼一贯的思想相符的。

关于第二个问题，王弼在回答裴徽的提问时说："圣人体无。"这就是说，"体无"是可以做到的。但在《论语释疑》中，他又认为："道者，无之称也，无不通也，无不由也。况之曰道，寂然无体，不可为象。是道不可体，故但志慕而已。"这就是说，真正地把握无限整体是不可能的，只能把它当作一个仰慕追求而难以企及的对象。这两种回答看起来矛盾，其实都有道理。王弼所说的圣人指的是孔子，在古往今来的所有人当中，王弼只承认孔子一人做到了"体无"。这就为自己的内圣之学树立了一个价值权威，同时也避免陷入不可知论的误谬。至于对常人而言，"道不可体"，也是一个确凿的实际情况。但尽管如此，人们还是应该以圣人为榜样，努力去追求这个无限整体，以提高自己的智慧层次和哲学境界。正是由于王弼把无限整体置于知与不知之间，所以他才能深刻地揭示出认识过程中的矛盾，并且由此展开为一套完整的整体思维模式。

王弼反复比较了两种不同的认知形式。一种他称之为"分别别析""殊类分析"的明察之智，另一种他称之为"无所别析""因物之性"的自然之智。王弼认为，明察之智致力于定名辨形，只能认知某些个别的现象或整体的某些个别的部分，带有很大的局限性。因为"名则有所分，形则有所止"（《老子注》三十八章），"分则不能统众"(《老子注》四十一章），"有分则失其极矣"(《老子注》二十五章）。只有自然之智才是整体思维，它比明察之智要高一个层次，也叫做"超智"，"孔德"，"玄览"。《老子》二十一章："孔德之容，惟道是从。"王弼注说：

> 孔，空也。惟以空为德，然后乃能动作从道。

《老子》十章："涤除玄览，能无疵乎？"王弼注说：

> 玄，物之极也。言能涤除邪饰，至于极览，能不以物介其明，疵其神乎？则终与玄同也。

所谓"动作从道"，"与玄同也"，就是说已经把握了无限整体。由于无限整体的本质特征是"以无为心"，所以能够把握此无限整体的自然之智，其本质特征也在于"涤除邪饰，至于极览"，超越了"殊其己而有其心"的明察之智，真正做到了"以无为心"。三十二章注说：

> 道，无形不系，常不可名。以无名为常，故曰道常无名也。朴之为物，以无为心也，亦无名。故将得道，莫若守朴。夫智者，可以能臣也；勇者，可以武使也；巧者，可以事役也；力者，可以重任也。朴之为物，愦然不偏，近于无有，故曰莫能臣也。抱朴无为，不以物累其真，不以欲害其神，则物自宾而道自得也。

这种自然之智虽然是对明察之智的一种超越，但也是一种对原始的认知形式的复归，即复归于婴儿的无知无欲的质朴状态。二十八章注说："婴儿不用智，而合自然之智。"二十章注说："言我廓然无形之可名，无兆之可举，如婴儿之未能孩也。""绝愚之人，心无所别析，意无所美恶，犹然其情不可睹，我颓然若此也。"六十五章注说："明，谓多智巧诈，蔽其朴也。愚，谓无知守真，顺自然也。"五十五章注说："赤子，无求无欲，不犯众物，故毒螫之物无犯于人也。含德之厚者，不犯于物，故无物以损其全也。"

为什么婴儿以及绝愚之人的无所别析能合乎自然之智呢？王

弼认为,这是因为,整体之所以为整体,就在于无所别析,如果对之分别别析,它就变成了部分而不能再叫做整体了,因而对整体的把握就如同婴儿以及绝愚之人那样,是一种无所别析的直觉的把握。此外,所谓对整体的把握,就其根本而言,是对整体之中"自然已足"的和谐本性的把握,婴儿以及绝愚之人虽然浑浑噩噩,其认知形式却是与这种"自然已足"的和谐本性相通的。《老子》五十五章赞美赤子为"和之至也",并说"知和曰常,知常曰明"。王弼注说:

> 物以和为常,故知和则得常也。不皦不昧,不温不凉,此常也。无形不可得而见,故曰知常曰明也。

《老子》十六章:"复命曰常,知常曰明,不知常,妄作,凶。"王弼注说:

> 复命则得性命之常,故曰常也。常之为物,不偏不彰,无皦昧之状,温凉之象,故曰知常曰明也。唯此复,乃能包通万物,无所不容。失此以往,则邪入乎分,则物离其分,故曰不知常则妄作凶也。

王弼认为,"物以和为常",常即事物内在的和谐本性,无知无识的婴儿既然是"和之至也",所以自然而然具有"知常"的本能。但对成人而言,则只有"复命"才能得性命之常,就是说,必须由明察之智而复归于自然之智。这不是一种简单的复归,而是在更高的层次上,做到"包通万物,无所不容",真正把握了无限整体。

因此,自然之智与明察之智的不同,还表现在认识的取向上。明察之智的取向是"为学日益",即"务欲进其所能,益其所习";自然之智的取向是"为道日损",即"务欲反虚无也"(《老子注》四十八章)。前者外向,后者内向;前者重分析,后者重综合;前者务求增长对事物的知识,后者则务求回复到原始的直觉。六十四章注说:"不学而能者,自然也。"这个人人生来俱有的不学而能的自然,就是整体思维的最后依据。实际上,它不是一种思维,而是一种体验,一种心理的感受,一种主客合一的对整体的统觉。如果说明察之智的依据在于外在的客体,那么自然之智的依据则在于主体自身的体验、感受和统觉。五十四章注说：

> 天下之道，逆顺吉凶，亦皆如人之道也。……吾何以得知
> 天下乎？察己以知之，不求于外也。所谓不出户以知天下
> 者也。

王弼并不是主观唯心论者，认为世界就在我的心中，其所谓"察己以知之，不求于外也"，意思是说主体自身生来俱有的自然之智与天地万物的自然之性息息相通，这是一种原始的无所别析的和谐统一，因而人们只要察己内省，不以殊类分析的明察之智伤其自然，就能感受体验到天地万物的自然之性。明察之智向外追求，其结果是迷惑于现象之多而不见本体之一，自然之智察己内省，反而能够识物之宗，明是非之理。四十七章注说：

> 无在于一，而求之于众也？道视之不可见，听之不可闻，
> 搏之不可得。如其知之，不须出户；若其不知，出愈远愈迷也。
> 得物之致，故虽不行，而虑可知也。识物之宗，故虽不见，而是
> 非之理可得而名也。

照王弼看来，明察之智虽以外在的客体为依据，但因"惑于躁欲"，"迷于荣利"，力求"以形制物"，并不能如实了解客体的自然本性。自然之智与此相反，"不以求离其本，不以欲渝其真"，表面上看来浑浑噩噩，却是一种按照客体的本来面目把握客体的最高的智慧。《老子》四十五章："大成若缺，其用不弊；大盈若冲，其用不穷。大直若屈，大巧若拙，大辩若讷。"王弼注说：

> 随物而成，不为一象，故若缺也。大盈充足，随物而与，无
> 所爱矜，故若冲也。随物而直，直不在一，故若屈也。大巧因
> 自然以成器，不造为异端，故若拙也。大辩因物而言，己无所
> 造，故若讷也。

《老子》二十七章："善行无辙迹，善言无瑕谪，善数不用筹策，善闭无关楗而不可开，善结无绳约而不可解。"王弼注说：

> 顺自然而行，不造不施，故物得至，而无辙迹也。顺物之

性，不别不析，故无瑕谪可得其门也。因物之数，不假形也。因物自然，不设不施，故不用关楗绳约而不可开解也。此五者，皆言不造不施，因物之性，不以形制物也。

这种因物之性的思维是一种完全排除主观成见的纯客观的思维，也是一种全面把握事物本性的综合思维。虽然如此，王弼并不反对对事物及其发展趋势作细致的分析。六十三章注说："以圣人之才，犹尚难于细易，况非圣人之才，而欲忽于此乎？"六十四章注说："故虑终之患如始之祸，则无败事。"七十三章注说："垂象而见吉凶，先事而设诚，安而不忘危，未兆而谋之，故曰繟然而善谋也。"由此可以看出，王弼关于自然之智的论述，仍然是根据他一贯主张的"得本以知末"的思想，既"明于本数"，又"系于末度"。至于明察之智的那种"舍本以逐末"的思维模式，则为王弼所不取。

王弼认为，圣人之所以能与天地合其德，关键在于圣人真正做到无身无私，因物之性，顺应自然，从而他的度量、器量、心量由此而超越一人之身的局限，变得广大包天地，拥有整个的世界。七十七章注说：

> 与天地合德，乃能包之如天之道。如人之量，则各有其身，不得相均。如惟无身无私乎？自然，然后乃能与天地合德。

王弼所谓的圣人与天地合德，并不是说圣人已达到了认识的极限，真理的顶峰，而只是说圣人的精神境界已由特殊性提升到普遍性，对无限整体具有一种心理意义的感受和体验。《老子》十六章："知常容，容乃公，公乃王，王乃天，天乃道，道乃久。"王弼注说：

> 无所不包通也。无所不包通，则乃至于荡然公平也。荡然公平，则乃至于无所不周普也。无所不周普，则乃至于同乎天也。与天合德，体道大通，则乃至于穷极虚无也。穷极虚无，得道之常，则乃至于不穷极也。

这种对无限整体的感受和体验，就是所谓"圣人体无"。王弼认为，体无的圣人，其思维模式就是如同婴儿那样的无所别析的自然之智，因而他虚怀若谷，"以天下之心为心"（《老子注》二十八章），因物之性，"不立形名以检于物，不造进向以殊弃不肖，辅万物之自然而不为始"（《老子注》二十七章），是众望所归的理想人格，也是现实的君主所应效法的榜样。如果社会在这种体无的圣人的治理之下，则物守自然，各得其所，能够保持整体的和谐。反之，如果像现实的君主那样以明察之智为思维模式，"则万物失其自然，百姓丧其手足"（《老子注》四十九章），从而导致天下大乱。由此可见，王弼关于思维模式的探索，其根本目的在于为内圣外王之道奠定一个本体论的理论基础。

四、《老子注》的内圣外王之道

"内圣外王之道"这个词是《庄子·天下》篇概括先秦天人之学的基本精神时第一次提出来的。其所谓内圣，是指对天道的深刻理解。它说："不离于宗，谓之天人。不离于精，谓之神人。不离于真，谓之至人。以天为宗，以德为本，以道为门，兆于变化，谓之圣人。"其所谓外王，是指由天道以及于人道，包括仁义礼乐，法度名分，百官分职，以衣食为主的经济政策等等。内圣之学即所谓"明于本数"，外王之学即所谓"系于末度"，这是一门统一的无所不包的整体性的学问，所以它说："圣有所生，王有所成，皆原于一。"按照《天下》篇的说法，这门学问在古人那里是十分完备的，后来天下大乱，贤圣不明，道德不一，虽然诸子百家都在探索这种内圣外王之道，但是由于各执一端而不得古人之全，以致造成这门学问"暗而不明，郁而不发"的可悲局面。今后的任务是对它重新探索，以古代的天人之学为榜样，来建立一种全面的而不是片面的内圣外王之道。

应当承认，《庄子·天下》篇的这个概括是十分精辟的，而且具有普遍的适用性。尽管一些学派并未提及这个词，但是他们运思的方向和学说的宗旨都是由天道以及于人道，企图为治国平天下探索出一种最佳的内圣外王之道。司马谈的《论六家要旨》说：
"《易大传》：'天下一致而百虑，同归而殊途。'夫阴阳、儒、墨、名、
法、道德，此务为治者也，直所从言之异路，有省不省耳。"这就是
说，六家的共同之点都是为了搞好国家政治，只是考虑问题的角度
不同，方法途径不同，有的把握了重点，有的不够明白。换句话说，
六家学说的基本精神都是一种立足于政治的内圣外王之道。王弼
的天人新义既然是继承了先秦以来的天人之学的传统，其基本精
神也是如此。

中国古代哲学关于内圣外王之道的讨论，就其实质而言，是对
君主专制政治体制下的最佳决策思想和领导艺术的探索。这种体
制把全部权力集中于君主一人之身，所有重大的决策以及如何运
用权力当然是由君主个人独断专行。为了使君主尽可能地减少失
误，能够协调君臣和君民之间的各种复杂的人际关系，保持整个国
家政治局面的稳定，君主应该掌握一套行之有效的决策思想和领
导艺术，否则就会产生危机，破坏平衡。这种决策思想和领导艺术
就是所谓内圣外王之道。在中国历史上，除了秦始皇统治的一段
极为短暂的时期外，内圣外王之道一直是天下之公器，可以由并不
掌握权力的哲学家们去自由讨论。尽管君主个人大都不按照哲学
家们的意见办事，往往是拒谏饰非，一意孤行，把国家政治搞得一
团糟，但站在高层次思考的哲学家们仍然是从封建社会的整体利
益出发，把内圣外王之道当作一门独立的学问来研究。这种研究
是对实际政治的一种超越，总的目的是针对着实际政治的弊端进
行批判和调整。

汉魏之际的时代课题，从总的方面来看，就是建立一种正常的
封建秩序，实现全国性的大一统。当时兴起的诸子之学围绕着时
代课题提出了各种各样的政治谋略和方法措施，实际上也是对内
圣外王之道的一种探索。王弼在《老子指略》中对当时的法家、名
家、儒家、墨家、杂家一一作了分析，指出他们虽然各有所得，但其
共同的缺点都在于"用其子而弃其母"，所以常常出现偏差，陷入片
面。王弼认为，只有运用《老子》的"守母以存子""崇本以息末"的

本体论的思维模式，才能纠正诸子之学的各种偏差，实现时代的理想。由此可以看出，王弼的《老子注》，其运思的方向和学说的宗旨，是企图通过有无体用之辨，为当时的人们提供一种全面的内圣外王之道。

《老子注》的内圣外王之道更主要的是受当时实际政治的弊端和上层统治者错误决策的激发，因而洋溢着一种强烈的批判精神和深重的忧患意识。比如他说：

> 民之所以僻，治之所以乱，皆由上，不由其下也。民从上也。（《老子注》七十五章）
> 离其清静，行其躁欲，弃其谦后，任其威权，则物扰而民僻，威不能复制民。民不能堪其威，则上下大溃矣，天诛将至。（《老子注》七十二章）

曹魏政治的指导思想是法家的名法之治而不是儒家的名教之治。因此，王弼的批判虽然也涉及名教之治的流弊，但是重点是放在名法之治上。当年曹操为了加强自己的军事政治实力，营建一个绝对专制系统，大力推行名法之治。这种名法之治忽视伦理道德、社会风尚和心理结构的影响，片面地强调政治上的统治与服从的关系，完全以威权和智巧来对付臣下。曹丕执政，察觉到这种名法之治已经发展为比猛虎还要残暴的苛政，要以名教之治来纠正。曹叡也认识到"法令滋章，犯者弥多，刑罚愈众，而奸不可止"，应以儒学为本。但是，由于名法之治的指导思想是和绝对专制系统的政权结构紧密联系在一起的，多年来已形成一种顽固的传统，所以曹魏政治从曹丕开始，一直是摇摆不定，特别在曹叡执政期间，表现得更加突出。曹叡本人表面上度量宽宏，优礼大臣，骨子里大权独揽，政由己出，口头上蠲除苛法，务从宽简，实际上用法深重，滥施刑赏，因此经常出现手段与目的、主观动机和客观效果之间的矛盾。加上刚愎任性，不顾民生疾苦，连年用兵，大兴土木，追求奢华，干了一系列不得人心的事，青龙、景初之际，祸胎已伏。王弼分析时弊，认为如果不作根本的调整，而只是抓住一些枝节现象，并不能解决问题。

王弼反复比较了两种不同的政治以及两种不同的决策思想，指出一种是正确的，另一种是错误的。《老子》五十八章："其政闷闷，其民淳淳，其政察察，其民缺缺。"王弼注说：

> 言善治政者，无形、无名、无事、无政可举，闷闷然，卒至于大治，故曰其政闷闷也。其民无所争竞，宽大淳淳，故曰其民淳淳也。

> 立刑名，明赏罚，以检奸伪，故曰其政察察也。殊类分析，民怀争竞，故曰其民缺缺。

《老子》五十七章："天下多忌讳，而民弥贫；民多利器，国家滋昏，人多伎巧，奇物滋起；法令滋彰，盗贼多有。故圣人云，我无为而民自化，我好静而民自正，我无事而民自富，我无欲而民自朴。"王弼注说：

> 立正欲以息邪，而奇兵用；多忌讳欲以耻贫，而民弥贫；利器欲以强国者也，而国愈昏弱；皆舍本以治末，故以致此也。

> 上之所欲，民从之速也。我之所欲唯无欲，而民亦无欲而自朴也。此四者，崇本以息末也。

王弼所说的正确的政治和决策思想只是停留于头脑中的理想，而现实的情况却是错误的政治和决策思想占了支配地位。这种现实与理想的尖锐矛盾就是激发王弼去探索内圣外王之道的历史动因，而他的一套系统的谋略思想也完全是根据这一对矛盾而展开的。

王弼激烈批评当时统治者所推行的名法之治。这种名法之治强调"以智治国"，行术用明以察奸伪，严刑峻法镇压异己。王弼认为，这是国家的最大的祸害，也是政治的最大的失败。他说：

> 夫恃威网以使物者，治之衰也。（《老子注》六十章）

> 行术用明，以察奸伪，趣睹形见，物知避之。故智慧出则大伪生也。（《老子注》十八章）

> 以智术动民，邪心既动，复以巧术防民之伪，民知其术，随

防而避之。思惟密巧,奸伪益滋,故日以智治国,国之贼也。(《老子注》六十五章)

任术以求成,运数以求匿者,智也。玄览无疵,犹绝圣也。治国无以智,犹弃智也。能无以智乎? 则民不辟而国治之也。(《老子注》十章)

王弼进一步分析这种名法之治,其结果必将是事与愿违,适得其反。因为名法之治以巩固君主的专制权力为目的,但是却采用一种"舍本以治末"的愚蠢方法,不信任所有的臣民,把他们统统当作敌人严加防范,这就使自己陷入绝对孤立的地位,加强了人们的冲突意识,促使千万人与己为敌。如果再以严刑峻法进行镇压,就会造成天下大乱,君主的专制权力也就岌岌可危了。他说:

夫以明察物,物亦竞以其明避之;以不信求物,物亦竞以其不信应之。夫天下之心不必同,其所应不敢异,则莫肯用其情矣。甚矣! 害之大也,莫大于用其明矣。夫任智则人与之讼,任力则人与之争。智不出于人而立乎讼地,则穷矣;力不出于人而立乎争地,则危矣。未有能使人无用其智力于己者也,如此则己以一敌人,而人以千万敌己也。若乃多其法网,烦其刑罚,塞其径路,攻其幽宅,则万物失其自然,百姓丧其手足,鸟乱于上,鱼乱于下。(《老子注》四十九章)

名教之治是根据儒家的一套宗法伦理规范正名定分,以此来引导和制约人们的行为。王弼并不反对宗法伦理本身,而只是指出,统治者所推行的名教之治,就决策思想而言,其错误也如同他们所推行的名法之治一样,在于"弃本舍母而适其子"。《老子》十八章:"六亲不和,有孝慈;国家昏乱,有忠臣。"王弼注说:

甚美之名,生于大恶,所谓美恶同门。六亲,父子、兄弟、夫妇也。若六亲自和,国家自治,则孝慈、忠臣不知其所在矣。鱼相忘于江湖之道,则相濡之德〔不知其所〕生也。

照王弼看来,如果国家社会处于一种和谐状态,则不存在"孝慈忠臣"之名,至于"孝慈忠臣"之实,仍然是存在的。反之,如果六亲不和,国家昏乱,人际关系的和谐严重破坏,此时则只有"孝慈忠臣"之名而无"孝慈忠臣"之实了。

关于名教之治的弊端,王弼在三十八章注中作了详尽的分析。他说:

> 不能无为,而贵博施;不能博施,而贵正直;不能正直,而贵饰敬。所谓失德而后仁,失仁而后义,失义而后礼也。夫礼也,所始首于忠信不笃,〔易〕简不〔畅〕,责备于表,机微争制。夫仁义发于内,为之犹伪,况务外饰而可久乎!故夫礼者,忠信之薄而乱之首也。

王弼认为,名教之治所标榜的仁义礼节实际上是社会系统自然已足的和谐统一业已破坏的产物,并且表现为一种道德逐次沦丧的下降过程。比如仁爱博施是由于不能做到素朴无为而产生的,义理正直是由于不能做到仁爱博施而产生的,礼节饰敬是由于不能做到义理正直而产生的。其中仁义强调发于内心,若有意以为之,尚不免流入虚伪,至于礼着重于以外在的繁文缛节互相计较责备,若得不到对等的回应,则愤怒之心勃然而兴,攘臂而扔之,这就要造成争端,引起天下大乱了。

王弼认为,最理想的政治是与这种名法之治和名教之治迥然不同的无为之治。他说:"为治者务欲立功生事,而有道者务欲还反无为。"(《老子注》三十章)"以无为为居,以不言为教,以恬淡为味,治之极也。"(《老子注》六十三章)

为什么无为能实现大治,而名法之治和名教之治的有为反而引起冲突呢?王弼认为,这是因为整个社会政治系统存在着一种自然的和谐,只要把尊卑贵贱的名分确定,关系理顺,处于不同等级的人们就会自满自足,各得其所,并且相互依赖,协同动作,共同创造出一种均衡状态。即令产生某种局部的紊乱现象,也可以由系统的内部机制所固有的调节能力自然地消除,用不着从外部来强加行政干预。他说:

夫燕雀有匹，鸠鸽有仇；寒乡之民，必知旃裘。自然已足，益之则忧。故续凫之足，何异截鹤之胫？（《老子注》二十章）

将欲除强梁、去暴乱，当以此四者（指"将欲歙之，必固张之；将欲弱之，必固强之；将欲废之，必固兴之；将欲夺之，必固与之"）。因物之性，令其自戮，不假刑为大，以除〔戕〕物也，故曰微明也。

利器，利国之器也。唯因物之性，不假刑以理物。器不可睹，而物各得其所，则国之利器也。示人者，任刑也。刑以利国，则失矣。（《老子注》三十六章）

究竟社会政治生活的整体是立足于和谐还是立足于冲突，如何去认识和把握这个整体的内部机制，在中国哲学史上，历来就有两种对立的思想倾向。立足于冲突的思想倾向以法家表现得最为突出。韩非曾说："上古竞于道德，中世逐于智谋，当今争于气力。"（《韩非子·五蠹》）儒家的情况比较复杂。荀子认为："人生而有欲，欲而不得，则不能无求，求而无度量分界，则不能不争。"（《荀子·礼论》）《周易》则强调尊卑有序，刚柔相应，企图把各种身份的人固定在各自所应处的地位上，不再斗争而彼此协调，以"保合太和"作为最高理想。至于道家的思想倾向则是始终一贯地立足于和谐。由于各家各派的整体观不同，所采取的谋略思想自然也不相同。就曹魏实际的政治而言，它所推行的名法之治是从法家的整体观出发的，一向把权力之间的对抗和争夺放在首位。建安二十四年，曹操征汉中，魏讽等谋反。曹操认为，"讽所以敢生乱心，以吾爪牙之臣无遏奸防谋者故也"（《三国志·魏书·徐奕传》）。于是设立了带有特务性质的校事官制度，鼓励检举告密，以便大权独揽。这种制度与曹魏政权共始终，它是由皇帝直接控制的用来诛锄异己、维护极权的工具，是一种分裂的因素，而不是统一的因素。王弼把这种名法之治的错误提到整体观的高度来批判。他说：

夫御体失性，则疾病生；辅物失真，则疵衅作。信不足焉，

则有不信,此自然之道也。已处不足,非智之所济也。(《老子注》十七章)

因此,王弼认为,"国之所以安,谓之母。"(《老子注》五十九章)这是社会政治系统所追求的最高目的,无为之治之所以正确,名法之治以及名教之治之所以错误,是根据它们能否更好地服从于这个最高目的为判断标准的。

王弼并不反对尊卑贵贱的名分等级制度,也不反对维护这种等级制度的宗法伦理,但却认为,它们是如同天地万物那样自然生成的,本质上是一个有机的和谐的自组织系统。王弼的名教本于自然的玄学命题,说的就是这个意思。这二者是按照本末体用的关系紧密联结在一起的。因此,只有首先顺应这种自然的生成,巩固社会系统的原始的和谐,然后经营其他,才能使政治立于不可动摇的地位。五十四章注说:"固其根,而后营其末,故不拔也。"

照王弼看来,自然为本,名教为末,如果在决策思想上能够做到"崇本以举其末",则可以由此自然生发出一套仁义礼敬的伦理规范,真正起到凝聚社会、自我调节的作用。反之,如果统治者"弃其本而适其末",从"殊其己而有其心"的私利出发,不顾社会整体的和谐,以人为的行政命令强行提倡仁义礼敬,那么仁义礼敬就会变质,转化为一种争斗的幌子。在三十八章注中,王弼对这两种不同的决策思想所引起的截然相反的政治效果作了详细的比较。他说:

> 故苟得其为功之母,则万物作焉而不辞也,万事存焉而不劳也。用不以形,御不以名,故仁义可显,礼敬可彰也。夫载之以大道,镇之以无名,则物无所尚,志无所营。各任其贞,事用其诚,则仁德厚焉,行义正焉,礼敬清焉。

> 弃其所载,舍其所生,用其成形,役其聪明,仁则尚焉,义则竞焉,礼则争焉。故仁德之厚,非用仁之所能也;行义之正,非用义之所成也;礼敬之清,非用礼之所济也。

> 载之以道,统之以母,故显之而无所尚,彰之而无所竞。用夫无名,故名以笃焉;用夫无形,故形以成焉。守母以存其

子，崇本以举其末，则形名俱有而邪不生，大美配天而华不作。故母不可远，本不可失。

仁义，母之所生，非可以为母。形器，匠之所成，非可以为匠也。舍其母而用其子，弃其本而适其末，名则有所分，形则有所止。虽极其大，必有不周；虽盛其美，必有患忧。功在为之，岂足处也。

王弼由此得出结论说："夫以道治国，崇本以息末；以正治国，立辟以攻末。"（《老子注》五十七章）作为一个理想的君主，应该做到"与道同体"，即所谓体无。二十三章注说："道以无形无为成济万物，故从事于道者以无为为君，不言为教，绵绵若存，而物得其真。与道同体，故曰同于道。"这也就是王弼心目中的内圣，由这种内圣必然发而为外王。三十二章注说："抱朴无为，不以物累其真，不以欲害其神，则物自宾而道自得也。……行道于天下者，不令而自均，不求而自得，故曰犹川谷之与江海也。"

王弼认为，这种"与道同体"的圣人"以无为心"，"无所别析"，"其端兆不可睹，意趣不可见"，实际上是"以天下之心为心"，"故功成事遂，而百姓不知其所以然"。他在四十九章注中对这种理想的政治作了具体的描述：

是以圣人之于天下歙歙焉，心无所主也。为天下浑心焉，意无所适莫也。无所察焉，百姓何避；无所求焉，百姓何应。无避无应，则莫不用其情矣。人无为舍其所能，而为其所不能；舍其所长，而为其所短。如此，则言者言其所知，行者行其所能，百姓各皆注其耳目焉，吾皆孩之而已。

王弼的这个理想其实也是曹魏正始年间的时代理想。何晏、夏侯玄等人曾致力于追求一种"天地以自然运，圣人以自然用"的内圣外王之道，以朦胧的形式表述了这个理想。王弼则通过一套本体论哲学的系统论证，为这个理想勾勒出了一个清晰的轮廓。从此以后，根据自然与名教的关系来探索一种最佳的内圣外王之道，也就成了玄学的共同主题了。

第六章　王弼的《周易注》

一、《周易注》的社会整体观

王弼的主要哲学著作是《老子注》和《周易注》，这两部著作因其所依据的原典的不同而有着不同的侧重点。前者从较高层次的本体立论，偏重于讲无，后者多半立足于现象层次，阐发各种具体情境中所蕴涵的必然之理，偏重于讲有。虽然这二者互为补充，但是看来王弼是把《周易注》的地位置于《老子注》之上的。因为王弼在回答裴徽的提问时曾说，作为本体的无是只能意会而不可言传的，老子经常讲无，说明他并未"体无"而停留于有的现象层次，孔子仅只讲有，说明他已经"体无"而上升到本体的高度。由此可见，在王弼的心目中，孔子的地位要高于老子，仅只讲有的《周易》也要比偏于讲无的《老子》更重要。

王弼的这个看法，一方面是根据自己建立贵无论玄学体系的理论需要，另一方面也是适应于当时人们普遍的价值取向，具有双重的解释学的意义。就王弼的理论需要而言，他是致力于追求本体与现象的紧密联结，做到有不离无，无不离有。尽管他在《老子注》中已经论证了"以无为本"的核心思想，并且按照由体以及用的思路，反复强调了无不离有，但是，如果不对作为现象的有进行详尽细致的研究，按照由用以见体的思路来论证有不离无，那么贵无论的玄学体系仍然不免于空疏贫乏而显得不够充实丰满。所以王弼在《大衍义》中又从相反的方面强调指出："夫无不可以无明，必因于有，故常于有物之极，而必明其所由之宗也。"王弼的《周易注》作于《老子注》之后。只有通过《周易注》，我们才能看到"以无为本"这条抽象原理在实际生活中的各种具体的应用,才能看到一个由多层次组成的完整而丰满的哲学系统。

就当时的价值取向而言,人们不满足于现实的名教社会,而憧憬一种合乎自然的名教社会,人们也不满足于现实的君主统治,而仰慕一种"用夫自然""不伤自然"的君主统治。在那个特定的时代,人们对现实的超越,对理想的追求,在哲学上就上升为对自然与名教关系的探索,这也正是玄学的主题。这种价值取向与《老子》原文中一系列激烈否定名教的思想是格格不入的。尽管王弼在《老子注》中作了许多创造性的转化工作,并且提炼出了名教本于自然的基本原理,但是由于受到《老子》原文的限制,只能在适当场合作一些简单的提示,而无法把这条原理贯穿于名教社会的各个具体领域,展开为一个体系。至于儒家的《周易》,却是与当时的价值取向完全相符的。《周易》六十四卦所讲的有,主要是由君臣、父子、夫妇所组成的名教社会的运行机制和结构功能,王弼注《周易》,可以直截了当而不必像注《老子》那样转弯抹角地表述时代的理想,展开玄学的主题。正因为如此,所以王弼认为经常讲无的老子"未免于有",而"言必及有"的孔子反倒是"体无",各自向着对立面转化。

《老子》二十五章:"故道大,天大,地大,王亦大。域中有四大,而王居其一焉。"王弼注说:

> 天地之性人为贵,而王是人之主也,虽不职大,亦复为大。与三匹,故曰王亦大也。四大,道、天、地、王也。凡物有称有名,则非其极也。言道则有所由,有所由,然后谓之为道,然则道是称中之大也。不若无称之大也。无称不可得而名,故曰域也。道、天、地、王皆在乎无称之内,故曰域中有四大者也。

这就是说,宇宙间存在着四个大的整体,以王为人之主的社会整体是其中之一,虽然王的整体层次低于其他三大,但其重要性足以与道、天、地相匹,故曰"域中有四大"。事实上,天人之学的研究重点在人而不在天,其思维模式一直是由研究人的问题而上溯到天,然后根据对天的宏观理解返回来解决人的问题，无论道家或儒家都是如此。所以《老子》把王提到与道、天、地并立的地位，称之为"四大"，《周易》也把人提到与天、地并立的地位，称之为"三才"。王弼在《老子注》中，曾经以道为最崇高的概念，建立了一个包统"四大"的高层次的整体观，虽然对社会整体有所论说，但由于受到种种限制，没有把它列为研究的重点而全面展开。他的《周易注》既然是由无返有，以名教社会中的君臣、父子、夫妇之间的人际关系为重点的研究对象，那么由此而建立的整体观与《老子注》相比就会有层次的不同，主要是一种关于社会的整体观。

由于《老子注》与《周易注》是一种互补的关系，我们只有仔细分辨二者的异中之同与同中之异，才能窥见王弼的玄学思想的全貌。因此，虽然王弼在《周易注》中主要是建立一种以名教为中心的社会整体观，但是，他所依据的基本原理却是与《老子注》中所阐发的名教本于自然的思想息息相通的。《老子》二十八章："朴散则为器，圣人用之则为官长。故大制不割。"王弼注说：

> 朴，真也。真散则百行出，殊类生，若器也。圣人因其分散，故为之立官长。以善为师，不善为资，移风易俗，复使归于一也。大制者，以天下之心为心，故无割也。

这一条注可以说是王弼关于社会整体思想的总纲，其中提出了几个值得注意的要点。第一，人类社会是按照"朴散则为器"的自然规律而形成的，因而"百行出，殊类生"之器也如同天地万物一样，本身是合乎自然的。第二，圣人因其分散所设立的名分等级制度，其中内在具有"以善为师，不善为资"的自我调节功能。第三，人类社会虽然按照自然规律不得不分散为名分等级制度，但其发展的趋向却是移风易俗，复归于一个和谐的整体。第四，最完善的政治应该是"以天下之心为心"，这是鉴定政治是否合乎自然的唯一标准。王弼在《周易注》中所建立的社会整体观，大体上是围绕着这几个要点而展开的。

《周易》以阴阳学说为核心，以六十四卦、三百八十四爻为框架结构,人们可以利用它们来编制一个关于天象的图式,也可以利用它们来阐述关于人事的变化,这是象数派易学与义理派易学的重要区别所在。唐人李鼎祚的《周易集解序》指出:"自卜商入室,亲授微言,传注百家,绵历千古,虽竞有穿凿,犹未测渊深。唯王(王弼)、郑(郑玄)相沿,颇行于代。郑则多参天象,王乃全释人事。"事实上,郑玄的易学虽然"多参天象",但也常常比附人事,王弼的易学虽然"全释人事",但也要以天象作为其理论的前提。这种情形是由《周易》原有的思维模式所决定的。《周易·系辞下》说:"《易》之为书也,广大悉备,有天道焉,有地道焉,有人道焉。兼三才而两之,故六。六者,非它也,三才之道也。"这就是一种天人之学的思维模式,天象与人事是不可分割地交织在一起的。区别只在于象数派的易学多半侧重于天象,义理派的易学则多半侧重于人事。

　　《周易》的最高概念是太极,"《易》有太极,是生两仪"。究竟太极与两仪的关系如何,这是王弼利用《周易》展开他的社会整体观时必须首先确定的理论前提。王弼的《大衍义》说:

> 　　演天地之数,所赖者五十也。其用四十有九,则其一不用也。不用而用以之通,非数而数以之成,斯《易》之太极也。

这就是说,太极即筮法中五十根蓍草的不用之一。《老子》四十二章注:"万物万形,其归一也。"此一即道,为天地万物之所本。《老子》六章注把作为"天地之根"的"谷神""玄牝"看作"与太极同体",所以太极也具有生成的功能,天地阴阳皆为太极所生。韩康伯根据王弼的这个思想注"《易》有太极,是生两仪"说:"夫有必始于无,故太极生两仪也。太极者,无称之称,不可得而名,取有之所极,况之太极者也。"因此,太极生两仪的哲学意义与《老子注》中所说的"道生之,德畜之"是完全一致的。如果说道为无,德为有,道是本体,德是现象,那么太极与两仪的关系亦复如是。

　　两仪既然为太极之所生,那么太极就必然不同于两仪,而是为两仪之所不得不由、不得不依、不得不归的本体。《谷梁传》卷五杨士勋疏引王弼曰：

> 一阴一阳者，或谓之阴，或谓之阳，不可定名也。夫为阴
> 则不能为阳，为柔则不能为刚，唯不阴不阳，然后为阴阳之宗，
> 不柔不刚，然后为刚柔之主。故无方无体，非阳非阴，始得谓
> 之道，始得谓之神是也。

韩康伯根据王弼的这个思想注"一阴一阳之谓道"说：

> 道者何？无之称也，无不通也，无不由也。况之曰道，寂
> 然无体，不可为象。必有之用极，而无之功显，故至乎神无方
> 而易无体，而道可见矣。故穷变以尽神，因神以明道。阴阳虽
> 殊，无一以待之，在阴为无阴，阴以之生，在阳为无阳，阳以之
> 成，故曰一阴一阳也。

王弼的意思是说，阴阳有定名，道则不可定名。有定名之阴阳，属
于"名必有所分"的现象，而不可定名的道才是支配阴阳的本体。
虽然如此，非阴非阳的道可以"或谓之阴，或谓之阳"，所以说"一阴
一阳"，"无方无体"，既可为阴，又可为阳。韩康伯发挥王弼的思
想，认为道为无，阴阳为有。"阴之与阳，虽有两气，恒用虚无之一
以拟待之"（孔疏），不能离开道的支配。道虽为无，在阴为无阴，在
阳为无阳，但阴以之生，阳以之成，故道亦不离于阴阳。至于道的
支配功能，只有穷尽阴阳的变化始能窥见，因为"必有之用极，而无
之功显"。

从这些言论看来，太极与两仪、道与阴阳的关系就是无与有的
关系，本体与现象的关系，生成与被生成的关系。这是王弼一贯的
思想。值得注意的是，王弼在《老子注》中经常讲无，偏重于论述本
体，在《周易注》中却很少谈论太极，而是倾注全力地研究属于现象
范畴的阴阳的变化。按照王弼的思路，本体绝不是那种停留于自
身的寂静空阔的纯存在，而必然有一个"朴散则为器"的分化的过
程，如果没有这个分化的过程，也就没有万物万形林林总总的现象
世界。既然王弼在《老子注》中业已确立了本体高于现象的观点，
而《周易注》的目的在于把握现象世界的必然之理，所以他特别强

调"太极生两仪"的分化,认为这是一个由本体过渡到现象的不可缺少的环节。

王弼在《贲卦·彖传注》中指出:

> 刚柔不分,文何由生? ……刚柔交错而成文焉,天之文也。止物不以威武,而以文明,人之文也。观天之文,则时变可知也;观人之文,则化成可为也。

文即文采,所谓"物相杂,故曰文",也就是玄黄错杂的现象世界。王弼认为,这个现象世界是由刚柔交错而形成的,如果刚柔不分,则现象世界何由而生? 就本体论的层次而言,不可定名之道固然高于有定名之阴阳,但正因为道不可定名,既可为阴,又可为阳,缺乏质的规定性,所以不能停留于自身,必然要分化为有定名之阴阳。阴阳是具有质的规定性的,"为阴则不能为阳,为柔则不能为刚",虽然其哲学的层次低于本体,但却是现象世界得以形成的两种对立的势力和性质。刚柔交错在天为天文,在人为人文,人们观察天文以知时变,观察人文以化成天下,这也就是因有以明无,通过现象来窥见本体的支配功能。《观卦·彖传注》说:"神则无形者也。不见天之使四时,而四时不忒;不见圣人使百姓,而百姓自服也。"

在《周易注》中,王弼根据义理派易学的观点,对阴阳这一对范畴作了一系列的规定,虽然有时也涉及到天象,但主要是说明人事,着重于建立关于人类社会的整体观。王弼认为,阳的性质为刚,阴的性质为柔,阳代表天象与人事中起着创造、施予、主动和领导作用的势力,阴代表起着完成、接受、被动和服从作用的势力。就天象而言,天是最大的阳,地是最大的阴。就人事而言,君臣、父子、夫妇也相应地区分为阴阳。阴阳有尊卑地位之不同,阳为尊,阴为卑。《周易略例·辩位》说:"位有尊卑,爻有阴阳。尊者,阳之所处;卑者,阴之所履也。故以尊为阳位,卑为阴位。"但是,阴与阳的关系是相互依存,不可分割的,缺少一方,另一方也不能存在,因而必须互相追求,阴求阳,阳求阴。《周易略例·明象》说:"夫阴之所求者阳也,阳之所求者阴也。"《略例下》说:"凡阴阳者,相求之物也。"如果这种追求得以顺利实现,则称之为通,反之,则为不通。通是由刚柔相济、阴阳协调所形成的一种畅达的局面,不通是阴阳刚柔形成对立而不配合交往。只有通才能促进万物化生,社会发展,不通则形成否结,阻碍化生和发展的进程。《泰卦·象传注》说:"泰者,物大通之时也。"《大有卦注》说:"不大通,何由得大有乎?"《艮卦注》说:"凡物对面而不相通,否之道也。"《归妹卦·象传注》说:"阴阳既合,长少又交,天地之大义,人伦之始终。"《损卦·六三注》说:"故天地相应,乃得化醇;男女匹配,乃得化生。阴阳不对,生可得乎?"

由此可见,由不可定名之道分化为有定名之阴阳,再由有定名之阴阳的协调配合作用而形成天地,化生万物,这是一个自然的生成。人类社会就是圣人顺应这个自然的生成而建立起来的。《周易》屯卦☷震下坎上,是刚柔始交所产生的第一卦,象征万物初生、天地造始之时,震为动,坎为险,动而遇险,也象征屯难之世。王弼的《屯卦注》说:

> 刚柔始交,是以屯也。不交则否,故屯乃大亨也。
>
> 雷雨之动,乃得满盈,皆刚柔始交之所为。屯体不宁,故利建侯也。屯者,天地造始之时也。造物之始,始于冥昧,故曰草昧也。处造始之时,所宜之善,莫善建侯也。

《屯卦·初九》:"磐桓,利居贞,利建侯。"王弼注说:

> 处《屯》之初,动则难生,不可以进,故磐桓也。处此时也,其利安在? 不唯居贞、建侯乎! 夫息乱以静,守静以侯;安民在正,弘正在谦。屯难之世,阴求于阳,弱求于强,民思其主之时也。初处其首,而又下焉,爻备斯义,宜其得民也。

《周易略例·卦略》解释屯卦说:

> 此一卦,皆阴爻求阳也。屯难之世,弱者不能自济,必依于强,民思其主之时也。故阴爻皆先求阳,不召自往;马虽班

如,而犹不废;不得其主,无所冯也。初体阳爻,处首居下,应民所求,合其所望,故大得民也。

王弼关于屯卦的解释集中阐述了他的社会起源的思想。王弼认为,刚柔始交是天地造始之时,不交则否结不通,也就没有自然的生成。造物之始,冥昧混沌,万物萌动,艰难丛生,很不安宁,整个世界呈现出一片紊乱的无序状态。但这恰恰是建立人类社会秩序的大好时机。因为屯难之世,阴求于阳,弱求于强,人民迫切需要一个君主来领导他们,保护他们,如果不得其主,则失去荫庇,无所凭依。从卦体来看,屯卦都是阴爻主动追求阳爻,不召自往,有如马在排班前进。初九为阳爻,在此屯难之世的开始,安静守正,磐桓不进,而且以尊贵的身份甘居于众阴之下,具有谦和的品德,应民所求,合其所望。因此,一方面是阴求阳,另一方面是阳大得民心,受到众阴的衷心拥戴,这两个方面的结合就是人类社会的刚柔始交,虽然总的形势并不安宁,但人类社会的君主统治的秩序也就在此天地造始之时得以建立,其发展的前景是大为亨通的。

照王弼看来,由刚柔始交所建立的君主统治是以人民群众的衷心拥戴、自愿服从为基础的,因而是一种合乎自然的君主统治。这种君主统治不依靠武力征服,不仰仗强制手段,而是出于人民群众的主动追求。至于人民群众为什么要追求君主统治的社会秩序而不追求其他类型的社会秩序,则是由于"弱者不能自济,必依于强",为自身的本性所决定。就作为强者的君主方面而言,"安民在正","弘正在谦","以贵下贱","应民所求",这都是一些必须具备的品德。如果不具备这些品德,也就不能大得民心。因此,人类社会的刚柔始交就是阴求阳、阳求阴的双向追求,虽然阴阳刚柔有尊卑贵贱的不同,统治与服从的区分,但由此双向追求所建立的君主统治却是人类社会由混沌发展为有序的一个必要的起点。

王弼在《老子注》中曾说:"始制,谓朴散始为官长之时也。始制官长,不可不立名分以定尊卑,故始制有名也。"(三十二章注)这就是说,在社会起源阶段,必须创设制度,建立君主统治,确定尊卑名分。在《周易注》中,王弼依据阴阳学说反复论证,全面展开了这一思想。

王弼认为,社会人际关系存在着尊卑之实,这是为阴阳的本性所决定的,按照此尊卑之实来确定尊卑之名,就是社会制度的创设。其所以必须创设制度,是因为不如此就不能把阴阳固定在其所应处的地位上,建立合乎自然的社会秩序。就阴阳这两大势力的本性而言,既有统一的一面,也有斗争的一面。如果阳尊阴卑,协同配合,统一的一面占了上风,就会有一种合乎自然的社会秩序。反之,如果斗争的一面占了上风,阴阳互相伤害,这就破坏了自然,社会秩序也就解体了。因此,创设制度的目的在于抑制阴阳互相伤害的斗争的一面,充分发挥其相反相成的作用,使社会人际关系和谐稳定,合乎自然。

《谦卦·上六注》说:

> 夫吉凶悔吝,生乎动者也。动之所起,兴于利者也。故饮食必有讼,讼必有众起。

《讼卦·象传注》说:

> 无讼在于谋始,谋始在于作制。契之不明,讼之所以生也。物有其分,职不相滥,争何由兴?讼之所以起,契之过也。

王弼认为,人们对利的追求是一个必然的现象,这是社会的驱动力,但是如果不建立一套规章制度把对利的追求限制在合理的范围之内,就会不可避免地产生争讼,甚至会出现流血的对抗局面。《坤卦·上六注》说:"阴之为道,卑顺不盈,乃全其美,盛而不已,固阳之地,阳所不堪,故战于野。"《需卦·六四注》说:"凡称血者,阴阳相伤者也。阴阳相近,而不相得,阳欲进而阴塞之,则相害也。"《小畜卦·六四注》说:"夫言血者,阳犯阴也。"

因此,王弼十分重视制度的建设。节卦☵兑下坎上,其卦义为制度之名,节止之义。王弼解释此卦说:

> 坎阳而兑阴也。阳上而阴下,刚柔分也。刚柔分而不乱,刚得中而为制,主节之义也。节之大者,莫若刚柔分,男女别

也。为节过苦,则物所不能堪也。物不能堪,则不可复正也。

《节卦·初九》:"不出户庭,无咎。"王弼注说:

> 为《节》之初,将整离散而立制度者也。故明于通塞,虑于险伪,不出户庭,慎密不失,然后事济而无咎也。

《九二》:"不出门庭,凶。"王弼注说:

> 初已造之,至二宜宣其制矣,而故匿之,失时之极,则遂废矣。故不出门庭则凶也。

《九五》:"甘节,吉。往有尚。"王弼注说:

> 当位居中,为节之主,不失其中,不伤财,不害民之谓也。为节之不苦,非甘而何?术斯以往,往有尚也。

《上六》:"苦节,贞凶,悔亡。"王弼注说:

> 过节之中,以至亢极,苦节者也。以斯施人,物所不堪,正之凶也。以斯修身,行在无妄,故得悔亡。

王弼对节卦的解释集中阐述了他关于制度建设的总体构想。王弼认为,节卦由兑下坎上所组成,坎为阳,兑为阴,阳上而阴下,象征刚柔在其各自所应处的地位,尊卑等级有了明显的区分。九二、九五两爻,刚而得中,是制度建设的主体,应该善于发挥主持的作用。关于制度建设,刚柔分、男女别是两件重要的大事。所谓分别,就是确定尊卑贵贱的名分等级,实行某种节制。但是也不能"为节过苦",如果节制得过于严格,超出了合理的限度,这是人们所不能忍受的,而且纠正偏差也相当困难。因此,初九处于节卦之初,应该结合时机的通塞与人心的险伪作一番全面的研究,拟订出一个切实可行、缜密不失的制度建设的方案,只有如此,事情才能获得成功。制度建设的方案既已拟订出来,就应该立即宣告,公之于众,但是九二却把它藏匿起来,这就失去时机,方案也变为一纸空文了。制度建设是在九五的主持下完美实现的。九五"当位居中",既掌握了九五之尊的权力,又具备正中的品德,是主持制度建设的最适当的人选。由九五所主持制定的制度，"不伤财，不害民"，是一种甘美的制度，适中的制度，能够为人民所乐于接受。至于上六，则超出了合理的限度，"过节之中，以至亢极"，限制得过于严格，这是一种痛苦的制度，称之为"苦节"。如果把这种制度强加于人，是人们所不能忍受的，必将带来灾难性的后果。如果仅仅以这种制度来修身，严格要求自己，则可以少犯错误。

从王弼的这种总体构想可以看出，其中贯穿着一条根本性的原则，就是制度的建设必须做到既有尊卑贵贱的等级区分，又有二者的和谐统一，协同配合。符合这一原则的制度称之为"甘节"，是一种完美的制度；反之，违反这一原则的制度称之为"苦节"，是一种痛苦的制度。"甘节"为人民所乐于接受，"苦节"则将带来灾难。王弼解释其他各卦，也反复阐述了这一原则。中孚卦☱兑下巽上，兑为悦，巽为顺，六三、六四两阴居其内，九二、九五刚而得中，刚直而正，柔静而顺，刚柔各当其所，说明二者不相伤害，乖争不作，统一的一面占了上风，王弼注说：

> 柔在内而刚得中，各当其所也。刚得中，则直而正；柔在内，则静而顺。说而以巽，则乖争不作。如此，则物无巧竞。敦实之行著，而笃信发乎其中矣。

萃卦☷坤下兑上，坤为顺，兑为悦，九五以刚居中，与六二相应。王弼注说：

> 但顺而说，则邪佞之道也；刚而违于中应，则强亢之德也。何由得聚？顺说而以刚为主，主刚而履中，履中以应，故得聚也。……方以类聚，物以群分，情同而后乃聚，气合而后乃群。

萃卦的卦义为聚集，人们聚集为一个群体，必须情同而气合，就是说应该有一个共同的精神纽带来维系。作为一个群体，其内部结构必然是分阴分阳，有柔有刚，如果阴柔但顺悦而不以刚为主，或者阳刚但强亢而不与阴柔相应，二者各行其是，情不同而气不合，这个群体就缺乏一种内在的凝聚力，结构松散，势必由聚集而走向分离，成为一盘散沙。因此，在一个群体的内部，阴柔必须以阳刚为主,阳刚也必须与阴柔相应,二者根据自己各自所处的地位向着对方作不懈的追求,并且自觉地克服自身或顺悦或强亢的弱点,只有这样,才能情同而气合,阴阳协调,刚柔相济,形成一种共同的精神纽带,组织为一个真正稳定的群体。

王弼并不否认社会人际关系中实际上存在着斗争的一面,因为这是为阴阳的本性所决定的。革卦☲离下兑上,离为火,兑为水,离为中女,兑为少女。水居于火之上而企图使火熄灭,火居于水之下而企图把水烧干,此外,二女同居,其志不相得,象征矛盾激化,斗争的一面占了上风。王弼的《革卦·象传注》说:

> 凡不合然后乃变生,变之所生,生于不合者也。故取不合之象以为革也。息者,生变之谓也。火欲上而泽欲下,水火相战,而后生变者也。二女同居,而有水火之性,近而不相得也。

但是,王弼坚持认为,统一的一面必将战胜斗争的一面,社会人际关系必将由冲突走向和谐。《睽卦·上九注》说:

> 至睽将合,至殊将通,恢诡谲怪,道将为一。……阴阳既和,群疑亡也。

恒卦☳巽下震上,震为刚,巽为柔,震为长阳,巽为长阴,震为动,巽为顺,卦的六爻刚柔皆应。王弼的《恒卦·象传注》说:

> 刚尊柔卑,得其序也。长阳长阴,能相成也。动无违也。不孤媲也。皆可久之道。道得所久,则常通无咎,而利正也。得其所久,故不已也。得其常道,故终则复始,往无穷极。

王弼认为,一个和谐稳定的社会,其内部结构一方面具有刚尊柔卑的等级秩序,另一方面又是协调配合,相辅相成,因而双方紧密联系,团结一致,谁也不感到孤独,阳刚有所动作,必然得到阴柔的支持与拥护,动而无违。这种社会的结构与功能都是健全的,合乎恒久之道,能够周而复始地运转,不会出现偏差。但是,组建这种社会,首先必须以确定尊卑贵贱的等级之分为前提。《恒卦·九三》:"不恒其德,或承之羞,贞吝。"王弼注说:

处三阳之中,居下体之上,处上体之下。上不全尊,下不全卑,中不在体,体在乎恒,而分无所定,无恒者也。德行无恒,自相违错,不可致诘,故或承之羞也。施德于斯,物莫之纳,鄙贱甚矣,故曰贞吝也。

在《睽卦·象传注》中,王弼把他关于社会整体的思想提炼为一个简明的公式:"同于通理,异于职事。"所谓"异于职事",就是刚柔之分;所谓"同于通理",就是阴阳之合。如果没有刚柔之分,就没有玄黄错杂的现象世界,因而社会整体是以区分刚尊柔卑为前提的。反过来看,如果没有阴阳之合,社会中刚尊柔卑这两大对立的势力就会相互排斥,彼此斗争,两相伤害,无法凝聚为一个和谐稳定的群体。王弼的这个社会整体观,其理论渊源与价值取向实际上来自儒家,而并非来自道家。

先秦时期,儒家曾提出一个礼乐社会的文化理想,受到道家的激烈反对。《老子》说:"夫礼者,忠信之薄而乱之首。""五音令人耳聋。"儒家认为,礼的原则是别异,乐的原则是合同,所谓礼乐社会就是这两个原则的完美结合,既能区分上下贵贱的等级秩序,又能使各种不同身份等级的人相亲相爱,和谐融洽。《礼记·乐记》说:

乐者为同,礼者为异。同则相亲,异者相敬。乐胜则流,礼胜则离。合情饰貌者,礼乐之事也。礼义立,则贵贱等矣。乐文同,则上下和矣。

乐统同,礼辨异,礼乐之说,管乎人情矣。

儒家认为,合同和别异这两个方面应该互相制约,相辅而行。因为"乐胜则流,礼胜则离"。如果合同的一面强调得过头,就会上下不分,贵贱不明;反之,如果别异的一面强调得过头,就会激化矛盾,影响社会秩序的稳定。只有把二者有效地结合起来,在异中求同,同中求异,才能把整个社会联结为一个协调的机体。

王弼所说的"同于通理,异于职事",也是合同与别异两个原则的结合,这是与儒家的礼乐社会的文化理想相通的。王弼是一位玄学家,不是正统的儒家学者。他之所以在文化理想上与儒家的价值取向相通，不是一个纯粹理论的问题，而是以当时普遍奉行的家族制度为其深层的社会基础的。王弼与先秦的《老子》不同，十分重视家族制度的巩固。因为这种以宗法血缘为纽带的家族制度一方面重视骨肉感情，另一方面又区分男女，树立家长的权威。前者可以相爱，起到合同的作用。后者可以相敬，起到别异的作用。这种家族制度是当时人人生活于其中的普遍的社会组织形式。王弼适应于这种社会需要，认为只要巩固家族制度，使各个成员既能相爱又能相敬，然后把这种基本精神推广运用到国家政治生活上去，用来处理君民与君臣之间的各种人际关系，就能稳定整个社会秩序。

王弼清醒地认识到，家族制度毕竟是社会整体的一个部分，带有很大的局限性。他在《家人卦注》中指出："家人之义，各自修一家之道，不能知家外他人之事也。统而论之，非元亨利君子之贞，故利女贞。其正在家内而已。"但是，王弼认为，尽管如此，这种家族制度却是社会整体的稳固的基础，如果统治者明于家道，并且以此教化人民，使他们都能做到六亲和睦，交相爱乐，这就可以平定天下。《家人卦·九五》："王假有家，勿恤，吉。"王弼注说：

> 假，至也。履正而应，处尊体巽，王至斯道以有其家者也。居于尊位，而明于家道，则下莫不化矣。父父、子子、兄兄、弟弟、夫夫、妇妇，六亲和睦，交相爱乐，而家道正。正家而天下定矣。故王假有家，则勿恤而吉。

这种家族制度虽然"以爱为本"，但也必须树立家长的权威，恪守敬的原则，否则，就会出现如同《礼记·乐记》所说的"乐胜则流"的偏差。因此，爱与敬是家族制度中两项相辅相成、不可缺少的原则。《家人卦·九三》："家人嗃嗃，悔厉，吉。妇子嘻嘻，终吝。"王弼注说：

> 以阳处阳，刚严者也。处下体之极，为一家之长者也。行与其慢，宁过乎恭；家与其渎，宁过乎严，是以家人虽嗃嗃，悔厉，犹得其道；妇子嘻嘻，乃失其节也。

《家人卦·上九》："有孚，威如，终吉。"王弼注说：

> 处《家人》之终，居家道之成，刑于寡妻，以著于外者也，故曰有孚。凡物以猛为本者，则患在寡恩；以爱为本者，则患在寡威。故家人之道，尚威严也。家道可终，唯信与威，身得威敬，人亦如之。反之于身，则知施于人也。

由此可见，王弼关于社会整体的思想，体现了当时普遍奉行的家族制度的文化理想和价值取向。按照王弼的设想，这种由分与合、同与异、爱与敬的原则所组成的社会整体必然是一个和谐的整体，因为其中具有一种自我调节、相互制约的功能。所谓和谐，就是对立的统一，也就是阴与阳、刚与柔的完美结合。二者的统一结合必须合乎中正之道，既不过分，也无不及，总的目的是使社会整体的运行得以畅通无阻，升高发展。王弼指出：

> 凡刚得畅而无忌回之累，柔履正而同志乎刚，则皆亨。（《涣卦·彖传注》）

> 纯柔则不能自升，刚亢则物不从。既以时升，又巽而顺，刚中而应，以此而升，故得大亨。（《升卦·彖传注》）

王弼认为，在这种社会里，上下尊卑的等级秩序是不能颠倒的，顺之则吉，逆之则凶。《小畜卦·上九注》说：

> 妇制其夫，臣制其君，虽贞近危。

但是另一方面，作为尊者的阳也必须克服自身一味强亢的弱点，争取阴的支持。如果是男女关系，应该男下于女，以促成感情沟通，结为夫妇。如果是君民关系，为君的应该损上益下，因民所利而利之，以诚信争取民心。咸卦䷞艮下兑上，艮为少男，兑为少女，艮刚而兑柔，卦义为互相感应。王弼注说：

> 天地万物之情，见于所感也。凡感之为道，不能感非类者也，故引取女以明同类之义也。同类而不相感应，以其各亢所处也。故女虽应男之物，必下之而后取女乃吉也。

《益卦·九五》:"有孚惠心,勿问元吉。有孚,惠我德。"王弼注说:

> 得位履尊,为益之主者也。为益之大,莫大于信;为惠之
> 大,莫大于心。因民所利而利之焉,惠而不费,惠心者也。信
> 以惠心,尽物之愿,固不待问而元吉。以诚惠物,物亦应之,故
> 曰有孚,惠我德也。

就这种社会中的男女有别、尊卑有序的名分等级而言,毫无疑
问是一个名教社会。就这种社会中的阴阳协调、刚柔相济的和谐
的人际关系而言,又明显地不同于现实的名教社会,而是合乎自然
的名教社会。在这种社会中,人们感到甘美舒畅而不以为苦,自满
自足,各得其所,任其自然,不假修营。但是由于相互之间的协作
配合作用,整个社会的运转调适畅达,充满生机。所谓合乎自然的
名教,其具体的社会学的含义就是如此。王弼说:

> 自然之质,各定其分,短者不为不足,长者不为有余,损益
> 将何加焉?(《损卦·象传注》)
> 居中得正,极于地质。任其自然,而物自生;不假修营,而
> 功自成,故不习焉,而无不利。(《坤卦·六二注》)

照王弼看来,自然为本,名教为末,自然是名教之所不得不由、
不得不依、不得不归的本体。名教中的刚尊柔卑,"各定其分",这
是为"自然之质"的本性所决定的。其自生、自成而无不利的蓬勃
生机,是由于"不假修营","任其自然",顺应自己的本性。因此,不
能就名教之末来看名教,而必须透过名教去深入把握其所依据的
自然本体。这个自然本体不仅是人类社会的最高依据,也是天地
万物的最高依据。就天地万物而言,其现象层面虽是"雷动风行,
运化万变",其本体层面却是以无为心、以静为本。人类社会亦复
如此,其现象层面虽是阳刚阴柔两大势力此消彼长,运转不息,呈
现为一种群有的动态结构,但支配此动态结构的本体却是以无为
心,以静为本的自然。因此,天地万物与人类社会都有一个从现象
复归于本体的过程。由于天地万物本来是无为无造、因任自然的,
所以复归的过程可以顺利进行。至于人类社会,则免不了要造立

施化,有恩有为,所以应该效法天地万物而行事,以完成向本体的复归。如果阳刚阴柔两大势力不能做到以无为心而是"以有为心",就会互相伤害,彼此斗争,协同配合的作用化为乌有,社会整体的和谐也不复存在了。复卦☷☳震下坤上,震为雷,坤为地,震为动,坤为静,一阳居下,象征阳气来复。《复卦·彖传注》说:

> 复者,反本之谓也。天地以本为心者也。凡动息则静,静非对动者也;语息则默,默非对语者也。然则天地虽大,富有万物,雷动风行,运化万变,寂然至无是其本矣。故动息地中,乃天地之心见也。若其以有为心,则异类未获具存矣。

《复卦·象传》:"雷在地中,复。先王以至日闭关,商旅不行,后不省方。"王弼注说:

> 方,事也。冬至,阴之复也;夏至,阳之复也。故为复,则至于寂然大静。先王则天地而行者也,动复则静,行复则止,事复则无事也。

王弼的这种从现象复归于本体的思想,在《老子注》中曾经多次阐述。他说:

> 以虚静观其反复。凡有起于虚,动起于静,故万物虽并动作,卒复归于虚静,是物之极笃也。……归根则静,故曰静。静则复命,故曰复命也。复命则得性命之常,故曰常也。……唯此复,乃能包通万物,无所不容。失此以往,则邪入乎分,则物离其分,故曰不知常则妄作凶也。(《老子注》十六章)

> 故物,无焉,则无物不经;有焉,则不足以免其生。是以天地虽广,以无为心;圣王虽大,以虚为主。故曰以复而视,则天地之心见;至日而思之,则先王之[志]睹也。故灭其私而无其身,则四海莫不瞻,远近莫不至;殊其己而有其心,则一体不能自全,肌骨不能相容。(《老子注》三十八章)

王弼所说的"以虚静观其反复""以复而视""至日而思之",着重于强调观察的角度,看问题的视野,就是说应该站在本体层面的高度来把握现象世界。王弼并没有否认现象世界事实上的运动变化，只是认为此运动变化是由整体的和谐所产生，最后也必将复归于此整体的和谐。运动变化是相对的，整体的和谐是绝对的。就其为整体而言，称之为"包通万物，无所不容"。就其为和谐而言，称之为"得性命之常"，"寂然大静"。因此，人们只有着眼于此整体的和谐，才能见天地之心，睹先王之志，从而提高自己的智慧的层次，在政治操作上做到"灭其私而无其身"，"以天下之心为心"，使名教复归于自然。否则，如果"殊其己而有其心"，只图谋取一己的私利而不顾及整体的和谐，这就不仅伤害了自然，而且自身的存在也成了问题了。

王弼始终认为，社会整体是一个动态的结构。《谦卦·上六注》说："夫吉凶悔吝，生乎动者也。动之所起，兴于利者也。"如果阳刚阴柔两大势力"任其自然"而动，既有刚柔之分，又有阴阳之合，达成了整体的和谐，这就"得其常道"，尽管从现象层面看是动，从本体层面看却是静的。王弼对《恒卦》的解释阐述了这一思想。但是恒卦上六在已达成了整体的和谐之后仍然动而不止，这就伤害了自然而导致凶的结果，所以王弼指出："夫静为躁君，安为动主。故安者，上之所处也；静者，可久之道也。处卦之上，居动之极，以此为恒，无施而得也。"在此种情况下，居于最高决策地位的君主应当如何作为呢？王弼指出：

> 居既济之时，而处尊位，物皆济矣，将何为焉？其所务者，祭祀而已。（《既济卦·九五注》）

> 改命创制，变道已成。功成则事损，事损则无为。故居则得正而吉，征则躁扰而凶也。（《革卦·上六注》）

由此可以看出，王弼所说的复归于本体，其社会学的含义就是追求这种无为而治的理想。至于如何实现这种理想，使名教符合于自然，关键在于统治者的决策思想是否正确。于是王弼转而对决策问题展开了全面的研究。

二、卦义与爻义——客观形势
与主体行为

王弼根据义理派易学的观点,对卦与爻的哲学功能作了明确的规定。他在《周易略例·明卦适变通爻》中指出:

> 夫卦者,时也;爻者,适时之变者也。夫时有否泰,故用有行藏;卦有小大,故辞有险易。一时之制,可反而用也;一时之吉,可反而凶也。故卦以反对,而爻亦皆变。是故用无常道,事无轨度,动静屈伸,唯变所适。

王弼认为,卦以六爻为成,代表一种特定的"时运",一种由阴阳两大势力不同的排列组合所形成的具体的形势。爻则代表在此特定时运与具体形势中的事物的变化以及人们应变的行为。爻是服从于卦的,事物的变化以及人们的行为是受总揽全局的形势所支配的。就一时之大义而言,有时大通,有时否塞,有时正面的势力上升,君子道长,小人道消,有时反面的势力上升,小人道长,君子道消,这种总揽全局的形势是人们不能随意左右的。但是,人们可以根据每卦六爻的排列组合对形势作出全面的估计,采取"适时之变"的对策。如果估计正确,行为得当,尽管形势不利,也可化凶为吉。相反,如果估计错误,行为不当,尽管形势有利,则会带来凶的后果。因此,"卦以存时,爻以示变",卦与爻是象数形式,时与变是义理内容,对卦义的研究是为了认清形势,对爻义的研究是为了进行决策,认识与行为紧密结合,完全着眼于人事,这正是王弼的义理派易学的目的之所在。

《乾卦·文言》:"潜龙勿用,下也;见龙在田,时舍也;终日乾乾,行事也;或跃在渊,自试也;飞龙在天,上治也;亢龙有悔,穷之灾也;乾元用九,天下治也。"王弼注说:

> 此一章全以人事明之也。九,阳也。阳,刚直之物也。夫能全用刚直,放远善柔,非天下至治,未之能也。故乾元用九,

则天下治也。夫识物之动,则其所以然之理皆可知也。龙之为德,不为妄者也。潜而勿用,何乎?必穷处于下也;见而在田,必以时之通舍也。以爻为人,以位为时,人不妄动,则时皆可知也。文王明夷,则主可知矣;仲尼旅人,则国可知矣。

所谓"以爻为人,以位为时",就是王弼完全着眼于人事的读易法。爻居其位,犹若人遇其时。王弼认为,按照这种读法,可以识其所以然之理。这个理不是抽象的思辨之理,不是对客观世界的纯粹理性的认识,而是一种与人们的实践紧密联系在一起的行为的模式和准则,一种推动形势朝着有利方面转化的应变之方。人作为一个行为主体,总是有所动作的,但是人也总是受到一定时间、地点、条件的制约,不能随心所欲地妄动。这种情形就如同六爻之动一样,虽然上下无常,刚柔相易,却总是受到位的制约,不能离其位而妄动。爻居其位,人遇其时,这二者的关系就是象与义的关系。王弼指出:"夫易者,象也。象之所生,生于义也。有斯义,然后明之以其物,故以龙叙乾,以马明坤,随其事义而取象焉。"(《乾卦·文言注》)爻居其位是象,仅是一种表现的形式,人遇其时是义,这才是所要表现的内容。因此,人们应该按照义理派的读易法,"寻象以观意","以爻为人,以位为时",通过爻与位的关系来看出人与时的关系,领悟人事所应遵循的所以然之理。

"卦以存时"之时是就总揽全局的一时之大义而言,"以位为时"之时是就爻居其位的更为具体的处境而言。小局服从大局,整体支配部分,所谓"卦以反对,而爻亦皆变"。人的实践行为不仅要认清总的形势,而且要明了具体的处境。拿乾卦来说,统而举之,乾体皆龙,象征纯刚至健真实无妄的君德,但是何以初九潜而勿用,九二见而在田,其行为的模式和准则有很大的不同?王弼认为,这只有联系到具体的处境才能理解,初九之所以潜而勿用,是因为穷处于下,九二之所以见而在田,是因为时运通达。由此也可以理解周文王在殷纣王的黑暗时代何以会蒙受大难,孔子生活于鲁国何以不能安居而到处奔波。

在《周易注》中,时是一个基本的范畴,不仅卦有卦之时,爻所居之位亦有其时。这种时是由阴阳两爻的错综交织与流转变化而形成的,象征着社会人际关系的状况和势力的消长,因而不是一个单纯的时间概念,主要是表示社会秩序由冲突到和谐或由和谐到冲突的动态过程。就"卦以存时"之时而言,是统一时之大义,表示此动态过程的一个特定的发展阶段,或者冲突,或者和谐,具有相对的稳定性,从总体上对卦中之六爻起支配作用,除非此卦变为他卦,这种支配作用是不会消失的。虽然如此,爻所居之位却有着特殊的处境。《周易略例·辩位》说:"夫位者,列贵贱之地,待才用之宅也。爻者,守位分之任,应贵贱之序者也。位有尊卑,爻有阴阳。尊者,阳之所处;卑者,阴之所履也。"如果阴阳得位,虽在冲突之时,未必凶险,相反,如果阴阳失位,虽在和谐之时,也未必亨通。总之,必须结合总的形势与特殊的处境对时进行全面的考虑,因为这种时是人的行为的背景,决策的依据,顺时而动,必获吉利,逆时而动,将导致灾难。人与时的关系就是主体与客体的关系,行为与环境的关系,主观能动性与客观必然性的关系。人不能摆脱时的支配,这种情形就如同爻不能摆脱卦与位的支配一样。因此,王弼按照义理派易学的观点对六十四卦与三百八十四爻所作的解释,其着眼点在于研究客观形势与主体行为之间的关系,探索如何作出合理的决策,使得社会整体由冲突转化为和谐,名教符合于自然。

照王弼看来,《周易》六十四卦代表六十四种不同的时,实际上就是以象数形式构造而成的六十四种关于社会秩序的模型,其中有的和谐,有的冲突,而且和谐与冲突还表现为不同的程度之差。孔颖达在《豫卦·正义》中对六十四卦之时作了大致的分类,他说:

> 然时运虽多,大体不出四种者,一者治时,颐养之世是也;二者乱时,大过之世是也;三者离散之时,解缓之世是也;四者改易之时,革变之世是也。故举此四卦之时为叹,余皆可知。

所谓治时,一般而言,指的是阴阳协调,刚柔相济,社会整体处于和谐的状态。但是,生活于治时的人,由于行为不当或其他种种复杂的原因，并不能事事亨通，反会遭遇到凶的结果。以颐卦为例。颐卦☲震下艮上，象征颐养之世。《颐卦·彖传》说："天地养万物，圣人养贤以及万民，颐之时大矣哉。"但是震体三爻，养不以正，犯了错误，结果都不好。比如《颐卦·初九》："舍尔灵龟，观我朵颐，凶。"王弼解释说：

> 朵颐者，嚼也。以阳处下，而为动始，不能令物由己养，动而求养者也。夫安身莫若不竞，修己莫若自保。守道则福至，求禄则辱来。居养贤之世，不能贞其所履，以全其德，而舍其灵龟之明兆，羡我朵颐而躁求，离其致养之至道，窥我宠禄而竞进，凶莫甚焉。

再比如《颐卦·六三》："拂颐，贞凶。十年勿用，无攸利。"王弼解释说：

> 履夫不正，以养于上，纳上以谄者也。拂养正之义，故曰"拂颐，贞凶"也。处颐而为此行，十年见弃者也。立行于斯，无施而利。

王弼认为，初九舍弃自己致养之正道，羡慕别人所获得的宠禄，不能由己养人，而是求人养己，这种贪婪躁动的人，虽居养贤之世，也会遭到莫大的凶险。六三以阴居阳，履夫不正，而又求养于上九，是一种谄媚无耻之徒。处颐养之世而有这种不正当的行为，必然是十年见弃，决不会得到什么利益的。

随卦☲震下兑上，震为雷，兑为泽，震为动，兑为悦。《随卦·象传注》说："泽中有雷，动悦之象也。物皆悦随，可以无为，不劳明鉴，故君子向晦入宴息也。"因而随卦也代表一种治时。从卦体来看，震以阳刚而谦居于兑柔之下，内动而外悦，象征随从。随从包括以己随人与物来随己两个方面，总的形势是好的，但是也应该正确地认清形势，采取适当的对策。就物来随己而言，如果不能广大开通，顺应民心，而以一种闭塞的态度来对待，这就违逆于形势，错过了时机。就以己随人而言，如果随而失其正，不遵守应有的行为准则，则会带来灾祸。所以虽然生活于此随从之时，主体的行为只

有符合于大通而又利贞的要求,才能得时,否则,就是失时。王弼在《随卦·象传注》中指出:

> 震刚而兑柔也。以刚下柔,动而之悦,乃得随也。为随而不大通,逆于时也;相随而不为利正,灾之道也。故大通利贞,乃得无咎也。为随而令大通利贞,得于时也;得时则天下随之矣。随之所施,唯在于时也,时异而不随,否之道也,故随时之义大矣哉!

随卦六爻,处于随世,各有特殊的处境,行为有当有不当,因而吉凶悔吝也很不一样。关于初九,王弼解释说:

> 居随之始,上无其应,无所偏系,动能随时,意无所主者也。随不以欲,以欲随宜者也。故官有渝变,随不失正也。出门无违,何所失哉!

王弼认为,初九居于随卦之始,以己随人,但上与九四无其应,说明初九无所偏系,意无所主,不以私欲而随人,而是随不失正,动能随时。初九的这种行为是不会有过失的。至于六二,则与初九不同。王弼解释说:

> 阴之为物,以处随世,不能独立,必有系也。居随之时,体分柔弱,而以乘夫刚动,岂能秉志?违于所近,随此失彼,弗能兼与。五处己上,初处己下,故曰"系小子,失丈夫"也。

王弼认为,六二既是阴柔,不能独立,必须以己随人,但却以柔弱之质而乘于初九刚动之上,这就很难把握住自己的志向。随卦之九五为尊位,初九为卑位,六二不去追随九五而只随从所临近之初九,随此而失彼,得小而失大,这叫做"系小子,失丈夫",是很不明智的。

随卦九四,居于臣地,履非其位,而有物来随己之象。王弼解释说:

> 处悦之初,下据二阴,三求系己,不距则获,故曰"随有获"也。居于臣地,履非其位,以擅其民,失于臣道,违正者也,故

曰贞凶。体刚居悦，而得民心，能干其事，而成其功者也。虽违常义，志在济物，心存公诚，著信在道，以明其功，何咎之有！

如果我们联系到正始年间曹爽执政的历史背景，可以看出，王弼的这一段言论，其针对性是很强的。九四处上兑之初，下据二阴，六三又前来随己，说明获得了民心。但是九四的这种特殊的处境是很危险的。因为九四居于臣地而竟然超越职权，使人民前来随己，威望凌驾于君主之上，违背了通常的为臣之道。虽然如此，九四的处境也有其有利的一面，如果正确处理，能够使凶转化为无咎。因为九四以阳刚之体而居于兑悦之初，政策行动得到人民的喜悦随从，衷心拥护，说明是有可能成功地干出一番事业的。所以九四的做法虽然有失于臣道，但是只要志在济物，心存公诚，争取到君主和人民的信任，把事业干成功，也不会有什么过错。

所谓乱时，一般而言，指的是阴阳两大势力斗争的一面占了上风，出现了阳刚过头或者阴柔太甚的情况，因而破坏了社会整体的和谐而转化为某种程度的危机。大过卦☱巽下兑上，四个刚爻均集中在中间，迫使两个柔爻退居本末之地，阳刚过头而失去阴柔的辅助，象征"栋桡之世"，即屋正中之横梁不足以支持其屋盖而桡曲，大厦将倾。王弼认为，尽管如此，处于此种危机的形势，"拯弱兴衰"，"是君子有为之时也"，但却需要"独立不惧"的气魄和胆略，"非凡所及也"，不是普通人所能做到的。因此，王弼结合六爻的特殊的处境和行为的模式进行细致的分析。《大过卦·九二》："枯杨生稊，老夫得其女妻，无不利。"王弼解释说：

> 稊者，杨之秀也。以阳处阴，能过其本，而救其弱者也。上无其应，心无特吝，处过以此，无衰不济也。故能令枯杨更生稊，老夫更得少妻。拯弱兴衰，莫盛斯爻，故无不利也。老过则枯，少过则稚。以老分少，则稚者长；以稚分老，则枯者荣；过以相与之谓也。大过至衰，而己至壮，以至壮辅至衰，应斯义也。

大过卦之所以象征危机，是因为阳刚过甚而阴柔衰弱，为了拯救危机,必须克制阳刚,扶植阴柔,使得刚柔相济,阴阳协调,形成一种互补的关系。九二以阳处阴,能超越自己的本分与初六之阴柔相比,而且上与九五无其应,对初六之用心专一忠诚,完全符合形势的要求,所以拯弱兴衰,莫盛斯爻。这就如同枯杨生出嫩枝,老夫娶得少妻一样,恢复了生机。九二为老,初六为少,老过则枯,少过则稚,如果过而不相与,对双方都不利。现在九二以老分少,初六以稚分老,各以自己所过多者给予对方,以补对方之不足,这就使得危机转化为生机。所以王弼特别赞美九二的行为模式,认为"居阴,过也;处二,中也。拯弱兴衰,不失其中也"。

《大过卦·九三》:"栋桡,凶。"王弼解释说:

> 居大过之时,处下体之极,不能救危拯弱,以隆其栋,而以阳处阳,自守所居,又应于上,系心在一,宜其淹弱而凶衰也。

九三居大过之时,其行为模式与九二相反,不是克制阳刚,扶植阴柔,而是以阳处阳,自守所居,又与上六相应,不顾大局,只图扩展自己阳刚的势力,这就完全违背了形势的要求,不能救危拯弱,以隆其栋,反而促使阳刚之势愈演愈烈,造成栋桡的危机。大过卦的栋桡之象应于九三,就是因为九三的这种行为模式破坏了整体的和谐。

《大过卦·九五》:"枯杨生华,老妇得其士夫。无咎,无誉。"王弼解释说:

> 处得尊位,而以阳处阳,未能拯危。处得尊位,亦未有桡,故能生华,不能生稊,能得夫不能得妻。处栋桡之世,而为无咎无誉,何可长哉? 故生华不可久,士夫诚可丑也。

就九五所处的君位而言,要优于九二,就九五的行为模式而言,则劣于九二。因为处栋桡之世,必须以非凡的胆略克制阳刚,扶植阴柔,才能拯弱兴衰,挽救危机。但是九五却拘于常态,仍然以阳处阳,对总的形势认识不清,不能承担拯危的重任。虽然九五亲比于上六,在某种程度上获得了阴柔之助,使得房栋暂时不致桡曲,但这只是一种不求有功但求无过的做法,并不能维持长久的。九二

"以阳处阴,能过其本而救其弱",是一种恢复生机的做法,如同枯杨生出嫩枝,老夫娶得少妇。九五在此危机的形势下,"以阳处阳,未能拯危",缺乏大的作为,扭转不了整个的局面,这就如同枯杨开出新花,老妇配得壮夫,外表欣荣,实质衰弱,只能令人厌恶。

困卦☵坎下兑上,坎为水,兑为泽,水在泽之下,说明泽中之水已经枯竭,是困穷之象。卦的六爻,九二被初六、六三所围困,九四、九五又被六三、上六所围困。刚爻不能得到柔爻的支持反而被柔爻所围困,与大过卦之阳刚过头相反,这是由于阴柔太甚而陷入困境,穷而不能自振。但是王弼认为:"穷必通也,处困而不能自通者,小人也。""泽无水,则水在泽下;水在泽下,困之象也。处困而屈其志者,小人也。君子固穷,道可忘乎!""凡物,穷则思变,困则谋通,处至困之地,用谋之时也。"因此,困境并不可怕,转困为亨的可能性是存在的,关键在于作出合理的对策,采取正确的行动。

《困卦·九二》:"困于酒食,朱绂方来,利用享祀。征凶,无咎。"王弼解释说:

> 以阳居阴,尚谦者也。居困之时,处得其中,体夫刚质,而用中履谦,应不在一,心无所私,盛莫先焉。夫谦以待物,物之所归;刚以处险,难之所济;履中则不失其宜,无应则心无私恃;以斯处困,物莫不至,不胜丰衍,故曰"困于酒食",美之至矣。坎,北方之卦也。朱绂,南方之物也。处困以斯,能招异方者也,故曰"朱绂方来"也。丰衍盈盛,故"利用享祀"。盈而又进,倾之道也,以此而征,凶谁咎乎,故曰"征凶,无咎"。

王弼认为,九二以阳刚之质而甘居于阴柔之地,具有谦逊的品德,处事合乎中道,而且上与九五无其应,说明心地坦诚大公,无所偏私,这是一种正确的处困之道,不仅可以顺利摆脱困境,还可以招致各方的人前来归附。所以爻辞说它有"困于酒食,朱绂方来,利用享祀"之象。但是,如果对形势丧失了清醒的认识,已盈满而仍冒进不止,则为倾败之道,由此而招致凶的后果,是不能抱怨别人而只能责怪自己的。

《困卦·九五》："劓刖，困于赤绂，乃徐有说。利用祭祀。"王弼
解释说：

> 以阳居阳，任其壮者也。不能以谦致物，物则不附。忿物
> 不附而用其壮，猛行其威刑，异方愈乖，遐迩愈叛，刑之欲以
> 得，乃益所以失也，故曰"劓刖，困于赤绂"也。二以谦得之，五
> 以刚失之，体在中直，能不遂迷，困而后能用其道者也。致物
> 之功，不在于暴，故曰徐也。困而后乃徐，徐则有说矣，故曰
> "困于赤绂，乃徐有说"也。祭祀，所以受福也。履夫尊位，困
> 而能改，不遂其迷，以斯祭祀，必得福焉，故曰"利用祭祀"也。

王弼的这段解释生动地描绘了一个知错能改、善于根据客观形势
调整主体行为的君主的形象。九五处于尊位，以阳居阳，用其刚
壮，与九二不同，缺乏谦逊的品德。在困穷之时，如果不能谦逊，人
民就不会来归附。如果对这种不来归附的现象感到愤怒，而继续
用其刚壮，猛行其威刑，采取高压手段，这就必然事与愿违，促使众
叛亲离的形势愈来愈严重。九二以谦逊取得民心，九五以刚壮失
去民心，二者形成了鲜明的对照。但是九五"体在中直"，犯了错
误，能够汲取教训，不是执迷不悟，顽固到底，认识到不能使用暴力
强迫人民前来归附，而必须采取一种徐缓宽舒的政策。由于君主
"困而能改，不遂其迷"，根据形势调整了自己的行为，终于逐渐摆
脱了困境，举行祭祀而享受福泽。

《困卦·上六》："困于葛藟，于臲卼；曰动悔有悔，征吉。"王弼
解释说：

> 居困之极，而乘于刚，下无其应，行则愈绕者也。行则缠
> 绕，居不获安，故曰"困于葛藟，于自臲卼"也。下句无困，因于
> 上也。处困之极，行无通路，居无所安，困之至也。凡物，穷则
> 思变，困则谋通，处至困之地，用谋之时也。曰者，思谋之辞
> 也。谋之所行，有隙则获，言将何以通至困乎？曰动悔，令生
> 有悔，以征则济矣，故曰"动悔有悔，征吉"也。

王弼的这段解释特别强调了"困则谋通"的思想。人们遇到困

境,不能消极无为,坐以待亨,必须"困则谋通",发挥人们的主观能动性来促成环境朝着有利方面转化。上六居于困卦的最上位,乘凌二刚,下与六三无其应,前无通路,后无退路,行则缠绕,居不获安,处境已经到了穷困的极点了。但是,王弼认为,这正是一个运用谋略思想的大好时机。处于这种至困之地,应该认真地进行反思,为什么自己动辄有悔,到处碰壁,不断犯错误,怎样才能找到一条摆脱困境的出路?通过这种沉痛的反思,就可以由悔而生悟,作出合理的对策,采取正确的行动,这就转困为亨了。

所谓离散之时,包括两种情况。一种是指险难得到暂时的缓和,如解卦所象征的解缓之世。另一种是指社会离心离德的倾向增长,如旅卦所象征的羁旅之世以及涣卦所象征的涣散之世。

解卦☷坎下震上,坎为险,震为动,坎为雨,震为雷。王弼根据这种卦象从客观形势与行为准则两个方面作了解释。他说:

> 动乎险外,故谓之免,免险则解,故谓之解。天地否结,则雷雨不作;交通感散,雷雨乃作也。雷雨之作,则险厄者亨,否结者散,故百果草木皆甲坼也。

> 解难济险,利施于众。……未有善于解难,而迷于处安也。解之为义,解难而济厄者也。无难可往,以解来复,则不失中;有难而往,则以速为吉者。无难则能复其中,有难则能济其厄也。

王弼认为,解卦之所以象征解缓之世,是因为震动乎坎险之外。如果遇险不动,则无由解难;动在险中,亦未能免咎。现在解卦取象于动乎险外,正是意味着险难的形势得到了解缓。此外,解卦还取象于震雷上于天,坎雨下于地,意味着天地否结的现象已经解缓,雷雨兴作,使得险厄者亨,否结者散,百果草木绽开外壳,萌发生机。在此解缓之世,危机虽已过去,险难仍时有所生。因此,主体行为应该适应于解难而济厄的形势要求,有了险难,要抓紧时机,从速解决,如果无难可往,则不可无事求功,应该安居待时,守其中道。总之,解缓之世处于由乱到治的中途,究竟这种形势是朝着治发展还是逆转为乱,关键在于决策是否合理,行为是否正确。

《解卦·初六》:"无咎。"王弼解释说:

> 解者,解也。屯难盘结,于是乎解也。处塞难始解之初,在刚柔始散之际,将赦罪厄,以夷其险。处此之时,不烦于位而无咎也。或有过咎,非其理也。义,犹理也。

王弼认为,在塞难未解之时,柔弱者不能无咎,处塞难始解之初,总的形势是赦过宥罪,平息险难,缓解宽松。初六正是遭逢到这种好的形势。所以虽以柔弱处无位之地,不能有解难而济厄的大作为,但就其本身而言,是不会有什么过咎的。如果有过咎,那就不合正常之理了。

《解卦·九二》:"田获三狐,得黄矢,贞吉。"王弼解释说:

> 狐者,隐伏之物也。刚中而应,为五所任,处于险中,知险之情,以斯解物,能获隐伏也,故曰"田获三狐"也。黄,理中之称也。矢,直也。田而获三狐,得乎理中之道,不失枉直之实,能全其正者也,故曰"田获三狐,得黄矢,贞吉"也。

王弼对九二的行为作了充分的肯定。三狐比喻隐患,也就是解缓之世产生险难的症结所在。黄矢比喻刚直中正的行为准则。九二以刚居中,上应于六五,得到六五的信任,而且动于险中,对险情了解得很清楚,所以最适宜于担负排难解险的重任,不仅可以消除隐患,也可以获得刚直中正的美德。

《解卦·六三》:"负且乘,致寇至,贞吝。"王弼解释说:

> 处非其位,履非其正,以附于四,用夫柔邪以自媚者也。乘二负四,以容其身。寇之来也,自己所致,虽幸而免,正之所贱也。

王弼对六三的行为进行了严厉的谴责。六三以阴处阳,以柔乘刚,而又攀附于九四,是一种柔邪谄媚窃居高位的小人。这就如同一个人负物而乘车,必然会招引盗寇来抢劫,虽然幸免于难,却是君子所鄙而不为的。

《解卦·六五》：“君子维有解，吉。有孚于小人。”王弼解释说：

> 居尊履中，而应乎刚，可以有解而获吉矣。以君子之道解难释险，小人虽暗，犹知服之而无怨矣，故曰“有孚于小人”也。

险难之所以解除，在于君子道长，小人道消，正面的势力上升。六五居尊而有君主的权力，履中而有中和的美德，下与九二之刚相应，得到有力的辅助，以这种君子之道去解难释险，必获吉祥，而且可以取信于小人，使得他们心悦诚服而无怨尤。

旅卦☶艮下离上，象征羁旅之世。王弼解释《旅卦·彖传》说：

> 夫物失其主则散，柔乘于刚则乖，既乖且散，物皆羁旅，何由得小亨而贞吉乎？夫阳为物长，而阴皆顺阳，唯六五乘刚而复得中乎外，以承于上。阴各顺阳，不为乖逆，止而丽明，动不履妄，虽不及刚得尊位，恢弘大通，是以小亨。令附旅者不失其正，得其所安也。旅者，大散，物皆失其所居之时也。咸失其居，物愿所附，岂非知者有为之时？

王弼认为，旅者大散，物皆失其所居，颠沛流离，社会濒于解体，为什么《彖传》称之为小有亨通而有吉祥呢？这主要是就六五遵循了一条正确的行为准则而言。在大散之时，弱者都希望依附于强者以求安定，但是这种依附必须不亢不卑，合乎中道，因为卑则取辱，高则招祸。六五以阴居外卦之中，上承上九，下乘九四，虽处二刚之间而阴各顺阳，不为乖逆。下艮为止，上离为明，止而不妄动，明而识时宜。所以六五虽然比不上刚得尊位，恢弘大通，从根本上扭转局面，但是能令附旅者不失其正，得其所安，可以做到小有亨通。羁旅之世的总的形势既乖且散，不是很好的，但是把这种形势转化为小有亨通的可能性是存在的，这是一个有识之士运用谋略大有作为的好时光。

与六五之行为相比，初六以卑而取辱，九三、上九以高而招祸，都不合乎处旅之正道，很不明智。《旅卦·初六》：“旅琐琐，斯其所取灾。”王弼解释说：

最处下极,寄旅不得所安,而为斯贱之役,所取致灾,志穷且困。

《旅卦·九三》:"旅焚其次,丧其童仆,贞厉。"王弼解释说:

居下体之上,与二相得。以寄旅之身,而为施下之道,与萌侵权,主之所疑也,故次焚、仆丧而身危也。

九三居下体之上,态度高傲,下据六二,与之亲比,对客观形势与自身的处境都认识不清,以寄旅之身而为施下之道。所谓"与萌侵权,主之所疑也",孔颖达《正义》说:"言与得政事之萌渐,侵夺主君之权势,若齐之田氏,故为主所疑也。"这正是高而招祸,必然是焚其次舍,丧其童仆,身危而见害。

《旅卦·上九》:"鸟焚其巢,旅人先笑后号咷。丧牛于易,凶。"王弼解释说:

居高危而以为宅,巢之谓也。客旅得上位,故"先笑"也。以旅而处于上极,众之所嫉也,以不亲之身,而当嫉害之地,必凶之道也,故曰"后号咷"。牛者,稼穑之资。以旅处上,众所同嫉,故丧牛于易。不在于难,物莫之与,危而不扶,丧牛于易,终莫之闻。莫之闻,则伤之者至矣。

处羁旅之世,寄人篱下,应该恭逊谦柔以争取小亨,决不能恃其高亢,肆其刚强。上九不明白这个道理,以寄旅之身而居高位,自以为安,欣然欢笑,对自己的处境盲目乐观,殊不知以旅处上,众所同嫉,人们不来亲近,自己完全孤立,有危难得不到扶助,有凶险听不到警告,最后必然要受到盲目性的惩罚而号咷痛哭。

涣卦☵☴坎下巽上,坎为水,巽为风,风行于水上,象征涣散之世。但是就卦中六爻配置的情况来看,涣散之中蕴涵着凝聚的可能,因此,应该正确估计形势,采取适时之变的对策,致力于转化。王弼解释《涣卦·彖传》说:

二以刚来居内,而不穷于险;四以柔得位乎外,而与上同。内刚而无险困之难,外顺而无违逆之乖,是以亨,利涉大川,利贞也。凡刚得畅而无忌回之累,柔履正而同志乎刚,则皆亨。

王弼认为,社会的凝聚稳定在于刚柔相济,协调配合,所以"凡刚得畅而无忌回之累,柔履正而同志乎刚,则皆亨"。这是普遍的规律。涣卦之所以蕴涵着凝聚的可能,是因为九二以刚德来居于坎内,而不穷于险,六四以柔顺得位于巽外,而同志乎九五,这就使得刚而得畅,柔而无违,虽然总的形势为涣散之世,但是只要刚柔齐心合力,是有可能散释险难而致亨通的。

《涣卦·六四》:"涣其群,元吉。涣有丘,匪夷所思。"王弼解释说:

> 逾乎险难,得位体巽,与五合志。内掌机密,外宣化命者也,故能散群之险,以光其道。然处于卑顺,不可自专,而为散之任,犹有丘虚匪夷之虑,虽得元吉,所思不可忘也。

六四的处境已脱离坎险,入于巽顺之体,而且柔履正位,同志乎九五之刚,居于"内掌机密,外宣化命"的大臣地位,所以能够拯救涣散,为群物散其险害,建立大功。但应时刻警惕,自己毕竟是处于卑顺的臣地,不可侵犯君权,专擅自恃,而散释险难,责任重大,道路坎坷不平,虽得元吉,也不可掉以轻心。

《涣卦·九五》:"涣汗其大号,涣王居,无咎。"王弼解释说:

> 处尊履正,居巽之中,散汗大号,以荡险厄者也。为涣之主,唯王居之,乃得无咎也。

九五阳刚,处尊履正,远离坎险,居巽之中,又得六四之同志相比,正是所谓"刚得畅而无忌回之累",因而九五为涣之主。王者居于此位,汗发出体,宣布号令,以涤荡险厄,终于扭转了形势,使涣散复归于凝聚。

所谓改易之时,是指阴阳两大对立势力矛盾激化,难以调和,革命的形势已经到来。革卦☲☱离下兑上,离为火,兑为水,离为中女,兑为少女。王弼认为,这是一种"不合之象","火欲上而泽欲下,水火相战","二女同居而有水火之性,近而不相得",因而必须改命创制，进行变革。变革的前途有两种可能，一是"革而当"，取得成功，一是"革不当"，遭到失败。如何避免失败而争取成功，关键在于把握时机，遵循正确的行为准则。王弼在解释革卦卦义时指出：

> 夫民可与习常，难与适变，可与乐成，难与虑始。故革之为道，即日不孚，己日乃孚也。孚，然后乃得元亨，利贞，悔亡也。己日而不孚，革不当也。悔吝之所生，生乎变动者也。革而当，其悔乃亡也。

> 夫所以得革而信者，文明以说也。文明以说，履正而行，以斯为革，应天顺民，大亨以正者也。革而大亨以正，非当如何。

王弼认为，人民有一种旧的习惯势力，难以适应新的变革，所以在变革之初，不能立即得到他们的信任理解，只有在变革完成之后，才能为他们所愉快接受。如果变革完成而仍然得不到他们的信任理解，说明变革不得当，政策有错误，矛盾激化的形势尚未消除。因此，顺乎人心，取信于民，是一个极为重要的问题。这既是判断变革是否成功的唯一标准，也是争取变革成功的必要条件。如何才能做到顺乎人心、取信于民呢？王弼认为，应该"文明以悦，履正而行"，遵循正确的行为准则。所谓"文明以悦"，是说对形势的发展明若观火，了解得细致周详，能够适应人民的接受程度逐步推行变革，既不急躁盲动，也不坐失良机。所谓"履正而行"，是说领导人的行为要合乎正道，不偏不倚，否则就不会为人民所信服，得不到他们的拥护。

革卦六爻，初爻为变革之始，上爻为变革之终，中间四爻，表示变革渐次进展的不同阶段。由于变革的形势不同，所以也各有相应的对策。

《革卦·初九》："巩用黄牛之革。"王弼解释说：

> 在革之始，革道未成，固夫常中，未能应变者也。此可以守成，不可以有为也。巩，固也。黄，中也。牛之革，坚仞不可

变也。固之所用，常中坚刃，不肯变也。

王弼认为，初九处于变革之始，时机尚不成熟，应该耐心等待，暂时维持现状，不可轻举妄动，有所作为。爻辞所说的被坚韧的黄牛革牢固束缚，就是象征这种不可变也不肯变的形势。

《革卦·六二》："己日乃革之，征吉，无咎。"王弼解释说：

> 阴之为物，不能先唱，顺从者也。不能自革，革己乃能从之，故曰"己日乃革之"也。二与五虽有水火殊体之异，同处厥中，阴阳相应，往必合志，不忧咎也，是以征吉而无咎。

六二为阴，每事顺从，不能为发动变革之主，而可以在变革业已发动时顺从赞助。就六二的处境而言，虽与上卦之九五水火殊体，但是二者均居于中位，而且阴阳相应，如同柔顺中正之臣得遇于阳刚中正之君。九五发动变革，六二前往赞助，志同道合，吉而无咎，变革的时机已经成熟了。

《革卦·九三》："征凶，贞厉。革言三就，有孚。"王弼解释说：

> 己处火极，上卦三爻，虽体水性，皆从革者也。自四至上，从命而变，不敢有违，故曰"革言三就"。其言实诚，故曰"有孚"。革言三就，有孚而犹征之，凶其宜也。

九三以阳居阳，刚而不中，又处于离火之上极，性格躁动，行为莽撞，企图对上卦三爻进行征伐，强迫他们来变革。实际上，上卦三爻，虽为兑水之体，都是"从命而变，不敢有违"，衷心拥护变革的，并且各自取得了成就，所以称之为"革言三就"。在这种形势下，九三仍然躁动莽撞，前往征伐，这就只能导致凶险。

《革卦·九四》："悔亡，有孚改命，吉。"王弼解释说：

> 初九处下卦之下，九四处上卦之下，故能变也。无应，悔也。与水火相比，能变者也，是以悔亡。处水火之际，居会变之始，能不固吝，不疑于下，信志改命，不失时愿，是以吉也。有孚则见信矣，见信以改命，则物安而无违，故曰"悔亡，有孚改命，吉"也。处上体之下，始宣命也。

九四的处境与初九不同,初九处下卦之下,革道未成,不可以有为,九四则处上卦之下,正是推行变革的大好时机。其所以如此,是因为九四与初九无应,说明有悔,存在着矛盾,而九四又处于离火兑水二体交接之处,说明矛盾已发展到不可调和,变革的要求十分强烈。九四能够顺应下卦三爻变革的要求,"信志改命,不失时愿",大力推行变革,时机既把握得准确,政策又得到人民的信服,所以变革成功,悔恨消亡。九四的这种处境,最宜于开始宣布变革的命令。

《革卦·九五》:"大人虎变,未占有孚。"王弼解释说:

> 未占而孚,合时心也。

王弼不注"大人虎变"而只注"未占有孚",是为了强调"合时心"的重要性。所谓"时心",是指一种普遍的社会心理,也叫做"时愿",是指蕴积在人民心头的普遍的要求和愿望。时心或时愿是一种动态的结构,受客观形势的影响,随时而变。在变革的客观形势下,人民当然是普遍地要求变革,但是这种要求时而强烈,时而微弱,随着形势发展的各个阶段而有各种不同的表现。因此,推行变革,必须审时度势,因时制宜,使主观的政策措施符合于客观的时心时愿,以争取人民的信任支持。这是决定变革能否成功的关键。就革卦前四爻而言,初九革道未成,不可以有为,六二形势好转,可以征吉而无咎,九三不合时心,有孚而犹征之,犯了错误,九四信志改命,不失时愿,变革成功。形势发展到了九五阶段,政策措施无须占卜而自然合乎时心,诚信的纽带把君臣上下紧紧地团结在一起,变革所取得的成功已经炳然昭著,有如虎之文采,光泽耀目,无可置疑了。

《革卦·上六》:"君子豹变,小人革面。征凶,居贞吉。"王弼解释说:

> 居变之终,变道已成。君子处之,能成其文,小人乐成,则变面以顺上也。改命创制,变道已成。功成则事损,事损则无为。故居则得正而吉,征则躁扰而凶也。

上六居于变革的终结阶段,变道已成,君子润色鸿业,如豹文之蔚缛,小人改变了原来的消极观望态度,心悦诚服地拥护变革。王弼认为,在这种大功告成的形势下,社会人际关系复归于和谐,应该在策略思想上有一个根本性的转变,顺应自然,无为而治,充分发挥和谐的社会系统内部所固有的自我调节作用。如果不转移到无为的轨道上来,而仍然沿袭变革时期的一套有为的做法,征而不已,无事生非,这只能起一种躁扰的作用,破坏社会的安宁。

鼎卦继革卦之后,革着重于去故,鼎着重于取新,所谓革故鼎新,二者紧密联系,表示改易之时的全过程。鼎卦☰巽下离上,效法于鼎之象,下阴为鼎足,二、三、四阳为鼎腹,五阴为鼎耳,上阳为鼎铉。巽为木,离为火,木上有火,有烹饪之象。王弼解释鼎卦卦义说:

> 革去故而鼎取新。取新而当其人,易故而法制齐明。吉,然后乃亨,故先元吉而后亨也。鼎者,成变之卦也。革既变矣,则制器立法以成之焉。变而无制,乱可待也;法制应时,然后乃吉。贤愚有别,尊卑有序,然后乃亨,故先元吉而后乃亨。

《鼎卦·象传》:"木上有火,鼎。君子以正位凝命。"王弼解释说:

> 凝者,严整之貌也。鼎者,取新成变者也,革去故而鼎成新。正位者,明尊卑之序也。凝命者,以成教命之严也。

王弼认为,"革去故而鼎取新",革着重于推翻旧秩序,鼎着重于创建新秩序。旧秩序之所以必须推翻,是因为阴阳两大势力矛盾激化,不可调和,社会的自我调节机制受到严重破坏,难以有效地运转。但是,变革的目的不在于推翻旧秩序,而在于创建新秩序,如果"变而无制",社会将陷入混乱。因此,在旧秩序既已推翻之后,应该"制器立法"以巩固变革的成果。只有做到了"法制齐明",才能获得吉祥,只有获得了吉祥,才能把关系理顺,事事亨通,所以说"先元吉而后乃亨"。创建新秩序,关键在于"正位凝命"。所谓正位,就是"明尊卑之序",把阴阳两大势力固定在各自所应处的地位上,按照名分来确立一种新的等级秩序。所谓凝命,就是"成教命之严"，用一套严整的伦理规范实行教化，进行调节，以巩固这种新建立的等级秩序。实际上，"正位凝命"也就是名教。由于这种名教是在推翻旧秩序之后重新建立起来的，所以是一种合乎自然的名教。王弼认为，变革由"去故"发展到了"取新"的阶段，责任重大，任务艰巨，必须"取新而当其人"，如果用人不当，就会把事情办坏，导致凶的后果。

《鼎卦·九四》："鼎折足，覆公餗，其形渥，凶。"王弼解释说：

> 处上体之下，而又应初，既承且施，非己所堪，故曰"鼎折足"也。初已出否，至四所盛，则己洁矣，故曰"覆公餗"也。渥，沾濡之貌也。既覆公餗，体为渥沾，知小谋大，不堪其任，受其至辱，灾及其身，故曰"其形渥，凶"也。不量其力，果致凶灾，信之如何！

九四上承于六五，为近君之大臣，承担重任，下应于初六，倚赖阴柔之小人，用人不当，力不胜任，有"鼎折足"之象。初六之颠趾，已使鼎覆而趾倒，出秽而纳新，到了九四，鼎中所盛，全是洁净的美食，现在鼎足折断，美食倾覆，把鼎器沾濡得一塌糊涂，这就象征着大好的形势全被破坏，变革的成果付之东流。九四知小谋大，委任非人，难以完成变革的大业而导致凶灾，这果然是不出所料的。

《鼎卦·六五》："鼎黄耳金铉，利贞。"王弼解释说：

> 居中以柔，能以通理，纳乎刚正，故曰"黄耳金铉，利贞"也。耳黄，则能纳刚正以自举也。以中为实，所受不妄也。

六五以柔居中，下应九二之刚正，象征柔中之君虚心接纳刚正之臣，君臣相得，刚柔相济，因而政策措施，通情达理，得其中道，真实不妄，能够承担创建新秩序的重任。这就如同黄色的鼎耳接纳金质的鼎杠，能够托举重鼎，使之发挥烹饪成新之用一样。

《鼎卦·上九》："鼎玉铉，大吉，无不利。"王弼解释说：

> 处鼎之终，鼎道之成也。居鼎之成，体刚履柔，用劲施铉，以斯处上，高不诚亢。得夫刚柔之节，能举其任者也。应不在

一，则靡所不举，故曰"大吉，无不利"也。

上九处于鼎卦的终结阶段，创建新秩序的任务业已完成，整个形势是一派太平鼎盛的景象。这种新秩序，其特点是刚柔相济，阴阳协调。上九的行为完全符合新秩序的要求，所以举措得宜，大吉无不利。因为上九以阳居阴，体刚履柔，刚而能柔，有温润玉铉之象，虽处上极，却与乾卦之上九不同，不必告诫以"亢"，其行为正好是"得夫刚柔之节"，足以担当重任。而且上九与九三无应，说明上九心存公正，无所偏私，顾全大局，广应于下，这就如同质刚而德柔的玉铉居于鼎上，能够把整个鼎器托举起来。

总起来说，《周易》六十四卦，每一卦都代表一种时，所谓"卦以存时"，六十四卦所代表的六十四种时大体上可以分为治时、乱时、离散之时、改易之时四种类型。这种时也叫做时义。王弼认为，人们应该按照义理派的读易法，透过卦象的表层去发掘其中所蕴涵的义理。他在《姤卦·彖传注》中指出："凡言义者，不尽于所见，中有意谓者也。"就姤卦的卦象而言，只是女遇于男，但是姤卦中的意谓却是广大精微，"不尽于所见"，蕴涵着"天地相遇，品物咸章"的义理。把这种义理运用于社会，可以使得"化乃大行"。因此，时与用是紧密联系在一起的。人们对时的认识把握，目的是为了用，即指导自己的实践行为。时与用的关系就是客观形势与主体行为的关系。《周易略例·明卦适变通爻》说："故名其卦，则吉凶从其类；存其时，则动静应其用。"根据对客观形势或吉或凶的准确把握来决定主体行为的或动或静之用，这是贯穿于王弼的《周易注》中的一条基本的思想线索。王弼解释六十四卦，反复强调"行不失时""随时而用""失时则废"的思想。《比卦·上六注》说："为时所弃，宜其凶也。"《履卦·六三注》说："居履之时，以阳处阳，犹曰不谦，而况以阴居阳，以柔乘刚者乎！"《泰卦·象传注》说："泰者，物大通之时也。上下大通，则物失其节，故财成而辅相，以左右民也。"《否卦·初六注》说："居否之时，动则入邪。"《谦卦·九三注》说："居谦之世，何可安尊？上承下接，劳谦匪解，是以吉也。"《蛊卦·象传注》说："蛊者，有事而待能之时也。可以有为，其在此时矣。"《临卦·六三注》说："居刚长之世,而以邪说临物,宜其无攸利也。"《贲卦·象传注》说："处贲之时,止物以文明,不可以威刑,故君子以明庶政,而无敢折狱。"《无妄卦·象传注》说："居不可以妄之时,而欲以不正有所往,将欲何之？天命之所不佑,竟矣哉！"《蹇卦·象传注》说："蹇难之时,非小人之所能用也。"《升卦·初六注》说："当升之时,升必大得,是以大吉也。"《震卦·六五注》说："夫处震之时,而得尊位,斯乃有事之机也。而惧往来,将丧其事。"《艮卦·象传注》说："止道不可常用,必施于不可以行,适于其时,道乃光明也。"《丰卦·上六注》说："处于明动尚大之时,而深自幽隐以高其行,大道既济而犹不见,隐不为贤,更为反道,凶其宜也。"《小过卦·九四注》说："处于小过不宁之时,而以阳居阴,不能有所为也。"《既济卦·九五注》说："居既济之时,而处尊位,物皆济矣,将何为焉？其所务者,祭祀而已。"所有这些,都说明王弼对卦义与爻义的研究,主要目的在于由此而引申出一种涉世妙用,发挥认识的实践功能,汲取人事的智慧,提高人们的应变能力。这种研究实质上是一种关于决策的研究,特别是关于政治决策的研究。如果说王弼在《老子注》中着重于批判当时统治者在决策上的失误,揭露名法之治以及名教之治的弊端,那么在《周易注》中则是着重于探索客观形势与主体行为之间的关系,为实现名教本于自然的社会理想提供一种合理的决策思想。

三、政治秩序与政治伦理

王弼在《老子注》中曾经指出："国之所以安,谓之母。重积德,是唯图其根,然后营末,乃得其终也。"(五十九章注)这就是说,国家的安定是决策思想所追求的最高目标,政治上不断的积德是达到这个目标的必要手段。究竟何为安定？重积德包含哪些内容？如何通过政治伦理的手段使国家保持长治久安？在《周易注》中,王弼继承发扬了《周易》原有的阴阳学说和价值观念,对这些问题作了全面的具体的回答。

照王弼看来,所谓安定,就是社会政治系统中阴阳刚柔两大对立势力的和谐的统一。这种和谐的统一既是一种自然的生成,也是一种有待争取的目标。说它是自然的生成,是因为人类社会起源于刚柔始交、天地造始之时,本身就是阴求阳、阳求阴的双向追求的结果,作为阴柔势力的弱者不能自济,迫切需要一个君主来领导他们,保护他们,另一方面,作为阳刚势力的强者甘居于众阴之下,应民所求,合其所望,二者相互依存,结为一体,于是人类社会的安定的秩序在此屯体不宁之时得以建立。说它是有待争取的目标,是因为阴阳刚柔还存在着斗争的一面,在二者不断推移运动的过程中,常常出现阳刚过头或阴柔太甚的情况,甚至彼此伤害,不可调和,迫使安定转化为动乱,和谐转化为冲突,这就需要实行变革,从事调整,消除不安定的因素,重建和谐统一的秩序。

王弼反复强调,"凡阴阳者,相求之物也"。"夫阴之所求者阳也,阳之所求者阴也。"阴阳之所以互相追求,是因为彼此对对方有着内在的需要。一个社会政治的整体,不能有阴而无阳,也不能有阳而无阴。如果阳得不到阴的辅助,完全孤立,就会一事无成。如果阴得不到阳的领导,散漫而无统率,也难以形成为群体。只有这种互相的追求取得成功,彼此的需要得到满足,社会政治生活才能产生功能性的协调,得以正常地运转。既然如此,阴阳双方也必须互相适应,阴顺阳,阳顺阴,尽量克制自身的某种过分的欲望,以满足对方的需要。实际上,只有满足了对方的需要,才能满足自身的需要,互相追求的过程也就是互相给予的过程。王弼把这种情形称之为感。《咸卦·象传注》说:"天地万物之情,见于所感也。凡感之为道,不能感非类者也,故引取女以明同类之义也。同类而不相感应,以其各亢所处也。故女虽应男之物,必下之而后取女乃吉也。"因此,阴阳双方不能各亢所处,各行所是,而应该尊重对方,理解对方,考虑到对方的需要,按照交感的原则来规范自己的行为。这种交感的原则体现了"天地万物之情",是宇宙的普遍的规律,也是人类社会存在的基础。如果阴阳双方不以这种交感的原则进行自我约束,不仅会使相互之间的追求归于失败,损害了自身的利益,也破坏了社会存在的基础,难以建立安定的秩序。《乾卦·用九注》说:"夫以刚健而居人之首,则物之所不与也;以柔顺而为不正,则佞邪之道也。"《坤卦·象传注》说:"方而又刚,柔而又圆,求安难矣。"

王弼所设想的社会政治秩序是一种"贤愚有别,尊卑有序"的等级秩序,但是这种等级秩序不是像法家所设想的那样,建立在强制性的统治与服从的基础之上,而是由阴阳两大对立势力各按其本性互相追求、彼此感应自愿组合而成的。因此,这种等级秩序虽然是一种权力结构,但是维持权力的手段却不是权力本身,而是一种道义的责任。这种道义的责任是由阴阳双方共同承担的,处于权力结构两端的阴阳应该服从社会一体化的总要求,遵循共同的伦理规范。在《周易注》中,王弼讨论了一系列的伦理规范,其中最主要的就是中正。《讼卦·九五注》说:"中则不过,正则不邪。"所谓"中则不过",是说阳的行为不能过于刚直,阴的行为不能过于柔顺,而必须合乎中道。所谓"正则不邪",是说阴阳各当其所,行为正直,不相侵害,合乎尊卑有序的原则。很显然,中的规范是适应于阴阳交感的要求,正的规范是适应于等级秩序的要求,二者都是从既有刚柔之分又有阴阳之合的社会结构中自然引申出来的,是这种社会赖以存在的伦理基础。如果阴阳双方的行为不中,便无从完成交感,组建社会;如果行为不正,就会贵贱不分,尊卑不明,失去应有的节制。因此,阴阳双方的行为是否中正,直接关系到政治的稳定,社会的和谐。

王弼根据《周易》的爻位说,把中正规定为一种普遍适用的制度化的行为准则和价值标准。一卦六爻,第二爻为下卦之中位,第五爻为上卦之中位,爻居中位,是为居中、履中,象征守持中道,行为不偏。三、五为阳位,二、四为阴位,凡阳爻居阳位,阴爻居阴位,是为得位,得位为正,象征行为合乎阳尊阴卑的等级秩序。初、上两爻象征事之终始,无阴阳定位。第五爻为天位、尊位,为君之所居。按照这种规定,人际关系中的各种行为都可以用中正的标准来衡量,并且明确地区分为四种不同的类型:或者不中不正,或者中而不正,或者正而不中,或者既中且正。王弼认为,只有既中且正才是尽善尽美的,阴阳双方都应该使自己的行为趋向于这个标准,特别是居于权力结构顶端的君主更应该如此,因为位与德本来是结为一体的,不能有位而无德,也不能有德而无位。比如乾卦九二,居中不偏而以阳处阴,虽有君德而无君位,所以只能"见龙在田"而不能"飞龙在天"。王弼注说:"出潜离隐,故曰'见龙';处于地上,故曰'在田'。德施周普,居中不偏,虽非君位,君之德也。"只有发展到了九五,既中且正,位与德才获得高度的统一。王弼注说:"龙德在天,则大人之路亨也。夫位以德兴,德以位叙。以至德而处盛位,万物之睹,不亦宜乎!"二为下卦之中位,阴爻处之才是既中且正,坤卦六二是个典型。王弼注说:"居中得正,极于地质。任其自然,而物自生。不假修营,而功自成。故不习焉,而无不利。"

王弼认为,中正是阴阳相应以结成群体的必要条件。同人卦☲离下乾上,六二、九五,既中且正,二者志同道合,于同人之时能以正道通达天下之志。王弼赞美说:"行健不以武,而以文明用之;相应不以邪,而以中正应之。君子正也,故曰利君子贞。"

如果国家政治遇到危机,处于蹇难之时,阴阳双方也只有"反身修德",使自己的行为合乎中正的准则,才能和衷共济,渡过难关。蹇卦☶艮下坎上,山上有水,蹇难之象,但是二、三、四、五,爻皆当位,各履其正,特别是六二、九五,既中且正,相互应和,这就为匡济蹇难准备了有利的条件。王弼解释此卦说:

> 爻皆当位,各履其正,居难履正,正邦之道也。正道未否,难由正济,故"贞吉"也。遇难失正,吉可得乎?

《蹇卦·六二》:"王臣蹇蹇,匪躬之故。"王弼注说:

> 处难之时,履当其位,居不失中,以应于五。不以五在难中,私身远害,执心不回,志匡王室者也,故曰"王臣蹇蹇,匪躬之故"。履中行义,以存其上,处蹇以此,未见其尤也。

六二是一个忠臣的形象,在蹇难之时,能够恪守职责,不顾己身安危,求应于九五之君,以匡救王室,维护整体的利益。这种既中且正的行为是不会有过错的。《蹇卦·九五》:"大蹇,朋来。"王弼注说:

> 处难之时,独在险中,难之大者也,故曰"大蹇"。然居不失正,履不失中,执德之长,不改其节。如此,则同志者集而至矣,故曰"朋来"也。

九五是一个有德之君的形象,虽然遭遇大难,仍然居不失正,履不失中,不改变自己的操守。这种中正的品德是一种强大的凝聚力,能够吸引志同道合的人们前来相助,共济险难。

按照《周易》的爻位说,五为君位,二为臣位,因而这两爻所讨论的实际上就是为君之道与为臣之道。王弼认为,无论处于何种形势,是顺境还是逆境,是治世还是乱世,也无论五与二能否结成阴阳相应的关系,中正都是为君之道与为臣之道的共同的行为准则,应该始终坚持,毫不动摇。比如豫卦☷坤下震上,象征悦乐之世,总的形势是十分有利的,但是六二与六五不相应和,六二既中且正,六五中而不正,因而这两爻的行为后果很不一样。《豫卦·六二》:"介于石,不终日。贞吉。"王弼注说:

> 处豫之时,得位履中,安夫贞正,不求苟豫者也。顺不苟从,豫不违中,是以上交不谄,下交不渎。明祸福之所生,故不苟说;辨必然之理,故不改其操。介如石焉,不终日明矣。

六二安于臣位,不违中道,深知悦乐之时祸福转化的必然之理,能正确处理上下之间的人际关系,中正不苟,操守坚定,耿介如石,发现错误的苗头,不待一天终竟,立即改正。六二的这种行为是值得赞美的。《豫卦·六五》:"贞疾,恒不死。"王弼注说:

> 四以刚动,为豫之主。专权执制,非己所乘,故不敢与四争权。而又居中处尊,未可得亡,是以必常至于贞疾,恒不死而已。

六五阴爻而居君位,其位不正,受制于九四刚动专权之臣,丧失了君主所应有的权威。这就象征尊卑贵贱的等级秩序受到侵害。但由于六五权虽失而位未亡,而且守持中道,所以如同一个患病的人,得以奄奄一息,苟延残喘,不至于立即死亡。

王弼在《豫卦·六二注》中所强调的"明祸福之所生","辨必然之理",是说对客观形势的深刻的认识。客观形势的发展变化是有其内在的规律的,主体行为立足于此便能转祸为福,化凶为吉,若不认识此必然之理,必将陷入盲目性而导致失败。但是,主体行为也只有坚持中正的操守,遵循道德的准则,促使客观形势朝着有利方面转化才有可能。因此,必然之理中蕴涵着道德的因素,或者说,中正的伦理规范本身就是一种必然之理。就二、五两爻而言,如果有一方因某种客观形势的原因中而不正,不能结成阴阳相应的关系,只要另一方坚持中正的操守,也能发挥积极的作用,稳定整个的形势。比如晋卦☷坤下离上,象征顺以著明,柔进而上行,是一种有利的形势。但是六二与六五无应,上无应援,前进之路受到阻碍。《晋卦·六二》:"晋如愁如,贞吉。受兹介福于其王母。"王弼注说:

> 进而无应,其德不昭,故曰"晋如愁如"。居中得位,履顺而正,不以无应而回其志,处晦能致其诚者也。修德以斯,闻乎幽昧,得正之吉也,故曰"贞吉"。母者,处内而成德者也。鸣鹤在阴,则其子和之;立诚于暗,暗亦应之,故其初愁如。履贞不回,则乃受兹大福于其王母也。

六二处于上进之时,自身的境遇却是进而无应,艰难坎坷,极为不利。虽然如此,六二仍然坚持中正的操守,安于寂寞,诚心修德,恪守臣道,不求闻达。六二的这种行为正是"明祸福之所生","辨必然之理"。所以尽管开始难以上进,有"晋如愁如"之象,最后却能以至诚感动六五柔弱之君,蒙受委任,得享福泽。《晋卦·六五》:"悔亡。失得勿恤。往吉,无不利。"王弼注说:

> 柔得尊位,阴为明主,能不用察,不代下任也。故虽不当位,能消其悔。失得勿恤,各有其司,术斯以往,无不利也。

六五之所以有悔，是因为以阴居阳，其位不正。但是六五以柔弱之君而履行中道，能不自用其明，以事委任于下，是一个开明君主的形象，所以不须忧虑得失，能消其悔，无所不利。实际上，六五有悔而能消其悔，固然是由于自身的行为不违中道，主要却是得到既中且正的六二的支持。由此可见，为了维护社会政治整体的安定，中正之德是必不可少的伦理手段。

巽卦☴巽下巽上，象征顺从。在社会政治系统中，只有臣顺君，君顺臣，上下皆巽，命令才能顺利贯彻执行。这种顺从应该合乎中正之道，而不能卑顺盲从。但是九二以阳居阴，卑甚失正，九五以刚而能用巽，处乎中正，所以这两爻的行为应该具体分析。《巽卦·九二》："巽在床下，用史巫纷若，吉，无咎。"王弼注说：

> 处巽之中，既在下位，而复以阳居阴，卑巽之甚，故曰"巽在床下"也。卑甚失正，则入于咎过矣。能以居中而施至卑于神祇，而不用之于威势，则乃至于纷若之吉，而亡其过矣。故曰"用史巫纷若，吉，无咎"也。

九二处巽下体，本身业已卑顺，又加上以阳居阴，这就过于卑顺了，所以有屈居于床下之象。这种卑顺有失于正道，是不可取的。但是九二毕竟是居于中位，尚不失于中道。如果以这种卑顺用之于向神祇祈福，而不是因恐惧谄媚而屈从于威势，则可以获吉而无咎过。《巽卦·九五》："贞吉，悔亡，无不利。无初有终。"王弼注说：

> 以阳居阳，损于谦巽，然秉乎中正以宣其令，物莫之违，故曰"贞吉，悔亡，无不利"也。化不以渐，卒以刚直用加于物，故初皆不说也。终于中正，邪道以消，故有终也。

九五以阳居阳，有损于谦逊巽顺之道，但以纯刚之德，处至尊之位，秉乎中正，宣布命令，能使臣下莫不顺从，所以贞吉，悔亡，无不利。臣下接受君主的命令是有一个过程的，不可急躁而应耐心等待。九五开始宣布命令就犯有急躁的毛病，臣下一时难以接受，所以有悔。后来以中正之道来调整自己的行为，做到无过无不及，刚而能用巽，所以悔亡而无不利。

照王弼看来,中正不仅是阴阳双方共同承担的道义责任,处理人际关系的根本准则,实际上中正本身就是社会政治系统所应有的秩序。在《周易》六十四卦中,既济卦☲离下坎上,六爻皆正而位当,六二、九五既中且正,象征社会政治系统完全符合中正的原则,是一种最理想最正常的秩序,所以称之为既济。既济就是万事皆济,所有的事情都已成功。王弼在《既济卦·象传注》中解释说:

> 既济者,以皆济为义者也。小者不遗,乃为皆济,故举小者以明既济也。刚柔正而位当,则邪不可以行矣,故唯正乃利贞也。柔得中,则小者亨也;柔不得中,则小者未亨;小者未亨,虽刚得正,则为未既济也。故既济之要,在柔得中也。

既济卦的六爻,阳居阳位,阴居阴位,刚柔正而位当,象征尊卑贵贱的等级秩序业已完全理顺,没有丝毫颠倒混乱的现象。初与四、二与五、三与上,阴阳刚柔,彼此相应,象征各种人际关系业已完全协调配合,事事亨通,没有丝毫抵触阻塞的现象。特别是六二柔而得中,既中且正,与九五之刚中相应,说明柔小者也获得亨通。柔小者既已亨通,则刚大者更是亨通,所以无物不通。很显然,六爻的配置既有刚柔之分,又有阴阳之合,既是一种秩序井然的等级制度,又是团结合作,和谐统一,王弼所设想的合乎自然的名教,就是这么一幅具体的图景。所谓名教,就是按照尊卑贵贱的等级制度正名定分,用《周易》的术语来说,就是刚柔正而位当。所谓自然,是说这种等级制度如同天地万物那样是一种自然的生成,和谐的统一,也就是《周易》所说的刚柔相应,阴阳相合。因此,所谓合乎自然的名教,就是阴阳刚柔两大对立势力按照中正的原则组合而成的社会政治系统。决策思想之所以必须服从中正的原则,阴阳双方之所以必须共同遵循中正的规范,是因为中正本身就是这个社会政治系统所应有的秩序。

由于这个社会政治系统是一个动态的结构,而不是封闭的体系,在它不断运动变化的过程中,能够完全符合中正的情形不是很多的,所以应该根据具体的客观形势,运用伦理的手段,进行有效的调整。调整的目标也是使之趋于中正。从这个意义来说，中正就是整个社会政治系统的组织目标。比如未济卦☲坎下离上，是既济卦的反对卦，由既济卦发展而来，卦的六爻，阴居阳位，阳居阴位，刚柔皆不当位，违反了正的原则，象征等级秩序受到了破坏，所以称之为未济，意思是所有的事情都没有成功。在这种情形下，必须进行调整。王弼认为，调整是可以获得成功的，关键在于未济卦中的刚柔都能互相应和，这是一个极为有利的条件，只要两种对立的势力彼此信赖，能够结合成不相伤害而团结合作的关系，就可以转化形势，把事情办成功。他在《未济卦·象传注》中指出："位不当，故未济；刚柔应，故可济。"

就中与正这两个行为准则相比较而言，中比正更为重要，因为社会政治系统中的刚柔相应，关键在于二、五两爻之刚中与柔中的互相应和。二为臣位，五为君位，尽管由于客观形势的变化，臣居阳位，君居阴位，产生了九二与六五这种中而不正的配置情形，但是二者互相应和，彼此信赖，六五以柔中之君专任九二刚中之大臣，君臣上下按照中的行为准则结为一体，仍然是社会政治系统稳定的基础。比如泰卦☰乾下坤上，天在下，地在上，象征"天地交而万物通"；九二之刚中与六五之柔中相应，象征"上下交而其志同"。整个形势是大为亨通的，但是应该使之通而有节，符合于正的等级秩序。王弼在《泰卦·象传注》中指出："泰者，物大通之时也。上下大通，则物失其节，故财成而辅相，以左右民也。"在上下大通之时来建立一种有所节制的等级秩序，这就是由中而正。因此，九二与六五之中行相配，君臣道合，起了极为重要的制动作用。

《泰卦·九二》："包荒，用冯河，不遐遗。朋亡，得尚于中行。"王弼注说：

> 体健居中，而用乎泰，能包含荒秽，受纳冯河者也。用心弘大，无所遐弃，故曰"不遐遗"也。无私无偏，存乎光大，故曰"朋亡"也。如此，乃可以得尚于中行。尚，犹配也。中行，谓五。

九二以阳居阴,刚而能柔,遵循中道,是一个刚毅果断而又温和宽容的大臣形象。在天地交泰之时,胸怀广阔,度量弘大,能够兼容并包,不遗弃疏远以至顽愚之人,而且坦然大公,光明磊落,无私无偏,不结朋党。九二的这种行为完全可以与六五之中行相配,这就是"上下交而其志同",君臣都以中的原则作为团结的基础而同心同德。

《泰卦·六五》:"帝乙归妹,以祉,元吉。"王弼注说:

> 妇人谓嫁曰归。泰者,阴阳交通之时也。女处尊位,履中居顺,降身应二,感以相与,用中行愿,不失其礼。帝乙归妹,诚合斯义。履顺居中,行愿以祉,尽夫阴阳交配之宜,故"元吉"也。

六五以阴柔居君位,下应于九二刚明之贤,履行中道,以阴顺阳,是一个开明君主的形象。六五屈己之尊而顺从九二之阳,委任大臣,如同帝乙归妹的故事一样,既不失礼,又满足了阴阳交配的愿望,这是至为吉祥的。

按照爻位说的规定,三、四两爻不存在中与不中的问题,只有正与不正、有应无应的问题。由于社会政治系统是一个休戚与共的有机整体,三、四两爻能否做到"居不失其正,动不失其应",符合应有的行为准则,对于维护这个有机整体的和谐统一,完成客观形势所提出的任务,也是至关重要的。比如《泰卦·九三》:"无平不陂,无往不复。艰贞,无咎。勿恤其孚,于食有福。"王弼注说:

> 乾本上也,坤本下也,而得泰者,降与升也。而三处天地之际,将复其所处。复其所处,则上守其尊,下守其卑。是故无往而不复也,无平而不陂也。处天地之将闭,平路之将陂,时将大变,世将大革,而居不失其正,动不失其应,艰而能贞,不失其义,故"无咎"也。信义诚著,故不恤其孚而自明也,故曰"勿恤其孚,于食有福"也。

王弼的这一段言论,深刻地揭示了他的理想社会中的内在矛盾。就尊卑贵贱的等级秩序而言,本来应该天在上,地在下,阳居尊位,阴居卑位,这就是所谓节,也就是所谓正。但是这种节与正是和阴阳交配、上下大通的原则相矛盾的,如果真正建立了这样一种等级秩序,就会产生"上下不交,卑不上承,尊不下施"的局面,变成了否道。另一方面,如果阴阳交配、上下大通的原则得到实现,而不以节与正的原则来制约,就会产生尊卑不分、贵贱不明的局面,这也是王弼所不能接受的。因此,王弼强调运用伦理的手段,企图在节与通、分与合之间保持一种动态的平衡。泰卦的九三爻处于由泰而否的转折关头,其行为是否合乎一定的伦理规范,对于保持这种动态的平衡具有举足轻重的作用。王弼认为,泰卦之所以象征大通之时,是因为乾由尊位下降到卑位,坤由卑位上升到尊位,刚柔相应,"尽夫阴阳交配之宜"。这固然是一种大好的形势,但是"物失其节",违反了等级秩序的要求,也不符合乾尊坤卑的本性。因此,客观形势的发展必然是回复到"上守其尊,下守其卑"的本来的地位,这是由"无平不陂,无往不复"的不以人的意志为转移的宇宙规律所决定的。九三处于天地交接之际,面临着否塞之世即将到来的不利前景,它所承担的道义的责任是十分重大的。为了适应通而有节的形势要求,建立尊卑贵贱的等级秩序,必须做到"居不失其正"。为了长保其泰,使得上下大通的承平局面得以维持长久,又必须做到"动不失其应"。实际上,前者的做法助长了否道的形成,后者的做法有违于客观形势的发展,正而有应是互相矛盾的。但是王弼认为,九三的自处之道只能如此。因为"艰而能贞,不失其义",自己可以免遭咎害;动而有应,在人际关系上表现出发于至诚的信义,于食禄之道自有福庆。

照王弼看来,社会政治系统的安定,在于阴阳刚柔两大对立势力和谐统一的一面占据支配地位,斗争冲突的一面受到抑制。为了达到这个目的,应该在君臣上下之间建立一种相互信赖的关系。中孚卦䷼兑下巽上,兑为悦,巽为顺,六三、六四为"柔在内",九二、九五为"刚得中",此之谓四德。王弼在《中孚卦·象传注》中解释说:

> 有上四德,然后乃孚。信立而后邦乃化也。柔在内而刚

得中,各当其所也。刚得中,则直而正;柔在内,则静而顺。说而以巽,则乖争不作。如此,则物无巧竞,敦实之行著,而笃信发乎其中矣。鱼者,虫之隐者也。豚者,兽之微贱者也。争竞之道不兴,中信之德淳著,则虽微隐之物,信皆及之。

所谓"信立而后邦乃化也",是说只有君臣上下之间彼此信赖才能教化国家,国家应该建立在诚信的伦理基础之上,诚信是阴阳刚柔两大对立势力团结合作的精神纽带。所谓"有上四德,然后乃孚",是说只有各种社会势力承担了共同的道义责任,具备了四种品德,才能做到诚信。六三、六四,柔而在内,安静顺从,九二、九五,刚而得中,行为正直,在上者谦巽,在下者悦服,正好具备了这四种品德,所以"乖争不作","物无巧竞",整个国家笼罩着一种发自内心的敦实笃信的气氛而同心同德。中孚就是中心诚信的意思。中心诚信,是为至诚,至诚可以感动豚鱼之物,若能如此,整个国家也就达到和谐统一的理想目标了。

《中孚卦·九二》:"鸣鹤在阴,其子和之。我有好爵,吾与尔靡之。"王弼注说:

> 处内而居重阴之下,而履不失中,不徇于外,任其真者也。立诚笃至,虽在暗昧,物亦应焉。故曰"鸣鹤在阴,其子和之"也。不私权利,唯德是与,诚之至也。故曰我有好爵,与物散之。

九二居于六三、六四重阴之下,处境幽隐暗昧,但是不求闻达,不慕权利,秉承自己内在的刚中的美德,纯朴至诚,任性而动。这种纯朴至诚必然会克服空间的距离,得到具有同样美德的人的感应,如同白鹤在阴处啼鸣,其子在远处应和一样。九二愿以中心诚信之德与人交往,而不谋权利之私,如同人有美酒,愿与他人共同品尝一样。

《中孚卦·六四》:"月几望,马匹亡,无咎。"王弼注说:

> 居中孚之时,处巽之始,应说之初,居正履顺,以承于五,内毗元首,外宣德化者也。充乎阴德之盛,故曰"月几望"。马

匹亡者,弃群类也。若夫居盛德之位,而与物校其竞争,则失
其所盛矣,故曰绝类而上。履正承尊,不与三争,乃得无咎也。

六四为辅助九五之君的大臣,以阴居阴,得位而正,处于上体巽卦
之始,与下体兑卦之初六相应,而上承九五之尊,表现了充实盛大
的阴德,所以有近于月圆之象。但是六三以阴居阳,不量其力,前
来相争。这是破坏整体和谐的不安定的因素。六四为了顾全大
局,不与六三相争,恪守正道,顺承于在上之九五,这就保持了自己
的盛德而无咎害。

《中孚卦·九五》:"有孚挛如,无咎。"王弼注说:

挛如者,系其信之辞也。处中诚以相交之时,居尊位以为
群物之主,信何可舍? 故有孚挛如,乃得无咎也。

挛如就是牵连不绝、联系紧密的意思,居于尊位的君主只有以发于
至诚的信任才能广系天下之心,做到"有孚挛如"。因为诚信是国
家团结的纽带,社会凝聚的动力,无论在何种情况下也不可舍弃
的。九五以阳居阳,处于中位,既中且正,是一位能以诚信团结国
家、凝聚社会的君主,所以不会有什么过错。

王弼在《周易注》中反复强调诚信的重要性,认为诚信是促进
和谐统一消除斗争冲突的不可缺少的伦理手段。因为王弼所设想
的合乎自然的名教社会,虽然有君臣上下的等级之分,却不是依靠
武力强制的手段组建而成,而是由阴阳双方各按其本性相互追求
而自然形成的。在这种社会中,君臣上下之间只有彼此信赖,相待
以诚,才能发挥相反相成的作用,才能有效地运转。如果互不信
任,彼此猜忌,破坏了团结的精神纽带,这个社会也就解体了。比
卦☷坤下坎上,"上下无阳以分其民,五独处尊,莫不归之,上下应
之,既亲且安",象征亲密比辅之世。《比卦·初六》:"有孚,比之无
咎。有孚盈缶,终来,有它吉。"王弼注说:

处比之始,为比之首者也。夫以不信为比之首,则祸莫大
焉,故必有孚盈缶,然后乃得免比之咎,故曰"有孚,比之无咎"
也。处比之首,应不在一,心无私吝,则莫不比之。著信立诚,

> 盈溢乎质素之器,则物终来,无衰竭也。亲乎天下,著信盈缶,
> 应者岂一道而来? 故必有它吉也。

初六为比卦的第一爻,处于亲密比辅之世的开始,如果不以诚信作为处理人际关系的准则,人与人便无从亲密比辅,一开始就破坏了大好的形势,而产生莫大的祸害。所以只有中心诚信,充实盈满,有如装满东西的缶器,才能不犯错误。初六的行为是合乎以诚信待人的准则的,因为初六与六四无应,而广应于他方,坦然大公,无所偏私,待人以诚,相处以信,这就赢得了天下众多人的信赖,结成了亲密比辅的关系。

王弼所设想的合乎自然的名教社会实际上也是一种权力结构,居于尊位的君主是最高的决策人,对于维持权力结构的稳定承担着重大的政治责任。由于这种权力结构主要是依靠伦理教化而不是依靠武力强制来维持的,所以君主所承担的政治责任主要是道义的责任。为了实行教化,君主应该为人表率,成为道德的楷模,如果社会风气败坏,影响了权力结构的稳定,君主应该反躬自省,引咎自责,不能推卸责任,把错误归于臣下。很显然,王弼的这个思想渊源于儒家的德治主义。《论语·颜渊》:"子欲善,而民善矣。君子之德风,小人之德草,草上之风必偃。"《论语·尧曰》:"朕躬有罪,无以万方;万方有罪,罪在朕躬。"王弼继承了儒家的这种德治主义和价值观念,在《观卦·九五注》中指出:

> 居于尊位,为观之主,宣弘大化,光于四表,观之极者也。
> 上之化下,犹风之靡草,故观民之俗,以察己之道。百姓有罪,
> 在予一人,君子风著,己乃无咎。上为化主,将欲自观,乃观
> 民也。

根据这种渊源于儒家的德治主义的思想,在社会各个成员所共同承担的道义责任中,居于尊位的君主占有更大的比重。君子之德如同风,起着主动、施予的作用,小人之德如同草,处于被动、接受的地位。因此,如果民风浇薄,政治混乱,责任首先在于君主,君主应该"观民之俗以察己之道",自觉地承担责任,不断地调整自

己的行为。在《老子注》中，王弼继承了道家的自然主义的思想，也阐述了同样的主张。比如他说：

> 言民之所以僻，治之所以乱，皆由上，不由其下也。民从上也。（七十五章）
>
> 上之所欲，民从之速也。我之所欲唯无欲，而民亦无欲而自朴也。（五十七章）
>
> 夫御体失性，则疾病生；辅物失真，则疵衅作。信不足焉，则有不信，此自然之道也。己处不足，非智之所济也。（十七章）

王弼在《老子注》中所说的"无欲"，就是要求君主"以天下之心为心"，把权力建立在"广得众心"的道义的基础之上。与"无欲"相反对的是"有欲"，这就是"殊其己而有其心"，把权力当作达到君主个人一己之私的目的的手段，而与千万人为敌。王弼认为，当时社会风气之所以败坏，政治秩序之所以紊乱，关键在于君主之"有欲"，诚信不足，失去了老百姓的信赖。王弼的这种主张和他在《周易注》中所阐发的德治主义的思想是完全相通的。在《周易注》中，他要求君主做到"既公且信"，这就是"无欲"；与"既公且信"相反对的是不公不信，这就是"有欲"。总之，君主应该做到大公无私，中心诚信，自觉地承担起不可推卸的道义的责任，否则，他所掌握的权力就丧失了合理性，得不到人民的信赖，从而也丧失了做君主的资格。他在《比卦·九五注》中指出："为比之主，而有应在二，显比者也。比而显之，则所亲者狭矣。……此可以为上之使，非为上之道也。"正确的为君之道应该是如同《大有卦·六五注》中所指出的：

> 居尊以柔，处大以中，无私于物，上下应之。信以发志，故其孚交如也。夫不私于物，物亦公焉；不疑于物，物亦诚焉。既公且信，何难何备？不言而教行，何为而不威如？为大有之主而不以此道，吉可得乎？

在王弼所设想的合乎自然的名教社会中，君上与臣下处于权力结构的两端,应该以中心诚信为纽带结成一种和谐统一的政治共同体。这种政治共同体有如人之一身,君为元首,臣为股肱,相亲相辅,互助合作,君主不可垄断权力,专制独裁,而应该委贤任能,信任臣下,臣下也不可结党营私,侵犯君权,而应该尽力辅助,志匡王室。这是一种君臣共治的思想,而与法家的那种绝对专制主义的思想判然有别。按照既中且正的标准来衡量,掌握这种权力结构的君主当然是以阳处阳、刚而得中的九五最为理想,但是由于某种客观的原因,产生了阴处阳位、柔而得中的情形,只要六五之君不破坏中心诚信的纽带而委贤任能,这种权力结构仍然可以有效地运转。临卦☷兑下坤上,兑为悦,坤为顺,九二之刚中与六五之柔中相应,象征君主行使权力、君临臣下之世。《临卦·六五》:"知临,大君之宜,吉。"王弼注说:

> 处于尊位,履得其中。能纳刚以礼,用建其正,不忌刚长,而能任之。委物以能,而不犯焉,则聪明者竭其视听,知力者尽其谋能,不为而成,不行而至矣!大君之宜,如此而已。

《损卦·六五》:"或益之十朋之龟,弗克违,元吉。"王弼注说:

> 以柔居尊,而为损道,江海处下,百谷归之。履尊以损,则或益之矣。朋,党也。龟者,决疑之物也。阴非先唱,柔非自任,尊以自居,损以守之。故人用其力,事竭其功,智者虑能,明者虑策,弗能违也,则众才之用尽矣。获益而得十朋之龟,足以尽天人之助也。

损卦☷兑下艮上,艮为阳,兑为阴,阳止于上,阴悦而顺,意味着损下益上,损刚益柔。王弼认为,"自然之质,各定其分,短者不为不足,长者不为有余,损益将何加焉?"因此,这种损益"非道之常",并不合乎自然之道。但是,由于阴阳两大势力的消长,产生了如同损卦的这种配置的情形,应该采取什么对策来进行调整呢? 王弼在《损卦·象传注》中指出:"损下益上,非补不足也:损刚益柔,非长君子之道也。为损而可以获吉,其唯有孚乎。……损刚益柔,不以消刚;损下益上,不以盈上。损刚而不为邪,益上而不为诌,则何咎而可正?"这就是说,处损之道,关键在于诚信。由于社会政治系统是阴阳两大势力相互依存必须生活于其中的共同体,如果双方彼此信赖,相待以诚,都能根据这种相互依存关系来进行自我约束,尽可能地去照顾对方,满足对方,则损非全损,益非全益,损中有益,益中有损,尽管处于不利的形势,也能维持一种动态的平衡。损卦六五居于上体艮阳之中,是受益的一方,但却不只顾自己的满足,而是"以柔居尊,而为损道",中心诚信,以应于九二之阳刚。六五"尊以自居,损以守之",虽然掌握了最高权力,但能自我抑损,虚怀若谷,委贤任能,并不滥用权力,独断专行。这种"履尊以损"的做法,反而由损而获益,争取到臣下的衷心信赖而获得他们群策群力的竭诚辅助。

照王弼看来,如果君臣上下的权力结构建立在彼此信赖的基础之上,则可以结成一种互惠的关系,上有信以惠于下,下亦有信以惠于上。《益卦·九五》:"有孚惠心,勿问元吉。有孚,惠我德。"王弼注说:

> 得位履尊,为益之主者也。为益之大,莫大于信;为惠之大,莫大于心。因民所利而利之焉,惠而不费,惠心者也。信以惠心,尽物之愿,固不待问而元吉。有孚,惠我德也,以诚惠物,物亦应之,故曰"有孚,惠我德"也。

王弼的这个思想也是渊源于儒家的德治主义。《论语·尧曰》:"子曰:因民之所利而利之,斯不亦惠而不费乎。"居于尊位的君主,应该利用手中掌握的权力施惠于下,而不能谋一己之私。所谓"惠而不费",是说施惠于下并不是破费国家的财物对人民施行小恩小惠,而是"因民之所利而利之","尽物之愿",把权力当作满足人民愿望的工具,为人民谋福利。九五得位履尊,是掌握最高权力的君主,居于损上益下之时,阳刚中正,具有"以诚惠物"之心。人民由于君主的这种"以诚惠物"之心而得到莫大的利益,受到莫大的恩惠,所以说"为益之大,莫大于信;为惠之大,莫大于心"。君主以至诚之惠心对待人民,人民也以至诚之惠心对待君主,至诚相感,上下交孚,于是君主受到人民的衷心爱戴,在互惠的关系中也转化成受益的一方,可以得志于天下,所以说"固不待问而元吉"。

王弼认为,君主既然掌握了最高权力,对于维护政治秩序的稳定负有主要责任,应该具有强烈的忧患意识。如果不能使细小者发扬光大,使隐而不通者通达,这种忧患意识是不会停止的。只有把一切的人际关系理顺,做到丰大亨通,各得其所,才可以停止忧患。他在解释《丰卦》的卦义时指出:

> 丰之为义,阐弘微细,通夫隐滞者也。为天下之主,而令微隐者不亨,忧未已也,故至丰亨,乃得勿忧也。

另一方面,社会的其他成员也应该与君主密切配合,共同维护政治秩序的稳定,而不可反其道而行之,去做逃避现实的隐士。丰卦上六,"以阴处极,而最在外,不履于位",就是这样一种"深自幽隐,绝迹深藏"的人。王弼在《丰卦·上六注》中谴责说:

> 处于明动尚大之时,而深自幽隐以高其行,大道既济而犹不见,隐不为贤,更为反道,凶其宜也。三年,丰道之成,治道未济,隐犹可也;既济而隐,是以治为乱者也。

王弼在《老子注》二十八章中曾说:

> 朴,真也。真散则百行出,殊类生,若器也。圣人因其分散,故为之立官长。以善为师,不善为资,移风易俗,复使归于一也。

这就是说,圣人顺应自然的生成所设立的官长制度,是一个伦理教化的工具。所谓"以善为师,不善为资",是说进行伦理教化的方法,是以善人作为不善人的老师,以不善人作为善人的借鉴,也就是"善人以善齐不善,不以善弃不善"。不善人既然不被遗弃而受到善人的感化,于是整个社会移风易俗而复归为和谐的统一。

在《周易注》中,王弼反复强调,为了维持社会政治秩序的稳定,应该用伦理教化的方法,而不可用武力强制的手段。《观卦注》说:"统说观之为道,不以刑制使物,而以观感化物者也。神则无形者也。不见天之使四时，而四时不忒；不见圣人使百姓，而百姓自服也。"《贲卦注》说："止物不以威武，而以文明，人之文也。""处贲之时，止物以文明，不可以威刑，故君子以明庶政，而无敢折狱。"《临卦注》说："相临之道，莫若说顺也。不恃威制，得物之诚，故物无违也。是以君子教思无穷，容保民无疆也。"《习坎卦注》说："至险未夷，教不可废，故以常德行而习教事也。习于坎，然后乃能不以险难为困，而德行不失常也。故则夫习坎，以常德行而习教事也。"《渐卦注》说："贤德以止巽则居，风俗以止巽乃善。"

王弼认为，如果不以伦理教化而以武力强制为手段，便会事与愿违，导致不稳定因素增长，从根本上破坏社会的和谐统一。《困卦·九五注》说："以阳居阳，任其壮者也。不能以谦致物，物则不附。忿物不附而用其壮，猛行其威刑，异方愈乖，遐迩愈叛，刑之欲以得，乃益所以失也。"为了纠正滥用权力的偏差，王弼认为，统治者应该做到"谦以制礼"，遵循礼的规范，用礼来约束自己。《大壮卦·象传注》说："壮而违礼则凶，凶则失壮也，故君子以大壮而顺礼也。"《周易略例·卦略》解释大壮卦："未有违谦越礼能全其壮者也，故阳爻皆以处阴位为美。用壮处谦，壮乃全也；用壮处壮，则触藩矣。"关于履卦，《卦略》解释说："履者，礼也，谦以制礼。阳处阴位，谦也。故此一卦，皆以阳处阴为美也。"王弼的这个思想也是渊源于儒家。孔子曾说："能以礼让为国乎？何有？不能以礼让为国，如礼何？"（《论语·里仁》）孔子把礼让看成立国之本，认为国家的权力结构应该建立在礼让的伦理基础之上。王弼继承了儒家的价值观念，进一步强调"用壮处谦"，"谦以制礼"，警告居于壮者地位的统治者应该清醒地认识到权力的相对性，不可"用壮处壮"，滥用权力。权力是一个关系范畴，离开了统治与服从的关系，就无所谓权力。既然是一种关系，对立的双方就相互依存。如果统治者不懂得这种相互依存的关系，"违谦越礼"，破坏了权力结构的伦理基础，必然会丧失权力，促使稳定的政治秩序趋于解体。

四、《周易注》的谋略思想

《论语·述而》："子曰：加我数年，五十以学《易》，可以无大过矣。"王弼的《论语释疑》解释说：

> 《易》以几、神为教。颜渊庶几有过而改，然则穷神研几可以无过。明易道深妙，戒过明训，微言精粹，熟习然后存义也。

这是王弼对《周易》的根本理解，也是对他自己的《周易注》的总体思想的简明扼要的概括。所谓神即"阴阳不测之谓神"的意思，指阴阳变化神妙不测的客观规律。"几者，动之微，吉之先见者也"，即阴阳变化的苗头，吉凶祸福的先兆。《系辞》说："知变化之道者，其知神之所为乎！""知几其神乎！""夫《易》，圣人之所以极深而研几也。唯深也，故能通天下之志；唯几也，故能成天下之务；唯神也，故不疾而速，不行而至。"王弼认为，《周易》教人以"穷神研几"之学，就是教人纯熟地掌握阴阳变化的客观规律，用来指导主体的行为，达到随机应变、应付自如的神化境界，以便在成就天下事务的过程中不犯错误。颜渊仅能做到"有过而改"，孔子晚年学《易》，是为了"穷神研几可以无过"。因此，所谓"《易》以几、神为教"，是说《周易》这部书，其根本之点在于把认识客观规律和人们对这种规律的利用两者结合起来，指导人们根据形势的变化采取正确的决策，其中"微言精粹"，蕴涵着丰富的谋略思想。王弼在《周易注》中，很少谈有说无，而是着重于结合客观形势与主体行为的关系，研究六十四卦、三百八十四爻变化的规律，目的是为了"穷神研几"，通过对卦与爻的解释来引发出一种不同于先秦而适合于曹魏正始年间时代需要的谋略思想。

王弼在《周易略例·明象》中指出："物无妄然，必由其理。"这个理是指每一卦中爻与爻之间的关系所表现出来的客观规律。在《明卦适变通爻》中，王弼指出，爻与爻之间存在着应、位、承乘、远近、内外、初上等种种复杂的关系，"故观变动者，存乎应；察安危者,存乎位;辨逆顺者,存乎承乘;明出处者,存乎外内。"因此,掌握了这些关系,就能"穷神研几",认识客观之理。但是,王弼强调,人们在客观之理面前不能消极无为,而应该发挥主观能动性,采取正确的行动,使环境朝着有利方面转化,以达到趋吉避凶、转祸为福的目的。所以他说:"是故虽远而可以动者,得其应也;虽险而可以处者,得其时也;弱而不惧于敌者,得所据也;忧而不惧于乱者,得所附也;柔而不忧于断者,得所御也;虽后而敢为之先者,应其始也;物竞而独安静者,要其终也。"

王弼的这个思想表现了对理性力量的高度确信,洋溢着一种阳刚奋发、积极有为的进取精神,构成为《周易注》中谋略思想的基调。比如他说:

> 天也者,形之名也;健也者,用形者也。夫形也者,物之累也。有天之形,而能永保无亏,为物之首,统之者岂非至健哉!(《乾卦·象传注》)

> 刚自外来而为主于内,动而愈健。刚中而应,威刚方正,私欲不行,何可以妄?使有妄之道灭,无妄之道成,非大亨利贞而何?刚自外来,而为主于内,则柔邪之道消矣;动而愈健,则刚直之道通矣;刚中而应,则齐明之德著矣。故大亨以正也。(《无妄卦·象传注》)

> 夫能辉光日新其德者,唯刚健笃实也。(《大畜卦·象传注》)

> 居上乘柔,处损之极,尚夫刚德,为物所归,故曰得臣,得臣则天下为一。(《损卦·上九注》)

> 处益之初,居动之始,体夫刚德,以莅其事,而之乎巽,以斯大作,必获大功。(《益卦·初九注》)

> 天德刚而不违中,顺天则说,而以刚为主也。(《萃卦·象传注》)

> 处困而用刚,不失其中,履正而能体大者也。能正而不能大博,未能济困者也。(《困卦·象传注》)

> 成大事者,必在刚也。(《小过卦·象传注》)

关于王弼的《周易注》，后世学者多半认为是以老庄解《易》，祖尚虚无，但是也有许多持不同意见者。比如李觏的《易论》十三篇，"援辅嗣之注以解义"，认为王弼的《周易注》"盖急乎天下国家之用"，"君得之以为君，臣得之以为臣"，是文王、周公、孔子思想的继承者。黄宗羲在《象数论序》中指出："有魏王辅嗣出而注《易》，得意忘象，得象忘言，日时岁月，五气相推，悉皆摈落，多所不关，庶几潦水尽寒潭清矣。顾论者谓其以老庄解《易》，试读其注，简当而无浮义，何曾笼络玄旨。故能远历于唐，发为正义，其廓清之功，不可泯也。"

平心而论，以上两种看法都有一定的根据，但却失之于片面，只知其一，不知其二。因为《周易注》和《老子注》在王弼的思想体系中呈现着一种互补的关系。既然是互补，一方面是各有侧重，另一方面又是互相渗透，前者为异，后者为同。就其所同而观之，认为王弼以《老》解《易》，祖尚虚无，不为无据。就其所异而观之，认为王弼何曾笼络玄旨，不违儒家教义，也未尝不是持之有故，言之成理。实际上，王弼构筑自己的玄学思想体系，不像后世的理学家那样，存有狭隘的门户偏见，他既非正统的儒家学者，也不是道家学派的忠实信徒。他所生活的汉魏之际，诸子之学油然勃起，思想领域喧闹沸腾，是一个可与先秦相媲美的开放的时代。王弼的学术立场是综合总结，融会贯通，根本无意于计较自己的学派归属，像后世的理学家那样去排斥异端，继承道统，只是力图兼收并蓄，博采众长，为当时的人们提供一种"举本统末""守母存子"的玄学世界观。因而虽然《周易》和《老子》这两部先秦的经典属于儒道两家，但是通过王弼的重新解释，却改变了原来的学派属性而结成一种互补的关系，共同构成贵无论玄学的有机组成部分。

《周易注》与《老子注》的互补关系表现在各个层面上。就本体论的层面而言，《老子注》侧重于说无，《周易注》侧重于谈有，但是前者说无并不离有，后者谈有也必归结到无，二者的思想是互相渗透的。比如王弼在《复卦注》中指出："然则天地虽大，富有万物，雷动风行，运化万变，寂然至无是其本矣。"就价值观的层面而言，《老子注》侧重于道家的自然主义,《周易注》侧重于儒家的名教思想,但是前者的自然主义并不排斥名教思想,后者的名教思想是以自然主义为最高依据,这两种看来似乎矛盾的思想在名教本于自然的命题之中获得了统一。再就谋略思想的层面而言,《老子注》侧重于贵柔守雌,无为而治,《周易注》则侧重于阳刚至健,奋发有为,但是王弼并没有把二者对立起来,而是反复阐明,有为与无为作为一种策略手段,应该共同致力于维持社会政治秩序的稳定,当各种关系尚未理顺之时,统治者应该有为,业已理顺之后,则应复返于无为,二者实质上是互相结合、完全相通的。

在中国哲学史上,各家各派都十分重视谋略思想的研究,积累了许多有价值的研究成果,形成了不同的风格体系,就其主要的思想倾向而言,大致说来,可以分为两派,一派强调有为,一派强调无为。法家和儒家虽然在一系列政治主张上彼此对立,但他们的谋略思想都是强调有为的,法家强调政治的干预和强制的作用,儒家强调伦理道德的引导和教化的作用。道家与他们相反,认为这些做法破坏了自然的本性,应该实行无为,让事物的内部机制发挥其固有的平衡和调节的作用。这两派的争论涉及到许多深刻的哲学问题,各有所得,也各有所失,分别在不同的方面作出了自己的贡献。强调有为的一派对主观能动性的范畴探讨得比较充分,强调无为的一派则把尊重客观规律提到首位。实际上,对于一个完整的行之有效的谋略思想来说,发挥主观能动性与尊重客观规律都是不可缺少的。合之则两美,离之则两伤。所以这两派在历史上往往是相互吸收,趋于合流。不过,尽管如此,各家各派的主要的思想倾向及其着重点在不断激荡融会的过程中仍然是可以分辨的。比如韩非吸收了道家的无为思想,把它解释成君主因任而授官,群臣安分而守职。他说:"夫物者有所宜,材者有所施,各处其宜,故上下无为。使鸡司夜,令狸执鼠,皆用其能,上乃无事。"(《韩非子·扬权》)其实,这种无为并没有脱离有为的窠臼。汉初的黄老学派用有为的内容去充实无为的概念。比如《淮南子》批判消极无为的主张,提出积极无为的思想。它说:

> 或曰无为者,寂然无声,漠然不动,引之不来,推之不往。
> 如此者,乃得道之像。吾以为不然。(《修务训》)

> 所谓无为者,不先物为也,所谓无不为者,因物之所为。
> 所谓无治者,不易自然也,所谓无不治者,因物之相然也。
> (《原道训》)

但是,这种论调的主旨还是强调无为。

这两派谋略思想在历史上都曾经起过调整和巩固封建秩序的作用,我们不能脱离具体的历史条件去抽象地评判其中哪一派具有更多的真理性。汉初的七十年间,奉行无为思想,是卓有成效的。到了汉武帝时,转向雄才大略的有为思想,这也是历史的必然。封建社会是一个复杂的动态的系统,在它的各个发展阶段,需要不同的谋略思想。无为和有为这两派适应历史的需要从不同的侧面进行探讨,为统治者提供决策的依据,总的来看,它们的探讨都加深了对封建社会系统的认识,丰富了中国的谋略思想的宝库。因此,它们在历史上的地位应该是不分轩轾,我们也用不着厚此薄彼,去拥护一派,反对另一派。但是,人们对无为这一派却历来抱有很大误解,往往把无为看作是无所作为。这种误解影响到对整个玄学的看法,认为玄学的基本性格就是口谈玄虚,不综世务,消极腐朽。其实,无为这一派重视发挥系统自身固有的调节作用,让人们的主观留在后方,不受骚扰,不受侵犯,施展如同黑格尔所说的那种"理性的狡计",这种谋略思想的合理内核是相当丰富的。特别是王弼,他从哲学本体论的高度来研究这种谋略思想,把世界观和方法论统一起来,提出了"以无为本"的根本原理,这种研究的成果,其意义不仅限于发展了谋略思想,而且改变了那个时代的人们观察和处理问题的基本思维方式。

我们曾经指出,玄学的基本思路是合而不是分,其着眼点在于会通而不是否定,何晏如此,王弼也是如此。因此,虽然王弼把"以无为本"树立为根本原理,但是并不排斥与之相对的有与末,而是通过"举本统末"的思路把无与有、本与末紧密联结在一起,组成一个完整的体系。关于谋略思想中的无为与有为的关系,王弼也是按照这个基本思路来处理的。

　　表面上看来，王弼在《老子注》中似乎是极力排斥有为而推崇无为，把二者对立起来。比如他说："有为则有所失，故无为乃无所不为也。"（《老子注》四十八章）"为治者务欲立功生事，而有道者务欲还反无为。"（《老子注》三十章）但是王弼在这些言论中所排斥的有为，指的是当时曹魏政权所推行的名法之治与名教之治的种种"弃其本而适其末"的错误做法，这种有为不尊重客观的自然规律，破坏社会整体的内在和谐，完全是统治者滥用权力的恣意妄为。至于按照本与末的关系与无为紧密联结在一起的有为，王弼是并不排斥的。比如他说："始制，谓朴散始为官长之时也。始制官长，不可不立名分以定尊卑，故始制有名也。过此以往，将争锥刀之末，故曰名亦既有，夫亦将知止也。遂任名以号物，则失治之母也。"（《老子注》三十二章）王弼认为，在社会开始建立官长制度之时，"不可不立名分以定尊卑"，也就是说，必须实行有为。因为人类社会"朴散则为器"的自然的生成与天地万物的自然的生成不同，只有建立尊卑名分的官长制度才能组成为一个社会，而这种制度的建立本身就是一个有为的过程。由于这种有为顺应自然生成的客观规律，立足于社会整体的和谐，着眼于发挥其中内在的自我调节功能，所以与"本在无为"的根本原理并不矛盾。只是这种有为应该保持一定的限度，一旦制度业已建立，尊卑名分业已确定，就要复反于无为。如果过此以往，仍然有为不止，"遂任名以号物"，采取名法之治与名教之治的错误做法，这种有为就转化成"弃其本而适其末"的恣意妄为了。因此，王弼只是排斥那种违反客观规律的有为，而把尊重客观规律的有为看作是无为之治不可缺少的组成部分。

　　关于尊重客观规律的有为，王弼在《老子注》中是用这样的语言来表述的："垂象而见吉凶，先事而设〔诫〕，安而不忘危，未兆而谋之，故曰繟然而善谋也。"（《老子注》七十三章）"不可以无之故而不持，不可以微之故而弗散也。无而弗持则生有焉，微而不散则生大焉。故虑终之患如始之祸，则无败事。"（《老子注》六十四章）

这种表述实际上说的就是"《易》以几,神为教","穷神研几可以无过",与他对《周易注》的总体思想的概括是完全相通的。韩康伯《系辞注》引王弼曰:"忧悔吝之时,其介不可慢也。"悔吝即处于吉凶之间的小疵,介即吉凶转化的细微的苗头。为了争取成功,避免失败,不可不虑始虑终,缜密思考,准确地掌握这种细微的苗头。这说的其实就是"先事而设诫","未兆而谋之","不可以无之故而不持,不可以微之故而弗散"。由此可见,虽然王弼在谋略思想方面属于无为这一派,但却并不排斥尊重客观规律的有为,而是按照"举本统末"的思路,力图把无为与有为紧密联结在一起。只不过由于所依据的儒道两家原典的不同,在《老子注》中侧重于论述无为,在《周易注》中侧重于阐明有为。

王弼在《周易注》中,曾经针对着某些不同的形势,反复强调有为的必要性。比如他说:

> 蛊者,有事而待能之时也。可以有为,其在此时矣。(《蛊卦·象传注》)
>
> 是君子有为之时也。(《大过卦·象传注》)
>
> 凡物,穷则思变,困则谋通,处至困之地,用谋之时也。(《困卦·上六注》)
>
> 夫处震之时,而得尊位,斯乃有事之机也。(《震卦·六五注》)
>
> 旅者,大散,物皆失其所居之时也。咸失其居,物愿所附,岂非知者有为之时?(《旅卦·象传注》)

另一方面,王弼又针对着其他一些形势,警告人们不可以有为。比如他说:

> 在革之始,革道未成,固夫常中,未能应变者也。此可以守成,不可以有为也。(《革卦·初九注》)
>
> 处于小过不宁之时,而以阳居阴,不能有所为者也。以此自守,免咎可也;以斯攸往,危之道也。(《小过卦·九四注》)
>
> 处下离之终,明在将没,故曰"日昃之离"也。明在将终,

若不委之于人,养志无为,则至于耆老有嗟,凶矣。故曰"不鼓缶而歌,则大耋之嗟,凶"也。(《离卦·九三注》)

处进之极,过明之中,明将夷焉。已在乎角,而犹进之,非亢如何?失夫道化无为之事,必须攻伐然后服邑。危乃得吉,吉乃无咎,用斯为正,亦以贱矣。(《晋卦·上九注》)

同时,王弼又针对着一些特定的形势,强调必须奉行无为。比如他说:

需之所须,以待达也。已得天位,畅其中正,无所复须,故酒食而已,获贞吉也。(《需卦·九五注》)

泽中有雷,动说之象也。物皆说随,可以无为,不劳明鉴,故君子向晦入宴息也。(《随卦·象传注》)

改命创制,变道已成。功成则事损,事损则无为。故居则得正而吉,征则躁扰而凶也。(《革卦·上六注》)

居既济之时,而处尊位,物皆济矣。将何为焉?其所务者,祭祀而已。(《既济卦·九五注》)

未济之极,则反于既济。既济之道,所任者当也。所任者当,则可信之无疑,而已逸焉。故曰"有孚于饮酒,无咎"也。以其能信于物,故得逸豫而不忧于事之废。(《未济卦·上九注》)

从这一系列的言论来看,王弼在处理有为与无为的关系时,表现了极大的灵活性和清醒的务实精神。他不是把有为或无为看作僵死凝固的教条,一成不变的格式,而是把它们看作可以交替使用的策略手段,以应付复杂多变的具体形势。具体形势不同,策略手段也要相应地有所不同。《周易略例·明卦适变通爻》说:"是故用无常道,事无轨度,动静屈伸,唯变所适。"这就是王弼在《周易注》中处理有为与无为关系的指导思想。因此,无论是有为与无为,都是既尊重了客观规律,又发挥了主观能动性。通过"穷神研几"之学使自己的思维准确地掌握客观事物的变化规律,然后根据对此变化规律的掌握,发挥主观能动性,使用有为或无为的策略手段,以达到预期的目的,于是手段与目的也获得了统一。

究竟在什么具体形势下应该实行有为呢？从上面所引的几段王弼的言论来看,他是强调在社会人际关系尚未理顺、政治秩序发生冲突和危机的情况下,应该实行有为来进行调整。比如蛊卦䷑巽下艮上,象征腐败混乱之世。王弼认为,此时急需整顿治理,是"有事而待能之时也"。"可以有为,其在此时矣"。有为的内容主要是"创制",即颁布新法令。他说:"甲者,创制之令也。创制不可责之以旧,故先之三日,后之三日,使令洽而后乃诛也。因事申令,终则复始,若天之行用四时也。"因此,这种"创制"顺乎人心,有如四时的运行,并不违反客观的规律。再就蛊卦的卦象而言,虽然象征腐败混乱,但也存在着实行有为的有利条件。王弼指出:"上刚可以断制,下柔可以施令。既巽又止,不竞争也。有事而无竞争之患,故可以有为也。"

大过卦的卦象象征"栋桡之世",王弼认为,此时应"拯弱兴衰",以救危难,"是君子有为之时也"。但九三、九五两爻落后于形势而无所作为,王弼严厉谴责说:"不能救危拯弱,以隆其栋,……宜其淹弱而凶衰也。""处栋桡之世而为无咎无誉,何可长哉!"困卦象征困穷之世,王弼认为,"处至困之地,用谋之时也。"对于无所作为、困而不谋通的人,王弼则斥之为小人。他说:"穷必通也,处困而不能自通者,小人也。"震卦象征"威骇怠懈,肃整惰慢"之世,六五得尊位,王弼认为,这是实行有为、发动事功的大好时机。旅卦象征羁旅之世,人们颠沛流离,社会濒于解体,王弼认为,此时应"令附旅者不失其正,得其所安",是知者有为之时。

王弼在发挥有为的思想时,一直是把尊重客观规律置于首位,以清醒的务实精神,对事物的发展和各方面的条件进行全面的分析和缜密的思考。如果时机尚未成熟,条件并不具备,尽管总的形势需要实行有为,也不可鲁莽从事,而要耐心等待,不可以有为。革卦初九就是一个典型的例子。革卦象征变革之世,变革本身就是一个积极有为的过程。但是革卦初九处于变革的初始阶段,革道未成,王弼认为,此时应维持现状以等待时机,不可轻举妄动,有所作为。再比如小过卦象征小有过越之世,"过小而难未大作",总的形势是需要矫正防止,实行有为,但是九四以阳居阴,其位不当,主观方面不具备有利的条件,所以王弼认为,此时应自守以免咎,而不能有所为。

如果各种关系业已理顺,冲突危机的因素业已消除,正常的秩序业已恢复,王弼认为,此时应在策略上作一次根本性的转变,复归于无为,切不可急躁冒进,有为不止,去干扰破坏社会政治系统内部所固有的自我调节功能。比如随卦象征喜悦随从之世,统治者不必再去费心劳神,操持政务,而应奉行无为,晚上安心地入室宴息。既济卦象征万事皆济之世,既然所有的事情都已获得成功,统治者也就安逸悦乐,无事可做了,如果一定要找一件事来做,无非是祭祀而已。王弼的这个思想在《革卦·上六注》中表现得最为典型。所谓"功成则事损,事损则无为",意思是说,在功未成之时,关系尚未理顺,冲突危机的因素尚未消除,事务繁多,百端待举,必须日理万机,积极有为,一旦大功告成,整个社会政治系统回到了自然的和谐状态,人们自满自足,各得其所,也就太平无事了,此时必须从根本上改变有为的做法,而奉行无为。所谓"居则得正而吉,征则躁扰而凶",是说若不适应形势的需要,改变策略,奉行无为,就会导致凶的结果。晋卦上九的行为就是一个明显的例证。晋卦的卦象为明出地上,象征光明进取之世,但晋卦上九处于进取之世的终结阶段,光明即将泯灭,形势即将转化,仍然强亢刚直,一味进取,所以王弼严厉谴责,认为这是"失夫道化无为之事"。离卦六三也与此类似。离卦的卦体为离下离上,象征重明之世。六三处下离之终,就形势而言,是日已西斜,明在将终,就人生而言,是暮年已至,老态龙钟。王弼认为,此时应该把事情委托给别人去做,而自己则鼓缶而歌,养志无为,否则必然会有老耋之忧虑嗟叹,而终究有凶。

在《老子注》中,王弼曾说:"本在无为,母在无名。"(《老子注》三十八章)这是王弼所树立的最高原则,但是这种无为应该与尊重客观规律的有为交替灵活地使用,并非僵死凝固的教条。如果说

无为是本,有为是末,那么这种关系也可以表述为道与权的关系。王弼在《论语释疑》中指出:

> 权者,道之变。变无常体,神而明之,存乎其人,不可豫设,尤至难者也。

仔细揣摩王弼的这一段言论,他是认为,懂得"本在无为"的最高原则并不怎么困难,如何使之与有为相结合以应付复杂多变的具体情况,达到神而明之的高超境界,则是一门特别困难的领导艺术。在《周易注》中,王弼充分利用了《周易》原典中的认识与行为紧密相连的思维模式,全面地展开了这一思想。因此,关于无为与有为的关系,就其实质而言,不是一个思辨的哲学问题,而是一个属于行为学范畴的政治谋略和领导艺术的问题。

虽然如此,王弼在处理无为与有为的关系时,仍然是以他的本体论的哲学为依据的。他在《老子注》中曾经指出:

> 夫执一家之量者,不能全家;执一国之量者,不能成国;穷力举重,不能为用。故人虽知万物治也,治而不以二仪之道,则不能赡也。(《老子注》四章)

所谓"二仪之道",就是天地自然无为之道。王弼认为,他把无为树立为谋略思想的最高原则,是因为这个原则符合天地之道。为什么天地之道就是自然无为呢? 这是因为宇宙整体存在着一种自然的和谐,万物自相治理,凭借内部所固有的自我调节机制维持生态平衡,用不着任何人为的干预而自生自成。至于人类社会的整体,也同样存在着这种自然的和谐,其中尊卑贵贱的名分等级制度,就是一种"以善为师,不善为资"的自我调节的机制。所以为了治理国家,搞好政治,如果不立足于整体的和谐,以无为作为最高原则,就不能驾驭全局,抓住根本。但是,人类社会与天地万物毕竟有所不同,这不仅是由于人类社会必须实行有为才能建立起一个和谐的制度,而且也由于这个和谐的制度随时都会产生冲突和危机,必须实行有为来不断地调整,使之复归于和谐。因此,王弼在谋略思想上会通无为与有为,通过本与末、道与权的关系把二者有机地联结起来,是以这种立足于和谐的整体观为依据的。

王弼的这种立足于和谐的整体观是会通了先秦的《周易》与《老子》的思想发展而来的。就《周易》与《老子》的整体观而言,各自有着鲜明的特征。《周易》主张天尊地卑,以阳刚为统率,以阴柔为从属,二者协调配合,共同维持自然和社会的永恒的和谐。《老子》则贵柔守雌,尽量防止事物向刚强方面转化,以维持原始的和谐。如果说《周易》把和谐当作一个有待争取的理想目标,《老子》则把和谐当作无须改变的既成的事实。因此,《周易》重视发挥"自强不息"的奋发有为的精神,《老子》则认为只有无为才能维持原始的和谐。在汉魏之际的历史条件下,原始的和谐已经破坏,单纯搬用《老子》的整体观,显然已不合时宜。至于通过有为初步理顺了各种关系之后是否应该复归于无为,《周易》并未明言。王弼根据时代的需要对《周易》和《老子》作了新的解释,一方面以《老》解《易》,另一方面也以《易》解《老》,着眼于社会政治系统从有序到无序、又从无序到有序的整个历程,明确区分了两个不同的发展阶段,把有为和无为这两种谋略思想辩证地统一起来,而最后归结为无为,使社会政治系统在和谐的状态下恒久不已地流转不息。应当承认,王弼的这种整体观是极为深刻,而且超越前人的。

第七章　王弼的《论语释疑》

　　王弼的《论语释疑》,《隋书·经籍志》著录为三卷,《旧唐书·经籍志》著录为二卷,原本是一部完整的著作,可惜全书已佚,仅有四十余则佚文流传下来。虽然如此,这些残存的史料,吉光片羽,对于我们了解王弼玄学思想的全貌而言十分珍贵,特别是在人性论与理想人格的问题上,有许多精辟的论述,可以弥补《周易注》与《老子注》的不足。如果我们把这四十余则佚文与何晏的《论语集解》进行一番比较研究,更可以具体地看出王弼的本体论的思维模式以及解释学的方法是如何比何晏要高出一筹。

　　我们在本书第三章第二节中曾经对何晏的《论语集解》作了专门的剖析,指出这部著作着眼于把经学的传统与玄学的创新有机地结合起来,就其哲学的意义而言,则是致力于探索本体与现象的相互联结,自然与名教的相互联结。但是何晏并没有完成这个任务。当他谈论本体时,却遗落了现象;当他谈论现象时,又丢掉了本体。虽然何晏准确地把握了当时的哲学追求和价值取向,力图对《论语》这部儒家经典所论述的名教思想作出玄学的新解释,却只是强调了名教中的一些价值规范,而没有进一步去发掘这些价值规范怎样才能合乎自然。其所以如此,不仅是由于何晏缺乏一套完整的解释学的方法,更重要的原因,应该归结为他的本体论的思维模式不够成熟。

　　所谓本体论的思维模式,概括地说来,就是一方面由用以见体,同时又由体以及用,通过二者的反复循环把本体与现象紧密联结起来,而这种联结的目的不在于建立一个思辨的逻辑结构,主要是凭借它们的相互联结去把握那统贯天人、囊括宇宙的无限整体,以便从中引申出一种能够体现时代理想的崭新的内圣外王之道。如果把这种本体论的思维模式用于解释学，那么在解释道家的经典如《老子》时，应该侧重于由体以及用，把《老子》关于本体的论述放置到名教的基地上来；在解释儒家的经典如《论语》时，应该侧重于由用以见体，把孔子关于名教的思想提到"体无"的高度。只有这样，才能适应当时的哲学追求和价值取向，在本体论的层次上把有与无联结起来，在价值观的层次上把道家的自然主义与儒家的名教思想联结起来。

从《论语释疑》中的一些言论来看，王弼正是运用了这种由用以见体的方法来解释的。比如《论语·里仁》："子曰：参乎，吾道一以贯之。"孔子的这句话中蕴涵着极为可贵的本体论的思想，说明孔子也在探索一与多、约与博的相互关系，并且从万事万理之中提炼出了"一以贯之"的总的原则，又根据此总的原则来统率万事万理。王弼敏锐地把握了孔子的这个思想，深入发掘，作了进一步的引申发挥。他解释说：

> 贯，犹统也。夫事有归，理有会。故得其归，事虽殷大，可以一名举；总其会，理虽博，可以至约穷也。譬犹以君御民，执一统众之道也。

王弼在《周易略例·明象》中也阐述了与此同样的思想。他说："物无妄然，必由其理。统之有宗，会之有元，故繁而不乱，众而不惑。""故自统而寻之，物虽众，则知可以执一御也；由本以观之，义虽博，则知可以一名举也。"这是王弼据以解释《周易》的一条基本的思路。《周易》六十四卦，每一卦由六爻组成，其中贯穿着一个总体性的思想，这就是所谓"物无妄然，必由其理"。如果能够由六爻的组合关系中发掘出起支配作用的理，于多中见一，就可以"繁而不乱，众而不惑"。王弼对《论语》的解释，也是依据这条基本思路的。

《论语》和《周易》是儒家的经典。照王弼看来，儒家的经典与道家的经典有着明显的区别，处于本体论的两个不同的层次。他说："圣人体无，无又不可以训，故言必及有；老庄未免于有，恒训其所不足。"(《世说新语·文学》)因此，在解释这两家的经典时，王弼所依据的基本思路是不相同的。就道家的经典而言，尽管《老子》"未免于有"，其哲学的意义停留于本体论的现象层次，但在表现形式上却是反复申说那不可以训的无，所以在解释时应该由体以及用，把抽象的无与具体的有联结起来。至于儒家的经典，尽管已经上升到"体无"的高度，但在表现形式上却是"言必及有"，所谈的只是一些属于现象层次的问题，所以在解释时必须从相反的思路入手，由用以见体，在孔子就事论事所阐述的一些具体言论中去发掘其深层的哲学意义。

由用以见体是从具体到抽象，由体以及用是从抽象回到具体，历史上的一些大哲学家在建立自己的哲学系统时，都毫无例外地同时运用了这两种相反相成的思路，通过二者的反复循环的关系去把握世界，不可能把它们割裂开来。孔子如此，老子也是如此。这是认识论的普遍规律，谁也不能违反。但是，由于哲学家所建立的哲学系统不同，在表现形式上也确实有着不同的侧重点。比如《论语》中所记载的孔子的言论，多半是就事论事，不像老子那样去直接谈论其所见的道体。我们不能仅仅根据这种表现形式上的特点而作出轻率的判断，认为孔子的哲学系统是有用而无体，老子的哲学系统是有体而无用。事实上，在孔子的言论中，确有见道体之言，"吾道一以贯之"就是一个显明的例证，老子所说的"道常无为而无不为"，也是在极力强调道体对于现象的支配作用。因此，应该一方面准确地把握原文表现形式上的特点，同时运用"得象而忘言""得意而忘象"的方法，去理解原文内在的哲学意义。这就是一个属于解释学的问题了。

我们不能说何晏对孔子所见的道体完全缺乏理解。比如孔子关于"一以贯之"的思想在《论语·卫灵公》中又表述了一次，何晏也和王弼一样紧紧抓住，作了进一步的引申发挥。他说：

> 善有元，事有会，天下殊途而同归，百虑而一致。知其元，则众善举矣。故不待多学，而一知之。

何晏的这种理解与王弼是相通的。"善有元,事有会",万理归于一理,从现象之多中见出本体之一,孔子所说的"一以贯之"的本体论的意义就在于此。此本体之一,用孔子的术语来说是道,用老子的术语来说是无。《论语·述而》:"志于道。"何晏解释说:"志,慕。道不可体,故志之而已。"王弼解释说:"道者,无之称也,无不通也,无不由也。况之曰道,寂然无体,不可为象。是道不可体,故但志慕而已。"王弼立足于会通,把道直接归结为无,何晏较为严谨,但就本体论的意义而言,这两种解释也是可以相通的。

何晏与王弼对《论语》的解释,区别不在于是否发掘出其中的本体论的含义,而在于是否真正理解了其中如何处理本体与现象相互联结的思维模式以及这种思维模式在表现形式上的特点。比如《论语·宪问》:"君子上达,小人下达。"何晏解释说:"本为上,末为下。"何晏仅只强调本体高于现象,而没有阐明二者的相互联结。固然,为了确立本体论的思想,首先必须强调本体高于现象的论点,但是,如果不能正确处理二者的相互联结关系,也无从建构一个完整的本体论的哲学系统。

比较起来,王弼对《论语》的解释确实是高明多了。《论语·阳货》:"子曰:'予欲无言。'子贡曰:'子如不言,则小子何述焉?'子曰:'天何言哉?四时行焉,百物生焉。天何言哉?'"孔子的这一段言论典型地体现了他所见的道体以及在表现形式上的特点。孔子所见的道体实际上就是那个大化流行、生生不已的宇宙整体,这个道体是不可以言语传的,所以他说"予欲无言",即不愿意直接用言语去描述那不可传的道体。但是,孔子对于现象层次的万事万理毕竟是发表了许多言论,这些言论虽未涉及道体,但道体也就在其中。王弼认为,"圣人体无,无又不可以训,故言必及有"。这种概括一方面发掘出了孔子所见的道体,同时又准确地把握了孔子的思想在表现形式上不同于老子的特点。王弼根据这种理解来解释《论语》,就不像何晏那样仅只限于强调本体高于现象的论点,而是把着眼点放在"举本统末"上,致力于由用以见体,从"言必及有"中去发掘其"体无"的深层含义。何晏对孔子这一段十分罕见的精辟言论轻易放过,只作了一点肤浅的字面上的解释。他说:"言之为益少,故欲无言。"王弼则紧紧抓住,阐述了一套既不违反孔子原意而又进行了创造性发展的玄学思想。他解释说:

> 予欲无言,盖欲明本,举本统末,而示物于极者也。夫立言垂教,将以通性,而弊至于湮;寄旨传辞,将以正邪,而势至于繁。既求道中,不可胜御,是以修本废言,则天而行化。以淳而观,则天地之心见于不言;寒暑代序,则不言之令行乎四时,天岂谆谆者哉。

王弼认为,孔子所说的"予欲无言",是为了"明本",这个本即天地之心,而天地之心本来是无言的。但是此本来无言的天地之心发而为用,寒暑代序,化生万物,虽未尝谆谆言之,实际上是统贯于形形色色的万象之中。因此,与其"立言垂教","寄旨传辞",谆谆而言之,毋宁"举本统末","修本废言",启发人们由用以见体,通过形形色色的万象来体认那无言的天地之心。王弼的这种解释既强调了本体高于现象的论点,又把二者紧密联结起来,虽然比孔子说得更加透彻,大体上是符合孔子原意的。

就纯粹的哲学意义而言,孔子所见的道体与老子以及王弼本人所见的道体并无实质性的区别,都是对同一个客观外在的宇宙整体的所见。但在理论的把握与语言的表述上,他们三人却有高下精粗之分,孔子不及老子,老子不及王弼,这也是一个确凿无疑的事实。王弼不是哲学史家,他的目的不在于以严谨的态度去厘清事实,辨析源流,而是借助于对孔子与老子的所见作出新的解释以建立自己的哲学系统。因此,王弼往往是采用会通的办法,以孔老互训,实际上是"以意逆志",把孔老所见的道体统统提升到玄学的层次上来。比如他解释老子所见的道体说:"是以天地虽广,以无为心;圣王虽大,以虚为主。故曰以复而视,则天地之心见;至日而思之,则先王之志睹也。"(《老子注》三十八章)他解释《周易》所见的道体说:"天地以本为心者也。……然则天地虽大,富有万物,雷动风行,运化万变,寂然至无是其本矣。故动息地中,乃天地之心见也。若其以有为心，则异类未获具存矣。"(《复卦注》)在《论语释疑》中，王弼也把孔子所见的道体解释为无或天地之心。他说："道者，无之称也。""天地之心见于不言。"

照王弼看来，这个不言的天地之心，无形无名，也就是自然，所谓"圣人体无"，也就是"圣人有则天之德"，"道同自然"。因此，王弼解释孔子所见的道体，也沿用了自然这个范畴。《论语·泰伯》："子曰：大哉，尧之为君也！巍巍乎唯天为大，唯尧则之。荡荡乎民无能名焉！"王弼解释说：

> 圣人有则天之德。所以称唯尧则之者，唯尧于时全则天之道也。荡荡，无形无名之称也。夫名所名者，生于善有所章而惠有所存。善恶相须，而名分形焉。若夫大爱无私，惠将安在？至美无偏，名将何生？故则天成化，道同自然，不私其子而君其臣。凶者自罚，善者自功；功成而不立其誉，罚加而不任其刑。百姓日用而不知所以然，夫又何可名也！

王弼在《老子注》中曾说："万物以自然为性。"(《老子注》二十九章)在《周易注》中也指出："任其自然，而物自生；不假修营，而功自成。"(《坤卦注》)"自然之质，各定其分，短者不为不足，长者不为有余，损益将何加焉？"(《损卦注》)这个自然之性就是天地万物所具有的自满自足的和谐的本性。圣人"则天成化，道同自然"，把对自然之性的体认用于人事，使得社会领域的各种人际关系也如同天地万物那样调适畅达，各得其所，因而自然这个范畴不仅是反映了客观的规律，也体现了人们的社会理想。在曹魏正始年间，玄学家们都十分重视自然这个范畴，企图通过它来阐明天与人之间的内在的联结。比如何晏的《无名论》说："夏侯玄曰：'天地以自然运，圣人以自然用。'自然者，道也。道本无名，故老氏曰强为之名。仲尼称尧荡荡无能名焉，下云巍巍成功，则强为之名，取世所知而称耳。岂有名而更当云无能名焉者邪？"何晏引申发挥了夏侯玄的思想，把自然归结为道，并且会通孔老，认为尧之所以取得"巍巍成功"而又"荡荡无能名焉"，就是把自然的天道运用于人道的结果。

何晏的这种解释与王弼也是相通的。

但是，何晏与夏侯玄只是从思辨的角度阐明了天与人的联结，而没有从中引发出一种可以运用于具体实践的内圣外王之道。就夏侯玄的两个命题而言，"天地以自然运"并不是玄学的新意所在，因为这个命题早已由先秦的老庄所提出，后来又由汉代的《淮南子》和王充作了详细的论证，玄学不过是继承了前人的思想成果，把这种自然主义的哲学作为自己的理论前提。玄学的创新不是这种古已有之的自然主义，而是自然与名教的内在的联结，因此，"圣人以自然用"这个命题才是玄学的发明创造，体现了玄学家超越于前人的天人新义。正是由于这个原因，所以何晏与王弼都十分重视《论语·泰伯》中孔子赞美尧有则天之德的一段言论，把"荡荡无能名焉"与"巍巍成功"联结起来，以此来证明"圣人以自然用"的玄学思想。但是，为了把这个抽象的命题展开成为一个丰满完整的体系，必须从孔子关于名教的一些就事论事的言论中见出其所本。因为孔子思想的特点是"言必及有"，很少直接谈论其所见的道体，如果不通过由用以见体的思路作一番提炼转化的工作，就无法阐明自然与名教之间的内在的联结，所谓"圣人以自然用"的命题也就变成了一句空话。何晏根据"本为上，末为下"的观点解释《论语》，尽管在一些地方点出了孔子的思想是本于自然，但总的来看，本与末、自然与名教仍然分为两橛，缺乏内在的联结。

王弼与何晏不同，他所据以解释《论语》的指导思想是"举本统末"，致力于找出二者内在的联结，具体地阐明何以孔子所说的名教皆本于自然。在《论语》中，孔子曾经发表了许多关于礼乐的言论。所谓礼乐，也就是名教。尽管孔子不是玄学家，从来没有使用自然与名教这一对范畴，但是孔子明确地揭示了礼乐的形式与内容，现象与本质，反复教导人们，应该透过现象去把握礼乐的本质，不能只注重礼乐的形式而忽视其内容。因此，孔子实际上也是在探索礼乐之所本，根据孔子的这些言论，进行创造性的转化，从中引申发挥出一种名教本于自然的玄学思想，是完全可能的。但是，何晏的《论语集解》对孔子的这些言论只是从价值观的层次上作了某些肤浅的解释,而没有发掘其深层的哲学意义,而王弼在《论语释疑》中的解释,比何晏则是要深刻得多了。

《论语·八佾》:"林放问礼之本,子曰:大哉问!"王弼解释说:

> 时人弃本崇末,故大其能寻本礼意也。

《论语·阳货》:"子曰:礼云礼云,玉帛云乎哉?乐云乐云,钟鼓云乎哉?"王弼解释说:

> 礼以敬为主,玉帛者,敬之用饰也。乐主于和,钟鼓者,乐之器也。于时所谓礼乐者,厚赀币而所简于敬,盛钟鼓而不合雅颂,故正言其义也。

《论语·泰伯》:"子曰:兴于诗,立于礼,成于乐。"王弼解释说:

> 言有为政之次序也。夫喜、惧、哀、乐,民之自然,应感而动,则发乎声歌。所以陈诗采谣,以知民志风。既见其风,则损益基焉。故因俗立制,以达其礼也。矫俗检刑,民心未化,故又感以声乐,以和神也。若不采民诗,则无以观风。风乖俗异,则礼无所立,礼若不设,则乐无所乐,乐非礼则功无所济。故三体相扶,而用有先后也。

王弼认为,"礼以敬为主",敬为礼之所本,"乐主于和",和为乐之所本。王弼的这种解释准确地把握了孔子探索的用心所在,不仅没有歪曲孔子的原意,而且发掘出了孔子的礼乐思想中所蕴涵的深层的文化理想。孔子对当时现实存在的礼乐制度是不满意的,认为只是徒具形式而无实质内容,因而探索礼乐之所本,希望按照敬与和的原则来建设一种真正符合理想的礼乐制度。玄学家也是如此,他们不满意现实存在的名教社会,而追求一种合乎自然的名教社会。孔子与玄学家虽然生活在不同的时代,但是他们对现实的超越与对理想的追求的执著精神,是完全相通的。王弼根据这种对孔子的思想和精神的深层理解,进行创造性的转化,认为礼乐制度的基础在于"民之自然"。所谓"民之自然",就是人民大众的喜惧哀乐,也就是民心民俗,这些都反映在自发产生的民诗之中。礼是在这种"民之自然"的基础上加以损益而创设的。"礼以敬为主",其作用在于纠正"风乖俗异"的混乱现象,确立上下尊卑的等级秩序。"乐主于和",其作用在于"感以声乐"以化民心,使得人际关系融洽协调,上下和同。因而诗、礼、乐"三体相扶而用有先后"。就"为政之次序"而言,首先第一步应该"陈诗采谣,以知民志风",因为诗歌中所反映的"民之自然"乃是制礼作乐的基础。经过王弼的这种创新的解释,孔子所设想的礼乐制度就是合乎自然的礼乐制度,此自然虽为礼乐之所本,但并非如何晏所理解的那样,孤悬于礼乐之外,而是与礼乐结成"三体相扶"的关系,紧密联结在一起的。

孝与仁是名教中重要的伦理规范,王弼也把它们解释成为本于自然。《论语·学而》:"孝悌也者,其为仁之本与!"王弼解释说:

> 自然亲爱为孝,推爱及物为仁也。

所谓"自然亲爱为孝",指的是一种发自内心的真实的感情,而不是徒具形式的仪文。这个思想也是孔子所反复强调的。比如《论语·为政》:"子游问孝。子曰:今之孝者,是谓能养。至于犬马,皆能有养。不敬,何以别乎?""子夏问孝。子曰:色难。有事,弟子服其劳;有酒食,先生馔。曾是以为孝乎?"但是,自然作为一个玄学范畴,还具有本体论的意义。王弼对孝与仁作出这种解释,也就是在具体阐明自然与名教的内在联结了。

王弼对忠与恕也是按照这个思路来解释的。《论语·里仁》:"夫子之道,忠恕而已矣。"王弼解释说:

> 忠者,情之尽也;恕者,反情以同物者也。未有反诸其身而不得物之情,未有能全其恕而不尽理之极也。能尽理极,则无物不统。极不可二,故谓之一也。推身统物,穷类适尽,一言而可终身行者,其唯恕也。

忠是由己以及人,恕是由人而反己,前者强调道德行为应该出于个人的内心自觉,后者强调人与人之间的相互关系,应该将心比心,根据这种相互关系来进行自我约束。所谓"推爱及物为仁",就是由己以及人的忠，王弼认为，忠固然重要，但是恕比忠更为重要，因为"一言而可终身行者，其唯恕也"。王弼的这种解释是符合孔子原意的。《论语·卫灵公》："子贡问曰：有一言而可以终身行之者乎？子曰：其恕乎！己所不欲，勿施于人。"忠恕之道是儒家处理人际关系的最根本的准则。究竟这种准则蕴涵着什么样的本体论的意义？何以恕比忠更为重要？孔子在《论语》中并未明言。王弼按照由用以见体的思路进行了深入的发掘，他认为，"未有反诸其身而不得物之情，未有能全其恕而不尽理之极也"。所谓"物之情""理之极"，指的就是作为最高本体的自然。由于万物以自然为性，世界统一于自然，所以人际关系也凭借着这种人同此心、心同此理的自然之性而息息相通。"忠者情之尽也"，其所以是处理人际关系的一条根本准则，是因为它由己身之自然之性推而与他人之自然之性相通。但是，从认知方式的角度来看，唯有"反情以同物"的恕才能完整地把握到那个"无物不统"的自然本体。王弼的这个思想在《老子注》中曾经反复阐述。比如五十五章注说："物以和为常，故知和则得常也。"五十四章注说："吾何以得知天下乎，察己以知之，不求于外也。"

王弼对忠恕的这种解释带有浓厚的玄学色彩，显然是大大超出孔子的原意了，但也不是任意发挥，纯属无稽之谈。因为孔子把恕规定为一言而可以终身行之的准则，其中确实蕴涵着"约以存博""简以济众"的本体论思想，就其社会学的意义而言，是从人际关系的整体和谐的思想出发的。孔子反复强调，仁与礼、爱与敬是社会和谐的精神纽带，不可或缺的伦理规范，为了履行这种伦理规范以维护社会的和谐，人的道德行为必须发于至诚，真实无妄。忠从己之所欲出发，推己及人，固然是诚的表现，但是否发于至诚，还应该反过来从己所不欲来加以验证。王弼所说的自然，其社会学的意义是与孔子完全相通的。所谓"喜惧哀乐，民之自然"，就是发于至诚的情感。所谓"能尽理极，则无物不统"，就是通过对自身的至诚察己内省来把握社会整体的和谐的本性。由此可见，王弼的解释并非对孔子原意的歪曲，而是在高层次理解的基础上的一种创造性的转化。

王弼和孔子一样，认为伦理规范的践履应该立足于诚信，只有在君臣上下之间建立了一种相互信赖的关系，才能使社会整体归于和谐。《论语·泰伯》："子曰：狂而不直，侗而不愿，悾悾而不信，吾不知之矣。"王弼解释说：

> 夫推诚训俗，则民俗自化，求其情伪，则〔险〕心兹应。是以圣人务使民皆归厚，不以探幽为明；务使奸伪不兴，不以先觉为贤。故虽明并日月，犹曰不知也。

《论语》原文是就个人的品德而言的，对于那种明是诈伪之人又借假象来掩饰的恶劣做法表示深恶痛绝，王弼从中引发出一种治国化民的大道理，虽然超出了原意，却与孔子的总体思想是相通的。孔子曾说："自古皆有死，民无信不立。"（《论语·颜渊》）这就是把诚信看作立国之本。怎样才能在国家中建立诚信的关系呢？王弼认为，关键在于君主个人的品德与政策措施是否合乎诚信。如果合乎诚信，取信于民，"推诚训俗，则民俗自化"。反之，如果君主不以诚信待人，行术用明，"求其情伪，则险心兹应"，人们的冲突意识以及奸伪巧诈的现象由此而生，国家赖以存在的诚信的伦理基础也就从根本上被破坏了。在《周易注》中，王弼把这个思想表述得更为完整。他说："信立而后邦乃化也。""处中诚以相交之时，居尊位以为群物之主，信何可舍？"（《中孚卦注》）"上之化下，犹风之靡草，故观民之俗，以察己之道。百姓有罪，在予一人，君子风著，己乃无咎。"（《观卦注》）在《老子注》中，王弼也发挥了这个思想。他说："夫御体失性，则疾病生；辅物失真，则疵衅作。信不足焉，则有不信，此自然之道也。已处不足，非智之所济也。"（十七章）"夫以明察物，物亦竞以其明避之；以不信求物，物亦竞以其不信应之。夫天下之心不必同，其所应不敢异，则莫肯用其情矣。甚矣，害之大也，莫大于用其明矣。"（四十九章）

如果说"推诚训俗"是忠，那么"观民之俗以察己之道"就是恕。把这种忠恕之道用于政治，治国化民，在君臣上下之间建立一种以诚信为精神纽带的和谐关系,这就是王弼所追求的合乎自然的名教,也就是他所设想的内圣外王之道。

究竟何为内圣?王弼与何晏一样,都认为圣人与道同体,道本无名,所以内圣的本质在于无名。何晏的《无名论》曾说:"若夫圣人,名无名,誉无誉,谓无名为道,无誉为大。……夫唯无名,故可得遍以天下之名名之,然岂其名也哉?"王弼解释孔子赞美尧"荡荡乎民无能名焉",也发挥了与何晏大体相同的思想。《论语·子罕》:"达巷党人曰:大哉孔子!博学而无所成名!"王弼解释说:"譬犹和乐出乎八音乎,然八音非其名也。"

无名之所以高于有名,是因为无名所把握的是本体,有名所把握的是现象,无名的思维模式是"无所别析"的"自然之智",有名的思维模式是"殊类分析"的"明察之智","自然之智"能够认知包统万物的整体,"明察之智"则只能认知整体的某些个别的部分。由于本体统率现象,整体涵摄部分,所以无名并不是与有名相排斥,而是统率、涵摄一切的有名而最后归结为无名。这就如同和谐的音乐虽出乎八音,而不能用八音来命名一样。

王弼认为,无名也是圣人品德的本质所在。《论语·述而》:"子温而厉,威而不猛,恭而安。"王弼解释说:

> 温者不厉,厉者不温;威者必猛,猛者不威;恭则不安,安者不恭,此对反之常名也。若夫温而能厉,威而不猛,恭而能安,斯不可名之理全矣。故至和之调,五味不形;大成之乐,五声不分;中和备质,五材无名也。

照王弼看来,圣人品德与君子君德的本质区别在于圣人无名而君子有名。无名能把各种对反的品德统一为中和的整体,综合完备,全体浑然,有名则只能局限于对反之一端,各有所偏而不能得道之全。王弼的这个思想与刘劭的人才学是相通的。刘劭在《人物志·体别》篇中曾说:"夫中庸之德,其质无名,故咸而不碱,淡而不醋,质而不缦,文而不缋,能威能怀,能辨能讷,变化无方,以达为节。"

但是,王弼把无名提到本体论的高度进行了论证,其内涵和外延不只是指圣人的品德,主要是指圣人对作为万物之宗的本体的全面的把握。因而王弼关于何为内圣的探索,不像后世的理学家那样侧重于道德修养方面,在圣贤气象上做文章,而是侧重于揭示其认识论的意义,强调圣人"以无为用"的高层次的智慧。所谓智慧,包括"穷神研几"和"应变神化"两个方面,前者指对宇宙人生的深刻理解,后者指随机应变的处事能力。君子在智慧的这两个方面都不及圣人,所以不能无过,圣人则达到了神化的境界,可以做到无过。《论语·述而》:"子曰:加我数年,五十以学《易》,可以无大过矣。"王弼解释说:"《易》以几、神为教。颜渊庶几有过而改,然则穷神研几可以无过。"《阳货》:"佛肸召,子欲往。"王弼解释说:"君子(原作'孔子',兹照《论语》本改)机发后应,事形乃视,择地以处身,资教以全度者也,故不入乱人之邦。圣人通远虑微,应变神化,浊乱不能污其洁,凶恶不能害其性,所以避乱不藏身,绝物不以形也。"

圣人虽然具有超越常人的智慧品德,但也和常人一样,不能摆脱时运的支配。孔子时运不济,道终不行;舜禹逢时遇世,不与求天下而得之。关于人与时的关系问题,王弼在《周易注》中作了充分的研究。《乾卦注》说:"以爻为人,以位为时,人不妄动,则时皆可知也。文王明夷,则主可知矣;仲尼旅人,则国可知矣。"在《论语释疑》中,王弼也发挥了这个思想。比如他解释"五十而知天命"说:"天命废兴有期,知道终不行也。"解释"子见南子,子路不悦"说:"孔子不得已而见南子,犹文王拘羑里,盖天命之穷会也。……否泰有命。我之所屈不用于世者,乃天命厌之,言非人事所免也。"解释"舜禹之有天下"说:"逢时遇世,莫如舜禹也。"

关于何为内圣的问题,何晏曾提出一个著名的论点,"以为圣人无喜怒哀乐"。这个论点把性与情对立起来,从而也把圣人与常人对立起来,在逻辑上难以说通,与事实也不相符合。王弼与何晏不同,"以为圣人茂于人者神明也,同于人者五情也。神明茂,故能体冲和以通无;五情同,故不能无哀乐以应物。然则,圣人之情,应物而无累于物者也。今以其无累，便谓不复应物，失之多矣。"就何晏的玄学而论，他只知片面地强调本体高于现象，而不善于处理本体与现象的相互联结，因而常常在一些具体问题的论述上捉襟见肘，陷入困境。王弼的玄学，则是始终贯穿着一条"举本统末"的思路，一方面强调本体高于现象，同时致力于探索二者的内在联结，因而关于何为内圣的问题，王弼的看法是比何晏要高明得多了。

王弼的这个看法是以他的人性论为理论基础的。《论语·阳货》："子曰：性相近也，习相远也。"王弼解释说：

> 不性其情，焉能久行其正，此是情之正也。若心好流荡失真，此是情之邪也。若以情近性，故云性其情。情近性者，何妨是有欲。若逐欲迁，故云远也；若欲而不迁，故曰近。但近性者正，而即性非正；虽即性非正，而能使之正。譬如近火者热，而即火非热；虽即火非热，而能使之热。能使之热者何？气也，热也。能使之正者何？仪也，静也。又知其有浓薄者。孔子曰：性相近也。若全同也，相近之辞不生；若全异也，相近之辞亦不得立。今云近者，有同有异，取其共是。无善无恶则同也，有浓有薄则异也，虽异而未相远，故曰近也。

这是王弼关于人性论最为完整的一段言论，弥足珍贵。照王弼看来，性为本体，情为现象，本体不离现象，故性与情相互联结，二者皆归本于自然。万物以自然为性，人亦以自然为性，此自然之性应感而动，发而为情，喜惧哀乐，民之自然，则人之情亦为自然之情。本体无名，无善无恶，故人所禀之性亦无善无恶，此为圣人与常人之所同。但情则有善恶之分，正邪之别。性其情为正，不性其情为邪。所谓性其情，即以情从理，以理制情，不以求离其本，不以欲渝其真，把情感置于理性的支配之下，使二者和谐统一，达到中和的境界。王弼称这种受理性支配陶冶而达到中和境界的情感为"情近性"。情近性则归于正，既归于正则发而皆中节，虽有欲亦无妨。"但近性者正，而即性非正。"其所以如此，是因为正乃是一种美德，而美德只有在理性与情感的统一中才能产生，光有理性而无情感并不能构成美德。"虽即性非正,而能使之正。""能使之正者何? 仪也,静也。"这是因为,性必发而为情,性者静,情者动,性含藏于内,无善恶之分,情表露于外,因其是否合乎礼仪规范而有正邪之别,如果情虽动而能复归于静,虽表露于外而能合乎礼仪规范,则可使之正。不性其情与此相反,流荡失真,逐欲而迁,既不能复归于静,又不能合乎礼仪规范,故为情之邪。如何才能做到性其情呢? 王弼认为,关键在于理性的浓薄,智慧的高低。圣人与常人之性虽同为无善无恶,但圣人之神明即理性与智慧高于常人,二者的浓薄有异。

王弼在《周易注》中也发挥了这个思想。比如他说:"静专动直,不失大和,岂非正性命之情者邪?""不为乾元,何能通物之始?不性其情,何能久行其正? 是故始而亨者,必乾元也;利而正者,必性情也。"(《乾卦注》)"物皆不敢妄,然后万物乃得各全其性。""天之教命,何可犯乎? 何可妄乎? 是以匪正则有眚,而不利有攸往也。匪正有眚,不求改以从正,而欲有所往。居不可以妄之时,而欲以不正有所往,将欲何之? 天命之所不佑,竟矣哉!"(《无妄卦注》)

所谓"静专动直",即由性发而为情,所谓"不失大和",即情与性的和谐统一。性其情者,必利而正。正是不违无妄之理,利是有所行动无往而不通,不正则不利,利以正为前提。因此,正作为一种美德,蕴涵着功利的意义。在《周易注》中,王弼根据爻位说对正这种美德作了明确的规定。凡阳爻居阳位,阴爻居阴位,是为得位,得位为正,象征行为合乎阳尊阴卑的等级秩序。反之,则为不正。正与不正之分是以外在的等级秩序即礼仪规范为衡量标准的。比如他在《蹇卦注》中指出:"爻皆当位,各履其正,居难履正,正邦之道也。正道未否,难由正济,故贞吉也。遇难失正,吉可得乎?"在《既济卦注》中指出:"刚柔正而位当,则邪不可以行矣,故唯正乃利贞也。"因此,正这种美德还蕴涵着政治的意义,是一种"正邦之道"。为了履行正的美德,使各种不同身份地位的人都做到"刚柔正而位当",王弼一方面强调"性其情",即从自然之性的内在本质出发,以理性支配情感,同时又强调"情近性",即根据外在的礼仪规范来进行自我调整，改邪以从正，使情感接受理性的支配。这种性与情的统一，就是内与外、静与动、体与用的统一，也就是本体与现象的统一，自然与名教的统一。由此可以看出，王弼关于人性论的思想，始终是贯穿着一条"举本统末"的思路，而与何晏的那种"本为上，末为下"的思路大不相同。

照王弼看来，圣人是"性其情"的典范，理想人格的化身。根据王弼的一些散见的言论来归纳分析，这种理想人格包含着真、善、美三个方面的意义。所谓真是指圣人的智慧高于常人，"穷神研几"，"明足以寻极幽微"，对真理有全面的把握，对本体有完整的体认。所谓善是指圣人的品德"中和备质"，"欲而不迁"，"浊乱不能污其洁，凶恶不能害其性"，能够"久行其正"。所谓美是指圣人的情感"应物而无累于物"，达到了完美的境界，这是一种自由的情感，一种为理性所净化了的情感，一种渗透着宇宙意识而脱离了低级趣味的情感。

魏晋时期，玄学家一致认为老不及圣，老子的人格比不上孔子。这是因为，玄学的本质在于探索自然与名教的结合，企图从中引申出一种内圣外王之道，以拯救时代的苦难，建立合乎理想的社会秩序。为了推行这种内圣外王之道，需要一种刚健笃实、自强不息、为理想而献身的人格精神。王弼把孔子树立为理想人格的化身，道理就在这里。在《论语释疑》中，王弼所描绘的孔子的形象，是体现了这种人格精神的。比如他解释"沽之哉，沽之哉"说："重言沽之哉，卖之不疑也。故孔子乃聘诸侯，以急行其道也。"他解释"公山弗扰以费畔，召，子欲往"说："言如能用我者，不择地而兴周室道也。"孔子积极用世，重视事功，赞扬"管仲相桓公，霸诸侯，一匡天下，民到于今受其赐"。王弼解释说："于时戎狄交侵，亡邢灭卫。管仲攘戎狄而封之，南服楚师，北伐山戎，而中国不移。故曰受其赐也。"王弼认为，孔子是渴望建立事功的，尽管孔子时运不济，业已清醒认识到"道终不行"，仍然执著于自己的理想，知其不可而为之。王弼的这个看法既反映了孔子的本来面目，也体现了当时的人格理想。

第八章　王弼的玄学体系

　　就思想内容而论，王弼的玄学毫无疑问业已形成了一个体系，不像何晏、夏侯玄、荀粲等人那样，只是阐发了一些零零散散缺乏内在联系的玄学观点。但就表现形式而论，王弼的玄学也同样是零零散散缺乏内在联系的，很难说是形成了什么体系。王弼并没有写出专门论述自己的玄学思想的著作，也从未提及自己业已形成了一个体系，这个体系包括哪些组成部分，其中有何内在的联系。他只是解释了《老子》《周易》《论语》三部传统的经典，随顺着经典的文句零零散散地阐发了一些自己的理解，有些是属于训诂的理解，有些是属于义理的理解，尽管义理多于训诂，而且推陈出新，发明创造，却根本无意于要把它们表现为一个体系。这种形式与内容的矛盾为我们把握王弼的体系造成了很大的困难。实际上，这种矛盾不只在王弼一人身上存在，而是中国哲学的一个普遍现象，内容上有体系而形式上无体系，各家各派的哲学都是如此。究竟怎样来克服这个矛盾，使我们能对王弼的体系有一个全面的把握呢？如果我们以西方哲学为参照系，把王弼的一些零零散散的言论分类整理成本体论、认识论、人性论、历史观、政治伦理思想等几个部分，然后再进行组装，使之具有某种形式上的体系性，这似乎是一个可行的办法。但是，西方哲学与中国哲学有着不同的传统，不同的问题，不同的思路，不同的特点，如果忽视这些不同，削足适履，用西方哲学的模式来硬套中国哲学，往往会弄得面目全非，仅有西方哲学的那种形式上的体系而丧失了中国哲学的实质内容。这对我们的理解所造成的困难反而比前者更大。

　　其实，西方的哲学家着意于把自己的哲学表现为一个体系的人也不是很多。亚里士多德可以勉强说是有一个体系,柏拉图是没有的。黑格尔力图结合内容与形式来建立一个完整的体系,而尼采则从根本上反对任何的体系。在西方哲学史上,首先对哲学作出有系统的分门别类,是从18世纪德国的哲学家沃尔夫开始的。沃尔夫把哲学分为理论哲学与实践哲学两大类。理论哲学包括逻辑与形而上学。形而上学又分为本体论、宇宙论、灵魂学、自然哲学。实践哲学包括自然法、道德学、国际法或政治学、经济学。这种分类虽然看来似乎条理清楚,体例严谨,但是仅有形式上的完整而无内容上的统贯。黑格尔是按照正、反、合的辩证法来建立体系的,他把自己的哲学分为逻辑学、自然哲学、精神哲学三大类,精神哲学又分为历史哲学、法哲学、宗教哲学、哲学史、美学等部门。这个体系虽然看来似乎做到了形式与内容的统一,但是诚如恩格斯所批评的,由于体系的需要,黑格尔常常不得不求救于强制的结构,以那些谬误的推论和牵强附会作为他建立体系的杠杆。黑格尔的体系,其形式的保守结构窒息了活生生的革命内容,形式与内容的矛盾表现得更为尖锐,刚一建成,立刻就解体了。20世纪的西方哲学家,不再有人用黑格尔的方式来搞哲学了,他们无意于建立一个囊括人类一切知识领域的绝对真理的体系,只是就某些个别领域有所侧重地发表自己的见解。虽然如此,他们的哲学思想仍然是自成体系的。这种情形与中国的哲学颇为类似,内容上有体系而形式上无体系。如果我们搜集各种资料详细比较,也许会发现这种形式与内容的矛盾是中外哲学史上的一个普遍的现象。

究竟何谓体系?研究哲学史的目的是否在于寻找或者复制哲学家的体系?这都是一些值得认真思考的大问题。恩格斯曾说,在一切哲学家那里,正是体系是暂时性的东西,因为体系产生于人的精神的永恒的需要,即克服一切矛盾的需要。如果一个哲学家从这种需要出发,在对宇宙人生的思考中提炼出了一条“一以贯之”的总原则,并且能够根据这条总原则来克服各个方面的矛盾,解释各个领域的问题,做到持之有故,言之成理,自圆其说,这就在思想内容上形成了一个体系。如果他虽有精深独到的哲学观点而缺乏"一以贯之"的总原则，或者虽有"一以贯之"的总原则而解释的领域不全面，或者虽涉及广泛的领域而不能在逻辑上自圆其说，我们可以由此来断定这位哲学家的体系不够成熟，不够完整。但是，评价一位哲学家的工作，关键不在于体系，而在于他对宇宙人生的真知灼见以及对人类理论思维所作的贡献。因为体系是暂时性的东西，是从克服一切矛盾的精神需要中产生的。哲学家抱着这种克服一切矛盾的奢望，惨淡经营，建成了一个体系，以为绝对真理尽在其中，事实上他所达到的只是相对真理。时过境迁，那个被哲学家自诩为表达了绝对真理的体系已是明日黄花，不为人们所看重了，但其中的相对真理却保存下来，成为人类精神的永恒的珍宝。由于哲学家追求体系，幻想搞出一部思想的永动机，所以在他的体系中，强制性的结构以及谬误的推论和牵强附会之处是不少的。如果我们赞同哲学家的幻想，亦步亦趋地随顺着他的思路，去寻找或者复制出一个体系，那就如同恩格斯所讽刺的，纯粹是小学生做作业。

至于表现形式方面的体系，就更是暂时性的东西了。在中国哲学中，《吕氏春秋》根据月令图式所编排的十二纪的体系，扬雄的《太玄》仿照《周易》图式所编排的方州部家八十一首的体系，人们从来都没有认真看待。在西方哲学中，托马斯·阿奎那精心设计的《神学大全》的体系，斯宾诺莎的《伦理学》用几何学的方法所组织的体系，也早已为人们所遗忘。哲学家采用何种形式来表达自己的思想，是一个语言风格的问题，而语言风格受历史因素与时代风尚的影响，是不断变化的。如果说文学的语言风格与其内容有着内在的联系，二者紧密结合为一个美学的统一体，那么对于哲学来说，这种内在的联系是根本不存在的。因为哲学是关于意义的探索，而意义是飘浮于语言的界限之外的。一位深刻的哲学家往往是言有尽而意无穷，意在言外，得意忘言，致力于意义的完整而不大注重形式的整齐划一。如果过分注重形式，企图编织一个意尽在言中的体系，就必然会给思想内容带来损害。

从这个角度来看，我们今天研究王弼的玄学思想，不必责怪他没有为我们提供一个整齐划一的体系,也不必着意于去寻找他的体系,或者按照某种图式去为他复制出一个体系,而应该把重点放在创造性的理解之上。这种创造性的理解,包含着入乎其内和出乎其外两个相反相成的方面。所谓入乎其内,是说完全忠实于原著,熟读详玩,不将己见硬参入去,务求对王弼本人所继承的传统、所思考的问题以及所遵循的思路有一个深入的领会,对他的思想实际有一个客观的了解。所谓出乎其外,是说把王弼的思想置于广阔的时代背景与绵延的历史长河中进行全面的考察,站在高于王弼本人的层次来发掘他的意义,评定他的价值。就王弼本人而言,他是难以了解他的思想在当时的意义与价值的,至于对后世的意义与价值,更是一无所知。我们今天研究王弼,具有王弼所不具备的优越条件,能够用一种出乎其外的超越的眼光来俯瞰王弼,是应该而且可能推出新意,作出一种比王弼本人对自己的理解更为深刻精确的理解的,这就是所谓创造性的理解,也就是我们今天研究王弼的目的所在。但是,为了作出这种创造性的理解,首先必须入乎其内,如实地把握王弼的本来面目,在自己的面前确立一个生命洋溢的真正的客体。因为理解是主体与客体的对话,不同时代的理论思维之间的交流,如果没有首先花气力做一番入乎其内的工作,便来说三道四,评头品足,妄发议论,就只能算是主体的私见臆说,毫无对象的独白,根本谈不上什么理解了。

　　哲学思想的发展是以这种创造性的理解为原动力的。世界各民族的哲学思想之所以呈现出不同的特点,走着不同的道路,是因为它们所据以理解的客体和对象不相同,有着不同的传统,不同的问题,不同的思路。尽管各个民族众多的哲学体系都是历史上来去匆匆的过客,只留下一点痕迹,但是其中的传统、问题和思路却被当作永恒的珍宝而为后人所继承,一代一代地往下传递,并且立足于创造性的理解而不断地丰富、补充、修正,由此而凝结形成了带有民族特点的理论思维。王弼对《老子》《周易》《论语》这三部传统经典的解释,正是立足于这种创造性的理解的。他一方面入乎其内,忠实于原著的本来面目,准确地把握了其中的理论思维的精髓,另一方面又出乎其外,根据当时人们的哲学追求和价值取向以及自己所达到的理论思维的高度作了新的解释,给传统经典贯注了新的生命。在王弼的解释中,传统与现实、继承与革新是有机地结合在一起的,因而他不必去写专门的玄学著作,他的玄学思想已由这种创造性的理解完全表现出来了。就思想内容而论,王弼确实是建成了一个贵无论的玄学体系。但是这个体系生存的年代却十分短暂,在他死后不久就陷入解体,分裂成为阮籍、嵇康的自然论与裴頠的崇有论两种彼此矛盾的学说。虽然如此,王弼在中国哲学史上的举足轻重的地位仍然是不可动摇的。人们尽可抛弃他的体系,甚至以鄙夷的态度驳斥他的体系,却不能不重视他对传统经典的创造性的理解,不能不承认他在理论思维上所达到的新高度。王弼继承了传统,同时又开创了一个新的传统,如果哲学史缺少王弼这样一个承先启后的重要环节,后来的玄学思潮、佛学的中国化以及理学的产生就很难想象了。

《老子》《周易》《论语》这三部先秦的著作,分属儒道两家,其理论思维各有特点,其价值取向也有所殊异,但是它们都共同继承了古代的天人之学的传统,共同探索了天人关系的问题,共同遵循着"明于本数,系于末度"的思路,并且共同体现了中国民族的理论思维的共性。这种民族的共性,从世界史的角度来看,也就是民族的个性。

拿中国哲学与西方哲学作一些粗线条的比较,二者的基本特点大体上可以这样来表述,西方哲学所探索的中心问题是关于一般与个别的关系问题,中国哲学所探索的中心问题则是天与人的关系问题,其他的一些特点都是由此而派生出来的。西方哲学以米利都学派的泰利士为开端,劈头盖脑地提出了一个万物本原的问题,他以为是水,阿那克西美尼以为是气,阿那克西曼德以为是无限,他们沿着从具体到抽象的途径逐步上升,实际上就是在探索一般与个别的关系问题,从而为西方哲学开创了一个不同于其他各民族的发展源头。爱利亚学派的巴门尼德总结了这种探索的成果,提出了存在的概念。所谓存在指的是抽象的共相,也就是一般,于是人们把这种研究存在或一般的学问称之为本体论。究竟这个存在或一般是什么,是精神?是物质?抑或是神?人们围绕着对这个问题的不同回答而形成了不同的派别。究竟一般与个别有什么关系?如何来认识这种关系?是应该强调从一般到个别呢,或者是相反,强调从个别到一般?人们探索这些问题,就自然而然形成了认识论与逻辑学。如果把关于一般的学问称为形而上学,则关于个别的形而下学就势必要分成许多不同的门类去进行专门研究,比如物理学、动物学、灵魂学、政治学、伦理学、诗学等等。亚里士多德的体系就是由这些门类组成的。中世纪的经院哲学分成唯名论与唯实论两派,进行了长期的争论,更是把一般与个别的问题突出为首位。到了近代,这个问题就形成了西方哲学中的基本问题。虽然这个问题的性质与中国哲学中天人关系问题相类似,都是着眼于对宇宙整体的全面的把握,但是西方哲学把握宇宙整体的思路却与中国哲学不相同,不是立足于合而是立足于分。首先是主体与客体之分,其次是自然与社会之分,而自然与社会又可以再继续分成若干门类。随着时间的推移,哲学的领域是愈来愈缩小,从哲学分离出来的学科是愈来愈增多了。这种分的发展趋势早在古希腊时期就已经显露了苗头,近代以后,则是愈演愈烈。沃尔夫的那个哲学分类图表,不过是对既成事实的一种如实的描绘而已。人们可以分门别类去研究而不必面面俱到,有的专门研究理论哲学,有的专门研究实践哲学,事实上,西方哲学中的理论与实践一直是脱离的。

中国哲学以天人关系为主题。所谓天人合一,就是说天与人的关系是合而不是分,天与人相互联结,构成为一个统一的整体,人们把握此整体的思路也是立足于合而不是立足于分。中国哲学中的天的概念不同于西方哲学中的一般,人的概念也不同于西方哲学中的个别。人们从来没有脱离人而去单纯地追问天是什么,也从来没有脱离天去专门探索人的问题。因而中国哲学没有出现一个类似巴门尼德那样的哲学家,把抽象得无可再抽象的纯存在当作研究的对象,也没有出现一个类似亚里士多德那样的哲学家,把哲学分析成许多门类去逐个地进行研究。尽管中国哲学也有着与西方哲学相类似的宇宙论、本体论、认识论、灵魂学、政治学、伦理学，但是所有这些都是合而不分的，全都被整合在天人合一的学说之中。这种天人合一的学说，不仅主体与客体不分，自然与社会也是不分的，其所谓天，并非单纯指称客观的自然，而是凝结着人性的内容，体现了特定的社会理想与价值追求，其所谓人，也并非单纯指称人类社会，而是包含着对客观自然的效法，对宇宙和谐规律的体认。因而中国哲学不像西方哲学那样，按照对存在的不同看法区分派别，而是根据不同的社会理想与价值追求形成为儒、墨、道、法等等派别的。由于中国哲学对天人关系问题的探索，目的在于从中引申出一种可以运用于人事的内圣外王之道，所以理论与实践也是合而不分的。这种哲学当然也有发展，但是它的发展不像西方哲学那样沿着分的途径进行，而是像滚雪球那样，越滚越大，走着一条层层积累不断整合的道路。

　　中国哲学的这个特点充分体现在《老子》《周易》《论语》三部原典之中，也充分体现在王弼对它们的解释之中。王弼并不着意于寻找或者复制原典的体系，只是按照义理派经学的传统做法，逐章逐句地随文训释，原文说什么，他就跟着一起去思索玩味，阐发自己的理解。表面上看来，这不像是搞哲学，而像是搞经学。实际上，经学是切合中国哲学特点的一种行之有效的理解方式，不搞经学，也就无从搞哲学，中国哲学的发展正是通过经学的演变而表现出来的。在王弼的随文训释中，理解的主体和理解的客体水乳交融，原典的本义和他引申的新义契合无间，尽管原典被奉为权威，受到绝对的尊重，但却整合了新的历史内容，积累了新的理论思维，融会了新的时代意义，从而把传统的天人之学推进到一个新的发展阶段，他的三部完全依附于原典的释经之作也就由此而成为他自己的玄学思想的代表作。从这个角度来看，如果不理解传统的天人之学，是很难理解王弼的玄学的创新所在的。

　　传统的天人之学把世界的统一性看作是一个自明之理，着眼于探讨天与人、主与客、自然与社会的相互关系，研究的问题包罗万象,举凡天地构成、人物化生、社会结构、政治治乱、人性善恶、命运祸福等问题,都是研究的对象。但是,所有这些问题,彼此交叉,相互渗透,没有分成截然的界域,而是以合而不分的方式联系为一个整体,哲学家在研究它们时,往往是从整体上来把握,不习惯于分门别类去逐个地进行研究。由于问题包罗万象而又无明晰的分类,所以这种研究跳跃性极大,有如蜻蜓点水,而且在表现形式上漫无章法,不成体系。但就思想内容而论,每个哲学家都有一个"一以贯之"的总原则,尽管所讨论的问题东一个、西一个,却是以简驭繁,以一统众,自然而然凝结为一个浑然不分自成体系的整体。这就是《庄子·天下》篇所说的"明于本数,系于末度"。"末度"是无所不包的,囊括了人类知识的一切领域,其所依据的"本数"则为一。如果不"明于本数",就不可能"系于末度",反过来说,如果不"系于末度",也不可能"明于本数"。因此,中国哲学家的体系都是"本数"与"末度"的统一,浑然一体,不可分割的。为了把握这个体系,继承其中的天人之学,一种行之有效的理解方式,就是随顺着哲学家所讨论的一些零零散散的问题,跟着他去重新思索一番。如果先立己意以定取舍,预设某种标准分类剖析,把"本数"与"末度"分割开来,那就如同庄子所讲的那个凿浑沌的故事,日凿一窍而浑沌死。王弼采用随文训释的方法去理解原典,正是切合中国哲学的特点,那个充分体现在原典中的哲学传统、哲学问题、哲学思路以及整体性的天人之学,是被王弼以合而不分的方式完全继承下来了。

哲学思想的继承不同于物质财富的继承。物质财富的继承纯粹是外在的,可以直接拿过来为我所用,哲学思想的继承则必须通过入乎其内的理解,把自己的思想提到前人的高度,把前人的思想变为自己的血肉。但是,无论多么完全地继承,也不可能把自己变得和前人一模一样,无论怎样忠实于原典的本义,也总是免不了有所补充,有所修正,添加上自己的新义。这是因为,在理解的主体和客体之间,隔了一段时空距离,前人所生活的那个时空处境业已一去不复返,而自己又被紧紧地束缚在当代的时空处境之中,尽管主体极力入乎其内，至多只能做到心领神会，却不能完全投入，这是历史所造成的局限，谁也克服不了的。何况继承的目的并非发思古之幽情，恢复原典的本义，而是出于对当代的关怀，把埋藏在原典中的思想发掘出来以满足当代的需要，如果原典的本义不适合当代的需要，人们是不会去继承的。因而在继承之中，主体自身的需要、目的、愿望和追求是占主导地位的，跟随着原典去思考实质上是主体自身对当代的思考，对原典的解释无非是借题发挥，做自己的文章。这么说来，继承与创新，彼此相互蕴涵，结成为一对辩证同一的关系，没有继承，谈不上创新，为了创新，必须有所继承。所谓创造性的理解，其本质的含义就在于此。

在中国的经学传统中，人人都有所继承，人人也都有所创新，但是创新是有层次之分的，有的人只是作了某些点点滴滴的量的积累，有的人却是引起了质的飞跃，以致开辟了一个新的时代。王弼的玄学的创新就属于后一种类型。这是一种全面的创新，是在"明于本数"与"系于末度"两个方面都作出了根本变革的创新。如果忽视王弼所继承的天人之学的特点，采取一种片面的看法，只注意到他在"明于本数"方面的创新，就会把王弼的玄学弄得空疏贫乏，毫无内容，好像是专门在有与无之类的抽象概念中兜圈子，搞一些脱离时代的思辨游戏。反过来说，如果只注意到他在"系于末度"方面的创新，就难以说清王弼何以能够开创一代玄风，从根本上改变了他那个时代的精神风貌。事实上，这两个方面的创新在王弼的思想中是紧密联系在一起的，共同构成为一个天人新义的整体。

就王弼所依据的三部原典而论，其思想境界全都上升到了"明于本数"的高度，否则，就无从卓然成家，自成体系。孔子认为，"吾道一以贯之"。老子认为，"道生之，德畜之"。《周易》认为，"一阴一阳之谓道"。这个道贯穿于天道、地道、人道以及他们所论述的各种各样的问题之中，也就是所谓"本数"。尽管孔子的道不同于老子的道，老子的道不同于《周易》的道，其理论思维有精粗深浅之别，但都是对客观整体的一种近似的把握，其中流露出一种深沉的宇宙意识，凝聚着一种奥妙的哲理智慧。究竟这个道的具体所指是什么？如何来理解这个道？这是一个仁者见仁，智者见智的问题。在汉代的四百年中，人们大多是从神学目的论或者宇宙生成论的角度来理解，王弼则把三部原典中所说的道统统归结为无，从本体论的角度来理解。如果我们不在词句用语上斤斤计较，而着重领会精神实质，可以说，王弼的这个理解，既是原典的本义，也是他自己的新义，既是继承，也是创新。诚然，孔子和《周易》从未说过道即无这样的话语，但是，在他们的"明于本数"的天人之学中，是无可否认地蕴涵着本体论的思想的，王弼把这种思想发掘出来，引申发挥，并且借用老子所说的无来表述，并不能看作歪曲原典的本义，而只能看作在本义之上添加了自己的新义。其实，这个新义也并非王弼个人的发明创造，而是哲学思想经历了汉魏之际六十余年的艰苦探索所达到的一种共识。王弼依据这种时代的共识从理论上作进一步的探索，在先秦的原典中找到了源头，总结出了"以无为本"的命题。所谓"以无为本"，也就是"明于本数"。如果说在先秦的原典中，本体论的思想不是那么纯粹，混合了许多的杂质，经过王弼的提炼，就上升到一个更高的境界了。这就是王弼在"明于本数"方面所作的创新。尽管无这个概念扑朔迷离，歧义丛生，常常受到人们的非难，但是，人们也从中受到了很大的启迪，明确了自己的哲学追求，把"明于本数"的问题归结为对世界本体的探索。王弼以后，传统的天人之学中的神学色彩是剔除了，宇宙生成论的成分是减少了，而改变为一种较为纯粹的本体论的理论形态。这就是王弼的玄学创新的划时代的哲学意义。

中国哲学对"明于本数"的探索，目的在于"系于末度"，即从中找出一种以简驭繁、以一统众的总原则，以便有效地处理人们所面临的各种现实的人事问题。因而由此所引发出的本体论就与西方哲学中的本体论不相同。西方哲学中的本体论以抽象的纯存在为研究对象，所谓本体论就是关于存在的学问，中国哲学中的本体论，研究的对象是本体与现象的关系，"本数"与"末度"的关系，着重于关系而不是着重于实体。所以王弼的玄学，无论是从研究对象还是从研究目的来看，都不是"以无为本"，而是"举本统末"。这是中国传统的天人之学所共同遵循的一条基本的思路，孔子、老子和《周易》都是按照这条思路来搞哲学的。他们讨论的问题包罗万象，涉及各个领域，特别是围绕着社会政治伦理方面的问题发表了许多看法。这些问题都是从他们所面临的时代课题中提炼出来的，虽然带有历史的具体性，理论的抽象性不是很高，但却是激发他们从事哲学探索的重要诱因，他们的哲学思想实际上就是由对这些一系列属于"末度"问题的看法所构成的。王弼继承了这条思路，对原典随文训释，把孔子、老子和《周易》所讨论的问题当作自己的问题，毫无遗漏地逐个重新思索，并且结合曹魏正始年间的时代需要，阐述了自己的新见。这就发掘出了蕴涵于原典中的永恒的珍贵，在"系于末度"方面作出了创新。

拿何晏的玄学与王弼来相比，何晏只是在"明于本数"方面作出了创新，而没有做到"系于末度"。这并非由于何晏主观上不重视"系于末度"，而是由于他缺乏一个本体论的思维模式，尽管一生都在进行不懈的探索，却无法沟通天人关系。在中国的天人之学的传统中，"究天人之际"既是一个追求的目标，也是一个衡量的准则，每个哲学家都是有着充分的自觉的。正因为如此，所以何晏一见到王弼的《老子注》，就佩服得五体投地，赞叹说："若斯人，可与论天人之际矣！"王弼的玄学高于何晏之处，关键在于沟通了天人关系，做到了"系于末度"，为当时的人们提供了一个全面完整的世界观。这个世界观是由"明于本数"与"系于末度"两个方面结合而成的，用王弼的术语来说，就是无与有的结合，自然与名教的结合。由二者的结合所构成的思想整体就是一面时代的镜子，反映了当时的时代精神，体现了当时人们的文化理想和哲学认识。从这个角度来看，何晏的玄学只是提出了一些重要的观点，而王弼则成功地建立了一个完整的体系。

前面说过，在一切哲学家那里，正是体系是暂时性的东西。虽然每个哲学家都在追求体系，并且自诩他的体系已经克服了一切矛盾，表达了绝对真理，但是，每个哲学家的体系都有着难以克服的逻辑矛盾,必然要陷入解体,至于充满着矛盾的客观世界更是始终存在于他的体系之外,毫不留情地把他的体系冲击得粉碎。王弼的体系,也避免不了这样的命运。

王弼的玄学把客观世界划分为两个层次,一个是本体,一个是现象,以无来指称本体,以有来指称现象,企图通过有与无这一对哲学范畴的逻辑联结来把握客观世界。尽管王弼作了极大的努力,采取有无互训的方法,一方面强调"以无为本",另一方面又强调"夫无不可以无明,必因于有",以此来证明二者的关系不是对立的,而是统一的,实际上,有与无仍然分为两橛,只做到了外部的松散的联结,而没有达到内部紧密联结的水平。当他强调"以无为本"时,无高踞于有之上,与有判然有别;当他强调"夫无不可以无明,必因于有"时,有的哲学意义又提到极为重要的地位,与无截然不同。既然如此,裴頠干脆抛弃无这个概念,直接把有看作世界的最高本体,并不是没有道理的。崇有论的出现标志着王弼的贵无论玄学体系的正式解体。玄学思潮由贵无论发展为崇有论是逻辑的必然,表现了王弼体系中内在具有的有与无的对立,进一步扩展为崇有与贵无两种理论形态的外在的直接的尖锐对抗。王弼以无作为他的体系的最高哲学范畴。究竟无是什么?从逻辑上看,这个问题的本身就是一个明显的悖论,是根本无法正面回答的。如果说出它是什么,它就不再是无而变成有了,如果不说出它是什么,又很难把它确定为整个哲学体系的理论基石。在这个问题上,王弼表现出了极大的困惑,始终没有说清楚。特别是,王弼的本体论过分地强调以静为本,不能解释静止不动的无何以能生出迁流不息、仪态万千的有来。在中国的天人之学中,讲本体不能脱离生成,生成应该是本体的一个本质属性。在这个问题上,王弼遇到了困难,只好援引宇宙生成论的思想,把无与有的关系说成是母与子的关系,认为"有生于无"。究竟无这个母亲是怎样生出有来的呢?现代的宇宙学提出大爆破的假说试图解答。假说是否成立,有待于经验的检验。总之,这是一个科学问题。就哲学而言,"有生于无"的命题在逻辑上是站不住脚的。如果说有与无的本末体用关系说的是本体与现象的关系,那么在母子关系中就变成生成与被生成的关系,存在与非存在的关系了。希腊的巴门尼德说,存在物是存在的,所以它不会消灭,不能从非存在物中产生。裴颁正是从这个角度来攻击王弼的贵无论的。无不能生有,非存在不能产生出存在,为了把生成作为本体的一个本质属性,宋代以后的本体论的哲学提出了"大化流行""全体大用""即体起用"等等说法。裴颁针对着王弼的内在矛盾所提出的责难是有道理的。

关于名教与自然的结合,矛盾疏漏、滞碍难通之处也是不少的。王弼的贵无论实质上是一种探求内圣外王之道的政治哲学,并不是专门研究抽象的有无关系的思辨哲学。在他的体系中,名教与自然的关系问题是真正的主题。他关于有无关系的一系列的论述,其实都是为了解答这个真正的主题服务的。但是,由于他的本体论尚未达到"体用一如"或"体用一源"的高度,把有无分为两橛,所以名教与自然也仅只做到了外部的松散的联结。阮籍、嵇康的"越名教而任自然"的思想以及裴颁的重名教轻自然的思想就是王弼体系中的内在矛盾的外在化,也同样是一种逻辑的必然。名教与自然的关系问题是中国哲学中传统的天人关系问题在魏晋时期的特殊的表现形式,在汉代则表现为董仲舒的神学目的论的形式。董仲舒曾说:"道之大原出于天,天不变,道亦不变。""道者,所由适于治之路也,仁义礼乐皆其具也。"董仲舒把天道理解为天神的意旨,王弼则把天道解释成自然无为的普遍规律。董仲舒的哲学造诣虽然大大低于王弼,但就天人合一的思想而言,却比王弼高明。因为董仲舒一方面按照封建宗法制度的需要来塑造天道,反过来又用这个被塑造的天道为封建宗法制度的合理性作论证,天与人的关系是紧密结合的。而王弼的自然与名教却始终是形成两橛,不能合而为一。为什么名教必须本于自然呢?如果不把自然看作是封建宗法制度的主观投影,便无法用它来为封建宗法制度作论证。阮籍、嵇康用自然来否定名教,从逻辑上说是完全可以成立的。裴颁抛弃自然这个范畴,直接就名教本身来肯定名教,也自成一家之言。后来的宋明理学汲取了魏晋玄学的教训,提出了"体用一源""理一分殊"等说法,把"明于本数"与"系于末度"凝结为一个命题,从本体论的角度重新论证天人关系的思想才臻于成熟。

恩格斯关于黑格尔的哲学曾经这样说过:"由于体系的需要,他在这里常常不得不求救于强制性的结构,这些结构直到现在还引起他的渺小的敌人如此可怕的喊叫。但是这些结构仅仅是他的建筑物的骨架和脚手架;人们只要不是无谓地停留在它们面前,而是深入到大厦里面去,那就会发现无数的珍宝,这些珍宝就是在今天也还具有充分的价值。"关于王弼的玄学,我们也应当作如是观。

究竟在王弼的哲学大厦中存在着哪些在今天也还具有充分价值的珍宝呢?这也是一个见仁见智的问题,不同的人从不同的立场和角度出发,会有不同的看法,类似科学中的那种确凿不移的答案是没有的。不过只要我们不是无谓地在他的体系上做文章,而是深入到大厦里面去,尝试采用传统经学中的那种随文训释的方法,把王弼认真思考过的问题重新认真思考一遍,总是会得到一些体会,增加一些理解,从而发展和锻炼了自己的理论思维能力,提高了自己的哲学智慧的层次,尽管各人所见不同,也都可以算是发现了珍宝。哲学遗产的珍宝是在主客合一的境界中呈现出来的。如果我们老是停留在体系的外面,或者束书不观,浅尝辄止,对激发王弼从事艰苦探索的那些哲学问题缺乏真切的了解,甚至麻木不仁,无动于衷,以致在主体与客体之间造成一层深深的隔膜,那么王弼的著作呈现在我们面前的只是一堆死去的糟粕,根本谈不上什么发现珍宝了。

王弼对宇宙人生是确有真知灼见的,他把自然界看作是一个"万物自相治理"的和谐的大系统,也把人类社会看作是一个阴阳协调、刚柔相济的和谐的大系统,他的天人新义突出地表现在这种立足于和谐的整体观上。为了促使社会的人际关系趋于和谐,他对和谐与冲突相互转化的关系进行了广泛深入的研究,提出了一系列具有远见卓识的谋略思想。在他关于名教与自然问题的探索中,一方面体现了一种冷静清醒的务实精神和对社会弊端的忧患意识,另一方面又洋溢着一种理想主义的激情和对未来的乐观主义的信念。在道德修养的问题上,他按照情与理的和谐统一来设计一种理想的人格,为人们指明了奋斗的方向。至于他的本体论的思维模式,则是无可置疑地在中国哲学史上构成了一个承先启后的重要环节。所有这些,我们已经通过对王弼的《老子注》《周易注》《论语释疑》三部原著的随文训释中阐述了自己的理解。也许这些并不能算作王弼真正的珍宝,他的珍宝另有所在,这就要求我们把王弼的著作拿来重新阅读一过,进行重新理解了。随着时代的发展,社会的进步,主体思维能力的提高,对王弼的理解是会越来越深入、越来越准确的。

第二部分

竹林玄学

阮籍、嵇康的自然论玄学

第九章　阮籍、嵇康的自然论玄学

一、阮籍、嵇康玄学思想的演变

　　阮籍、嵇康与何晏、王弼是同时代人。阮籍生于建安十五年（公元210年），嵇康生于黄初四年（公元223年），年龄小于何晏[1]，而大于王弼（生于黄初七年，即公元226年）。但阮籍死于景元四年（公元263年），嵇康死于景元三年（公元262年），比何晏、王弼（二人均死于正始十年，即公元249年）多活了十三四年。正始以后的这十三四年，历史的辩证运动加剧进行，一方面是人们企盼已久的统一的局面终于来临，另一方面又发生了魏晋禅代的政治大动乱。司马氏集团为了篡夺曹魏政权，"诛夷名族，宠树同己"，不能不在感受到时代精神的知识分子的心灵上蒙上一层阴影，促使他们的思想发生某种变化。阮籍、嵇康的自然论的玄学思想是从何晏、王弼的贵无论的玄学思想发展而来的，典型地反映了正始以后知识分子的心路历程。只有着眼于这种演变进行动态的分析，才能比较准确地把握阮籍、嵇康的玄学思想的特征。

　　阮籍的思想演变是相当明显的[2]。嵇康虽然自幼"不涉经学"，冠带之年即"托好老庄"，但从"君道自然"（《太师箴》）和"越名教

---

[1]　何晏生年不详。据冯增铨、姜宏周、陆学艺推测，假设曹操在公元199年娶尹氏做夫人，是年何晏七岁，那么何晏的生年当不得早于公元193年。见《中国古代著名哲学家评传》续编二，第56页。

[2]　丁冠之把阮籍的思想演变划分为三个阶段，正始以前以儒学为主，正始年间致力于儒道结合，正始以后则鄙弃礼法，推崇庄子。见《中国古代著名哲学家评传》续编二，第105页。

而任自然"（《释私论》）这两个相互矛盾的命题来看,他的思想也经历了一个痛苦的演变过程。这种演变是围绕着如何处理名教与自然的关系进行的。大致说来,阮籍、嵇康的思想前期倾向于二者的结合,正始以后,则违反本心地把二者对立起来,崇尚自然而贬抑名教。

究竟这种演变的历史动因是什么,是否只是简单地反映了曹魏集团与司马氏集团之间的权力争夺,这是一个值得认真研究的问题。诚然,司马氏儒学世家,崇尚名教,阮籍、嵇康对名教持批判态度,确实表现了他们的政治立场,拒绝与司马氏政权合作。但是,阮籍、嵇康并不是由于站在曹魏集团一边,作为前朝遗民而反对司马氏政权的。哲学与政治虽然有密切的关系,却不是某个政治集团的狭隘的传声筒。它力求反映时代精神,着重于从普遍利益的高度对现实政治进行全面的调整。如果说正始年间何晏、王弼是不满于曹魏名法之治的流弊,企图拨乱反正,建立正常的封建秩序,用贵无论的玄学来加以调整,那么阮籍、嵇康前期的思想倾向于自然与名教的结合,企图使现实符合理想,用理想来纠正现实,和何晏、王弼一样,也对曹魏集团的所作所为表现了强烈的不满。正始以后,发生了魏晋禅代的动乱,这种调整已经失败,许多人陷入绝望。司马氏集团打着名教的幌子,罗织罪名,诛锄异己,把名教变成残酷毒辣的权力争夺的工具。人们被迫在名教与自然二者之间作出选择,或者是只要名教而不要自然,或者是相反,只要自然而不要名教。表面上看来,这是一种政治性的选择,拥护司马氏政权的选择了名教,反对派则选择了自然。同时,儒家尚名教,道家崇自然,这也是对儒道两家思想的选择。其实,从深层的含义来看,这种选择反映了在魏晋禅代这个历史时期,理想与现实的冲突已经发展到不可调和的地步,险恶的政治环境迫使人们或者放弃理想与现实妥协,或者坚持理想与现实抗争。当时确有一批人选择了名教以与现实妥协,但是他们并不真正服膺名教,实际上是一批与时代精神相背离的"寡廉鲜耻贪冒骄奢之鄙夫"①。阮籍、嵇康则继续遵循与时代精神相一致的方向,但是由于现实世界的自我分裂和二重化,他们的玄学思想不能不从自然与名教相结合演变为自然与名教相对立。

玄学思想的发展是在既同世界对立又同世界统一的矛盾中进行的。就本质而言,玄学是一种阐发内圣外王之道的政治哲学,它力求与世界协调一致,为当时不合理的政治局面找到一种合理的调整方案。但是,当现实变得更不合理,连调整的可能性也完全丧失时,玄学就从世界分离出来而退回到自身,用应该实现的理想来对抗现有的存在。玄学发展到了这个阶段,给自己涂上了一层脱离现实的玄远之学的色彩,由政治哲学变为人生哲学,由外向变为内向,由积极用世变为消极避世。虽然如此,由于哲学归根结底是时代精神的反映,哲学不能脱离现实,正如人们不能拔着自己的头发离开地球一样,所以阮籍、嵇康的玄学思想一直是承担着巨大的痛苦,在对立的两极中动荡不安。他们把外在世界的分裂还原为内心的分裂,并且极力探索一种安身立命之道恢复内心的宁静,为的是使世界重新获得合理的性质,在更高的层次上适合于人们的精神需要。从这个角度来看,阮籍、嵇康玄学思想的演变既是历史的必然,又是逻辑的必然。

《晋书·阮籍传》说:"籍本有济世志,属魏晋之际,天下多故,名士少有全者,籍由是不与世事,遂酣饮为常。"这说明阮籍纵酒酣饮,逃避现实,并非出自本心,而是由险恶的政治环境逼迫而成的。阮籍前期致力于名教与自然的结合,尽管对现实不满,但精神状态却是平衡的,并且洋溢着一种奋发积极的高昂情调,对理想的实现充满了乐观主义的信念。这在《乐论》和《通易论》这两篇著作中表现得最为明显。阮籍说:

> 夫乐者,天地之体、万物之性也。合其体,得其性,则和;离其体,失其性,则乖。昔者圣人之作乐也,将以顺天地之体,

---

① 王夫之指出:"晋武之初立,……其所用者,贾充、任恺、冯勗、荀续、何曾、石苞、王恺、石崇、潘岳之流,皆寡廉鲜耻贪冒骄奢之鄙夫。"(《读通鉴论》卷十一)

成万物之性也。故定天地八方之音，以迎阴阳八风之声，均黄钟中和之律，开群生万物之情气。故律吕协则阴阳和，音声适而万物类；男女不易其所，君臣不犯其位；四海同其欢，九州一其节。奏之圜丘而天神下，奏之方丘而地祇上。天地合其德，则万物合其生，刑赏不用而民自安矣。(《乐论》)

先王既殁，德法乖易，上凌下替，君臣不制，刚柔不和，天地不交。是以君子一类求同，遏恶扬善，以致其大，谦而光之，哀多益寡，崇圣善以命，雷出于地，于是大人得位，明圣又兴，故先王作乐荐上帝，昭明其道，以答天贶。于是万物服从，随而事之，子遵其父，臣承其君，临驭统一，大观天下，是以先王以省方观民设教，仪之以变也。(《通易论》)

阮籍认为，天地自然处于一种和谐的状态，以君臣、父子、夫妇为内容的宗法等级制度效法自然，本身也是和谐的。即令这种和谐遭到破坏，只要"佐圣扶命"的"君子"以及"有位无称"的"大人"能够出来支撑局面，采取正确的措施，还是有希望转危为安，恢复到原始的和谐的。但是，在阮籍后期的思想里，这种高昂的情调和乐观的信念消逝不见了。典午之世的痛苦经历使他在现实中看不到理想，在理想中看不到现实。原来他所依靠的那个名教与自然相结合的精神支柱，现在崩溃了。于是他的精神无所依附，失去平衡，飘浮于对立的两极之间。虽然他还是一心倾注于现实，而现实又一再使他陷入失望，如是往复颠簸，终于在内心深处激起了轩然大波。阮籍的《咏怀诗》充分地表现了这种矛盾、惶惑、悲观而又愤激的情调，和他前期的思想形成鲜明的对比。

嵇康原来也是以名教与自然相结合作为自己的精神支柱的。他的《六言诗》说：

二人功德齐均，不以天下私亲，高尚简朴慈顺，宁济四海蒸民。(《惟上古尧舜》)

万国穆亲无事，贤愚各自得志，晏然逸豫内忘，佳哉尔时可喜。(《唐虞世道治》)

法令滋章寇生,纷然相召不停,大人玄寂无声,镇之以静
自正。(《知慧用有为》)

嵇康把唐虞之世"君道自然"的政治树立为最高的理想,尽管他清
醒地看到当时"法令滋章"的名法之治的现实不符合这个理想,但
是相信只要有一个"大人"出来推行"镇之以静"的政策,实现这个
理想的可能性还是存在的。这和阮籍在《乐论》和《通易论》中所表
述的思想一样,洋溢着一种高昂的情调和乐观的信念。但是,在
《卜疑集》中,我们看到,嵇康的这个精神支柱也陷入崩溃。他被迫
在理想与现实、个人与环境之间的各种可能的关系重新作出选择,
建立一个新的精神支柱。嵇康以深沉的反思询问说:

吾宁发愤陈诚,谠言帝庭,不屈王公乎? 将卑懦委随,承
旨倚靡,为面从乎?

宁恺悌弘覆,施而不德乎? 将进趣世利,苟容偷合乎?

宁隐居行义,推至诚乎? 将崇饰矫诬,养虚名乎?

宁斥逐凶佞,守正不倾,明否臧乎? 将傲倪滑稽,挟智任
术,为智囊乎?

宁与王乔赤松为侣乎? 将进伊挚而友尚父乎?

宁如伯奋仲堪,二八为偶,排摈共鲧,令失所乎? 将如箕
山之夫,颖水之父,轻贱唐虞,而笑大禹乎?

宁如老聃之清净微妙,守玄抱一乎? 将如庄周之齐物,变
化洞达,而放逸乎?

阮籍、嵇康玄学思想的共同特征,表现为在原来的精神支柱崩
溃以后承受了巨大的内心痛苦继续从事新的探索。从他们原来倾
向于自然与名教相结合的思想来看,基本上和何晏、王弼的贵无论
的玄学是相一致的。但是他们后来所从事的新的探索,却反映了
新的历史内容,具有比贵无论更为丰富深刻的哲学含义,代表了玄
学思潮的一次重大的自我深化。

阮籍、嵇康没有讨论有与无的关系问题,而是以名教与自然作
为基本范畴。他们以自然为本,以名教为末,实际上和贵无论玄学

一样，也是一种本体论的哲学。阮籍的《通老论》说：

> 圣人明于天人之理，达于自然之分，通于治化之体，审于大慎之训。故君臣垂拱，完太素之朴；百姓熙怡，保性命之和。道者法自然而为化，侯王能守之，万物将自化。《易》谓之太极，《春秋》谓之元，老子谓之道。三皇依道，五帝仗德，三王施仁，五霸行义，强国任智，盖优劣之异，薄厚之降也。

阮籍的这个思想和王弼是完全相通的。王弼认为，"道不违自然，乃得其性，法自然也"（《老子注》二十五章）。"圣人达自然之性，畅万物之情，故因而不为，顺而不施"（《老子注》二十九章）。在三十八章注中，王弼对"失道而后德，失德而后仁，失仁而后义，失义而后礼"，从"优劣之异，薄厚之降"的角度作了具体的解释。

嵇康在《答难养生论》中描绘了一个把名教与自然完美地结合在一起的"至人"的典范。他说：

> 至人不得已而临天下，以万物为心，在宥群生，由身以道，与天下同于自得，穆然以无事为业，坦尔以天下为公。虽居君位，飨万国，恬若素士接宾客也。虽建龙旗，服华衮，忽若布衣在身也。故君臣相忘于上，蒸民家足于下，岂劝百姓之尊己，割天下以自私，以富贵为崇高，心欲之而不已哉？

嵇康的这个思想和王弼是完全相通的。王弼认为，"圣人体无"，"应物而无累于物"。"应物"是外王，"无累于物"是内圣，这种内圣外王之道也就是名教与自然的结合。嵇康的这个思想也对郭象产生了直接的影响。郭象说：

> 夫圣人虽在庙堂之上，然其心无异于山林之中，世岂识之哉？徒见其戴黄屋，佩玉玺，便谓足以婴绂其心矣；见其历山川，同民事，便谓足以憔悴其神矣；岂知至至者之不亏哉？（《庄子·逍遥游注》）

在魏晋这段历史时期，名教与自然的结合是时代的共同理想，也是当时的时代精神之所在。凡是站在高层次思考的人，都不能超越这个理想。

所谓名教,它的确切含义并不是指的儒家思想,也不是指某个政治集团所推行的方针国策,而是指由长期的历史发展所形成的一套完整的封建宗法等级制度。儒家思想以及崇儒的政策对这种制度的形成固然起了极大作用,但归根结底这种制度却是人们必须生活于其中的政治伦理实体,而不是可以自由选择的思想或政策。在中国封建社会中,名教是一种必然的不以人们的意志为转移的社会关系,人们只能把它当作既成的事实来接受,在它的规定下参与社会生活,而决不能否定名教,因为否定名教等于否定整个社会,从而也否定了自己。但是,人和动物不同。动物和它的生活活动直接是一个东西,人则谋划着他的未来,自觉地创造历史。人不像动物那样仅仅和一个被规定性直接合成在一起,他是一个有意识的存在。如果名教出现了弊端,变得不那么合理,人就会去想方设法地对它进行调整、纠正、改造。早在东汉末年,荀悦就主张以"真实"来纠正名教中的虚伪。他说:"君子之所以动天地、应神明、正万物而成王治者,必本乎真实而已。"(《申鉴·政体》)曹魏时期,杜恕进一步探索这个问题,提出以"诚"来纠正名教的弊端。他说:

> 夫诚,君子所以怀万物也。天不言而人推高焉,地不言而人推厚焉,四时不言而人期焉,此以至诚者也。诚者,天地之大定,而君子之所守也。天地有纪矣,不诚则不能化育;君臣有义矣,不诚则不能相临;父子有礼矣,不诚则疏;夫妇有恩矣,不诚则离;交接有分矣,不诚则绝;以义应当,曲得其情,其唯诚乎!(《全三国文》卷四十二)

玄学综合总结了这些探索的成果,提炼出了自然这个范畴。所谓自然,它的确切含义并不是指道家的思想,也不是指茫茫无垠的自然界自身,而是指支配着自然界的那种和谐的规律。人们根据对它的认识和理解,来谋划一种和谐的、自由的、舒畅的社会发展的前景,使得社会领域的君臣、父子、夫妇的人际关系能够像天地万物那样调适畅达，各得其所，从而自然这个范畴也就成为人们自觉地创造历史的一种精神力量。从这个意义来看，名教与自然这对范畴反映了人们社会历史实践活动中两个矛盾着的方面，蕴涵着必然与自由、自在与自为等一系列丰富而深刻的哲学内涵，本身就是既对立又统一，紧密相连，不可分割的。魏晋时期，分裂割据，战争频仍，社会动乱，历史给人们带来了巨大的苦难。这种苦难既是人们所无法逃避的，又是人们所难以忍受的。因而人们只有着眼于名教与自然的结合才能找到一条摆脱苦难的出路。玄学家们站在高层次来思考这个问题，并且普遍地把名教与自然的关系看作是现象与本体的关系。在本体论的哲学中，现象与本体是不能脱离开来而单独存在的。既然如此，探索一种如何把二者结合起来的最佳方案，也就成为各派玄学家共同追求的目标了。

但是，阮籍、嵇康后期的玄学思想，这种结合看来是已经被破坏了，名教与自然分裂为对立的两极，相互排斥。嵇康在《释私论》中提出了"越名教而任自然"的口号，阮籍在《达庄论》和《大人先生传》中站在自然的立场，对名教中的种种荒谬、虚伪、狡诈和残酷进行猛烈的抨击。这又怎样解释呢？许多研究者已注意到这种矛盾，认为是阮籍、嵇康一时的愤激之辞，并非出自他们的本心。如果我们透过玄学理论形态上的这种暂时性的扭曲现象去深入把握其真实的本质，可以看出阮籍、嵇康的这些激烈的言论实际上并不是自然与名教的对立，而是理想与现实的对立。他们批判现实的名教违反自然，在心目中必须首先确定一个合乎自然的名教作为正面的理想，如果缺少这个正面的理想，他们的批判就失去了前提，根本无法对现实的名教进行衡量和比较了。比如嵇康说：

> 古之王者，承天理物，必崇简易之教，御无为之治。君静于上，臣顺于下，玄化潜通，天人交泰。……大道之隆，莫盛于兹，太平之业，莫显于此。（《声无哀乐论》）
> 昔鸿荒之世，大朴未亏，君无文于上，民无竞于下，物全理顺，莫不自得。饱则安寝，饥则求食。怡然鼓腹，不知为至德之世也。若此，则安知仁义之端，礼律之文？（《难自然好学论》）

在嵇康看来,这种合乎自然的名教是人们应当去奋力追求的最高理想。嵇康前期对这个理想坚信不疑,后期也始终没有放弃。但是,当他拿这个理想的名教和现实的名教相比较时,却发现了一幅令人痛心失望的景象。他说:

> 季世陵迟,继体承资,凭尊恃势,不友不师,宰割天下,以奉其私。故君位益侈,臣路生心,竭智谋国,不吝灰沉,赏罚虽存,莫劝莫禁。若乃骄盈肆志,阻兵擅权,矜威纵虐,祸崇丘山。刑本惩暴,今以胁贤。昔为天下,今为一身。下疾其上,君猜其臣。丧乱弘多,国乃陨颠。(《太师箴》)

阮籍和嵇康一样,他对名教的批判,也是从理想与现实的比较出发的。他说:

> 昔者天地开辟,万物并生,大者恬其性,细者静其形。阴藏其气,阳发其精。害无所避,利无所争;放之不失,收之不盈;亡不为夭,存不为寿;福无所得,祸无所咎;各从其命,以度相守。明者不以智胜,暗者不以愚败;弱者不以迫畏,强者不以力尽。盖无君而庶物定,无臣而万事理。
>
> 今汝造音以乱声,作色以诡形,外易其貌,内隐其情;怀欲以求多,诈伪以要名;君立而虐兴,臣设而贼生。坐制礼法,束缚下民。……汝君子之礼法,诚天下残贼乱危死亡之术耳!
> (《大人先生传》)

阮籍的理想社会没有君主制度,看来似乎超出了名教的范围,比嵇康走得更远。即令如此,这也是理想的社会与现实的社会之间的对立,而不是自然与名教的对立。在《达庄论》中,我们看到,尽管阮籍热情地歌颂自然,倾慕自然,其理论的归宿和最终目的仍然是使违反自然的名教重新合乎"自然之理",把父子、君臣关系理顺,做到名教与自然相结合。他说:

> 故自然之理不得作,天地不泰而日月争随,朝夕失期而昼夜无分,竞逐趋利,舛倚横驰,父子不合,君臣乖离。

因此，阮籍、嵇康后期的玄学思想虽然就理论的表述而言确实在某些场合把名教与自然分裂为对立的两极，但是这种分裂无论从逻辑或从事实的角度来看都不可能，而且并不代表他们真实的本意，实际上不过是玄学理论形态上的一种暂时性的扭曲现象。

名教作为一种社会制度，一种不依人的意志为转移的定型的政治伦理实体，是人的本质力量的异化。有的人在异化中感到肯定，感到自我的实现，有的人在异化中则感到否定，感到自我的丧失。如果在整个社会中感到肯定的人数大于感到否定的人数，这个社会大体上处于稳定状态，反之，如果感到否定的人数大于感到肯定的人数，这个社会就动荡不安，处于危机状态了。正始前后，异化客观上的发展程度以及人们对异化的主观上的心理感受是不相同的。这种不同极大地影响了贵无论和自然论的玄学理论的不同。正始年间，虽然名教有许多地方不尽如人意，但是人们的精神在其中多少还能感到一种肯定，理想与现实的冲突并未发展到对抗的程度，因而王弼有可能把名教与自然的关系抽象升华为有与无的逻辑关系，并且通过思辨哲学的论证来扬弃二者的对立。在王弼的贵无论的玄学中，理论形态显得比较平衡，思维的心灵也显得比较宁静，这是和正始年间大体上稳定的社会政治环境密切相关的。到了魏晋禅代之际，司马氏集团的所作所为，把名教中否定的一面充分暴露出来，社会政治环境充满了令人愤慨的荒谬、虚伪、狡诈和残酷。阮籍、嵇康已不再可能像王弼那样从事抽象的逻辑思辨，去编织完整的体系了，而只能抒发在被唾弃的状况下对这种状况的愤慨，于是理论失去了平衡，心灵失去了宁静，理想与现实的对立也就转化为自然与名教的对立了。

黑格尔在《精神现象学》中分析了由伦理、法权、国家权力与财富所构成的现实世界的异化，认为它既是自我意识的作品，又同样是一种直接的现成的、对自我意识来说是异己的陌生的现实，这种陌生的现实有其独特的存在，并且自我意识在其中认不出自己。因此，这个世界是一个自身异化了的实在，不是一个单一的世界，而是一个分离的、对立的、双重的世界。在第一个世界里，自我意识本身及其对象都是现实的，二者相互适应，从而自我意识承认社会秩序。而另一个世界则是在纯粹意识中建立起来的世界，它与异化相对立，不承认社会秩序，但不是当前现实的，而是在信仰之中，是对当前现实世界的逃避。由于这种逃避事实上不可能，只是另一形式的异化，其特点恰恰在于对两个不同的世界有所意识，本身就直接是一个双重性的，所以构成辩证发展的两极，处于转化的过程之中。①

　　阮籍、嵇康后期的玄学思想就是对这种客观异化的主观反映。现实世界的二重化导致了他们的自我意识和人格的二重化，进一步又导致了他们的玄学理论的二重化。表面上看来，"越名教而任自然"是一个坚定的充满了自我确信的战斗口号，实际上其中蕴涵着极为深沉的时代忧患感，是以痛苦矛盾、彷徨无依、内心分裂为心理背景的。这种心理背景既表现在他们对名教的激烈否定之中，又表现在他们对自然的执著追求之中。由于名教是一种无法超越的异化的现实，脱离了名教的自然只是一种虚无缥缈的幻想，所以他们的自我意识既不能在名教中得到安息，又不能在自然中找到寄托。《晋书·阮籍传》说："时率意独驾，不由径路，车迹所穷，辄恸哭而反。"阮籍的《咏怀诗》说："杨朱泣歧路，墨子悲染丝。"嵇康在《卜疑集》中也描绘了这种与阮籍相类似的痛苦矛盾的心态。这种痛苦矛盾贯穿在他们后期的整个玄学思想之中。既然自我意识无论在名教或自然中都得不到安顿，通过思辨哲学的论证来扬弃二者的对立又不可能，那么唯一的出路就只有退回到自身，在纯粹意识中建立一个新的精神支柱，寻找在现实世界中失去的自我了。

　　玄学发展到了这个阶段，自我意识与精神境界的问题变得突出了。阮籍、嵇康的自然论玄学与何晏、王弼的贵无论玄学不同，不去讨论世界的本体是什么，而把自觉的意识对本体的关系作为

① 黑格尔:《精神现象学》下卷,第38—44页。

研究的中心。换句话说,他们以人的问题取代了宇宙问题,以主体自身的问题取代了世界本源问题,以人生哲学取代了政治哲学。由于他们把自身的处境以及对异化的感受带进了玄学思维,切合当时知识分子普遍存在的忧患意识和人生追求,对社会风尚的影响要远远大于贵无论的玄学。于是玄学的发展进入第二阶段,深入到自我意识与精神境界的问题中来了。

二、自我意识与精神境界

刘勰在《文心雕龙·才略》篇中准确地概括了嵇阮二人文学才力的特点和成就。他说:

> 嵇康师心以遣论,阮籍使气以命诗,殊声而合响,异翮而同飞。

就文学创作的成就而言,嵇康偏重于论文,阮籍偏重于诗歌。由于文学体裁的不同,嵇康的才力偏重于思维,阮籍的才力则偏重于情感。所谓"师心以遣论",是说根据自己的独立思考和理性判断来写作论文。所谓"使气以命诗",是说根据自己真切的感受直抒胸臆来写作诗歌。刘勰认为,嵇阮二人"殊声而合响,异翮而同飞",虽然各有特点,但是所抒发的心声以及所追求的目标却是共同的。究竟怎样具体地解释这种异中之同呢?

事实上,嵇康的诗歌不乏佳作,如《幽愤诗》《述志诗》,和阮籍一样,也是"使气以命诗";阮籍的论文如《达庄论》《大人先生传》脍炙人口,和嵇康一样,也是"师心以遣论"。这说明嵇康的思维是带有情感的思维,阮籍的情感是带有思维的情感,只不过比较起来,一个偏重于"师心",一个偏重于"使气"而已。

王弼的贵无论的玄学是一种纯粹理智的不带有情感的思维,一种抽象的逻辑思维。王弼在哲学史上尽管地位甚高,在文学史上却排不上名次,是和这种只注重共性而忽略个性的思维特点有关的。阮籍、嵇康与王弼不同,他们把认识和感受、思维和情感融为一体,通过自己独特的个性去把握时代的共性,这就使他们同时成为既是有代表性的哲学家,又是作出了卓越贡献的文学家。阮籍、嵇康不去关心现象与本体在思辨逻辑上的联结,而倾注全部心力去探讨自我意识与本体的关系,希望通过这种探讨获得一种精神境界,一种能够帮助自己排遣痛苦的安身立命之道。无论是嵇康的"师心"或阮籍的"使气",都是从自我出发的,有着鲜明的个性特征。但是,他们的自我是与时代紧密相连的,他们把时代的苦难转化为自我的深刻的认识和切身的感受,由此所抒发的心声,所表现的追求,也就具有了时代的共性,反映了时代的精神。这大概就是刘勰所说的"殊声而合响,异翮而同飞"的具体含义吧。

自我意识是一个主体范畴,主体如果不以某个客体为依据,是无法成立的,所以自我意识不能停留于自身,而必然趋向于客体。精神境界是主客合一的产物,自我意识经过一番求索,终于找到了某个客体而安息于其中,这就是精神境界。但是,精神境界必须以现实的生活为依据,脱离了现实生活的精神境界只能是空中楼阁,虚而不实,自我意识在这种精神境界中也仍然是得不到安息的。阮籍、嵇康的悲剧恰恰就在这里。屈原的《离骚》说:"吾令羲和弭节兮,望崦嵫而勿迫。路漫漫其修远兮,吾将上下而求索。"屈原的精神始终是处于痛苦的求索之中,从来也没有得到安息,这是屈原的悲剧,也是屈原的伟大。阮籍、嵇康也是如此。他们从自我出发,或是"使气以命诗",或是"师心以遣论",都以宇宙的最高本体作为追求的目标,希望自我与本体合而为一,达到某种精神境界,用来安身立命,与苦难的现实相对抗。他们所追求的本体就是自然。但是,自然不可能脱离名教而单独存在,现实的苦难也不可能靠思维上的否定来克服,所以阮籍、嵇康"越名教而任自然"的玄学思想不仅使他们在理论上陷入了一系列的矛盾,同时也使他们的精神境界像飘浮于现实生活浪涛中的一叶扁舟,永远也找不到一个安息之地。虽然如此,他们仍然以顽强的执著精神不断地求索。他们一会儿想做"大人先生"那样的得道真人,或者不食人间烟火的神仙,很快又觉得这只是一种幻想,转而想与现实妥协,但是又发现这种妥协是自我的丧失，于是像屈原一样，孤子一身，行吟泽畔，流浪旷野，面对苦难的现实、沉默的宇宙，继续进行新的求索。他们在思辨哲学上所达到的高度是比不上王弼的，但是他们通过这种求索充分地揭露了名教与自然、必然与自由、自在与自为、现实与理想的各种矛盾，要求自我在这一系列的矛盾中作出负责的选择，就认识的深化而言，是要超过王弼的。他们没有编织成一个完整的体系，从而也没有建立起一个牢固的精神支柱，但是就在他们持续不断的痛苦的求索之中，把自我意识本身的问题突出出来，这对当时具有高层次精神需要的知识分子是一个很大的启发，在中世纪的历史条件下开创了一个自我意识的觉醒运动。研究他们在哲学发展史上所作的贡献，主要应该从这个角度着眼。

阮籍的《咏怀诗》写得隐讳曲折，百世而下难以猜测其真意所在，但是诗人的心态和情感的逻辑线索还是跃然纸上，可以明显感觉得到的。比如他说：

夜中不能寐，起坐弹鸣琴。……徘徊将何见，忧思独伤心。（其一）

徘徊空堂上，忉怛莫我知。愿睹卒欢好，不见悲别离。（其七）

独坐空堂上，谁可与亲者？出门临永路，不见行车马。（其十七）

一日复一夕，一夕复一朝。颜色改平常，精神自损消。胸中怀汤火，变化故相招。万事无穷极，知谋苦不饶。但恐须臾间，魂气随风飘。终身履薄冰，谁知我心焦。（其三十三）

阮籍首先描绘了一个自我意识的主体性的存在，这种自我意识和王弼所描绘的那种"体冲和以通无"的圣人完全不同，他是孤独的、寂寞的，由于失去了旧的精神支柱而焦虑不安，同时又对新的精神支柱有着火热的追求。这种自我意识究竟依附于什么样的客体才能安息呢？阮籍认为，人生有限，宇宙无限，只有投身于无限的自然和天道之中，才能使焦虑的心灵安定下来。他说：

自然有成理,生死道无常。智巧万端出,大要不易方。如何夸毗子,作色怀骄肠。(其五十三)

朝阳不再盛,白日忽西幽。去此若俯仰,如何似九秋。人生若尘露,天道竟悠悠。(其三十二)

业务何缤纷,人道苦不遑。……时路乌足争,太极可翱翔。(其三十五)

阮籍所说的"自然""天道""太极",都是指宇宙的最高本体。在王弼的贵无论的玄学体系中,本体与现象结成了体用、本末的关系,二者互为依据,不可分割。就自然与名教这一对范畴而言,名教固然是合乎自然的名教,自然也应该是合乎名教的自然。但是阮籍却把自然与名教对立起来,这就使得本体脱离了现象,变得虚无缥缈,失去了具体内容。这种本体是无法安息焦虑的心灵的。于是阮籍重新陷入迷惘惶惑之中,在出世与入世、超越与妥协之间摇摆不定。他说:

去者余不及,来者吾不留。愿登太华山,上与松子游。(其三十二)

焉见王子乔,乘云翔邓林。独有延年术,可以慰吾心。(其十)

采药无旋返,神仙志不符。逼此良可惑,令我久踟蹰。(其四十一)

人言愿延年,延年欲焉之。黄鹄呼子安,千秋未可期。(其五十五)

鸿鹄相随飞,飞飞适荒裔。双翮凌长风,须臾万里逝。朝餐琅玕实,夕宿丹山际。抗身青云中,网罗孰能制。岂与乡曲士,携手共言誓。(其四十三)

鸒鸠飞桑榆,海鸟运天池。岂不识宏大,羽翼不相宜。招(扶)摇安可翔,不若栖树枝。下集蓬艾间,上游园圃篱。但尔亦自足,用子为追随。(其四十六)

宁与燕雀翔,不随黄鹄飞。黄鹄游四海,中路将安归。

（其八）

从这些诗句可以看出阮籍充满了矛盾的心态。他希望做神仙，又觉得这是无法实现的幻想。他希望像鸿鹄那样抗身青云，远离这个令人生厌的庸人世界，但又觉得现实是不能超越的，只能与燕雀、莺鸠为伍。虽然如此，他还是执著地追求一种自由的精神境界。

谁言万事难，逍遥可终生。临堂翳华树，悠悠含无形。

（其三十六）

究竟这种自由的精神境界存在于何方呢？郭象认为，它不在名教的外边，而就在名教之中，大鹏与小鸟只要安分守己，无待于外，都可以得到逍遥。郭象的这个思想其实是直接渊源于阮籍的。但是阮籍与郭象不同，他在名教中看到的是自我的毁灭而不是自我的实现，尽管他在自然中找不到逍遥，被事实和逻辑逼回到现实的名教中来，从理性上认识到只能像小鸟那样在树枝蓬艾间自满自足，在情感上却仍然要超越名教，在名教的外边去寻找逍遥。这就使得阮籍陷入了恶性循环，始终也没有找到一个确定的精神境界。他的自我意识是分裂的意识、苦恼的意识。《咏怀诗》晦涩难懂而又蕴涵着巨大的感染力量，关键就在这里。

阮籍在《达庄论》《大人先生传》中所描绘的心态，也和《咏怀诗》相同，只不过增加了一层表面上的理论的确信，其中的真意比《咏怀诗》更为扑朔迷离，难以捉摸。在《大人先生传》中，阮籍树立了一个确定的精神境界，自我意识已与宇宙最高的自然本体合而为一。他说：

夫大人者，乃与造物同体，天地并生，逍遥浮世，与道俱成，变化散聚，不常其形。

养性延寿，与自然齐光。其视尧舜之所事，若手中耳。……先生以为中区之在天下，曾不若蝇蚊之着帷，故终不以为事，而极意乎异方奇域，游览观乐非世所见，徘徊无所终极。

这种得道真人其实是完全离弃人世的神仙。从神仙的眼光看来，人世的一切当然是卑微的、不屑一顾的。但是，这种神仙也就成了现实生活的彼岸。彼岸之所以为彼岸，就在于人们只能向往它，而永远也不可能达到它。王弼玄学中的"无"不是彼岸，而是与此岸中的"有"紧密联系在一起的。阮籍既然把自然与名教对立起来，也就割裂了本体与现象的关系，这就必然导致在逻辑上把得道真人说成是有体而无用。他说：

> 先生既申若言，天下之喜奇者异之，慷慨者高之。其不知其体，不见其情，猜〔疑〕其道，虚伪〔其〕(之)名①。莫识其真，弗达其情，虽异而高之，与向之非怪者蔑如也。至人者，不知乃贵，不见乃神，神贵之道存乎内，而万物运于外矣。故天下终而不知其用也。

从哲学的角度说，体与用是一对互为依据的对立统一的范畴，本体固然崇高，可以由体以及用，作用也不是可有可无的，必须由用以求体，本体才具有某种确定性，可以被人们所认识。因此，阮籍所树立的精神境界只是看来具有确定性，实际上是虚无缥缈，很不确定的。究竟这个有体而无用的得道真人应该怎样处理与现实生活的关系呢？也就是说精神自由应该在必然性之中来寻找还是在必然性之外来寻找呢？阮籍描绘了一个自以为与"大人先生"志同道合的"隐士"，认为应该脱离现实生活来寻找精神自由。"隐士"说：

> 上古质朴淳厚之道已废，而末枝②遗叶并兴，豺虎贪虐，群物无辜，以害为利，殒性亡躯。吾不忍见也，故去而处兹。人不可与为俦，不若与木石为邻。……吾将抗志显高，遂终于斯。禽生而兽死，埋形而遗骨，不复反余之生乎！

这个"隐士"在遗弃人世方面看来与"大人先生"没有什么差别，但却受到"大人先生"的严厉训斥：

---

① 据文义，"猜其道，虚伪之名"，疑为"猜疑其道，虚伪其名"。

② "末枝"当为"末枝"。

> 泰初真人,惟天之根,专气一志,万物以存。……夫然成吾体也,是以不避物而处,所睹则宁;不以物为累,所由则成。彷徉足以舒其意,浮腾足以逞其情。……若夫恶彼而好我,自是而非人,忿激以争求,贵志而贱身,伊禽生而兽死,尚何显而获荣?悲夫,子之用心也。

这就是说,只有与现实妥协才能找到精神自由,如果否定了社会,把自己混同于禽兽,是无法找到精神自由的。"大人先生"对"隐士"的训斥,其实是阮籍的自我批判。《大人先生传》全篇的基调就是崇尚自然,否定名教,洋溢着一种"恶彼而好我,自是而非人"的愤激之情。但是最后所达到的结论却是随遇而安,从而肯定了名教,否定了愤激之情。由于名教是阮籍深恶痛绝的,愤激之情又是他无法消除的,所以阮籍又把"大人先生"打发到人世以外的自然本体中进行新的徒劳的追求。他说:

> 呜呼! 时不若岁,岁不若天,天不若道,道不若神。神者,自然之根也。彼勾勾者自以为贵夫世矣,而恶知夫世之贱乎兹哉? 故与世争贵,贵不足尊;与世争富,富不足先。必超世而绝群,遗俗而独往,登乎太始之前,览乎忽漠之初。

> 先生从此去矣,天下莫知其所终极。盖陵天地而与浮明遨游无始终,自然之真也。

在《达庄论》中,阮籍以自然本体为前提,推论出了一个合乎自然的理想社会。他说:

> 天地生于自然,万物生于天地。自然者无外,故天地名焉。天地者有内,故万物生焉。当其无外,谁谓异乎? 当其有内,谁谓殊乎? ……天地合其德,日月顺其光。自然一体,则万物经其常。

> 故至道之极,混一不分,同为一体,得失无闻。伏羲氏结绳,神农教耕,逆之者死,顺之者生,又安知贪夸之为罚,而贞白之为名乎? 使至德之要,无外而已。大均淳固,不贰其纪。清静寂寞,空豁以俟。善恶莫之分,是非无所争。故万物反其

所而得其情也。

这种理想的社会固然和谐美好,但由于缺少一道通向现实的桥梁,实际上也不过是可望而不可即的彼岸世界。阮籍和郭象一样,一方面发挥了庄子的思想,同时又把庄子贬为"何足道哉"。他说:

> 且庄周之书何足道哉?犹未闻夫太始之论、玄古之微言乎! 直能不害于物而形以生,物无所毁而神以清,形神在我而道德成,忠信不离而上下平。

这就是说,庄子的思想有着严重的不足,只能为寻找个人的精神境界提供某种借鉴。既然无论在名教的外边或是在名教的中间都找不到一个牢固的精神境界,看来唯一的出路只有在人性之中也就是纯粹的自我意识之中去寻找了。他说:

> 人生天地之中,体自然之形。身者,阴阳之精气也。性者,五行之正性也。情者,游魂之变欲也。神者,天地之所以驭者也。

在阮籍看来,自然的和谐只存在于这种人性之中,而现实的名教是与这种人性相对立的。因此,阮籍探索的终点,也同时是他的探索的起点,与其说他得到了什么精神境界,毋宁说他只得到了一个孤悬的、毫无凭据的、痛苦不安的自我意识本身。

稽康是一个喜好辩论的人。他的著作绝大部分是辩论文字,而且辩论的对象多半是他的好友。他与吕安情谊甚厚,曾为吕安辩诬而惨遭杀身之祸,但他与吕安辩论明胆问题。向秀与他共作竹林之游,锻铁于大树之下,但他与向秀辩论养生问题。张辽叔与阮德如也是他的好友,他与二人辩论自然好学及宅无吉凶摄生问题。在《声无哀乐论》中,稽康设对独遘,自为客主,反复辩论。究竟这种辩论要达到一个什么目的呢? 据稽康自己说,这是为了探求自然之理。但是稽康与王弼不同,他不是根据现象的共性来探求自然之理,而是根据自我意识的个性来探求自然之理。这也就是说,他不像王弼那样着重研究现象与本体的关系,而是把自我意识突出到首位，着重研究应该如何去认识本体。由于自我意识不同，对本体的认识当然有分歧。嵇康对这种分歧并不介意，丝毫不因此而伤害朋友间的交谊。在辩论中，他与辩论的对象各抒己见，畅所欲言，实际上是一种友好的对话，心灵的交流。而自我意识也就在这种往返论难的过程中找到了某种客体，获得了某种精神境界，从而摆脱了彷徨无依的状态，具有了某种确定性。如果说嵇康与山巨源的辩论有似于庄子与儒墨的辩论，那么嵇康与向秀、吕安等人的辩论则有似于庄子与惠施的辩论。庄子与惠施碰在一起，往往是激烈辩论，互不相让。后来惠施死去，庄子到墓前凭吊，满怀悲怆地叹息说："自夫子之死也，吾无以为质矣，吾无与言之矣"（《庄子·徐无鬼》）。马克思曾说："在某种意义上，人很像商品。因为人来到世间，既没有带着镜子，也不像费希特派的哲学家那样，说什么我就是我，所以人起初是以别人来反映自己的。"①如同庄子在与惠施辩论的过程中发现了自我一样，嵇康也只有与向秀、吕安这一批名士好友进行无休止的辩论，才能具体地感觉到自我意识和精神境界的存在。因此，与其说嵇康的辩论是为了探求客观的自然之理，毋宁说是为了突出与别人相区别的自我意识的主体。

《世说新语·言说》记载：

> 嵇中散语赵景真："卿瞳子白黑分明，有白起之风，恨量小狭。"赵云："尺表能审玑衡之度，寸管能测往复之气，何必在大，但问识如何耳！"

赵景真即赵至，出身微贱，年十四追随嵇康，是嵇康的热烈的崇拜者。但是这一次的辩论，嵇康显然是失败了。由此可以窥见魏晋时期名士清谈的一般风气。在当时那种险恶的政治环境之下，知识分子不可能投身于实际的社会政治活动求得自我的实现，而只能通过清谈来寻找一条精神的出路。清谈以玄理为主题，所谓玄

---

① 《马克思恩格斯全集》第 23 卷，第 67 页。

理也就是对本体的认识。认识各有不同，有深有浅，但是每人都可以从这种思想交流中受到启发，加深自己的认识，提高自己的精神境界，所以名士们对辩论中的胜败往往一笑置之，只要能享受到一种体认玄理的乐趣，就算是最大的满足了。嵇康是当时名士清谈的领袖人物。他所立的三理一直影响到东晋，成为东晋玄学辩论的主题①。《世说新语·文学》说：

> 王丞相(王导)过江左，止道声无哀乐、养生、言尽意三理
> 而已。然宛转关生，无所不入。

嵇康对这三理都发表了一系列确定的意见，但是当时人们并没有把他的意见看作定论，而只是对他提出的论题感兴趣。所谓"宛转关生，无所不入"，是说围绕着这几个论题出现了各种各样的论点，其中既有嵇康所反驳的论点，也有超出嵇康的论点。如果把嵇康的论点奉为定论，这种长达数十百年的长期辩论就毫无必要了。因此，我们研究嵇康的思想，应该着眼于当时清谈的一般风气以及知识分子普遍的精神追求，而不必过分拘泥于嵇康所发表的那些意见。事实上，嵇康在逻辑上的自相矛盾是显而易见的，牵强附会之处不少，并没有把对方驳倒。向秀在养生问题上对嵇康的反驳，当时得到不少人的拥护。《列子·杨朱》篇以及郭象都直接承袭了向秀的论点。至于声有哀乐以及自然好学的论点，拥护者更是大有人在。嵇康本人也不是着意于驳倒对方，把论敌置于死地而后快，他只是希望通过对方来肯定自我意识的主体性的存在，使自己所树立的精神境界获得某种确定性。他之所以成为当时清谈的领袖人物，关键在于他提出了一个自我意识如何去认识本体的独特的思维模式。

　　嵇康在辩论中特别强调从自我意识出发，从自我的独立思考和理性判断出发，打破经典权威和习俗成见的束缚，反对"多同"之见和"思不出位"的观点。他说：

---

① 参阅陈战国《嵇康与玄学·"三理"》，《中国哲学》第十一辑。

> 驰骤于世教之内，争巧于荣辱之间，以多同自域，思不出位，使奇事绝于所见，妙礼断于常论，以言通变达微，未之闻也。(《答难养生论》)

> (常人)以多自证，以同自慰，谓天地之理，尽此而已矣。纵闻养生之事，则断以己见，谓之不然。其次狐疑，虽少庶几，莫知所由。(《养生论》)

> 今子立六经以为准，仰仁义以为主，以规矩为轩驾，以讲诲为哺乳，由其途则通，乖其路则滞，游心极视，不睹其外，终年驰骋，思不出位。(《难自然好学论》)

排斥是自我意识的最初形式。为了突出自我意识的主体性的存在，必须对经典权威和习俗成见大胆地排斥。在嵇康看来，根据经典权威和习俗成见而形成的见解固然也算一种见解，但不是自己独立思考的见解，而是一种"多同"之见，一种不值得信赖的人云亦云随声附和的见解。经典权威和习俗成见立下了许多束缚思想的条条框框，使人"思不出位"，只有勇敢地打破它，才能使自己的思想"通变达微"，理解宇宙万物的奥秘。嵇康认为，比较起来，怀疑比"多同"之见和"思不出位"稍好一点，但也比不上自我的确信。嵇康的这些思想对魏晋时期的思想解放起到了极为深远的促进作用。

嵇康虽然强调从自我出发，却没有提倡类似于近代史上的那种个人主义。他要求超越自我，否定自我，把自我投身到宇宙本体中去，与本体合而为一。他说：

> 夫称君子者，心无措乎是非，而行不违乎道者也。何以言之？夫气静神虚者，心不存于矜尚；体亮心达者，情不系于所欲。矜尚不存乎心，故能越名教而任自然；情不系于所欲，故能审贵贱而通物情。物情顺通，故大道无违；越名任心，故是非无措也。(《释私论》)

"无措"即无心，也就是排除了私心杂念而与自然相符合的公心。嵇康认为，产生私心杂念的根源，在于现实的名教。这种名教使得是非颠倒,黑白混淆,人们受习俗熏染,加上利害的考虑,同流合污,隐匿真心,追求虚伪,于是产生了私心杂念,丧失了自然之质。他说:

> 乃心有是焉,匿之以私;志有善焉,措之为恶。不措所措,而措所不措,不求所以不措之理,而求所以为措之道,故明为措而暗于措。是以不措为拙,以致措为工,唯惧隐之不微,唯患匿之不密。故有矜伪之容,以观常人;矫饰之言,以要俗誉。谓永年良规,莫盛于兹,终日驰思,莫窥其外,故能成其私之体,而丧其自然之质也。(《释私论》)

嵇康认为,只有"越名教而任自然",消除矜尚之心,情欲之累,实行自我克制,才能做到是非无措,坦然大公。

嵇康在与向秀辩论养生问题时,具体地谈到如何实行自我克制。他说:

> 养生有五难。名利不灭,此一难也。喜怒不除,此二难也。声色不去,此三难也。滋味不绝,此四难也。神虑消散,此五难也。五者必存,虽心希难老,口诵至言,咀嚼英华,呼吸太阳,不能不回其操,不夭其年也。五者无于胸中,则信顺日济,玄德日全。(《答难养生论》)

为什么投身于自然本体必须要实行自我克制呢? 嵇康认为,因为本体是绝对的,而自我是相对的,本体是和谐的、无限的大我,自我则是有哀乐之情的、有限的小我。嵇康受时代忧患感的驱使,一生都在真诚地追求这个本体,渴望自我意识与本体合而为一,以建立一种足以安身立命的精神境界。但是,由于他把自然与名教对立起来,把本体与现象对立起来,从而也把大我与小我对立起来,所以在思想和行为上经常陷入矛盾,始终没有找到一个确定的精神境界。比如嵇康的《声无哀乐论》,通篇都立足于这种对立之上。他说:

> 夫天地合德,万物资生,寒暑代往,五行以成,章为五色,

发为五音。音声之作，其犹臭味在于天地之间，其善与不善，虽遭浊乱，其体自若，而无变也，岂以爱憎易操，哀乐改度哉？

夫五色有好丑，五声有善恶，此物之自然也。至于爱与不爱，喜与不喜，人情之变。统物之理，唯止于此。

声音以平和为体，而感物无常；心志以所俟为主，应感而发。然则声之与心，殊途异轨，不相经纬，焉得染太和于欢戚，缀虚名于哀乐哉？

昔夔有自然之和，而无系于人情。

心之与声，明为二物。

嵇康所说的这种对立并不是精神与物质的对立，而是本体与现象的对立，因而不能把他的玄学理论归结为心声二元论，实质上仍然是一种本体一元论。嵇康片面地发展了王弼的"崇本以息末"的思想。他把自然的和谐看作是本，把一切破坏这种和谐的心与物看作是末，因此，自然与名教以及太和之声与哀乐之情都形成了对立。如何来扬弃这种对立呢？嵇康认为，只有"息末"才能"崇本"，应该"越名教而任自然"，否定自我的哀乐之情去聆听太和之声。嵇康的这种主张，事实上无法做到，逻辑上也难以讲通。在《答难养生论》中，嵇康对他所倾慕的精神境界曾作了一番描述：

顺天和以自然，以道德为师友，玩阴阳之变化，得长生之永久，任自然以托身，并天地而不朽。

嵇康所倾慕的这种精神境界与阮籍对"大人先生"的倾慕差不多，实际上不过是脱离了现实生活的彼岸世界。这种精神境界不仅无法用来对抗现实，而且会在现实的惊涛骇浪的冲击之下很快消失。当时的一批竹林名士在处理与现实的关系上发生了明显的分化，是和他们所追求的精神境界软弱无力密切相关的。

山涛曾是嵇康的好友，二人虽一度绝交，但嵇康在临死前还把儿子嵇绍托付给山涛，可见交情并未真正断绝。《晋书·山涛传》说：

> 涛早孤,居贫,少有器量,介然不群。性好庄老,每隐身自
> 晦。与嵇康、吕安善,后遇阮籍,便为竹林之交,著忘言之契。
> 康后坐事,临诛,谓子绍曰:"巨源在,汝不孤矣。"

嵇康与山涛的矛盾,主要表现在如何处理现实与理想的关系问题
上。山涛属于王弼型的人物,致力于名教与自然的结合,虽然投靠
司马氏集团,做了大官,但一直坚持理想,立足于讽谏,并非趋炎附
势的无耻之徒。《晋书·山涛传》说:

> 涛中立于朝,晚值后党专权,不欲任杨氏,多有讽谏,帝
> (武帝)虽悟而不能改。后以年衰疾笃,上疏告退曰:"臣年垂
> 八十,救命旦夕,若有毫末之益,岂遗力于圣时。迫于老耄,不
> 复任事。今四海休息,天下思化,从而静之,百姓自正。但当
> 崇风尚教以敦之耳,陛下亦复何事。"

山涛所表述的这种无为而治的理想其实也就是嵇康、阮籍以及何
晏、王弼等人的共同理想。为了实现这个理想,脱离现实是不行
的,而必须去干预现实。但是嵇康对这个问题的处理恰好发生了
偏差。他的名文《与山巨源绝交书》看起来似乎是坚持了自己的理
想,实际上只是坚持了自己的个性。他所列举的"必不堪者七""甚
不可者二",都是从自我褊狭的个性出发的。从他的玄学理论来
说,只有实行自我克制才能把握本体,矜尚之心与情欲之累都不值
得赞许。但是嵇康在实际行为上,特别是政治行为上,偏偏不能自
我克制,而要坚持自己的个性。既然这种个性与现实的名教相抵
触,而脱离现实的精神境界又只是虚无缥缈的彼岸世界,那么究竟
应该把自我意识安顿何处呢? 嵇康和阮籍一样,找来找去,最后
仍然回到了自己探索的起点,除了单纯的自我同一,别无其他的出
路。在《答难养生论》中,嵇康说:

> 故世之难得者,非财也,非荣也,患意之不足耳! 意足者,
> 虽耦耕畎亩,被褐啜菽,岂不自得。不足者,虽养以天下,委以
> 万物,犹未惬然。则足者不须外,不足者无外之不须也。无不
> 须,故无往而不乏。无所须,故无适而不足。不以荣华肆志,

第九章 阮籍、嵇康的自然论玄学

339

> 不以隐约趋俗,混乎与万物并行,不可宠辱,此真有富贵也。

这种自满自足的、无求于外的精神境界事实上是不存在的,所以嵇康也和阮籍一样,并没有找到什么精神境界,而只是找到了一个孤悬的、毫无凭据的、痛苦不安的自我意识本身。不过比较起来,嵇康在坚持自己的个性方面要比阮籍显得坚定。《晋书·嵇康传》说:

> 康将刑东市,太学生三千人,请以为师,弗许。康顾视日影,索琴弹之曰:"昔袁孝尼尝从吾学《广陵散》,吾每靳固之,《广陵散》于今绝矣"。

如果说嵇康在如何对待养生的问题上常常陷入矛盾之中,那么当他面临着死亡,却是从容、镇静、安详,表现了一个真正的哲学家的崇高风范。在这个严峻的时刻,他想到的不是个人的死亡,而是"性絜静以端理,含至德之和平"(《琴赋》)的琴声。他那孤傲狷介的独特个性处处与现实生活相抵触,最后却在他终生真诚追求的自然之和的宇宙本体中得到了确认。这是嵇康的悲剧,也正是嵇康的伟大。

三、阮籍、嵇康在玄学中的地位

我们曾经指出,魏晋时期的玄学思潮有着深刻的内在和外在的矛盾,由于各种矛盾的推动,所以不能保持平衡,它的演变是复杂多样,充满了随机性的。虽然如此,玄学思潮的演变仍然是体现了历史的和逻辑的必然,有一条清晰的发展线索。如果说王弼的贵无论的玄学体系致力于结合本体与现象、自然与名教,代表了玄学思潮的正题,那么阮籍、嵇康的自然论以及裴頠的崇有论则是作为反题而出现的。阮籍、嵇康强调本体,崇尚自然,裴頠则相反,强调现象,重视名教,他们从不同的侧面破坏了王弼的贵无论的玄学体系,促使它解体,但却围绕着本体与现象、自然与名教这个核心进行了新的探索,在深度和广度方面极大地丰富了玄学思想。郭象的独化论是玄学思潮的合题。郭象既崇有，又贵无，他不是向王弼简单地复归，而是全面地总结了阮籍、嵇康以及裴頠的研究成果，在更高的水平上把本体与现象、自然与名教结合在一起。阮籍、嵇康的自然论在玄学思潮的这个发展序列中占有特别重要的地位。裴頠的崇有论与其说是针对着何晏、王弼，倒不如说是直接受到阮籍、嵇康的"越名教而任自然"的思想的激发而提出来的。何晏、王弼并不否定名教，否定名教的只是阮籍、嵇康。就玄学的本质和主流而言，它是一种从本体论的角度探索内圣外王之道的新的天人之学，因此，它讲本体不能不结合现象，讲自然不能不结合名教，如果脱离了现象和名教而孤立地去追求本体和自然，玄学就会失去了它的本质，偏离了它的主流。从这个意义来说，裴頠的崇有论是为了纠正"越名教而任自然"的思想的偏差，把玄学的发展纳入正轨，它的出现是必然的。但是，玄学理论上的分裂只是现实世界自我分裂和二重化的反映，当现实世界变得更不合理，无法接受玄学对它的调整时，从中激发出一种与它相对抗的"越名教而任自然"的思想，也同样是必然的。现实世界的自我分裂和二重化不能通过理论上的扬弃来克服，因此，阮籍、嵇康的思想偏差并没有被裴頠所纠正，郭象的综合总结也不能挽救西晋王朝的覆灭。西晋以后，紧接着是五胡十六国与东晋的对峙，南北朝的对峙，现实世界的自我分裂和二重化变得更加令人难以忍受。如同飞蛾在普照万物的太阳西下以后去寻找那星星点点的灯火一样，在这个艰难的时世，人们也只好被迫在内心点燃一支照亮自己的灯火，不再去构筑那种内圣外王之道的庞大严密的体系，而专心去追求个人的精神出路。于是，自我意识和精神境界的问题又变得突出了。在整个魏晋南北朝时期，理想与现实一直是在激烈地冲突，这种冲突在哲学上时而表现为本体与现象的对立，时而表现为自然与名教的对立，有的人企图援引佛教的理论来扬弃，有的人则立足于中国的传统思想或者现实的政治进行试探，思想领域的混乱和社会领域的混乱呈现出一种同步现象。因此，阮籍、嵇康所提出的自我意识和精神境界的问题虽然在裴頠看来是偏离了玄学的主流，却

第九章　阮籍、嵇康的自然论玄学

在后来的历史发展中有着深厚的土壤,由附庸蔚为大国,塑造了整整一个时代的所谓的魏晋风度、名士风流,对知识分子的精神面貌产生了极大的影响。

第三部分

西晋玄学

裴頠的崇有论玄学与郭象的独化论玄学

第十章　裴頠的崇有论玄学

一、裴頠思想的玄学特征

裴頠生于西晋武帝泰始三年(公元 267 年),死于西晋惠帝永康元年(公元 300 年)八王之乱中。这是整个魏晋南北朝唯一的一个短暂的统一时期,社会政治形势既不同于何晏、王弼所生活的正始年间,也不同于阮籍、嵇康所生活的魏晋禅代之际。人们饱受了长期分裂战乱之苦,普遍地为"大晋龙兴"感到欣喜。统治者也力图在政治经济思想各个方面有所作为,渲染出一种开国气象。究竟这种开国气象应以何种思想为指导呢？由于中国封建社会的宗法等级制度自秦汉以来已发展成为一种成熟的定型的无法随意改变的模式,儒家的以纲常名教为特征的宗法思想为建立和巩固这种模式所必需,所以司马氏集团在筹划封建大一统的过程中,不能不奉儒学为正统。这是历史的必然的选择,是不以人们的意志为转移的。但是,儒学作为一种统治思想,早在东汉末年就已陷入深重的危机,不能履行正常的职能。尽管在涉及低层次的一些问题上,诸如典章制度、礼仪条文、道德规范等等,统治者必须以儒家的经典为准绳,但在如何控制调整以及决策思想这一类的高层次的问题上,由董仲舒所确定的那一套天人感应的神学目的论早已陈腐过时,无能为力了。王符、崔寔、仲长统等人企图探索出一条儒法合流的新路子,曹操则直接根据法家思想,推行名法之治,曹丕、曹叡觉察到名法之治在实践中出现了偏差,企图纠正,但是举棋不定,左右摇摆,拿不出什么有成效的办法。一百多年来,儒学的危机一直没有解除,统治思想的问题也始终是悬而未决。因此,司马氏集团奉儒学为正统,重建类似秦汉的那种规模宏大气魄雄伟的封建统一帝国,不能局限于低层次的问题,而必须正视儒学所面临的危机,妥善地处理国家政权与门阀士族之间的矛盾,解决好权力的正当使用以及人际关系的合理调整等紧迫的问题。当时一些站在时代前列思考的人们都为玄学的内圣外王之道所吸引,并从各自的角度不同程度地接近这种内圣外王之道。但是由于玄学的内圣外王之道重点在于限制君权,提倡君主无为,虽能补救儒学的缺漏,理顺各种关系,却不为醉心于营建绝对君主专制的司马氏集团所喜,接受为统治思想。加上玄学本身在内外矛盾的推动下,激发出了阮籍、嵇康的那种与统治者离心离德的"越名教而任自然"的思想,追求自我意识与精神境界,对国家政权构成一定的威胁,更增强了统治者的疑虑。裴頠生活在这样一个时期,一方面要纠正玄学的偏差,维护儒学的正统地位,另一方面又要根据玄学的内圣外王之道来解除儒学的危机。裴頠年仅三十四岁即死于非命,这个双重的任务并没有来得及完成。但从他的思想的基本倾向来看,主要属于玄学范畴而不是传统的儒学。裴頠的崇有论代表了玄学发展过程中的一个重要的不可缺少的环节。

晋武帝即位,曾采取了一系列的措施提倡儒学,叫做"简法务本""敦本息末"。泰始四年,他下诏说:

> 敦喻五教,劝务农功,勉励学者,思勤正典,无为百家庸末,致远必泥。士庶有好学笃道,孝弟忠信,清白异行者,举而进之;有不孝敬于父母,不长悌于族党,悖礼弃常,不率法令者,纠而罪之。田畴辟,生业修,礼教设,禁令行,则长吏之能也。人穷匮,农事荒,奸盗起,刑狱烦,下凌上替,礼义不兴,斯长吏之否也。

晋武帝以儒学为本,以百家为末,就主观动机而言,未尝不想做到长治久安。但是恰恰当时的儒学流为虚伪,弊端丛生,特别是不能对君主所拥有的权力实行某种限制,起不到正本清源的作用,所以主观动机和客观效果发生了严重的背离。唐太宗从这个角度对晋武帝作了十分中肯的批评。他说：

> 虽登封之礼，让而不为，骄泰之心，因斯以起。见土地之广，谓万叶而无虞；睹天下之安，谓千年而永治。不知处广以思狭，则广可长广；居治而忘危，则治无常治。加之建立非所，委寄失才，志欲就于升平，行先迎于祸乱。是犹将适越者指沙漠以遵途，欲登山者涉舟航而觅路，所趣逾远，所尚转难，南北倍殊，高下相反，求其至也，不亦难乎！（《晋书·武帝纪》）

傅玄是当时的一位重要的思想家，他也认为应以儒学为本，纠正自曹操、曹丕以来风教陵迟、道德败坏的偏差。他给晋武帝上疏说：

> 近者魏武好法术，而天下贵刑名；魏文慕通达，而天下贱守节。其后纲维不摄，而虚无放诞之论盈于朝野，使天下无复清议，而亡秦之病复发于今。
>
> 夫儒学者，王教之首也。尊其道，贵其业，重其选，犹恐化之不崇；忽而不以为急，臣惧日有陵迟而不觉也。（《晋书·傅玄传》）

傅玄的儒学思想重点在于阐明内圣外王之道，其中许多论点是与玄学相通的。比如他说：

> 夫经国立功之道有二，一曰息欲，二曰明制。欲息制明，而天下定矣。（《傅子·校工》）①
>
> 故一野不如一市，一市不如一朝，一朝不如一用，一用不如上息欲，上息欲而下反真矣。不息欲于上，而欲求下之安静，此犹纵火焚林，而索原野之不凋废，难矣。（《检商贾》）
>
> 夫能通天下之志者，莫大乎至公，能行至公者，莫要乎无忌心。……江海所以能为百谷王者，以其不逆之也。苟有所逆，众流之不至者多矣。众流不至者多，则无以成其深矣。

---

① 《傅子》据严可均辑《全晋文》。

（《通志》）

> 古之圣君贤佐，将化世美俗，去信须叟，而能安上治民者，未之有也。……老子不云乎，信不足焉，有不信也。故以信待人，不信思信，不信待人，信斯不信，况本无信者乎！（《义信》）

傅玄希望晋武帝克制自己的骄奢淫逸、忌刻褊狭的习性，在君臣上下之间建立一种相互信赖的和谐的气氛，同心同德以维护封建统治的长远利益。在中国封建社会的君主专制政体中，君主个人的习性对整个政局的稳定有着极为重要的影响。因此，如何督促君主克制私欲，励精图治，成为历代思想家苦心探索的中心问题。董仲舒"屈民以伸君，屈君以伸天"，企图用天神降下的灾异谴告督促君主自我克制。傅玄则极为重视汉末的清议，企图用知识分子的舆论力量来督促君主。他说："道化隆于上，清议行于下，上下相奉，人怀义心。"（《晋书·傅玄传》）魏晋的清谈是从汉末的清议发展而来的，在开始阶段也是知识分子自由发表政论的一种形式，虽然清议以儒学思想为主导，清谈的主题是玄学，但是二者并不冲突，往往是彼此渗透，相互影响。傅玄和王弼一样，也用"天下一致而百虑，殊途而同归"的观点来统一儒学和玄学。他说：

> 知人之难，莫难于别真伪。设所修出于为道者，则言自然而贵玄虚；所修出于为儒者，则言分制而贵公正；所修出于为纵横者，则言权宜而贵变常。九家殊务，各有其长，非所为难也。（《全晋文》卷四十九）

当时许多带有儒学倾向的政治家也从不同的途径通向玄学的无为而治的政治理想。比如刘颂认为，"凡政欲静，静在息役，息役在无为"。羊祜以"成无为之化"作为自己的追求目标。杜预认为，"上古之政，因循自然"，这是最高的政治典范。荀勖则直截了当地建议应实行类似汉初的那种黄老之治，他说：

> 省吏不如省官，省官不如省事，省事不如清心。昔萧曹相汉，载其清静，致画一之歌，此清心之本也。（均见《晋书》本传）

魏晋之世,儒学与玄学并不是两种对立的思想,许多世家大族往往是既服膺儒学,又尊奉玄学,二者呈现出一种合流的趋势。人们在低层次的问题上,常以儒学的名教为准则,但一当涉及高层次的精神生活问题,则不能不在玄学中寻求满足。《晋书·裴秀传》说:

> 初,裴、王二族盛于魏晋之世,时人以为八裴方八王:徽比王祥,楷比王衍,康比王绥,绰比王澄,瓒比王敦,遐比王导,颜比王戎,邈比王玄云。

裴、王二族都是儒学世家,但是也出了不少的玄学家。比如王家的王戎、王衍、王澄、王导,裴家的裴徽是三玄之学的最早的提倡者,裴楷"精《老》《易》,少与王戎齐名",也是一位玄学家,裴绰"善言玄理""尝与河南郭象谈论"。裴颜为王戎之婿,二人过从甚密,经常聚会清谈。《晋书·王戎传》记载:

> 朝贤尝上巳禊洛,或问王济曰:"昨游有何言谈?"济曰:"张华善说《史》《汉》;裴颜论前言往行,衮衮可听;王戎说子房、季札之间,超然玄著。"

当时人们不仅把裴颜与竹林七贤中的王戎相比,也把裴颜与著名的玄学领袖乐广相比。《晋书·乐广传》记载:

> (广)少与弘农杨准相善。准之二子曰乔曰髦,皆知名于世。准使先诣裴颜,颜性弘方,爱乔有高韵。谓准曰:"乔当及卿,髦少减也。"又使诣广,广性清淳,爱髦有神检。谓准曰:"乔自及卿,然髦亦清出。"准笑曰:"我二儿之优劣,乃裴、乐之优劣也。"论者以为乔虽有高韵,而神检不足,乐为得之矣。

裴颜的父亲裴秀虽被称为"儒林丈人",但服寒食散,颇有名士风度。因此,从当时普遍的学术风气以及裴颜的家学渊源和个人交往来看,无论如何也不能把裴颜说成是反玄学的思想家。

　　玄学思潮不同于经学思潮,没有什么固定的模式,必须服从的教条,它不是受官方的行政力量所支持的一场自上而下的哲学运动,而是由具有高层次理论兴趣的知识分子自由思考所汇聚而成的。凡是从本体论的角度探索政治问题、人生问题以及精神境界问题的,不管其思辨性的程度高下如何,也不管是否建立了完整的体系,都可以称为玄学。唯其如此,玄学才赢得了广大知识分子的喜好,蔚为一种风尚,形成那个时代的理论思维的自然的归宿。因此,玄学中各种意见的分歧以及相互间的激烈辩论,也是正常的现象。自从嵇康明确批驳了"多同"之见和"思不出位"的观点以后,人们的思想更为解放,独立思考的精神更为加强,辩论的气氛也更为浓厚了。裴頠与王衍、乐广等人的辩论就是在当时的这种普遍的学术风气之下进行的,这是玄学内部的友好自由的辩论,而不是玄学与反玄学之间的对抗性的斗争。《世说新语·文学》有两条材料典型地反映了这种学术风气。

> 中朝时,有怀道之流,有诣王夷甫咨疑者。值王昨已语多,小极,不复相酬答,乃谓客曰:"身今少恶,裴逸民亦近在此,君可往问。"

> 裴成公作《崇有论》,时人攻难之,莫能折。唯王夷甫来,如小屈。时人即以王理难裴,理还复申。

就理论形态而言,裴頠的崇有论是与王衍所主张的贵无论相对立的,虽然彼此辩论,但是王衍仍把裴頠看作玄学的同道,叫别人向裴頠去请教。裴頠的崇有论宗旨在于维护儒学的权威,纠正贵无论玄学的偏差,他与王衍、乐广等人的辩论并不是一种纯粹思辨的游戏,而是使玄学能更好地适应西晋统一事业的需要,有所为而发的。其实,王衍、乐广的贵无论也致力于玄学与儒学的结合,并没有否定儒学。特别是乐广,也曾试图纠正贵无论玄学的偏差。下面两条材料可以说明王衍、乐广的思想倾向:

> 阮宣子有令闻,太尉王夷甫见而问曰:"老、庄与圣教同异?"对曰:"将无同?"太尉善其言,辟之为掾。世谓"三语掾"。(《世说新语·文学》)

> 是时王澄、胡毋辅之等,皆亦任放为达,或至裸体者。广

闻而笑曰:"名教内自有乐地,何必乃尔。"(《晋书·乐广传》)

但是,名教内是否真有乐地,儒学与玄学是否能结合,不仅是一个理论问题,也是一个事实问题。当司马氏集团篡夺曹魏政权之际,以名教为幌子,罗织罪名,杀戮了大批名士,名教变成了残酷毒辣的镇压工具,使人们为之感到寒心。阮籍、嵇康"越名教而任自然"的玄学思想就反映了这种历史的真实,并且在知识分子中引起了广泛的共鸣。于是虚无放诞、不遵礼法成了许多人排遣苦闷的一条精神出路,名教与自然的统一演变为二者的对立。到了元康年间,为了稳定社会政治秩序,对名教的需要是越来越迫切了,但是由于名教本身的弊端没有解除,虚无放诞、不遵礼法之风也愈演愈炽。就理论的根据而言,这股风是从贵无论玄学那里刮来的,人们根据"崇本以息末"的命题逻辑地推导出"越名教而任自然"的结论。因此,尽管王衍认为圣教与老庄相同,乐广认为名教内自有乐地,却再也无法用贵无论的玄学来证明了。玄学发展到了这个阶段,必须扬弃贵无论的理论形态,构筑一个新的体系。这就是裴𬱟所要完成的历史使命。

《晋书·裴𬱟传》说:

> 𬱟深患时俗放荡,不尊儒术,何晏、阮籍素有高名于世,口谈浮虚,不遵礼法,尸禄耽宠,仕不事事;至王衍之徒,声誉太盛,位高势重,不以物务自婴,遂相放效,风教陵迟,乃著崇有之论以释其蔽。

《世说新语·文学》注引《晋诸公赞》说:

> 自魏太常夏侯玄、步兵校尉阮籍等,皆著《道德论》。于时侍中乐广、吏部郎刘汉亦体道而言约,尚书令王夷甫讲理而才虚,散骑常侍戴奥以学道为业,后进庾𫗱之徒皆希慕简旷。𬱟疾世俗尚虚无之理,故著《崇有》二论以折之。

裴𬱟的崇有论是直接针对着贵无论而发的。自从正始年间何晏、王弼揭开了贵无论玄学的序幕,到了元康年间,已经有了半个世纪的发展历史。这种玄学企图用"以无为本"来论证政治上的无为而治，无论在理论上或实践上都没有收到应有的实效，原因是多方面的。至于"口谈浮虚，不遵礼法"的弊端是否应完全归咎于贵无论玄学，还是另有实际的政治原因，也要作具体分析，不可一概而论。比如竹林七贤中的刘伶，"泰始初对策，盛言无为之化。时辈皆以高第得调，伶独以无用罢"（《晋书·刘伶传》）。可见刘伶纵酒，主要是因为政治上失意，并非由于服膺贵无论玄学。再比如任恺，"有经国之干，万机大小多管综之。性忠正，以社稷为己任"。后来被贾充免官，"恺既失职，乃纵酒耽乐，极滋味以自奉养"（《晋书·任恺传》）。这种生活思想的变化也是由政治原因所引起的。但是，不管怎样说，逃避现实终究无补于现实，为了实现无为而治的政治理想，必须扭转这种消极的逃避现实的偏向，寻找一条积极的通向现实的道路。裴頠和贵无论玄学一样，也是以"无为而治"作为自己最高的政治理想的。他在《上疏言庶政宜委宰辅诏命不应数改》中说：

> 臣闻古之圣哲，深原治道，以为经理群务，非一才之任，照练万机，非一智所达。故设官建职，制其分局，分局既制，则轨体有断。……故称尧舜劳于求贤，逸于使能，分业既辨，居任得人，无为而治，岂不宜哉！（《全晋文》卷三十三）

为了实现这种理想，裴頠积极参加政治活动，并从低层次的角度提出了许多具体的政见，比如他主张任人唯贤，起用庶族，不重外戚，建立恒制，刑赏相称，执法必信等等。但是当他站在高层次来思考问题，就不能不涉及玄学中的有无之辨，从本体论上来论证崇有必优于贵无。裴頠维护名教的立场是十分鲜明的，但他不像贵无论那样，在名教之外去寻找一个自然或无作为名教的本体。裴頠认为，这种做法只能助长虚无放诞之风，并不能维护名教。裴頠力图证明名教本身就是本体，具有充分的合理性，无这个范畴是完全不必要的，应该崇有而不能贵无。其实，无论是崇有或贵无，手段虽然不同，目的却是一样，都是为了论证名教的合理性，以调整当时陷入混乱的各种人际关系。既然事实证明贵无论的玄学没有达到预期的目的,反而出现了许多偏差,这就必然会激发出一种崇有论的玄学来与之相对立。因此,我们只有把裴頠放在整个玄学思潮发展序列中来考察,才能比较准确地把握他的思想实质,估量他在哲学史上的地位。

二、《崇有论》的基本思想

《崇有论》全文仅一千三百六十八字,虽然文约义丰,逻辑严密,但用如此简短的篇幅来建立一个完整的体系,毕竟是相当困难,或者完全不可能的。有些史料记载,裴頠著"崇有二论"或著"《崇有》《贵无》二论",就是说,裴頠的哲学著作除了《崇有论》以外,还有一篇《贵无论》。这个说法是否可信,迄今并无定论。有人认为,"二"字可能是"之"字之误,"贵无"二字乃后人妄加,因为裴頠的基本思想在于反对"贵无",决不会去写《贵无论》。也有人认为,裴頠著《贵无论》也并非不可能,因为裴頠在《崇有论》中对老子的贵无思想并未持全部否定的态度,而是有所肯定的。史缺有间,这两种意见孰是孰非,难以断定。但是,不管怎么说,我们根据目前唯一传下来的这篇简短的《崇有论》来研究裴頠的思想,只能把握到一些新的倾向和新的思路,一些不同于贵无论玄学的新的论点,而无法窥见一个完整的体系。

在中国传统的天人之学中,往往是援引天道来论证人道,就是说,从社会存在的外边来寻找其合理性的根据。这个天道有时是指天神的意旨,有时是指自然运行的规律,二者都凝结了人们对合理的社会存在的一种理想或期望,可以反过来成为社会存在的合理性的根据。实际上,这是一种循环论证,在逻辑上是难以成立的。但是中国从西周时期到秦汉以后,几千年来都习惯于运用这种天人合一的思维模式。西方的传统思想也同样如此。早在古希腊罗马时期就提出了自然法或自然主义的思想,随后为基督教所继承,直到近现代仍在延续。所谓自然法有时是指神的永恒法,是神管理事物的一种理想的方案和绝对的准则,有时是指理性法,即自然的本性和事物的情理。这两种意义的自然法和中国哲学中的天道范畴有着惊人的类似,目的都在于为政治、道德、法律提供合理性的根据。为什么东西方的传统思想都不从社会存在的本身来说明社会存在,而要转弯抹角地乞灵于外在于社会存在的天道或自然法呢?这不仅是由于人们没有掌握历史唯物主义,不懂得社会的内部运行机制,而且因为在一个充满了政治特权、人身依附、经济剥削的社会里,如果找不到一个雄踞于社会之上的绝对权威,哲学就难以履行其应有的辩护和调整的职能。在汉代,董仲舒认为,王道之三纲可求于天,天不变,道亦不变。这个天,主要是指天神的意旨。到了魏晋时期,随着汉代政权的覆灭,董仲舒的这种天人感应的神学目的论也破产了,于是贵无论的玄学试图来填补当时理论的空白。王弼认为,名教的合理性是以自然为根据的,名教是现象,自然是本体,由于一切的有以无为本,所以名教应本于自然。王弼的这种推论在逻辑上当然破绽百出,但却符合中国传统的天人之学的思维模式,也算是一种新的内圣外王之道。但是裴頠另辟蹊径,独树一帜,直接就社会存在来说明社会存在,试图以有为最高范畴引申出一条更为切实可行的内圣外王之道来。在中国哲学史上,也许这是唯一的一次尝试,一次极有价值的探索,一次对传统思维模式的突破。至于裴頠的努力是否成功,则是我们在分析《崇有论》时所要着重探讨的问题。

《崇有论》开宗明义第一段从"夫总混群本,宗极之道也"谈起,最后落脚到"斯则圣人为政之由也",可见裴頠的目的在于通过以有为本的本体论来建立一种内圣外王之道。这也就是《崇有论》的基本思想。在这一段中,裴頠提出了一系列的范畴和命题,虽然环环相扣,结构紧密,但是缺乏具体的说明和充分的论证,晦涩难懂。为了比较准确地把握他的思想,我们逐句予以疏解。裴頠说:

> 夫总混群本,宗极之道也。方以族异,庶类之品也。形象著分,有生之体也。化感错综,理迹之原也。

"群本"就是群有,也就是万物的存在。"宗极之道"即最高的本体。第一个命题是裴颜的基本命题,意思是说,总括群有的存在本身就是本体,此外别无本体。群有不是抽象的,而是由各个具体的存在总括而成的,所以由群有过渡到分有。"方以族异,庶类之品也",是说物有不同的形式,以类而异,这就是众多物类的区别。"形象著分,有生之体也",是说有形有象的物体彼此有别,这就是一切生类的实体。"化感错综,理迹之原也",是说事物变化感应错综复杂,这就是表现为规律的根源。从这几个命题来看,裴颜确乎带有唯物主义的倾向。下面几个命题着眼于事物之间的相互依存,把整个存在看作是一个有机联系的和谐的系统。他说:

> 夫品而为族,则所禀者偏,偏无自足,故凭乎外资。是以生而可寻,所谓理也。理之所体,所谓有也。有之所须,所谓资也。资有攸合,所谓宜也。择乎厥宜,所谓情也。

这是说,既然事物区分为不同的种类,则每一类事物都偏而不全,只是大系统中的一个子系统,不能自满自足,而必须依赖外在的条件。所以事物生成的脉络线索可以为人所探寻的,就叫做理。理所凭借以表现出来的实体,就叫做有。有所需要的外在条件,就叫做资。外在条件符合有的需要,就叫做宜。每一种有根据自己的需要去选择适宜的条件,就叫做情。以上裴颜泛论存在,确立了崇有论的基本理论前提。裴颜并未清楚指出他所谓的存在究竟是自然界的存在还是社会存在。如果泛泛而论,裴颜的这些思想确实表现了某些天才的闪光,深邃的洞见,甚至可以说是一种唯物主义的系统论。但是当他由这种泛论过渡到社会存在论上来时,理论上的缺陷和滞碍难通之处就立刻暴露出来了。他接着说:

> 识智既授,虽出处异业,默语殊途,所以宝生存宜,其情一也。众理并而无害,故贵贱形焉。失得由乎所接,故吉凶兆焉。是以贤人君子,知欲不可绝,而交物有会。观乎往复,稽中定务。惟夫用天之道,分地之利,躬其力任,劳而后飨。居以仁顺,守以恭俭,率以忠信,行以敬让,志无盈求,事无过用,

> 乃可济乎！故大建厥极,绥理群生,训物垂范,于是乎在,斯则圣人为政之由也。

这是说,既然各类事物都在选择适宜于自己需要的条件,那么人们的有意识的社会行为,不管如何千差万别,也都是为了追求需要的满足,保全自己的生命。为什么在这种追求的过程之中产生了区分贵贱的等级制度呢？历代的思想家都在认真地探索这个问题,而且不得不从传统的天人之学中寻求答案。但是裴𫖯的崇有论却无法回答这个至关重要的问题。裴𫖯只是说"众理并而无害,故贵贱形焉",把贵贱之分直接说成是由各种不同的追求同时并存而又彼此协调所自然形成的。既然如此,为什么这个彼此协调的等级制度又产生了许多不协调的现象呢？裴𫖯认为,这是由于在与外物接触的过程中没有"稽中定务",违反了儒家的中庸之道。这个看法使得裴𫖯一下子由高层次的思考跌落到低层次的水平上来。裴𫖯的政治理想本来是"无为而治",这与当时所有站在高层次思考的是人相通的。"无为而治"的关键在于限制君权。事实上,当时种种不协调的现象都源于君主滥用权力,不加节制,连傅玄那样典型的儒学思想家都认为只有君主本人做到"息欲""明制",才能天下太平。贵无论玄学则为这种内圣外王之道精心设计了一个自然本体的神圣花环。问题不在于要不要儒家的那一套道德规范,诸如仁顺、恭俭、忠信、敬让以及中庸等等,晋武帝本人就是一个热心的提倡者,但是晋武帝本人也同样是带头破坏这套道德规范的罪魁祸首,因此,问题的关键在于限制君权,创造出一个高于君权的绝对权威,也就是凌驾于社会存在之上的绝对权威,督促君主在哪怕是极其有限的程度上得以遵循。这是在君主专制政体下哲学理论思维的必然趋向,虽然逻辑上难以成立,却是用心良苦,不得不如此的。裴𫖯试图走出一条新路子,不去援引外在于社会存在的天道或自然,而直接就社会存在本身来引申出一条内圣外王之道来。《崇有论》第一段最后所得出的结论是:"故大建厥极,绥理群生,训物垂范,于是乎在,斯则圣人为政之由也。"意思是说,所有最高的政治原则、道德规范、行为标准都是由圣人制订出来的,圣人用它们治理百姓,并且自己带头执行,作出榜样,这就是最好的内圣外王之道。当时的实际情况是,司马氏统治集团固然在口头上提倡它们,却从来也没有带头执行,而是带头破坏。裴𬱟的这种缺乏外在的绝对权威的内圣外王之道既不能有效地起到限制君权的作用,也不能充分地论证名教的合理性,虽然在理论探索上开拓出新的思路,就其批判调整的功能而言,却显得苍白无力。

《崇有论》中间几大段着重谈了三个问题,一是指出节制欲望的必要性,二是分析贵无论产生的根源,三是揭示贵无论的危害。

裴𬱟认为,人有欲望,这是正常的现象,但是欲望的满足只以保全生命为限度,如果放纵淫佚,不加节制,就会产生祸患,从而破坏了贵贱等级制度的和谐。前面他曾说:"众理并而无害,故贵贱形焉。失得由乎所接,故吉凶兆焉。"下面他进一步申述这个论点:

> 若乃淫抗陵肆,则危害萌矣。故欲衍则速患,情佚则怨博,擅恣则兴攻,专利则延寇。

> 人之既生,以保生为全;全之所阶,以顺感为务。若味近以亏业,则沉溺之衅兴;怀末以忘本,则天理之真灭。故动之所交,存亡之会也。

裴𬱟从这个角度分析了贵无论产生的根源,认为有人看到纵欲的危害,探寻引起社会危机和争夺的原因,于是提倡贵无之议,这是可以理解的,就其强调节制欲望而言,也有其部分的合理之处。他说:

> 悠悠之徒,骇乎若兹之衅,而寻艰争所缘,察夫偏质有弊,而睹简损之善,遂阐贵无之议,而建贱有之论。

> 老子既著五千之文,表摭秽杂之弊,甄举静一之义,有以令人释然自夷,合于《易》之损、谦、艮、节之旨。

> 是以申纵播之累,而著贵无之文,将以绝所非之盈谬,存大善之中节,收流遁于既过,反澄正于胸怀。

但是,究竟什么是节制欲望的最佳对策呢?裴𬱟认为,应该用礼制而不能用贵无论,"斯乃昏明所阶,不可不审",就是说这是涉及政治昏乱或清明的关键问题,必须慎重考虑。下面裴頠站在维护礼制的立场,对贵无论展开了全面的批判。

第一,裴頠首先批判贵无论对政治的危害。他说:

> 贱有则必外形,外形则必遗制,遗制则必忽防,忽防则必忘礼。礼制弗存,则无以为政矣。

裴頠认为,礼制能起到一种规范、约束、钳制的作用,就像盛水的容器能使水不向四外泛滥漫流那样。因此,统治者应该用礼制来管理百姓,使他们"信于所习""心服其业""不肃而安""莫有迁志",每个人都安于自己的本分。但是贵无贱有的理论却引导人们遗弃礼制,如果礼制不存在,统治者就失去了统治的手段了。

第二,裴頠进一步批判贵无论对道德风俗的危害。他说:

> 遂薄综世之务,贱功烈之用,高浮游之业,卑经实之贤。……是以立言借于虚无,谓之玄妙;处官不亲所司,谓之雅远;奉身散其廉操,谓之旷达。故砥砺之风,弥以陵迟。放者因斯,或悖吉凶之礼,而忽容止之表,渎弃长幼之序,混漫贵贱之级。其甚者至于裸裎,言笑忘宜,以不惜为弘,士行又亏矣。

裴頠认为,由贵无论所煽起的一股虚浮旷达之风对贵贱长幼的等级制度已产生了严重的破坏作用,为了维护这种制度,批判的重点倒不在于"欲衍""情佚"的现象,而应针对着贵无论的玄学了。

第三,裴頠批判了贵无论理论上的片面性,申述了自己建立崇有论的宗旨。他说:

> 观老子之书,虽博有所经,而云"有生于无",以虚为主,偏立一家之辞,岂有以而然哉!
>
> (老子)宜其以无为辞,而旨在全有,故其辞曰:"以为文不足。"若斯,则是所寄之途,一方之言也。若谓至理信以无为宗,则偏而害当矣。

为了"崇济先典,扶明大业,有益于时",裴頠在时代责任感的驱使下，不得不起来驳斥"无家之义"，扭转当时的学风。

《崇有论》的最后一段是全文的总结，从有无之辨的角度批判了贵无论的理论基础，论证了只有崇有才有益于世道人心，与第一段首尾呼应。裴𫖮说：

> 夫至无者无以能生，故始生者自生也。自生而必体有，则有遗而生亏矣。生以有为己分，则虚无是有之所谓遗者也。故养既化之有，非无用之所能全也；理既有之众，非无为之所能循也。心非事也，而制事必由于心，然不可以制事以非事，谓心为无也。匠非器也，而制器必须于匠，然不可以制器以非器，谓匠非有也。是以欲收重泉之鳞，非偃息之所能获也；陨高墉之禽，非静拱之所能捷也；审投弦饵之用，非无知之所能览也。由此而观，济有者皆有也，虚无奚益于已有之群生哉。

贵无论玄学的基本命题是"以无为本"，但是也保留了一个"有生于无"的宇宙生成论的尾巴，使它在理论上陷入困境，难以自圆其说。此外，贵无论玄学对什么是有、什么是无没有作出清楚明白的界说，虽然就其本意而言，有是指有形有象的现象，无是指无形无象的本体，无论现象或本体都是存在而不是非存在，但是人们可以望文生义，把有说成存在，把无说成非存在，从而把有与无对立起来。裴𫖮正是抓住了贵无论玄学的这两个致命弱点，对它进行批判的。

裴𫖮批判"有生于无"时援引了"自生"的说法。他说："夫至无者无以能生，故始生者自生也。""自生"的说法不是裴𫖮的独创，首先是由早于他的向秀提出来的。《列子·天瑞》篇张湛注说：

> 向秀注曰：吾之生也，非吾之所生，则生自生耳，生生者岂有物哉？（无物也），故不生也。吾之化也，非物之所化，则化自化耳，化化者岂有物哉？无物也，故不化焉。若使生物者亦生，化物者亦化，则与物俱化，亦奚异于物？明夫不生不化者，然后能为生化之本也。

向秀是嵇康的好友，他的思想基本上属于贵无论玄学的范畴。从他这一段言论来看，贵无论玄学已经在用"自生"来扬弃"有生于无"的命题了。向秀认为，作为现象的物是自生自化的，但是作为生化之本的本体却是不生不化的，如果把本体看作具有生化的属性，那么本体就混同于现象，与物没有什么差别，这是讲不通的。我们在论王弼时曾经指出，王弼过分地强调以静为本，不能解释静止不动的无何以能生出迁流不息仪态万千的有来，只有把生化看作是本体的本质属性，本体论才显得完整。因此，向秀把生化看作只是现象的属性，而不是本体的属性，也将陷入与王弼同样的困境。究竟这个不生不化的本体是如何过渡到自生自化的现象来的，二者之间缺乏一道相通的桥梁，于是本体与现象形成了对立，从而有与无形成了对立。裴頠援引了向秀的"自生"的说法，不仅否定了"有生于无"的命题，而且试图进一步摧毁贵无论玄学的理论基础，只要有而不要无，向"以无为本"的命题挑战。就其否定"有生于无"而言，裴頠确实取得了很大的成功，自裴頠以后，很少有人再提"有生于无"了。但就其建立崇有论的根本宗旨而言，裴頠却暴露了自己的理论缺陷，并没有达到预期的目的。

我们曾经指出，贵无论玄学用有与无这一对范畴来表述现象与本体的关系，是本体论处于低级发展阶段的一种理论上不够成熟的表现。但是，不管怎么说，在一个本体论的哲学中，现象与本体毕竟是既对立，又统一，不能把二者混同起来，而必须用两个不同而又成对的辩证范畴来表述。然而裴頠却抛弃了无这个范畴，直接把有确立为本体。如果有是本体，那么什么是现象呢？如果有既是本体又是现象，那么二者之间一系列复杂的关系又如何通过这个孤立无偶的有来展开呢？在中外哲学史上，任何哲学体系都要通过概念之间的联系和转化才能成立。裴頠的《崇有论》之所以不成体系，原因就在于混同了现象与本体，缺少概念之间的联系和转化。

再说，裴頠把有解释为存在，把无解释为非存在，这只是贵无论玄学的歧义，而不是它的本义。王弼并没有把无说成是非存在，比如他说:"和光而不污其体,同尘而不渝其真,不亦湛兮似或存乎。"(《老子注》四章)"以无形始物,不系成物,万物以始以成,而不知其所以然。故曰恍兮惚兮,惚兮恍兮,其中有象也。"(《老子注》二十一章)贵无论玄学的主题是现象与本体的关系,而不是存在与非存在的关系。其实,就拿存在与非存在的关系来说,有与无也是处于相互联系转化的过程之中,并不是绝对排斥对立的。黑格尔在《逻辑学》中极为深刻地探讨了有与无的对立统一的辩证关系。他指出:

> 在每一事例中,即在每一现实事物或思想中,都不难指出有与无的统一。以上关于直接性和中介(中介是一种相互关系,因而含有否定),关于有与无所要说的,必定是同一的东西,即:无论天上地下,都没有一处地方会有某种东西不在自身内兼含有与无两者。①

但是裴頠却认为,"虚无是有之所谓遗者也","济有者皆有也,虚无奚益于已有之群生哉",把有与无、存在与非存在绝对对立起来。裴頠的这个思想不仅无法驳倒"以无为本"的命题,也难以为自己建立一个完整的崇有论的体系。

裴頠既然把有解释成存在,那么这个存在究竟是物质的存在还是精神的存在呢? 看来是兼而有之,同时包含着二者。因为裴頠说:"心非事也,而制事必由于心,然不可以制事以非事,谓心为无也。"根据这个说法,即不能简单地断定他是唯物论,同样也不能简单地断定为唯心论。但是,崇有论仍然属于一种本体论,因为裴頠说,"夫总混群本,宗极之道也"。裴頠的崇有论的思想与希腊的巴门尼德极为相似,而与中国的传统思想大不相同。老子、庄子总是把有与无连在一起来说的,《周易》的"形而上者谓之道,形而下者谓之器",也没有割断有与无,至于贵无论的玄学更是翻来覆去阐述有与无的关系。但是,裴頠也与巴门尼德有很大的不同。巴

---

① 黑格尔:《逻辑学》上卷,第72—73页。

门尼德就存在论存在,在西方开创了一个研究存在本身的传统,而裴頠却只是出于维护礼制名教的政治目的,试图为统治者提供一种内圣外王之道。

裴頠所设计出的内圣外王之道也是不成功的,而且和他的政治实践形成了尖锐的矛盾。当时惠帝痴呆,贾后乱政。裴頠看出这是政治动乱的症结所在,与张华、贾模等人合谋废黜贾后。事虽未成,但裴頠"旦夕劝说从母广城君(贾后之母),令戒喻贾后亲侍太子"(《晋书·裴頠传》),裴頠的政治理想是设官任职,建立恒制,选贤举善,无为而治,总之,是对掌握最高权力的君主提出要求。但是,在《崇有论》中,裴頠却把当时问题的症结转移到由贵无论玄学所煽起的虚浮旷达之风的头上。究竟这股风从何而起,严格说来,不在何晏、王弼所生活的正始年间,而在阮籍、嵇康所生活的魏晋禅代之际,也就是说,风源在于司马氏统治集团。如果不想方设法促使这个在掌权之日即开始腐朽的统治集团有所收敛,知所畏惧,而去指责不应当负责的贵无论玄学,可谓本末倒置。裴頠的政治实践是有远见卓识的,是一种高层次的活动,但是他的崇有论却与这种政治实践不相适应。他以崇有为前提,最后推导出了一个与他的无为而治的政治理想相矛盾的结论,说什么"理既有之众,非无为之所能循也"。这个结论不仅低于贵无论的玄学,而且也低于当时一大批典型的儒学思想家,如傅玄、杜预、羊祜、刘颂、荀勖等人。因此,裴頠只能重复"大建厥极,绥理群生"这种人云亦云的废话,而不能站在理论的高度对君权作出若干限制。当然,用贵无论玄学的无为理论去限制君权也同样是无济于事的,西晋王朝的灭亡已是无可挽回的了。如果说当年嵇康是因反对名教而惨遭司马氏集团的杀害,现在裴頠坚定地维护名教也不能幸免一死。这种苦难的现实不能不激发人们进行更为深沉的反思。魏晋玄学的花朵是由这许多理论思维的英雄用鲜血和生命培育灌溉而成的。

三、裴𫖯在玄学中的地位

　　玄学接近现实走着一条艰难曲折的道路。所谓现实,用玄学的专门术语来说,就是名教。这种名教以封建宗法等级制度为基本精神,广泛地渗透在政治体制、社会结构、伦理风尚、道德规范之中,是人们必须生活于其中而无法逃避的客观现实。但是,这种名教自东汉末年以来已产生了种种难以令人忍受的严重弊端,必须进行调整,以建立一种合理的名教。玄学适应于这种调整的需要,一方面应该对现实的名教中的各种弊端有一个清醒的认识,另一方面也要对什么是合理的名教作出理论上的回答。单就玄学本身而言,解决这个双重任务并不是十分困难的事,因为只要找到了一种结合自然与名教的方式,再从逻辑上进行若干论证,虽谈不上圆满解决,也总算向前迈进了一大步。但是,不管玄学设想出了何种美妙的结合方式,在现实中却遇到了重重的阻力。最大的阻力来自处于金字塔式的封建宗法等级制度的顶层,即以绝对君权为核心的最高统治集团。如果这个最高统治集团不以当时的普遍利益为重,不去关心建立合理的名教,而是鼠目寸光,骄奢淫逸,腐化堕落,汲汲于从事毫无思想原则的权力争夺,那么这个最高统治集团就不会接受玄学对它的调整,而必然要与玄学形成对立。马克思和恩格斯在《德意志意识形态》中曾经指出,"分工也以精神劳动和物质劳动的分工的形式出现在统治阶级中间","在这一阶级内部,这种分裂甚至可以发展成为这两部分人之间的某种程度上的对立和敌视"①。当时司马氏集团敌视玄学,杀戮玄学家,正是统治阶级中由分工所产生的分裂的一种合乎规律的表现。因此,玄学为了履行自己的职能,表现时代的精神,不得不克服或者绕过这种阻力,沿着一条荆棘丛生的道路蹒跚地前进。

　　阮籍、嵇康的"越名教而任自然"的玄学思想毫无疑问带有极

---

① 《马克思恩格斯选集》第一卷,第52—53页。

大的片面性，因为否定名教无异于否定现实，但是他们深刻地揭露了名教的弊端，其中也包含了合理的内核。裴頠维护名教，看来现实感比阮、嵇二人要强一些，但是裴頠忽视名教本身确实存在的弊端，而去指责贵无论的玄学，同样也陷入了片面性。王弼的玄学是力图把名教与自然结合在一起，阮籍、嵇康与裴頠却从不同的角度破坏了这种结合。究竟人们应该像阮籍、嵇康那样，只要自然而不要名教，脱离现实去追求自我意识与精神境界呢？还是应该像裴頠那样只要名教而不要自然，专从礼制的本身来探寻一条摆脱危机的出路呢？看来这是一个难以判断的问题。在整个魏晋南北朝时期，现实的多元化与思想意识的多元化是同步的，动乱分裂的时代给人们的现实生活带来了苦难，却给人们的思想意识带来了自由。裴頠对贵无论玄学的指责是有道理的，其中也包含了合理的内核。无论怎样，虚浮旷达之风确实不利于名教，特别是不利于当权的统治者。如果人们都去"越名教而任自然"，这个名教社会就要崩溃了。所以尽管裴頠的思想是片面的，但是为了挽救名教必须首先肯定名教，这一条思路尔后竟发展成为玄学的主流，而裴頠的片面性也逐渐得到纠正。郭象自不必说。东晋时期，王坦之从肯定名教的立场著《废庄论》，一方面认为"庄生作而风俗颓"，同时也致力于名教与自然的结合，认为天道所在，"群方所资而莫知谁氏，在儒而非儒，非道而有道，弥贯九流，玄同彼我，万物用之而不既，亹亹日新而不朽，昔吾孔老固已言之矣"（《晋书·王坦之传》）。孙盛的《老聃非大圣论》也是从肯定名教的立场出发的，但是明确指出，老子尚无固然不对，裴頠崇有也是片面的，只有孔子的圣教结合有无才最全面。他说：

> 昔裴逸民作《崇有》、《贵无》二论，时谈者或以为不达虚胜之道者，或以为矫时流遁者，余以为尚无既失之矣，崇有亦未为得也。道之为物，惟恍与惚，因应无方，唯变所适。值澄渟之时，则司契垂拱；遇万动之化，则形体勃兴。是以洞鉴虽同，有无之教异焉；圣致虽一，而称谓之名殊。自唐虞不希结绳，汤武不拟揖让，夫岂异哉？时运故也。而伯阳欲执古之道，以

御今之有;逸民欲执今之有,以绝古之风。吾故以为彼二子者不达圆化之道,各矜其一方者耳。(《广弘明集》卷五)

孙盛、王坦之和裴頠一样,都是试图立足于名教,探寻一种内圣外王之道,但是孙盛、王坦之要比裴頠显得高明,因为他们结合了有与无、名教与自然,也就是结合了现实与理想。这种玄学理论是和王弼、郭象相通的。在阮籍、嵇康的自然论的玄学煽起了一股虚浮旷达之风以后,如果没有裴頠树起崇有的旗帜维护名教,也许玄学的发展会走上另一条与现实越离越远的道路。

第十一章　郭象的独化论玄学

一、郭象的时代与玄学的主题

　　郭象约生于魏嘉平四年(公元252年),死于晋永嘉六年(公元312年),他的一生经历了西晋王朝从建立到走向灭亡的全过程。自从裴𬱟于永康元年(公元300年)被赵王伦杀害以后,郭象又苟全性命多活了十二年。这是中国历史上少有的一个黑暗时代,前后长达十六年的"八王之乱"刚刚结束,紧接着又是破坏性更大的"永嘉之乱"。从太康元年(公元280年)晋武帝灭吴统一中国算起,历时不过三十年,"大晋龙兴"的开国气象即已荡然无存,很快为亡国破家的惨祸所取代,战乱频仍,生灵涂炭,一大批名士也都死于非命。与裴𬱟同年被杀害的,还有张华、潘岳、石崇、欧阳建。太安二年(公元303年),陆机、陆云被成都王颖诛杀。永兴元年(公元304年),嵇绍(嵇康之子)被害于荡阴。光熙元年(公元306年),嵇含被害。永嘉四年(公元310年),阮脩被害。永嘉五年(公元311年),石勒之乱,王衍、庾敳等皆遇害,王公以下死者十余万人①。感觉敏锐的知识分子生活在这样一个时代,究竟是为自己营建一个象牙之塔以逃避现实的苦难,还是面对现实作深沉的反思,来探寻一条摆脱苦难的出路呢?人们徘徊动摇于对立的两极之间,难以作出非此即彼的断然的抉择。阮籍、嵇康试图走一条超越的道路,却在严酷的现实面前遇到重重困难。裴𬱟是面对现实的,但由于缺乏必要的超越,这条道路也没有走通。看来在郭象以前

――――――――――

① 据陆侃如《中古文学系年》。

的这两派有代表性的玄学思想各自都在向对立面转化。着眼于超越的一派违反自己的意愿，向人们表明，现实是不能超越的；而着眼于现实的一派也同样违反自己的意愿，向人们表明，现实是必须超越的。在这个时代，知识分子感受到一系列尖锐的矛盾，思维陷入内在的不安，处于一种辩证法的紧张之中，由此而凝结为一种弥漫于全身心的极为深重的忧患之感。这种忧患之感包含着多层次的复杂内容，既有对国家政治的思考，也有对个人安身立命之道的探索。实际上，玄学的产生就是以这种忧患之感作为内在的精神动力的，玄学以自然与名教的关系为主题，目的正在于处理当时的各种矛盾，从理论的高度来消除这种令人难以忍受的忧患之感。玄学的这个主题早在正始年间就已由王弼通过思辨的形式明确提出来了，后来阮籍、嵇康与裴頠从不同的侧面使之变形、歧化，进行片面的发展，增添了许多王弼所没有意识到的丰富内容，现在到了郭象的时代，应该是复归于这个主题，进入综合总结的阶段了。

从王弼到郭象，时间跨度六十余年，其间虽然发生了王朝更迭、风云变幻的种种重大的政治事件，但是玄学的主题并没有过时。玄学的主题是从建安文学的主题发展而来的。建安文学以慷慨悲凉的风格著称，所谓悲凉，表现了现实生活的苦难，所谓慷慨，表现了对正常的封建秩序的向往和激情。如何摆脱现实生活的苦难来重建一个正常的封建秩序，构成了建安文学的主题。正始年间，王弼承接建安文学的传统，把建安文学的主题抽象为名教与自然的关系，提出了玄学的主题。从此，这个主题就成为所有站在高层次思考的人们探索的中心，只要现实生活的苦难继续存在，正常的封建秩序有待于建立，玄学的这个主题就不会过时。只是人们在探索这个主题时，随着历史进程和个人处境的种种变化，表现了不同的心态和感情色调，选择了不同的思路和结论，这就像建安文学的作家群既有共性又有个性一样，玄学家们的个性特征也是十分鲜明的。

正始年间的历史，尚能隐约看出一线理想的曙光，加上王弼年少意盛，有如初生之犊，虽然他追求的最高目标是无为而治，但却

热情赞扬刚健积极、奋发有为的精神,极力反对逃避现实的隐士。王弼的玄学,慷慨的风格大于悲凉。比如他说:

> 夫能辉光日新其德者,唯刚健笃实也。(《周易·大畜卦注》)

> 处于明动尚大之时,而深自幽隐以高其行,大道既济而犹不见,隐不为贤,更为反道,凶其宜也。(《周易·丰卦注》)

到了阮籍、嵇康,慷慨的风格消失不见,悲凉的一面占了主导地位。这是因为在魏晋禅代之际,司马氏集团的所作所为给理想的曙光蒙上了一层浓密的乌云,阮籍、嵇康把自身的处境以及对异化的感受带进了玄学思维,满怀激情地抒发了对现实的愤慨,反映了历史的真实,所以他们的玄学风格与王弼相比有很大的不同。至于裴頠,则典型地表现了一位政治家的风格。他是晋王室的外戚,身居高位,参与决策,生活于政治旋涡的中心。他的处境和考虑问题的角度当然与王弼以及阮籍、嵇康有所不同,这种不同正如作为文学家的曹操、曹丕以及作为政治家的曹操、曹丕之不同一样。为了维护礼制,稳定现存的秩序,裴頠激烈反对当时流行的虚浮旷达之风,否定对名教的超越。裴頠的《崇有论》是一篇战斗的檄文,虽然是针对着贵无论而发,找错了对象,但是慷慨之情跃然纸上,是可以明显感觉得到的。

郭象作为一个普通的知识分子,亲身经历了"八王之乱"与"永嘉之乱"的折磨,他要从事综合总结的工作,极力把现实是不能超越的与现实是必须超越的这两个对立的命题统一起来,而在他所生活的那个时代,历史并没有呈现出任何的转机,这就使得他的玄学风格既无慷慨,也无悲凉。据《晋书》本传记载,郭象的为人一方面是"好老庄,能清言","州郡辟召,不就","常闲居,以文论自娱",对现实抱着一种超越的态度;另一方面又热衷于追逐权势,"东海王越引为太傅主簿,甚见亲委,遂任职当权,熏灼内外",对现实抱着一种迎合的态度。郭象把这二重性格统一于一身,要想做到恰到好处,不露痕迹,是相当困难的。就在当时,郭象的名声就

不太好,曾受到许多人的鄙视。庾敳就是一个显明的例子。《晋书·庾敳传》说:

> 参东海王越太傅军事,转军谘祭酒。时越府多隽异,敳在其中,常自袖手。豫州牧长史河南郭象善老庄,时人以为王弼之亚。敳甚知之,每曰:"郭子玄何必减庾子嵩。"象后为太傅主簿,任事专势。敳谓象曰:"卿自是当世大才,我畴昔之意都已尽矣。"

庾敳讽刺郭象,其主导思想是认为现实必须超越,如果不能超越而去迎合,这就落入下乘,为人所不齿。庾敳的这种思想在当时具有很大的代表性,人们通常是以是否能超越作为评判人物高下的价值标准的。比如陆喜的《较论格品篇》说:

> 或问予,薛莹最是国士之第一者乎?答曰:"以理推之,在乎四五之间。"问者愕然请问。答曰:"夫孙皓无道,肆其暴虐,若龙蛇其身,沉默其体,潜而勿用,趣不可测,此第一人也。避尊居卑,禄代耕养,玄静守约,冲退澹然,此第二人也。侃然体国思治,心不辞贵,以方见惮,执政不惧,此第三人也。斟酌时宜,在乱犹显,意不忘忠,时献微益,此第四人也。温恭修慎,不为诡首,无所云补,从容保宠,此第五人也。过此已往,不足复数。故第二已上,多沦没而远悔吝,第三已下,有声位而近咎累。是以深识君子,晦其明而履柔顺也。"(《晋书·陆喜传》)

按照这种价值标准,逃避现实、不问政治的人属于一二流的上乘,关心现实、积极从政的人只能排在三流以下。如果人们据此立身处世,力争上乘,在生活态度上就只能像毕卓所说的那样:

> 得酒满数百斛船,四时甘味置两头,右手持酒杯,左手持蟹螯,拍浮酒船中,便足了一生矣。(《晋书·毕卓传》)

实际上,这种掏空了社会历史内容的生活态度把人降低到动物的水平,是人性的丧失,根本不属于上乘。玄学固然有超越的一面,但并不是这种超越,而是在辩证地处理自然与名教的关系上的超越,是一种立足于现实的超越。当时与毕卓持同一生活态度的,还有谢鲲、王澄、阮脩、王尼、胡毋辅之等人,这一批人既无政治理想,也无精神追求,只是表面上模仿阮籍、嵇康所倡导的那种旷达之风,貌合而神离,做出种种怪诞的动作。他们是玄学的末流,以扭曲的形式反映了时代的悲苦。如果玄学按照这条完全脱离现实的道路发展,它的生命立刻就会停止了。因此,从这个角度来看,庾敳对郭象的讽刺只是一种片面之辞,而郭象依附东海王越追逐权势,乃是受复归于玄学主题的内在必然性的驱使,需要结合历史条件作具体的分析。

郭象曾说:

> 千人聚,不以一人为主,不乱则散。故多贤不可以多君,无贤不可以无君。此天人之道,必至之宜。(《庄子·人间世注》)

这是中国封建社会君主专制政体下的一条严酷的规律。当时的"八王之乱"正是由于这条规律受到破坏而引起的。如果没有一个君主,哪怕是像晋惠帝那样痴呆的君主,来行使统一的王权,便没有稳定的政局,国家就会遭殃,人民就会受难。所以尽管"八王之乱"是司马氏统治集团之间的毫无思想原则的权力争夺,但是只要其中能产生一个君主,或者产生一个忠心拥戴晋惠帝当君主的王,也是人心所向,符合包括知识分子在内的各个阶层的普遍愿望的。当时八王出任方镇,掌握军政大权,为了扩大自己的势力,纷纷招揽贤俊,广设幕僚,知识分子如果想在政治上有所作为,除了依附他们的权势,别无其他出路。比如陆机、陆云兄弟二人是依附成都王颖的。《晋书·陆机传》说:

> 时成都王颖推功不居,劳谦下士。机既感全济之恩,又见朝廷屡有变难,谓颖必能康隆晋室,遂委身焉。

再比如江统,先后"参大司马、齐王冏军事","成都王颖请为记室","东海王越为兖州牧,以统为别驾,委以州事"。王导在依附晋元帝

前,也曾"参东海王越军事"。《晋书·王导传》说:

> 时元帝为琅邪王,与导素相亲善。导知天下已乱,遂倾心推奉,潜有兴复之志。帝亦雅相器重,契同友执。

可见当时郭象依附东海王越,是中国封建社会另一派热心政治的知识分子择主而事的普遍做法。人们对这种做法的评价可以见仁见智,如果从超越的观点来看,当然不足取,但从现实的观点来看,却是未可厚非的。

郭象的为人性格之所以出现矛盾,就在于他很难妥善处理超越与现实之间的关系。实际上,在郭象的那个时代,人们无论是选择什么样的生活态度,都不能避免矛盾。立足于超越的一派被逼得与现实相妥协,而立足于现实的一派又不得不去寻求超越。各种各样的选择都试探了,玄学也因而呈现出各种各样可能的发展途径。究竟玄学是应该遵循哪一条途径来发展呢? 如果遵循阮籍、嵇康所开拓的那条"越名教而任自然"的途径来发展,玄学就会远离现实而飘浮于虚无缥缈的云端,最后又跌落为如同毕卓的那种拍浮酒船中了此一生的水平。如果遵循裴頠所指引的那条忽视名教弊端而坚决维护名教的途径来发展,玄学就难以提出一种高层次的内圣外王之道,而丧失它的本质。就当时思想领域的总的形势而言,立足于超越的一派是居于优势地位的。这是时代的悲苦所造成的。人们超越现实,是因为现实迫使人们去超越,否则就难以安身立命。谢鲲就是一个显明的例子。《晋书·谢鲲传》说:

> 永兴中,长沙王乂入辅政,时有疾鲲者,言其将出奔。乂欲鞭之,鲲解衣就罚,曾无忤容。既舍之,又无喜色。太傅东海王越闻其名,辟为掾,任达不拘,寻坐家僮取官稿除名。于时名士王玄、阮脩之徒,并以鲲初登宰府,便至黜辱,为之叹恨。鲲闻之,方清歌鼓琴,不以屑意,莫不服其远畅,而恬于荣辱。

在专横的权势面前,知识分子的地位如同奴仆,可以任意鞭打,无端凌辱,什么人性的尊严,价值的自觉,高尚的情操,一概都谈不上了。为了苟全性命,掩饰痛苦,在遭受鞭打凌辱之际,除了装出一副"曾无忤容""不以屑意"的面孔之外,又能有什么别的好办法呢?这种超越实际上是对失去了任何合理性的现实的屈从,是一种精神的奴性。但是,精神是不能长久停留于奴性的阶段的,它要勇敢地去干预现实,使不合理的现实趋于合理,因而精神不能脱离现实,尽管现实充满了污浊和苦难,也要化腐朽为神奇,给受难的人们点燃一盏理想的光。所以玄学发展到了永嘉年间,必然要复归于自己的主题,像阮籍、嵇康那样排斥名教去谈自然,或者像裴𬱟那样排斥自然去谈名教,都不是出路,只有着眼于二者的辩证的结合,找到一种合乎自然的名教或者合乎名教的自然,才能解决问题。当然,这是一个十分困难的任务。郭象力求在超越与现实之间保持一种动态的平衡,像走钢丝一样,稍一不慎即跌落一边。郭象的玄学正如他的为人,常常是受到来自两方面的攻击的。

在中外哲学史上,凡是从事综合总结的哲学家,很少有人能够避免来自左右两方面的攻击。亚里士多德是一个例子,黑格尔也是一个例子。黑格尔在《法哲学原理》的序言中曾提出了两个对立的命题:

> 凡是合乎理性的东西都是现实的;
> 凡是现实的东西都是合乎理性的。

为现实辩护的人抓住后一个命题而攻击前者,要求变革现实的人则抓住前一个命题而攻击后者。其实,黑格尔无意于为现实辩护,也不是什么激进的革命家。黑格尔只是试图指出,哲学的任务在于理解存在的东西,理性不在现实之外,而就在现实之中。尽管现实变成了受难的十字架,哲学也不能超越现实,凭着个人的私见和想象来建设一个如其所应然的世界与现实相对立。妄想哲学可以超出它的时代,这是愚蠢的。因此,合乎理性的东西与现实的东西构成了一对辩证的统一体,如果从相互排斥的观点来看,这两个命题都不是真理,只有把二者结合起来,才能促使理性转化为现实,现实转化为理性。与这两个命题相联系,黑格尔提出了哲学与现实相调和的思想。他说：

> 在现在的十字架中去认识作为蔷薇的理性，并对现在感到乐观，这种理性的洞察，会使我们跟现实调和；哲学把这种调和只给与那些人，他们一度产生内心的要求，这种要求驱使他们以概念来把握，即不仅在实体性的东西中保持主观自由，并且不把这主观自由留在特殊的和偶然的东西中，而放在自在自为地存在的东西中。①

黑格尔的这个思想也常常受到人们的误解，以为他是提倡与现实妥协，而不要对现实作斗争。其实，黑格尔并没有把十字架与蔷薇等同起来，只是强调必须"在现在的十字架中去认识作为蔷薇的理性"，如果脱离现实去追求主观自由，这种自由就只能是一种特殊的和偶然的东西，而不是自在自为地存在的东西。

郭象玄学的主旨与黑格尔类似，也是致力于与现实调和。他要证明自然就是名教，名教就是自然，超越的玄冥之境不在名教之外，而就在名教之中。当时由阮籍、嵇康的玄学所煽起的一股虚浮旷达之风，企图在名教之外寻求超越，实际上这种超越是不存在的，只能走向反面，对现实奴性地屈从。裴頠的玄学是为纠正虚浮旷达之风而发的，最后不免于失败，是因为脱离了自然的名教窒息了理想之光，同样使人屈从于充满了污浊和苦难的现实。因此，郭象一方面针对着阮籍、嵇康一派着眼于超越的玄学，指出现实是不能超越的；另一方面又针对着裴頠一派着眼于现实的玄学，指出现实是必须超越的。郭象玄学的这个双重任务就如同黑格尔所说的那样，"在现在的十字架中去认识作为蔷薇的理性"。郭象并没有把十字架都说成是蔷薇，并没有片面地去证明"凡是现实的东西都是合乎理性的"。如果这样去看郭象，那是对郭象的误解。郭象对名教的弊端以及专制暴君的凶残是有清醒的认识的，不同于裴頠。但是为了与现实调和，去认识那作为蔷薇的理性，郭象也失去了对

①　黑格尔:《法哲学原理》，第 13 页。

现实的愤慨之情，不同于阮籍、嵇康。只有把这两个方面结合起来，我们才能消除对郭象的误解，如实地理解他的玄学。至于郭象是否成功地完成了他所承担的双重任务，这是我们深入到他的玄学体系内部所要着重探讨的问题。

二、独化论的玄学体系

郭象的独化论的体系庞大而完整，既超过了阮籍、嵇康与裴頠，也超过了王弼。实际上，阮籍、嵇康与裴頠并没有形成体系，只是提出了问题。阮籍、嵇康着眼于超越，提出了自我意识与精神境界的问题；裴頠着眼于现实，提出了有必要维护名教的问题。王弼虽然形成了体系，但是许多问题没有进一步展开，并且存在着内在的理论矛盾，其发展趋势必然是陷入解体而分裂为自然论的玄学与崇有论的玄学两个对立的方面。郭象继他们之后从事综合总结的工作，不得不迎接各种挑战，回答各种问题，使自己的体系具有更大的包容性和更大的圆滑性。究竟他的玄学体系有没有一个易于为人把握的总纲呢？

郭象的《庄子序》可以看作是他的玄学体系的一个总纲。从这篇序中，可以看出郭象是复归于玄学的主题，着眼于自然与名教的结合，而重点在于阐明一种内圣外王之道。但是郭象不同于王弼，他接受了阮籍、嵇康与裴頠的挑战，针对他们的问题，一方面从超越的观点重新解释了名教，另一方面又从名教的观点重新解释了超越，最后提出了"神器独化于玄冥之境"的命题。"神器"这个词源于《老子》二十九章："天下神器不可为也"，指的是国家政治。郭象把神器和玄冥之境联系起来，既回答了阮、嵇二人应从何处追求精神境界的问题，又把裴頠维护名教的做法提到一个更高的层次，从而形成了新的综合。因此，郭象玄学的主旨集中凝结在"神器独化于玄冥之境"这个命题之中。为了把握他的体系，我们应该先从剖析《庄子序》入手。

郭象的《庄子序》全文分为三段。第一段说：

夫庄子者,可谓知本矣,故未始藏其狂言,言虽无会而独应者也。夫应而非会,则虽当无用;言非物事,则虽高不行;与夫寂然不动,不得已而后起者,固有间矣,斯可谓知无心者也。夫心无为,则随感而应,应随其时,言唯谨尔。故与化为体,流万代而冥物,岂曾设对独遘而游谈乎方外哉!此其所以不经而为百家之冠也。

郭象认为,庄子可说是"知本",对道有所了解,所以发表了许多言论,这些言论表明他虽然没有真正与道融会为一,但也能与道相应。如果不是真正与道融会为一而只是与道相应,即令是适当也是没有用的;言论如果不是有关实际的事物,即令高明也是不行的。拿庄子来与体道的圣人孔子相比,这就显出高下之分了。庄子只是知道以无为心,还没有使自己的心做到无为。孔子的心是寂然不动,随感而应的,言论很少,并不假设对象独自去作脱离世俗的方外之谈。所以庄子够不上圣人的资格而只能成为百家的首领。郭象的这种看法与王弼的"圣人体无"的思想是相通的。王弼对孔子与老子进行比较,认为老子经常讲无,说明他并未"体无"而停留于有的现象层次,孔子仅只讲有,说明他已经"体无"而上升到本体的高度,所以孔子的地位高于老子。我们曾经指出,王弼的这个思想不只是局限于讨论孔老优劣的问题,而是他构筑自己的贵无论玄学体系所一贯坚持的哲学主张。王弼力图通过有与无这一对范畴之间的相互依存、相互转化的辩证关系,把现象与本体、名教与自然、现实与超越结合起来。王弼的哲学著作主要是《老子注》和《周易注》。为了使这两部著作构成互补关系以体现他的哲学主张,所以王弼不得不崇儒而黜道。郭象也是如此。虽然郭象是以庄子为依据来阐发他的玄学思想,但是为了把庄子改造为适合于当时的时代需要,服从于玄学的主题,也不得不把庄子的地位排在孔子之下。

玄学家重视庄子,是从阮籍、嵇康开始的。嵇康在《卜疑集》中指出了庄子与老子的不同:

> 宁如老聃之清净微妙,守玄抱一乎? 将如庄周之齐物变
> 化,洞达而放逸乎?

稽康的着眼点在于精神境界与人生态度。服膺老子的思想,可以
做一个狷介自守的隐士,庄子的齐物思想则使人随顺世俗,旷达放
逸,灵活得多了。阮籍在《达庄论》中也是从这个角度来概括庄子
的思想的。他说:

> 庄周见其若此,故述道德之妙,叙无为之本,寓言以广之,
> 假物以延之,聊以娱无为之心,而逍遥于一世。

实际上,就追求个人的精神自由而言,老子的思想确实不如庄子。
自魏晋禅代以后,知识分子热心追求这种自由,人们纷纷从老学转
移到庄学上来,是可以理解的。但是这种自由应该与名教统一起
来而不能与名教相抵触,也是一个十分重要的现实问题。所以郭
象一方面要顺应当时的精神领域的动向,另一方面也要从维护名
教的角度对庄子作出不同于阮、嵇二人的新解释。在《庄子序》的
第二段,郭象对庄子的思想重新作了概括,这种概括也就是郭象自
己的独化论玄学体系的总纲。他说:

> 然庄生虽未体之,言则至矣。通天地之统,序万物之性,
> 达死生之变,而明内圣外王之道,上知造物无物,下知有物之
> 自造也。其言宏绰,其旨玄妙。至至之道,融微旨雅;泰然遣
> 放,放而不敖。故曰不知义之所适,狷狂妄行而蹈其大方;含
> 哺而熙乎澹泊,鼓腹而游乎混芒。至仁极乎无亲,孝慈终于兼
> 忘,礼乐复乎己能,忠信发乎天光。用其光则其朴自成,是以
> 神器独化于玄冥之境而源流深长也。

郭象认为,庄子思想的主旨是一种天人之学,其内容包括了自
然与社会两个方面。就自然而言,是"通天地之统,序万物之性,达
死生之变"。就社会而言,是"明内圣外王之道"。而贯穿于这种天
人之学的总的指导思想,就是"上知造物无物,下知有物之自造",
也就是独化。所谓独化,意思是"欻然自生","物之自尔","独生

而无所资借"。每个具体的事物虽然都按照自己特有的性分而独化,但并不是彼此孤立,互不相涉,而是结成一种协同关系,在玄冥之境中得到统一,创造出整体性的和谐。社会的情况也是如此。人们无拘无束,任性而行,就能合乎大道,不用知道仁义礼乐、孝慈忠信而自然合乎它们的规范,因为这些规范实际上就是人们的本性的流露。如果保持这种质朴的本性不受破坏,国家政治就能独化于玄冥之境,保持永恒的和谐。

在《庄子序》的最后一段,郭象着重谈了庄子思想的社会作用。他说:

> 故其长波之所荡,高风之所扇,畅乎物宜,适乎民愿。弘其鄙,解其悬,洒落之功未加,而矜夸所以散。故观其书,超然自以为己当经昆仑、涉太虚,而游惚怳之庭矣。虽复贪婪之人,进躁之士,暂而揽其余芳,味其溢流,仿佛其音影,犹足旷然有忘形自得之怀,况探其远情而玩永年者乎! 遂绵邈清遐,去离尘埃而返冥极者也。

郭象认为,庄子强调自然与社会的和谐,这种思想"畅乎物宜,适乎民愿",最切合当时的社会需要。其流风余韵可以消除人们的贪婪之心、矜夸之志,按照自己的性分生活而忘形自得,在现实中获得超越,复归于整体性的和谐。庄子思想的社会作用就在于"弘其鄙,解其悬",去掉人们自己给自己带上的精神枷锁,为人们提供一个"去离尘埃而返冥极"的超越的精神境界。

从《庄子序》中,我们已可大致看出郭象玄学体系的理论特色和旨趣所在。比如郭象把名教规范解释为"复乎己能","发乎天光",这就不同于裴頠。裴頠在《崇有论》中曾说:"居以仁顺,守以恭俭,率以忠信,行以敬让。"但是裴頠的玄学理论不能证明这些名教规范是内在地源于人们的自然本性,仅仅指出它们是由圣人根据"绥理群生"的需要而建立起来的。再比如,郭象和阮籍、嵇康都讲超越,但是阮、嵇二人是要超越名教,郭象则只要人们超越自己的矜夸、贪婪、进躁的思想,而不必去超越名教。郭象着眼于名教与自然的结合,这一点与王弼是相同的,但是郭象的理论基石不是"以无为本",而是"上知造物无物,下知有物之自造"的独化论。郭象的独化论重点在于"明内圣外王之道",是一种政治哲学,但同时也是一种超越哲学,他吸收裴𬱟的思想扬弃了阮籍、嵇康,同时也吸收阮籍、嵇康的思想扬弃了裴𬱟。郭象的玄学究竟是致力于为现实的存在作辩护还是致力于用理想来纠正现实呢? 看来郭象是一个有理想的人,"神器独化于玄冥之境"就是他的理想。所谓玄冥之境,意思是整体性的和谐。国家政治如果处于这种和谐的状态之中,人们所向往的正常的封建秩序也就得到了实现。在郭象所生活的那个时代,这种和谐的状态是不存在的,"八王之乱"把国家政治搞成一团糟,破坏了这种和谐。在郭象的心目中,掌握权势兴风作浪的八王都是一些"贪婪之人,进躁之士"。郭象把当时的现实的危机归结为思想原因,认为有必要用自己的玄学去解决他们的思想问题,"弘其鄙,解其悬",使他们"忘形自得",并且进一步"去离尘埃而返冥极",于是国家政治可以复归于原始的和谐。由此可见,郭象的玄学体系大致包含着三个层次,首先,他用"上知造物无物,下知有物之自造"的独化论来证明自然和社会存在着一种原始的和谐,其次,他从各个方面来探索破坏这种和谐的原因,最后,他提出了一种如何在现实中超越的人生哲学,用来纠正人们的种种不正确的思想,使自然和社会恢复原始的和谐。他的整部《庄子注》基本上是围绕着这篇《庄子序》的思路展开论述的,他的《论语体略》中的一些片断言论,也是由这条思路贯穿起来的。因此,我们下面深入剖析郭象的独化论的体系,也相应地划分为三个层次。

(一)原始的和谐

魏晋时期,几乎所有的玄学家都以整体性的和谐作为自己奋力追求的目标,虽然由于现实世界的自我分裂以及玄学理论的内部矛盾,他们并没有成功地达到这个目标,但是他们始终是把和谐树立为最高的理想,根据理想来观察现实,评价现实。这是玄学在那个苦难的时代为人们点燃的一盏理想之灯，集中体现了时代精神的精华。究竟怎样使这种和谐的整体观得到合理的证明呢？这里涉及一系列高深的理论问题，其中最突出的，一个是有无之辨的问题，再一个是个体与整体之间的关系问题。就有无之辨而言，王弼的贵无论与裴頠的崇有论形成了对立，说明这个问题并没有解决，有待于进一步探索。王弼主观上确实是希望把有与无有机地结为一体的，但是客观上人们却从他的体系推演出了一条贵无而贱有的结论，从而冲击名教，引起裴頠的激烈反对。此外，王弼是希望构筑一个本体论的体系，使有统一于无，现象统一于本体，但是王弼也讲"有生于无"，保留了一个宇宙生成论的尾巴。裴頠指出："夫至无者，无以能生，故始生者，自生也。"裴頠的批判是有道理的，看来如果不扬弃"有生于无"的命题，采纳"自生"的说法，就难以构筑一个较为纯粹的本体论的体系。再就个体与整体的关系而言，整体是由个体构成的，如果不首先肯定个体的和谐，整体的和谐也难以证明。王弼不太注重个体，他所说的无当然不是个体，有是指现象存在的整体，也不是个体。直到阮籍、嵇康把自我意识的问题突出出来，玄学才开始注重个体。但是阮、嵇二人看到的只是自我的异化，精神的分裂，而不是个体的和谐。裴頠虽然提出了"自生"的说法，但是他的理论重点是放在作为存在整体的有上，没有对个体的和谐进行深入研究。由此可见，为了使和谐的整体观真正在理论上得以成立，摆在郭象面前的任务是相当艰巨的，他一方面要回答有无之辨中的许多难题，处理个体与整体的各种复杂关系，同时还要把这两个方面凝结为一个基本命题，以构筑一个完整的体系。从"独化于玄冥之境"这个命题来看，郭象的综合总结工作是完成得很出色的，这个命题不仅圆滑地结合了有与无，而且把个体的和谐与整体的和谐紧密联系在一起，从而为和谐的整体观提供了优于其他各家的证明。

郭象的独化论受裴頠的启发极大。他从裴頠的崇有论中采纳了"自生"的说法，并且以批判贵无论中的"有生于无"的命题作为突破口，由此而全面展开他的体系。"有生于无"这个命题把有与无的关系说成是一种母子关系，好像宇宙万有都是由无这个母亲生出来的。这种说法不免引起人们进一步追问，如果说"有生于无"，无又由什么而生呢？无不能由无生出，只能生于有，这就好像先有鸡还是先有蛋的辩论一样，陷入无穷递进之中，在逻辑上难以成立。再说，如果顺着"有生于无"的思路追问世界的开始，追问到最后，就会肯定有一个造物主或真宰的存在，和神学目的论划不清界限，即令说无并不等于造物主或真宰，这也是一种理论的倒退，由哲学本体论倒退到宇宙生成论。郭象抓住了"有生于无"的这两个致命弱点反复批判，提出了自己的独化思想。他说：

> 夫有之未生，以何为生乎？故必自有耳。岂有之所能有乎？此所以明有之不能为有，而自有耳。非谓无能为有也。若无能为有，何谓无乎？一无有则遂无矣，无者遂无，则有自欻生明矣。（《庚桑楚注》）

> 非唯无不得化而为有也，有亦不得化而为无矣。是以夫有之为物，虽千变万化，而不得一为无也。不得一为无，故自古无未有之时而常存也。（《知北游注》）

> 谁得先物者乎哉？吾以阴阳为先物，而阴阳者即所谓物耳。谁又先阴阳者乎？吾以自然为先之，而自然即物之自尔耳。吾以至道为先之矣，而至道者乃至无也。既以无矣，又奚为先？然则先物者谁乎哉？而犹有物无已，明物之自然，非有使然也。（《知北游注》）

> 世或谓罔两待景，景待形，形待造物者。请问夫造物者有耶？无耶？无也，则胡能造物哉？有也，则不足以物众形。故明众形之自物，而后始可与言造物耳。是以涉有物之域，虽复罔两，未有不独化于玄冥者也。故造物者无主而物各自造。物各自造而无所待焉，此天地之正也。（《齐物论注》）

郭象对"有生于无"的批判，其深刻犀利大大超过了裴頠。"若无能为有，何谓无乎？"这个尖锐的问题是贵无论的玄学所无法回答的。因为只要肯定有那么一个能生出有的无来，就其能生成而言,便失去其所以为无的依据,变成有了。我们在分析王弼时曾经指出,究竟无是什么,从逻辑上看,这个问题本身就是一个明显的悖论,是根本无法正面回答的。如果说出它是什么,它就不再是无而变成有了,如果不说出它是什么,又很难把它确定为整个哲学体系的理论基石。在这个问题上,王弼表现了极大的困惑,始终没有说清楚。就王弼的本意而言,无是指无形无象的本体,有是指有形有象的现象,无论现象或本体都是存在而不是非存在。但是由于无这个范畴无法定义,而且不可避免地包含着歧义,人们可以望文生义,把无说成是非存在。裴𫖯所说"虚无是有之所谓遗者也",正是这样理解的。裴𫖯因此抛弃了无这个范畴,直接把有确立为本体。实际上这也是一种不成功的尝试。因为如果以有为本体,那么什么是现象呢?如果有既是本体又是现象,那么二者之间的对立统一关系又如何通过这个孤立无偶的有来展开呢?看来玄学为了建立一个完整的本体论的体系,无论王弼的贵无或裴𫖯的崇有,都不是好办法,必须从有无之辨中脱身出来,寻找新的途径。郭象的"独化于玄冥之境"的命题就是对有无之辨的综合总结,一次成功的扬弃,既保存了贵无论与崇有论的合理内核,又克服了它们的理论缺陷。郭象认为追问世界的开始是一个无意义的问题,他肯定物之自生、自有,从而排除了宇宙生成论,纯化了哲学本体论。这显然是受到裴𫖯的启发。但是郭象并不是什么崇有论者,因为他认为有这个范畴只概括了事物的现象,而没有揭露事物的本体。他说:"若游有,则不能周遍咸也。""物有际,故每相与不能冥然。"(《知北游注》)这是说,就具体的有来说,是不能达到周遍咸的绝对境界的,因为每个具体的事物都有自己的"际"即质的规定性,相互之间不能消除界限而冥合。因此,凡是具体的事物,哪怕像罔两(影子外面淡薄的阴影)那样微小的事物,都不是在有中得到统一,而是在玄冥之境得到统一的。这种玄冥之境是一种绝对的无(《大宗师注》:"玄冥者,所以名无而非无也"),是一种至无(《知北游注》:"至道者乃至无也")。郭象的这个思想显然是受到王弼的启发。郭象把有看成是现象,把无看成是本体,但是鉴于贵无论与崇有论都不能自圆其说,于是提出了"独化"与"玄冥之境"这两个范畴来表述现象与本体。应当承认,玄学作为一种本体论的理论形态,只是发展到了郭象的阶段,才臻于成熟。

郭象的这种独化论的根本旨趣在于,为魏晋时期人们普遍关注的和谐的整体观提供理论的证明。既然每个具体的事物都是自生、自有,自足于己而无待于外,按照自己的本性而独化,那么它们便像莱布尼兹所说的"单子"一样,每个个体都是一个自身封闭的和谐的小系统。但是由于它们种类繁多,万殊不齐,而且东西相反,彼此矛盾,怎样协同配合,共同构成整体性的和谐呢?郭象与莱布尼兹不同,不去乞求超自然的上帝来帮忙,而归结为各个具体事物之间的自为而相因的作用。他说:

> 天下莫不相与为彼我,而彼我皆欲自为,斯东西之相反也。然彼我相与为唇齿,唇齿者未尝相为,而唇亡则齿寒。故彼之自为,济我之功宏矣,斯相反而不可以相无者也。(《秋水注》)

> 手足异任,五藏殊官,未尝相与而百节同和,斯相与于无相与也;未尝相为而表里俱济,斯相为于无相为也。(《大宗师注》)

> 人之生也,形虽七尺,而五常必具。故虽区区之身,乃举天地以奉之。故天地万物,凡所有者,不可一日而相无也。一物不具,则生者无由得生;一理不至,则天年无缘得终。(《大宗师注》)

> 卓者,独化之谓也。夫相因之功,莫若独化之至也。故人之所因者天也,天之所生者独化也。人皆以天为父,故昼夜之变、寒暑之节,犹不敢恶,随天安之,况乎卓尔独化,至于玄冥之境,又安得而不任之哉?(《大宗师注》)

郭象认为,"相因之功"并不是造物主有意的安排,而是由各个具体事物独化所自然形成的。表面上看来,各个具体事物都是自为,以自我的性分为轴心,既不仰赖外在的条件,也不关心周围其他的事物,整个世界呈现出一幅绝对多元化的紊乱不堪的状态,其实并非如此,因为就在各个具体事物的自为之中,自然而然地产生了相为的作用,这种"相与于无相与,相为于无相为"的关系就把整个世界组成为一个普遍联系的有机的统一整体。因此,郭象高度赞扬独化的"相因之功",称之为"卓尔独化",并且指出由独化必然通向玄冥之境,即由个体的和谐达到整体的和谐。

郭象并不否认各个具体事物之间的对立,也认为这种对立是不能消除的,但是强调这种对立的自为而相因的协同作用,不会引起斗争而破坏整体的和谐。他说:

> 天地阴阳,对生也。是非治乱,互有也。将奚去哉?(《秋水注》)

> 夫莛横而楹纵,厉丑而西施好。所谓齐者,岂必齐形状同规矩哉!故举纵横好丑,恢恑憰怪,各然其所然,各可其所可,则理虽万殊,而性同得,故曰道通为一也。(《齐物论注》)

因此,郭象的"独化于玄冥之境"的命题概括了多层次的含义,把现象与本体、个体与整体、多元与一元、对立与统一之间的种种复杂的关系圆滑地解决了。玄冥之境不在独化之外,而就在独化之中,整体的和谐是以个体的和谐为前提的。如果每个具体事物"各然其所然,各可其所可",都以自我的性分为轴心而自为,虽然看起来彼此对立而呈现出多元化倾向,但是由于它们之间的自为而相因的协同作用,最后终于结成了"道通为一"的整体网络。这就是原始的和谐。

内圣外王之道是以这种原始的和谐为基础的。换句话说,只有把整个社会看作是一个和谐的系统,才能有正确的决策思想。这是郭象的独化论力图阐明的重点所在。

郭象认为,社会区分为尊卑贵贱、君臣上下的等级,是一种当然之理,无可改变的,如同自然界的事物各有自己的性分而万殊不齐一样,社会区分为等级也是天理自然,为人们不同的性分所决定的。他说:

天性所受，各有本分，不可逃，亦不可加。(《养生主注》)

性各有分，故知者守知以待终，而愚者抱愚以至死。岂有能中易其性者也？(《齐物论注》)

夫时之所贤者为君，才不应世者为臣。若天之自高，地之自卑，首自在上，足自居下，岂有递哉！虽无错于当而必自当也。(《齐物论注》)

但是，这种等级的区分，并不破坏社会整体的和谐。因为每个人都以自我为轴心而自为，自满自足，无求于外，本身就是一个封闭的和谐的小系统，加上相互之间的自为而相因的协同作用，这就自然形成了整体性的和谐。他说：

庖人尸祝，各安其所司；鸟兽万物，各足于所受；帝尧许由，各静其所遇。此乃天下之至实也。各得其实，又何所为乎哉？自得而已矣。故尧许之行虽异，其于逍遥一也。(《逍遥游注》)

凡得真性，用其自为者，虽复皂隶，犹不顾毁誉而自安其业。(《齐物论注》)

若夫任自然而居当，则贤愚袭情，而贵贱履位，君臣上下，莫匪尔极，而天下无患矣。(《在宥注》)

既然社会系统的和谐是自然形成的，那么，最合理的内圣外王之道就应该是无为而治，使不同社会地位的人都能"自安其业"，"各得其实"，在自己无可改变的性分中自满自足。郭象在《论语体略》中说：

万物皆得性谓之德。夫为政者奚事哉？得万物之性，故云德而已也。得其性则归之，失其性则违之。

百姓百品，万国殊风，以不治治之，乃得其极。若欲修己以治之，虽尧舜必病，况君子乎？今尧舜非修之也。万物自无为而治，若天之自高，地之自厚，日月之明，云行雨施而已，故能夷畅条达，曲成不遗而无病也。

我们曾经指出，无为而治是魏晋时期所有站在时代前列思考的人们共同的政治理想。但是，为了实行无为而治，必须首先证明整个社会是一个和谐的系统，能够自行治理而不需要外来的干涉，否则，这个理想就缺乏必要的理论根据。玄学把这个问题提到本体论的高度来探索，证明的方式也经历了一系列的演变。王弼是用"以无为本"的理论来证明的。由于"以无为本"的理论存在着内在的矛盾，激发裴頠另辟蹊径，试图用崇有来证明。裴頠本来也是主张无为而治的，但他却从崇有的理论推出了一个与无为而治相矛盾的结论，说什么"理既有之众，非无为之所能循也"。至于阮籍、嵇康的自然论的玄学，则把社会的和谐看作是可望而不可即的彼岸世界，更是无法作出理论的证明。比较起来，只有郭象的独化论的玄学才算是圆满地完成了本体论的证明。郭象把社会上的尊卑贵贱、君臣上下的等级区分都看成是独化，就每个个体而言，虽然是多元的、对立的，却都自成一个封闭的和谐的小系统，就凭他们相互之间的自为而相因的协同作用，整个社会的大系统也就自然趋于和谐。所谓"神器独化于玄冥之境"说的正是这个意思。无为而治的内圣外王之道，其本体论的理论根据就在于此。

(二)原始和谐的破坏

如果说郭象的"神器独化于玄冥之境"说的是原始的和谐，是国家政治本应如此的理想状态，那么当他环顾现实时，看到的却是和谐的破坏。这就引起他深重的忧虑，不得不从多方面探索原因，寻求解救之道。过去人们对郭象的研究，通常把他看作是为现实作辩护，力图证明凡是存在的都是合理的，其实这是很大的误解。在郭象所生活的时代，接二连三发生了"八王之乱"与"永嘉之乱"，这就是当时活生生的现实。郭象并没有把这种极不合理的现实说成是合理的，而是根据自己的"神器独化于玄冥之境"的理想来观察现实，评价现实，立足于批判和调整。只是与其他的玄学家相比，郭象在处理理想与现实的关系上稍胜一筹，现实感更强一些。唯其如此，郭象对现实弊端的认识和分析也显得比其他的玄学家要高明一些。

究竟是什么原因破坏了原始的和谐呢？这个问题不能一概而论，要根据具体的历史条件作出具体的回答。王弼在正始年间回答说，主要是由于统治者决策思想的错误，本来应该是"举本统末"，结果却采用了"舍本逐末"的做法。这显然是针对着曹魏名法之治多年的积弊而言的，王弼的分析不是没有道理的。阮籍、嵇康根据司马氏集团篡夺曹魏政权的血淋淋的现实，把原因归结为君主专制制度本身，用"君道自然"或"泰古无君"的理想来与这种现实相对抗。这种分析诚然石破天惊，却是超过了时代。人们只能谋求一种较为开明的、合理的君主专制，而不能否定这种制度本身。裴頠为了维护西晋的统一事业以及刚刚稳定的名教秩序，极力反对当时流行的虚浮旷达之风。我们曾经指出，裴頠的用心是很好的，但是原因却找错了。因为当时社会动乱的祸源在于贾后乱政，惠帝痴呆，八王觊觎最高权力，蠢蠢欲动。到了郭象的时代，"八王之乱"已经变成了现实，由此而又引起了社会各个阶层的动荡不安。郭象根据这种现实，同时综合总结了其他玄学家探索的成果，对什么是破坏和谐的原因作出了自己的回答。我们只有重视研究郭象这方面的思想，才能纠正对他的误解，认清他的玄学的本质。

郭象认为，原始的和谐之所以被破坏，是因为人们丧失了自己的自然本性，去纷纷追求性分以外的东西。但这并不是居于下层的民众的罪过，而是由上层的统治者所引起的。他说：

> 夫物之形性何为而失哉？皆由人君挠之以至斯患耳！（《则阳注》）

> 宥使自在则治，治之则乱也。人之生也直，莫之荡，则性命不过，欲恶不爽。在上者不能无为，上之所为而民皆赴之，故有诱慕好欲而民性淫矣。（《在宥注》）

郭象的这个思想和王弼是相通的。王弼曾说：

> 言民之所以僻，治之所以乱，皆由上，不由其下也。民从

上也。(《老子注》七十五章)

郭象十分赞赏王弼关于本末之辨的思想,曾多次引申发挥。比如他说:

> 夫圣人者,天下之所尚也。若乃绝其所尚而守其素朴,弃其禁令而代以寡欲,此所以掊击圣人而我素朴自全,纵舍盗贼而彼奸自息也。故古人有言曰,闲邪存诚,不在善察;息淫去华,不在严刑;此之谓也。(《胠箧注》)

> 凡此皆变朴为华,弃本崇末,于其天素,有残废矣,世虽贵之,非其贵也。(《马蹄注》)

> 夫知礼意者,必游外以经内,守母以存子,称情而直往也。若乃矜乎名声,牵乎形制,则孝不任诚,慈不任实,父子兄弟,怀情相欺,岂礼之大意哉!(《大宗师注》)

在郭象的时代,除了统治者决策思想的错误破坏了和谐以外,统治者喜怒无常滥用权力以及利用名教窃取权力的做法,也加剧了和谐的破坏。郭象对这种现实是有清醒的认识的。他说:

> 夫君人者,动必乘人,一怒则伏尸流血,一喜则轩冕塞路。故君人者之用国,不可轻之也。(《人间世注》)

> 言暴乱之君,亦得据君人之威以戮贤人而莫之敢亢者,皆圣法之由也。向无圣法,则桀纣焉得守斯位而放其毒,使天下侧目哉!(《胠箧注》)

> 夫轩冕斧钺,赏罚之重者也。重赏罚以禁盗,然大盗者又逐而窃之,则反为盗用矣。所用者重,乃所以成其大盗也。大盗也者,必行以仁义,平以权衡,信以符玺,劝以轩冕,威以斧钺,盗此公器,然后诸侯可得而揭也。是故仁义赏罚者,适足以诛窃钩者也。(《胠箧注》)

郭象的这些思想涉及君主专制的弊端以及名教的异化问题,和阮籍、嵇康是相通的。阮籍在《大人先生传》中曾说:

> 君立而虐兴,臣设而贼生。坐制礼法,束缚下民。……假

廉以成贪,内险而外仁。罪至不悔过,幸遇则自矜。……于是惧民之知其然,故重赏以喜之,严刑以威之。财匮而赏不供,刑尽而罚不行,乃始有亡国戮君溃败之祸。此非汝君子之为乎?汝君子之礼法,诚天下残贼乱危死亡之术耳!

嵇康在《太师箴》中曾说:

> 下逮德衰,大道沉沦。智慧日用,渐私其亲。惧物乖离,攘臂立仁。名利愈竞,繁礼屡陈。刑教争驰,天性丧真。……刑本惩暴,今以胁贤。昔为天下,今为一身。下疾其上,君猜其臣。丧乱弘多,国乃陨颠。

但是,郭象与阮、嵇二人不同,他不是从"越名教而任自然"的角度观察问题,而是立足于名教与自然的结合,在肯定君主专制和名教的前提下来探索其所以产生弊端的原因。郭象认为,君主制度是不能否定的,如果没有统一的君主,国家政治就会陷入混乱而不可收拾。当时,八王正在为争夺最高权力相互残酷地厮杀。郭象针对着这种现实指出:

> 千人聚,不以一人为主,不乱则散。故多贤不可以多君,无贤不可以无君。此天人之道,必至之宜。(《人间世注》)

庄子曾提出了一个独断论的观点,"圣人之利天下也少而害天下也多"。郭象圆滑地解释说:

> 信哉斯言!斯言虽信,而犹不可亡圣者,犹天下之知未能都亡,故须圣道以镇之也。群知不亡,而独亡圣知,则天下之害又多于有圣矣。然则有圣之害虽多,犹愈于亡圣之无治也。虽愈于亡圣,故未若都亡之无害也。(《胠箧注》)

郭象认为,庄子这句话虽然说得对,但仍然不能没有圣人,这是因为众人不能都去掉知欲,必须用圣道来镇定他们。比较起来,有圣的害处虽然很多,但总比亡圣时的混乱状态要好一些。不过最理想的状态是连圣知群知一起都去掉,复归于原始的和谐。我们可以看出,郭象的这个思想比阮籍、嵇康的要温和得多,也现实得多了。郭象的最高的理想与阮、嵇二人其实是一致的。不得已而求其次，郭象认为还是需要有一位君主来行使统治的职能，只是这位君主应该无为而治，使天下都能安分自得，不要滥用权力，去扰乱人们的本性。他说：

> 天下若无明王，则莫能自得。令之自得，实明王之功也。然功在无为，而还任天下。天下皆得自任，故似非明王之功。（《应帝王注》）

> 因其性而任之则治，反其性而凌之则乱。夫民物之所以卑而贱者，不能因任故也。是以任贱者贵，因卑者尊，此必然之符也。（《在宥注》）

但是，就当时的实际情况而言，君主专制制度却不能发挥正常的社会功能，原因又何在呢？郭象与阮籍、嵇康不同，不是进行道德的谴责，抒发感情的愤慨，而是从事冷静的理智的分析，去寻找现实的原因。在魏晋玄学中，对君主专制制度弊端的分析，郭象算是最深刻的了。

黑格尔曾经对君主专制下了一个定义，认为"专制就是无法无天"，是"赤裸裸的权力和空虚的任性"，"特殊的意志本身就具有法律的效力，或者更确切些说，它本身就代替了法律"[1]。在这种制度下，所有的权力集中于君主一人之身，而又缺乏任何有效的手段对君主实行监督，必然要出现权力的腐败和各种弊端，从而破坏社会整体的和谐。但在中国封建社会的历史条件下，君主专制制度又是人们必须接受的无法超越的现实，人们只能设法去改善它，调节它，而不能去否定它。如果把君主专制制度看作是一个大的社会系统，固然不可避免地要产生弊端，但在某种限度内对它进行改善和调节的可能性并不是不存在的，关键在于统治者清醒地认识到权力的相对性，妥善地处理君民与君臣之间的关系。实际上，权力是一个关系范畴，离开了统治与服从的人际关系，就无所谓权力。

---

[1] 《法哲学原理》，第295页。

既然是一种关系,对立的双方就相互依存,又相互转化。因此,专制君主自认为拥有绝对的权力,不过是一种愚蠢的幻想。郭象反复阐明,专制君主的这种愚蠢的幻想就是导致和谐被破坏的根源。

郭象认为,统治者与被统治者结成了一种自为而相因的关系,这是一种本体论的关系,如果破坏了这种关系,也就破坏了原始的和谐。统治者必须"因天下之自为",而不能"以一己而专制天下",否则就是自掘坟墓,从而否定统治者本身。就被统治者的自为而言,最根本的是谋求温饱的生活,统治者如果满足了他们的要求,就是"因天下之自为",抓住了无为而治的根本。郭象用独化论的玄学发挥了传统的民本思想。他指出:

> 夫民之德,小异而大同。故性之不可去者,衣食也;事之不可废者,耕织也;此天下之所同而为本者也。守斯道者,无为之至也。(《马蹄注》)

相反,如果统治者忽视这种自为,而只顾追求自己个人作威作福的统治权力,这就必然要产生祸患。他指出:

> 夫欲为人之国者,不因众之自为而以己为之者,此为徒求三王主物之利而不见己为之患也。然则三王之所以利,岂为之哉?因天下之自为而任耳。(《在宥注》)

郭象反复强调,统治者的权力不是绝对的,而是相对的,为了巩固权力,必须争取民心,"与众玄同",而不能把自己变成高踞于民众之上的独夫民贼。他说:

> 己与天下,相因而成者也。今以一己而专制天下,则天下塞矣,己岂通哉!故一身既不成,而万方有余丧矣。(《在宥注》)

> 吾一人之所闻,不如众技多,故因众则宁也。若不因众,则众之千万,皆我敌也。(《在宥注》)

> 夫与众玄同,非求贵于众,而众人不能不贵,斯至贵也。若乃信其偏见而以独异为心,则虽同于一致,故是俗中之一物

耳,非独有者也。未能独有,而欲饕窃轩冕,冒取非分,众岂归之哉!(《在宥注》)

再就君臣关系而言,君主所拥有的权力也不是绝对的,他在各个具体的领域都必须依赖于臣下。如果君主不懂得这种依赖关系而独断专行,越俎代庖,去蛮横干预臣下的职务,也会破坏和谐的关系。郭象指出:

> 夫在上者患于不能无为,而代人臣之所司,使咎繇不得行其明断,后稷不能施其播殖,则群才失其任,而主上困于役矣。(《天道注》)

> 夫王不材于百官,故百官御其事,而明者为之视,聪者为之听,知者为之谋,勇者为之扞。夫何为哉?玄默而已,而群材不失其当,则不材乃材之所至赖也。故天下乐推而不厌,乘万物而无害也。(《人间世注》)

郭象的这种君主无为而臣下有为的思想,目的在于限制君权,减少君权对政治的破坏性的干预,满足广大的臣下热切的参政要求。魏晋时期,恰恰是君权过于膨胀,君主热衷于追求有为,滥用权力,抑制了广大臣下热切的参政要求,造成君臣之间的关系紧张。郭象的这种思想是有所指而发的。

君主无为的关键在于"无心而付之天下",如果热衷于追求有为,则是"有心而使天下从己"。郭象认为,前者是"直道",后者是"曲法"。他说:

> 无心而付之天下者,直道也。有心而使天下从己,曲法。故直道而行者,毁誉不出于区区之身,善与不善,信之百姓。(《论语体略》)

当时无论是曹魏政权或司马氏政权,实行的都是"有心而使天下从己"的"曲法"。曹魏的名法之治自不必说,司马氏集团以名教为标榜,鼓吹效法圣人,甚至赞扬上古的无为政治,表面上看来虽然不同于曹魏的名法之治,骨子里仍然是"有心而使天下从己",追求一种绝对专制的统治。郭象运用"迹"与"所以迹"的概念深刻分析了当时的这种形式与内容、手段与目的相背离的情况。

迹指事物的形迹、形式、现象，所以迹指事物的真性、内容、本体。郭象区分了名教规范和威罚刑杀的迹与所以迹的两个不同的方面。就所以迹而言，它们都是合理的，"无心而付之天下"缺少不了它们，是国家政治的和谐所必需的。如果忽视所以迹而去单纯追求迹，它们就变成了"有心而使天下从己"的统治工具，只能走向反面，破坏原始的和谐。因此，郭象并不像阮籍、嵇康那样一味地反对名教规范和威罚刑杀，也不像裴頠那样不加分析地维护它们，只是强调指出，如果从所以迹的角度来运用，它们就能起到好的调节作用，反之，如果只是追求它们的迹，就会带来祸害。郭象对此进行了反复的比较。他说：

> 刑者，治之体，非我为。……任治之自杀，故虽杀而宽。
>
> 礼者，世之所以自行耳，非我制。……顺世之所行，故无不行。
>
> 德者，自彼所循，非我作。……
>
> 凡此皆自彼而成，成之者不在己。……常无心而顺彼，故好与不好，所善所恶，与彼无二也。(《大宗师注》)
>
> 夫仁义自是人之情性，但当任之耳。恐仁义非人情而忧之者，真可谓多忧也。(《骈拇注》)
>
> 夫圣迹既彰，则仁义不真而礼乐离性，徒得形表而已矣。有圣人即有斯弊，吾若是何哉？(《马蹄注》)
>
> 夫与物无伤者，非为仁也，而仁迹行焉；令万理皆当者，非为义也，而义功见焉。故当而无伤者，非仁义之招也。然而天下奔驰，弃我徇彼以失其常然。故乱心不由于丑而恒在美色，挠世不由于恶而恒由仁义，则仁义者，挠天下之具也。(《骈拇注》)

可以看出，郭象的这些言论是和王弼的"举本统末""弃本逐末"的思想一脉相承的。照郭象看来，当时统治者所标榜的效法圣人、服膺名教，只注重迹而忽视所以迹，目的既不正当，方法也极端错误，不仅使这些美丽的名词变成了骗人的幌子，而且被许多"饕窃轩冕，冒取非分"的野心家所利用，以致造成天下大乱。应当承认，郭象的这些看法是富有远见卓识的，是痛切针砭时弊的政论。他反复阐明，单纯在迹上追求，必然会引起一系列恶性的连锁反应：

> 夫以万物为本，则群变可一，而异形可同。斯迹也，将遂使后世由己以制物，则万物乖矣。（《天地注》）

> 斯迹也，遂撄天下之心，使奔驰而不可止，故中知以下，莫不外饰其性，以眩惑众人，恶直丑正，蓄徒相引，是以任真者失其据，而崇伪者窃其柄。于是主忧于上，民困于下矣。（《在宥注》）

> 由腐儒守迹，故致斯祸。不思捐迹反一，而方复攘臂用迹以治迹，可谓无愧而不知耻之甚也。（《在宥注》）

> 法圣人者，法其迹耳。夫迹者，已去之物，非应变之具也，奚足尚而执之哉！执成迹以御乎无方，无方至而迹滞矣，所以守国而为人守之也。（《胠箧注》）

由于这一系列恶性的连锁反应，其最后的结果就在整个社会引起了普遍的人性的丧失，人人都不能安分自得，纷纷去追求性分以外的东西，于是便从根本上破坏了自为而相因的原始的和谐。郭象总结说：

> 此数人者，所禀多方，故使天下跃而效之。效之则失我，我失由彼，则彼为乱主矣。夫天下之大患者，失我也。（《胠箧注》）

> 此皆尧桀之流，使物喜怒大过，以致斯患也。人在天地之中，最能以灵知喜怒扰乱群生而振荡阴阳也。故得失之间，喜怒集乎百姓之怀，则寒暑之和败，四时之节差，百度昏亡，万事失落也。（《在宥注》）

(三) 怎样复归于和谐

中国古代哲学关于内圣外王之道的讨论,就其实质而言,是对君主专制政治体制下的最佳决策思想和领导艺术的探索。这种体制把全部权力集中于君主一人之身,所有重大的决策以及如何运用权力当然是由君主个人独断专行。为了使君主尽可能地减少失误,能够协调君臣和君民之间各种复杂的人际关系,保持整个国家政治局面的稳定,君主应该掌握一套行之有效的决策思想和领导艺术,否则就会产生危机,破坏平衡。这种决策思想和领导艺术就是所谓内圣外王之道。在中国历史上,除了秦始皇统治的一段极为短暂的时期外,内圣外王之道一直是天下之公器,可以由并不掌握权力的哲学家们去自由讨论。尽管君主个人大都不按照哲学家们的意见办事,往往是拒谏饰非,一意孤行,把国家政治搞得一团糟,但站在高层次思考的哲学家们仍然是从封建社会的整体利益出发,把内圣外王之道当作一门独立的学问来研究。这种研究是对实际政治的一种超越,总的目的是针对着实际政治的弊端进行批判和调整。魏晋时期,国家政治局面长期不能稳定,无论是曹魏的名法之治或是司马氏政权的名教之治,都有严重的失误,收不到实效。这种历史动因就引发了玄学家们去热心地探索内圣外王之道。

既然内圣外王之道是关于决策思想和领导艺术的学问,主要着重于解决两个问题,一是确定一个能为大多数人所接受的理想目标,二是选择能达到理想目标的有效的策略手段。前面说过,专制君主自认为拥有绝对的权力,实际上这种绝对权力是并不存在的,在君民关系上,他必须争取民心,得到广大的被统治者的支持,在君臣关系上,他必须依赖于臣下,赢得臣下的忠心来帮他处理政务。所以内圣外王之道在解决目标和手段的问题时,往往是针对着专制君主的这种愚蠢的幻想,反复强调君权的相对性,历代绵延不绝的民本思想以及君臣共治的思想就是由此而发展起来的。君主专制政治体制只有在一定限度内容纳这种与之对立的因素,才能保持稳定,如果过分地强调君权的绝对性而否定这种因素,必然会陷入危机。在魏晋时期,这一点显得更为突出。因为当时以庄园经济为据点的门阀士族已经发展为一个强大的阶级,庄园经济不同于小农经济,门阀士族的政治能量和政治要求也不同于个体农民,国家政权必须尊重他们的地位,满足他们的要求,和他们建立一种以分享共同利益为基础的联盟性的关系,同时尽量在各个方面减少对他们的干预,让他们自立自足,自行发展。玄学家们根据这种特定的历史条件提出了相应的理想目标和策略手段。用郭象的话来说,理想目标应该是"神器独化于玄冥之境",使名教合乎自然,各种关系处于最完美的和谐状态;策略手段应该是无为而治,"因天下之自为","无心而付之天下"。但是当时的实际情况是,无论目标或手段,一齐都错了。执政的君主虽然有的提倡名法,有的服膺名教,名称不同,骨子里都是追求一种绝对专制的独裁统治,"有心而使天下从己","以一己而专制天下"。因此,怎样复归于和谐的问题,也就是纠正这种错误的目标和手段使之趋于合理的问题,这也就是内圣外王之道所要探索的主要内容。

在君主专制政治体制下,决策思想正确与否,权力能否正当使用,都和君主个人的品质密切相关。如果不能做到内圣,也就难以做到外王,外王是以内圣为前提的。因此,内圣外王之道是探索理想的君主人格的问题。汉代的董仲舒认为,"圣人法天而立道",就是说内圣的标准是禀承天意,效法天德。王弼根据他的贵无论的玄学来解决这个问题,提出了"圣人体无"的思想。自从阮籍、嵇康无情地揭露了专制君主残酷暴虐的性格、突出了普通士族知识分子的自我意识与精神境界以后,理想人格就变成了一种普遍性的精神追求,不只局限于君主个人了。郭象继承了这种趋势,把两个不同性质的问题合而为一,一方面按照普通士族知识分子心目中的理想人格去塑造君主的形象,同时也反过来要求君主"与众玄同",成为这种理想人格的典范。郭象认为,如果解决了这个问题,就能消除当时的混乱状态,理顺各种不协调的关系,复归于和谐。

郭象把这种包括决策思想、领导艺术和理想人格的内圣外王之道当作治病的药方,是无济于事的,不能挽救西晋统治的灭亡,特别是当时掌握国家命运的竟是一个连儿童常识都不具备的既痴且呆的晋惠帝,要求他去领会这种高深玄妙的内圣外王之道,更是显得十分滑稽可笑。但在郭象所生活的那个时代,人们再也没有别的办法可想了。在君主专制政治体制下,一方面人们必须把搞好国家政治的希望寄托于君主个人的内圣外王,另一方面人们又必须接受一连串荒淫无耻、昏庸痴呆的君主把国家政治搞坏的悲剧的现实。郭象是一位现实感很强的玄学家,对这种矛盾是有清醒的认识的。他把时代的悲苦归结为一种偶然的遇合,一种由各种因素交织而成的必然之势,人们不必对之愤慨,去从事徒劳无益的谴责,而只能当作既成的事实和无可逃避的命运来接受。他说:

> 不能大齐万物而人人自别,斯人自为种也。承百代之流而会乎当今之变,其弊至于斯者,非禹也,故曰天下耳。言圣知之迹非乱天下,而天下必有斯乱。(《天运注》)

> 夫竭唇非以寒齿而齿寒,鲁酒薄非以围邯郸而邯郸围,圣人生非以起大盗而大盗起。此自然相生,必至之势也。(《胠箧注》)

> 其理固当,不可逃也。故人之生也,非误生也。生之所有,非妄有也。天地虽大,万物虽多,然吾之所遇,适在于是,则虽天地神明,国家圣贤,绝力至知,而弗能违也。(《德充符注》)

但是,尽管如此,郭象仍然把内圣外王之道作为自己的理论探索的重点。人们承认必然,并不等于服从必然,立足于现实,并不等于屈服于现实,他力求在必然中找到自由,在现实中找到超越,这是人类精神的本质所在,也是哲学思维的永恒课题。由于时代的悲苦,突出了必然与自由、现实与超越的矛盾,郭象的玄学深刻地反映了这种矛盾,他的玄学的意义也就恰恰表现在这里。

郭象对内圣外王之道的探索,自始至终贯穿着一条自为而相因的本体论的思想线索。郭象坚持认为,由君主专制和等级制度所组成的社会本身就是一个和谐的整体,这个整体具有自我调节、自我完善的能力,不需要外来的干预,因此,君主在处理各种关系时,应该善于发挥这个整体内在的自为而相因的作用,"顺百姓之心","因天下之自定","我无为而天下自化"。在《庄子注》中,郭象反复强调这个思想,发表了许多言论。比如他说:

> 厉,恶人也。言天下皆不愿为恶,及其为恶,或迫于苛役,或迷而失性耳。然迷者自思复,而厉者自思善,故我无为而天下自化。(《天地注》)

> 寄之他人,则十言而九见信。

> 鸣者,律之所生;言者,法之所出;而法律者,众之所为,圣人就用之耳,故无不当,而未之尝言,未之尝为也。

> 口所以宣心,既用众人之口,则众人之心用矣,我顺众心,则众心信矣,谁敢逆立哉!吾因天下之自定而定之,又何为乎!(《寓言注》)

> 夫圣人无安无不安,顺百姓之心也。(《列御寇注》)

> 夫至仁者,百节皆适,则终日不自识也。圣人在上,非有为也,恣之使各自得而已耳。自得其为,则众务自适,群生自足,天下安得不各自忘我哉!各自忘矣,主其安在乎?斯所谓兼忘也。(《天运注》)

> 虽有天下,皆寄之百官,委之万物,而不与焉,斯非有人也;因民任物而不役已,斯非见有于人也。(《山木注》)

> 使物各复其根,抱一而已,无饰于外,斯圣王所以生成也。

> 夫圣人统百姓之大情而因为之制,故百姓寄情于所统而自忘其好恶,故与一世而得淡漠焉。(《天下注》)

究竟在一个充满着剥削和压迫的封建等级社会有没有和谐,人们对这个问题可以作出两种截然不同的回答,而每一种回答都会引起另一方有力的反驳。如果说它有和谐,为什么历史上竟出现那么多的乱世,各种斗争包括统治集团内部的斗争以及农民反抗统治者的斗争此起彼伏、层出不穷?如果说它无和谐,为什么历史上也出现了不少的治世,曾经促进了经济的发展,政治的稳定,文化的繁荣? 实际上,就总体而言,中国的封建社会是在一治一乱的循环往复中曲折地前进的,既有和谐的一面,也有不和谐的一面,只有把这两个方面的认识结合起来,才符合历史的真实。但是,内圣外王之道所研究的对象并不是作为客体的封建社会本身,而是作为主体的统治者如何控制和管理这个社会的行为。既然是一种行为,这就要预先确定最能体现统治者利益的目的,并且力求发挥主观能动性,运用最佳的决策,变无序为有序,使乱世转化为治世。主体的这种行为当然是以对封建社会客体的认识为基础的,不过这种认识带有主体自身的理想、目的和价值判断,也就是说带有主体自身强烈的倾向性和选择性。因此,历代关于内圣外王之道的讨论,都是立足于和谐的整体观。这种整体观并不否认事实上存在着不和谐的一面,正是由于充分认识到社会本身各种关系的严重失调,才把如何控制管理的问题提到重要地位,激发人们去追求最完美的和谐。这种整体观在中国哲学中源远流长,已经形成为一种传统的思维模式。特别是《周易》在肯定君主专制和等级制度的前提下追求"保合太和"的思想,更是为玄学所直接继承。郭象的"神器独化于玄冥之境"的命题实际上不过是用玄学的术语翻译了《周易》的这种思想。从行为学的角度来看,历代绵延不绝的和谐的整体观站在高层次总结了统治者行为的各种成功和失败的经验,蕴涵着极为丰富的决策思想和领导艺术,自有合理的内核,值得我们去认真研究发掘,决不能因它专讲协调不讲斗争而去轻率地否定。

如何协调各种关系使之趋于和谐,无为和有为这两种策略手段都是不可缺少的,但是它们也确实构成了一对矛盾。无为强调尊重客观规律性,有为强调发挥主观能动性,这二者合之则两美,离之则两伤。在魏晋时期这个特定的历史条件下,无论是曹魏的名法之治或司马氏政权的名教之治,都是立足于有为,醉心于运用行政力量强行贯彻统治者的某种意志,结果事与愿违,适得其反,使各种关系严重失调。玄学为了纠正这种现象,鼓吹无为而治,不是没有道理的。但是，如果因此而完全排斥有为，无论在理论上或实践上也是一种偏差，所以如何把二者适当地结合起来，一直是玄学所关注的一个重要问题。王弼曾说：

> 本在无为，母在无名。弃本舍母，而适其子，功虽大焉，必有不济；名虽美焉，伪亦必生。(《老子注》三十八章)

王弼以无为作本，以有为作末，从他"举本统末"的思想来看，他是并不排斥有为的。事实上，王弼在《周易注》中反复阐明，当各种关系尚未理顺之时，统治者应该有为，业已理顺之后，则应复反于无为。王弼试图用本末关系结合有为与无为，不是很成功的。后来阮籍、嵇康片面地发展了王弼的"崇本息末"的思想，用无为去排斥有为。而裴頠又根据崇有的思想，用有为去排斥无为。所以郭象的内圣外王之道面临着一个综合总结的任务，必须辩证地解决有为与无为之间的对立统一的关系问题。

郭象反复阐明，尊重客观规律与发挥主观能动性并不是相互排斥的，而是可以统一的。如果片面地强调前者，把无为理解为无所作为，或者片面地强调后者，把有为理解为胡作非为，都是错误的。他说：

> 天下之物，未必皆自成也。自然之理，亦有须冶锻而为器者耳。(《大宗师注》)

> 人之生也，可不服牛乘马乎？服牛乘马，可不穿落之乎？牛马不辞穿落者，天命之固当也。苟当乎天命，则虽寄之人事，而本在乎天也。穿落之可也，若乃走作过分，驱步失节，则天理灭矣。不因其自为而故为之者，命其安在乎？(《秋水注》)

> 夫善御者，将以尽其能也。尽能在于自任，而乃走作驰步，求其过能之用，故有不堪而多死焉。若乃任骀骥之力，适迟疾之分，虽则足迹接乎八荒之表，而众马之性全矣。而惑者闻任马之性，乃谓放而不乘；闻无为之风，遂云行不如卧。何其往而不返哉！斯失乎庄生之旨远矣。(《马蹄注》)

郭象认为,所谓无为就是"任其自为""率性而动"的意思,并不是像有些人所理解的那种拱默端坐,隐伏山林,什么事也不干。按照这个说法,所谓无为实际上就是有为。反过来看,所谓有为也无非是"任其有为""率性而动",不去作本分以外的事,从这个角度来看,有为同时也就是无为。因此,无为即有为,有为即无为,二者在自为而相因的本体论的高度得到了统一。他说:

> 无为之言不可不察也。夫用天下者,亦有用之为耳,然自得此为,率性而动,故谓之无为也。今之为天下用者,亦自得耳。但居下者亲事,故虽舜禹为臣,犹称有为。故对上下则君静而臣动,比古今则尧舜无为而汤武有事。然各用其性,而天机玄发,则古今上下无为,谁有为也?(《天道注》)

> 夫工人无为于刻木,而有为于用斧;主上无为于亲事,而有为于用臣。臣能亲事,主能用臣;斧能刻木,而工能用斧。各当其能,则天理自然,非有为也。若乃主代臣事,则非主矣;臣秉主用,则非臣矣。故各司其任,则上下咸得,而无为之理至矣。(《天道注》)

郭象的这个思想和王弼是完全相通的,但在理论的证明上却比王弼显得高明。王弼曾说:"天地任自然,无为无造,万物自相治理。"(《老子注》五章)王弼和郭象一样,也是着眼于整体本身所内在具有的自我调节、自我完善的能力。但是王弼却只证明了这种能力是无为,而没有证明它同时也就是有为。再说,王弼既然肯定了"万物自相治理",从逻辑上说,本应顺理成章地肯定每个个体的自为,也就是要肯定每个个体也内在地具有自我调节、自我完善的能力,但是王弼的"以无为本"的理论只允许他去研究整体,而限制他去研究个体。郭象的独化论圆滑地处理了个体与整体的关系,从本体论的高度证明了无论什么人只要是"任其自为""率性而动",既是无为,也是有为,这就把尊重客观规律和发挥主观能动性这两个矛盾的方面紧密结合起来了。

这种无为即有为的策略手段看来似乎玄妙莫测,很难掌握,但是郭象认为，其实十分简单，关键在于君主是否能真正做到"无心"。这也就是说，统治者越是糊涂就越能掌握它的奥妙，如果卖弄聪明就一定会误事。他说：

> 物之生也，非知生而生也，则行之生也，岂知行而行哉？故足不知所以行，目不知所以见，心不知所以知，俯然而自得矣。迟速之节，聪明之鉴，或能或否，皆非我也。而惑者因欲有其身而矜其能，所以逆其天机而伤其神器也。至人知天机之不可易也，故捐聪明，弃知虑，魄然忘其所为，而任其自动，故万物无动而不逍遥也。（《秋水注》）

> 夫画地而使人循之，其迹不可掩矣；有其已而临物，与物不冥矣。故大人不明我以耀彼而任彼之自明，不德我以临人而付人之自德，故能弥贯万物而玄同彼我，泯然与天下为一而内外同福也。（《人间世注》）

> 夫物有自然，理有至极，循而直往，则冥然自合，非所言也。故言之者孟浪，而闻之者听荧，虽复黄帝犹不能使万物无怀，而听荧至竟。故圣人付当于尘垢之外，而玄合乎视听之表，照之以天而不逆计，放之自尔而不推明也。（《齐物论注》）

郭象以悖论的形式讲了一个简单的真理：即令是黄帝这样的圣人，也不能把万物的奥妙都探究出来，必须"任彼之自明"，"付人之自德"，"任其自动"，"照之以天而不逆计"，除此以外，别无其他的治国良方。但是历代的专制君主很少能接受这个简单的真理，往往是"机关算尽太聪明，反误了卿卿性命"。因此，郭象针对着专制君主的这种貌似聪明实则愚蠢的做法，反复告诫说：

> 夫无心而任乎自化者，应为帝王也。（《应帝王注》）
> 此篇寄明因众之所欲亡而亡之，虽王纣可去也；不因众而独用己，虽盗跖不可御也。（《盗跖注》）
> 夫自是而非彼，则攻之者非一，故为凶首也。若中无自好之情，则恣万物之所是，所是各不自失，则天下皆思奉之矣。（《列御寇注》）

这样说来，理想君主的形象就和董仲舒所描绘的那种天神的代理人完全不同，而和当时旷达放逸的普通士族知识分子相似，尽管是"戴黄屋，佩玉玺"，掌握最高权力，仍然不脱名士本色。这种君主"虽在庙堂之上，然其心无异于山林之中"，他"与众玄同"，不仅同于知识分子，而且同于一般老百姓，他对自己手中的权力抱一种超越的态度，对精神境界有着强烈的追求。郭象用了大量夸张的带有神秘主义色彩的词句描绘了这种理想君主的形象，把怎样复归于和谐的全部希望都寄托在这种理想君主的身上，同时以此为标准来衡量现实的君主，指出现实的君主徒有为君之名，而无为君之实。他说：

> 圣人无事而不与百姓同，事事同则形同。是以见形以为己异，故谓圣人亦必勤思而力学，此百姓之情也。故用其情以教之，则圣人之教因彼以教，彼安容诡哉？（《论语体略》）

> 意尽形教，岂知我之独化于玄冥之境哉？（《徐无鬼注》）

> 夫与物冥者，故群物之所不能离也。是以无心玄应，唯感之从，泛乎若不系之舟，东西之非己也，故无行而不与百姓共者，亦无往而不为天下之君矣。以此为君，若天之自高，实君之德也。若独兀然立乎高山之顶，非夫人有情于自守，守一家之偏尚，何得专此？此故俗中之一物，而为尧之外臣耳。若以外臣代乎内主，斯有为君之名，而无任君之实也。（《逍遥游注》）

> 苟以不亏为纯，则虽百行同举，万变参备，乃至纯也。苟以不杂为素，则虽龙章凤姿，倩乎有非常之观，乃至素也。若不能保其自然之质而杂乎外饰，则虽犬羊之鞹，庸得谓之纯素哉？（《刻意注》）

郭象是按照他的独化于玄冥之境的玄学来塑造理想君主的形象的。这种玄学首先肯定自然与社会存在着一种原始的和谐，这是一种无差别的境界，天地万物"相与于无相与，相为于无相为"，其要点是"无心"。郭象接着从各个方面探索破坏和谐的原因，最后归结为"有心"。那么,怎样复归于和谐的问题,逻辑的结论当然也就是"无心"了。郭象认为,为了使"神器独化于玄冥之境",掌握最高权力的君主不能"有心而使天下从己",而应该"无心而付之天下"。他所提出的内圣外王之道,其要点仍然是"无心"。郭象通过这样一套正反合的程序构筑了一个完整的体系,虽然讲了许多玄虚的空话,诸如"无外无内,无死无生","玄同外内,弥贯古今","无是无非,混而为一",但是这个体系的基调却是完全立足于现实的。

三、郭象在玄学中的地位

魏晋玄学的发展,从正始年间到永嘉之世,已经历了七十余年的漫长岁月。在这段时间里,玄学家们围绕着自然与名教的关系问题,从各个不同的侧面进行广泛而深入的探讨,思维水平愈来愈高,理论体系也愈来愈完整了。我们曾说,郭象的独化论后来居上,既超过了阮籍、嵇康与裴頠,也超过了王弼。但是,玄学内部的矛盾毕竟是由现实的矛盾所引起的,如果现实的矛盾没有解决,不管理论体系构筑得多么完整,也会分裂解体而出现多元化的倾向。东晋南朝玄学发展的情况就是如此。

在郭象所生活的永嘉之世,理论的逻辑和现实的逻辑形成了一种鲜明的带有讽刺性的对照。就现实的逻辑而言,君主专制政治体制固有的弊端恶性发作,不可收拾,国不成国,家不成家,各种关系处于极端的无序状态。但就理论的逻辑而言,玄学却进入了综合总结的阶段,和谐的整体观终于得到了本体论的证明。人们常常为此感到茫然,怀疑这种玄学对于苦难的现实究竟能有什么实际的功用。当王衍被石勒处死前,就曾哀叹:"呜呼!吾曹虽不如古人,向若不祖尚浮虚,勠力以匡天下,犹可不至今日。"(《晋书·王衍传》)这也许是王衍个人真诚的悔悟,沉痛的反省。但如果拿这句话作为玄学误国的论据,就未免把问题看得太简单了。西晋王朝的灭亡并不是由玄学所造成的,根本原因应该从君主专制政治体制所固有的弊端中去寻找。马克思在《黑格尔法哲学批判》中对这种弊端作了深刻的分析。马克思指出，君主专制政治体制是建立在两种偶然性的基础之上的，一个是意志的偶然性（任性），另一个是自然的偶然性（出生），所以国王就是偶然性，偶然性就成了国家的真正的统一。① 这种体制把一切权力集中于君主一人之身，但是谁也无法担保凭着皇族肉体的本性出生的君主究竟是圣哲还是痴呆，"出生像决定牲畜的特质一样决定了君主的特质"。此外，人们只能一厢情愿地希望君主合理地使用权力，但是如果君主凭着自己的主观任性滥用权力，丝毫不以国家的整体利益为重，人们对此也无能为力，缺乏任何有效的制裁手段。由于意志的偶然性和自然的偶然性都属于偶然性，它们就既有坏的可能，也有好的可能。在中国封建社会的历史中，励精图治、聪明能干的君主并不是没有的，但是昏君庸主却占了绝对的优势。西晋末年接二连三发生的"八王之乱"与"永嘉之乱"，根本原因在此。由政治的危机引起经济的危机，再进而引起整个社会的危机，西晋王朝的灭亡已成定局，即令王衍等人"不祖尚玄虚，勠力以匡天下"，也无力回天，无法扭转局势。东汉末年，王符、崔寔、仲长统等人并未"祖尚玄虚"，党人清议以及太学生运动也在"勠力以匡天下"，但是东汉王朝也仍然灭亡了。由此可见，认为玄学误国，把西晋王朝灭亡的责任统统推到几个玄学家的身上，这种看法不仅过于简单，而且有失公道。何况玄学的本质在于提出一种内圣外王之道以建立正常的封建秩序，并不是"祖尚玄虚"四个字所能概括的。在那个苦难的时代，玄学是对现实的一种超越，尽管人们在现实中找不到和谐，却殚心竭思在精神领域里去追求和谐。因而玄学也就集中反映了当时人们的共同理想，表现了时代的精神。

其实，玄学对于实际的政治也并不是毫无功用可言的。中原沦陷，晋室南渡，王导辅助晋元帝在江东建立功业，就是根据玄学思想特别是根据郭象所阐发的那种内圣外王之道。《世说新语·

---

① 见《马克思恩格斯全集》第 1 卷，第 288 页。

政事》说：

> 丞相末年，略不复省事，正封箓诺之。自叹曰："人言我愦
> 愦，后人当思此愦愦。"

"愦愦"就是糊涂的意思，这正是郭象所说的"无心"。王导并不是真糊涂，而是一种假糊涂，是一种高明的策略手段，一种理性的狡计。王导由此而制订了"镇之以静"的政策，具体应用于经济领域、政治领域和军事领域，在处理各方面的矛盾上收到了极大的成效。后来这种政策为桓温、谢安相继执行，成为东晋王朝的一项国策①。陈寅恪先生《述东晋王导之功业》一文指出："王导自言'后人当思此愦愦'，实有深意。江左之所以能立国历五朝之久，内安外攘者，即由于此。故若仅就斯点立论，导自可称为民族之大功臣。""王导之笼络江东士族，统一内部，结合南人北人两种实力，以抵抗外侮，民族因得以独立，文化因得以续延，不谓民族之功臣，似非平情之论也。"②

为什么玄学的内圣外王之道在曹魏、西晋时期无补于现实，却在东晋南朝收到成效？这个问题太复杂了，涉及到政治经济体制和民族矛盾阶级矛盾诸多方面，应该由历史学家来具体解答。不过一般来说，玄学的内圣外王之道要求君主"无心而付之天下"，反对君主"有心而使天下从己"，确实是一种相当高明的决策思想和领导艺术，但不大适合专制独裁者的口味，只有在君主受到客观条件的制约而放弃追求专制独裁的情况下，才能被迫采纳这种限制君权的做法。

就在王导辅助元帝建立东晋政权时期，"无心而付之天下"与"有心而使天下从己"这两种思想的斗争仍在继续进行。唐长孺先生《王敦之乱与所谓刻碎之政》一文对此作了详尽分析。唐先生指出："元帝要王导升御座共坐，表面是优礼，实际上暗示他已察觉到

---

① 参见万绳楠：《魏晋南北朝史论稿》第八章。
② 见陈寅恪：《金明馆丛稿初编》，第53—54、68页。

王氏之权越出了通常大臣的范围。元帝力图维持帝室的权威，他企图'以法御下'，奉行元帝意旨的刘隗、刁协推行了一系列以'排抑豪强'、'崇上抑下'为中心内容的所谓'刻碎之政'。元帝和刘、刁的政策正和王导'不以察察为明'、'务在清静'的政策是相互对立的，这种对立实质上是门阀贵族联合统治与君主专制政体内在矛盾的体现。"①

在东晋南朝数百年间，专制君主总是想"有心而使天下从己"，而门阀士族则总是想限制君权的膨胀，使之"无心而付之天下"，这两种思想的斗争持续不断。玄学的内圣外王之道不为专制君主所喜，是一个无可怀疑的历史事实。由于玄学不能得到官方的认可和扶助，所以它只能在士族知识分子中间流行，而不能像汉代的经学那样上升到统治思想的地位。

拿玄学与经学来相比，玄学虽然在思维水平上高于经学，但在与民族文化的核心层次及心理结构的结合程度上却低于经学。这主要是因为玄学追求一种超越的精神境界，而经学则立足于人伦日用之常，玄学只能满足知识分子的精神需要，而经学则可以普及到广大的民众中去。尽管郭象的玄学已从本体论上证明了名教即自然，自然即名教，但是这种本体论终究和人伦日用之常分为两橛。比如王导把玄学用于政治实践，就感到了极大的困难。他在高层次的决策思想上固然可以运用玄学所主张的"无心"，但在低层次的行为准则的问题上，又不得不抛弃玄学而采纳儒学。他向元帝上疏请修学校说：

> 夫风化之本在于正人伦，人伦之正存乎设庠序。庠序设，五教明，德礼洽通，彝伦攸叙，而有耻且格，父子兄弟夫妇长幼之序顺，而君臣之义固矣。《易》所谓"正家而天下定"者也。（《晋书·王导传》）

我们曾说玄学和儒学并不是相互排斥的，但玄学无法起到儒学的

---

① 见唐长孺：《魏晋南北朝史论拾遗》，北京：中华书局，1983年，第165—166页。

那种"正人伦"的作用,也是它的一个致命弱点,影响了它的历史命运。在中国这个幅员广阔而又普遍推行宗法等级制度的特殊类型的封建社会,需要一种"极高明而道中庸"的哲学形态,既能提出一种高层次的内圣外王之道,又不离人伦日用之常,可以为广大的愚夫愚妇所接受。玄学无论在理论上或实践上都没有解决这个问题。思想的进程往往是落后于历史的进程的,过了几百年后,宋代的理学才算把这个问题解决了。

从某种意义上来说,郭象的独化论意味着玄学的终结,郭象以后,除了张湛的《列子注》所提出的贵虚论以外,再也没有出现什么足以引人注目的玄学体系了。而张湛的贵虚论却是借助于佛教思想才得以完成的。从此,中国的思想进入了一个佛玄合流的时期。

拿玄学与佛学来相比,玄学无论在本体论或人生论方面,都比不上佛学。就本体论而言,王弼、裴頠、郭象都作了深入的探讨,而以郭象的水平最高,但却始终没有达到佛学的那种体用一如、即体即用的水平。就人生论而言,郭象提出了一个逍遥的境界就在名教之中的思想,这个思想被清谈名士认为是不可超越的,但是后来却被支道林的佛学新解所取代。《世说新语·文学》说:

> 《庄子·逍遥篇》,旧是难处,诸名贤所可钻味,而不能拔理于郭、向之外。支道林在白马寺中,将冯太常共语,因及《逍遥》。支卓然标新理于二家之表,立异义于众贤之外,皆是诸名贤寻味之所不得,后遂用支理。

但是,当时中国的知识分子对此并不感到沮丧,而是感到欣喜。他们大量吸收外来的佛教思想来丰富充实自己,用来解决玄学本身所探索的本体论及人生论的各种问题。在中国历史上这一次成功地引进和消化外来文化的过程中,郭象的玄学是起了极为重要的作用的。

第十二章　从《庄子》到郭象《庄子注》

在庄学发展史上,郭象是一位承先启后的关键人物。他一方面从根本上打破了庄学在两汉三百余年间的沉寂局面,总结了魏晋时期数十家的研究成果,把庄学发展成为一门显学;另一方面,他把《庄子》书改编成流传至今的定本,并且按照玄学的思路提出了自己对庄学的理解,给后世树立了一个解庄的范例。历代学者大多肯定郭象在庄学发展史上的地位,但是对郭象的庄学本身却是褒贬不一。褒之者称郭象之注"真可谓得庄生之旨","其高处有发庄义所未及者",贬之者则认为郭象的庄学曲解了庄子的原意,阉割了庄子的精神。这场争论自晋代以来一直延续到现在,是道家思想史上的一大公案,其意义实际上远远超过了对郭象的庄学本身的评价,而涉及到一系列根本性的理论问题与历史问题,诸如什么是庄子的原意? 怎样才是继承了庄子的精神? 如果认为庄子的原意是反对儒家,否定名教,向往"无何有之乡"的超越境界,追求绝对的精神自由,则郭象的庄学显然是一种曲解,真正继承庄子精神的应该是阮籍、嵇康的"越名教而任自然""非汤武而薄尧舜"的思想。反之,如果认为庄子和儒家一样,也是在探索一种内圣外王之道,他对儒家冷嘲热讽式的批判并不是对立面的斗争,而是站在宇宙意识的高度对儒家的人文情怀所作的一种深沉的反思和理论上的升华,那么在新的历史条件下真正继承庄子精神的就不是阮、嵇而应该是郭象的庄学。事实上,无论是阮、嵇的"越名教而任自然"的思想或是郭象的名教即自然的思想,都可以在《庄子》的本文中找到自己充分的依据。庄子的原意扑朔迷离,本身就是一个复杂矛盾的综合体,魏晋时期,随着人们不同的价值取向和理论选择,分化发展成阮、嵇与郭象两种不同倾向的庄学,其实是一种逻辑的必然。既然如此,那么我们应据何标准来判定哪一种庄学是庄子的正解?如果以《庄子》的本文为据,则不能以阮、嵇为是而以郭象为非,也不能以郭象为是而以阮、嵇为非,这两种不同倾向的庄学都不失为一种正解。但是,在《庄子》的本文中,这两种不同的倾向是并存于一体的,用庄子的话来说,它们仅仅是"迹"而非"所以迹",从"迹"上看,貌似矛盾,就"所以迹"而言,却是内在统一的,那么,庄子原意中的"所以迹"究竟何在呢?再进一步追问,在两汉时期,人们对庄子的"迹"与"所以迹"都不感兴趣,庄学的发展中断了三百余年,造成这种断层现象的历史原因是什么?曹魏正始年间,玄学兴起,人们主要关心的是老学而非庄学,直到魏晋禅代之际,"天下多故,名士少有全者",阮籍、嵇康才根据自己独特的感受和心态的变化重新发现了庄子,由老学发展为庄学,那么,阮、嵇二人接受庄学的心态背景究竟蕴涵着什么样的历史内容和哲学意义?阮、嵇首先发现的庄子是愤世嫉俗的庄子,"越名教而任自然"的庄子,这只是庄子精神的一个侧面,到了西晋统一以后的元康年间,郭象又发现了庄子精神的另一个侧面,即探索内圣外王之道的庄子,力求消除自然与名教的对立而使之趋于统一的庄子。如果肯定玄学的这两个理论形态都是庄子精神的承传,那么,由此上溯到先秦,庄学与儒学究竟是一种对立的关系还是一种互补的关系?庄学发展的理论线索和历史动因究竟是什么?庄学在作为整体的中国文化中究竟占有什么样的地位?起了什么样的作用?生活在现代的中国人究竟应该用一种什么样的心态来继承庄子的精神?是像阮籍、嵇康那样继承他的愤世嫉俗的一面,来煽起一股虚无放诞之风呢?还是像郭象那样继承他的内圣外王之道,来谋划一种现世的逍遥?诸如此类的一系列的问题都是围绕着对郭象庄学的评价自然引发出来的,是题中的应有之义,而所有这些问题最后都归结为一个怎样才算是对庄子思想的真正理解的问题。庄子曾说:"夫随其成心而师之,谁独且无师乎?奚必知代而心自取者有之?愚者与有焉。"也许照庄子看来,无论是阮、嵇的庄学或是郭象的庄学,都只是在"迹"上做文章,并没有真正理解他的"所以迹"。关于这种"所以迹",庄子认为,"是其言也,其名为吊诡。万世之后而一遇大圣,知其解者,是旦暮遇之也"(《齐物论》)。从这个角度来看,要想真正理解庄子,做到莫逆于心,几乎是不可能的。因此,本章的主旨不在于强作解人,仿效庄子所讽刺的"愚者",依据自己主观的成见武断是非,妄定黑白,而仅仅试图提出问题,表明自己的困惑所在,以求教于方家学者,通士达人。

一、庄子的"迹"与"所以迹"

庄子所说的"吊诡",其实是一种悖论。《天下》篇描述了这种悖论的外部特征:"以谬悠之说,荒唐之言,无端崖之辞,时恣纵而不傥,不以觭见之也。"就内在的实质而言,这种悖论似是而非,似非而是,永远在对立的两极之间往复颠簸,自相缠绕,自相矛盾,两解而又无解。庄子是中国历史上无与伦比的伟大孤独者,虽然他以汪洋恣肆、恢诡谲奇的文笔,通过"卮言""重言""寓言"的形式,为后世留下了满纸荒唐言的文字形迹,热切地呼唤着一种真正的理解,但是他清醒地看到,由于这种悖论"无谓有谓,有谓无谓",不仅飘浮游荡于文字形迹之外,而且根本不可能有解,所以怀着极度的悲凉寂寞,十分感慨地指出:"万世之后而一遇大圣,知其解者,是旦暮遇之也。"

在西方哲学中,希腊的麦加拉学派也对悖论进行了探讨。他们发现,有一类命题,若断定其真,则可合乎逻辑地推出其假;若断定其假,则可合乎逻辑地推出其真。对此类命题,唯一的办法就是放弃判断,不置可否。比如著名的"说谎者悖论":如果有一个人承认自己说谎,那么他是在说谎还是说真话呢? 一个简单的答复是不能有的。在这里,两个对立的方面,说谎与真话,是结合在一起的,自相缠绕,自相矛盾,陷入逻辑的困境而不能自拔。黑格尔评论说,希腊人异常喜爱找出语言中和日常观念中所发生的矛盾。这是一种文化,这种文化把形式的语言当作对象,并且意识到它的不精确，或甚至指出其中所表现的偏颇，使人们意识到，并且借此使其中所存在的矛盾暴露出来。这种重视单纯言辞的文化，也就是重视理性的文化。如果言辞与事物相对立，那么言辞要高些；因为那没有说出来的事物，真正说来，乃是一个非理性的东西，理性的东西只是作为语言而存在的。[①] 因此，希腊的麦加拉学派所发现的悖论，目的主要在于机智地指出矛盾，把通常的语言引入迷途，使别人陷入困境，而自己则完全置身于悖论之外。他们对理性具有一种高度的确信，坚持普遍性的形式，坚持共相和同一性的逻辑，主张只有共相才能被言说，而关于特殊性的东西，则根本不能讲。这种悖论实质上是一个语言逻辑的问题，与作为整个的人的生存方式并无关连，发现了这种悖论，既不会动摇自己存在的精神基础，也不会因其无解而感到悲凉寂寞，相反，倒可以用悖论来设立各种各样的逻辑陷阱，玩弄众人，以此取乐，并且增强自己对理性的确信。

中国哲学中以惠施、公孙龙为代表的辩者之徒也发现了一系列与此相类似的悖论，他们也和希腊的麦加拉学派一样，用这套悖论"饰人之心，易人之意"，"以反人为实，而欲以胜人为名"。庄子虽然对悖论有着极大的兴趣，并且把悖论作为自己主要的研究对象，用"吊诡"这个词来概括自己全部的哲学，但是对惠施、公孙龙的思想却极端不满，进行了严厉的批评，认为"其道舛驳，其言也不中"，"能胜人之口，不能服人之心"（《天下》）。郭象解释《庄子》，非常赞同这个批评，认为"吾意亦谓无经国体致，真所谓无用之谈也"。同时他又认为，辩者之流的无用之谈"能辨名析理"，对于锻炼和提高人们的理论思维能力也能产生作用，"故存而不论，以贻好事也"。由此可以看出，庄子的悖论与惠施、公孙龙以及希腊的麦加拉学派的悖论有着根本性质上的不同，庄子是从关于"经国体致"的探讨中发现悖论的，而中国的辩者之流和希腊的麦加拉学派则只是热心于抽象的思辨而缺乏对人世的关怀，他们的悖论是从

---

① 参阅黑格尔《哲学史讲演录》第二卷，第118—119页。

"辨名析理"中发现的。

　　所谓"辨名析理"，是说对通常语言中的名词概念进行逻辑分析。这种逻辑分析当然具有哲学的意义，是一种哲学研究，其所涉及的一般与个别、共相与殊相的关系问题，也是哲学的一个根本问题。在通常语言中，在人们的常识生活中，谁都会说"白马是马"一类的话语，丝毫不感到有什么不妥，但是，如果站在抽象思辨的角度，采取主客分离的途径，对"白马是马"进行一番逻辑分析，则可以提出"白马非马"的命题与之对立，从而形成一个悖论。世界上任何一个民族从事哲学研究都不能不"辨名析理"，也不能不在"辨名析理"中发现诸如此类的悖论，中国的名家与希腊的麦加拉学派不约而同地发现了相类似的悖论，表现了世界哲学的共性。这是一种逻辑的悖论、语言的悖论、概念系统的悖论。人们对这种悖论的探讨，可以使得逻辑更严谨，语言更精确，概念系统更完备。但是，哲学中除了这种类型的悖论以外，还有一种价值理想的悖论，关于人的整个生存方式的悖论，深深植根于人性本质之中的悖论。由于各个民族的社会历史条件不同，受着不同的内部和外部的影响，所以哲学研究的中心不同，由此而引发的悖论以及对悖论的关注有不同的侧重点，这就形成了不同的哲学传统和占主流地位的思维定式，表现了各个民族的哲学个性。一般说来，希腊哲学的主流侧重于"辨名析理"，而中国哲学的主流则侧重于探讨与人的政治伦理实践行为紧密相连的"经国体致"。希腊哲学从泰勒斯开始就把一般与个别、共相与殊相的关系问题当作中心主题。他们首先是致力于从个别中抽象出一般，从殊相中抽象出共相，沿着这条道路发展到巴门尼德，终于构造了一个由一般与共相相搭配而成的概念系统，一个洁净空阔的理性世界。这个理性世界是与人们感性经验中的事实世界相对立的，但在他们看来，理性高于感性，言辞高于事实，尽管在从一般回到个别、从共相回到殊相的过程中，发现了一系列逻辑的悖论，仍然顽强地高扬理性的精神，通过抽象思辨的方法消除悖论，来构造一个更加精致完备的概念系统。中国哲学研究的中心与希腊不同，不是一般与个别、共相与殊相的关系,而是天与人的关系。从事这种研究,人不能作为一个冷静的旁观者置身于研究的对象之外,而必须带着自己全部的感情、期望、生活经验、价值理想投身于其中。至于这种研究所追求的目标,不像希腊哲学那样是为了精心构造一套概念系统去满足独立于人的客观外在的逻辑需要,而是为了建立一套价值系统来满足个人的和社会的行为实践的需要。在这种追求中当然也会发现一系列的悖论,但是这种悖论不是由一般与个别、共相与殊相的对立所产生的逻辑悖论,而是由现实与理想、事实与价值的对立所产生的生活本身的悖论。这种悖论震撼人的心灵,从根本上取消了人的存在的意义,企图用抽象思辨的方法来消除这种悖论是毫无可能的,只有在个人与社会之间进行双向的调整,一方面改造个人的心态使之适应于社会的环境,另一方面改造社会的环境使之适应个人的心态。从这个角度来看,惠施、公孙龙所发现的逻辑悖论虽能"辨名析理",只能算作是一种无用之谈,并不代表中国哲学的主流,而庄子从探讨"经国体致"中所发现的悖论,则深刻地揭示了中国哲学传统中的内在矛盾,符合天人之学的精神。

所谓"经国体致",其实就是内圣外王之道。内圣外王之道这个词是庄子在《天下》篇第一次提出来的,以后为儒家所接受,几乎变成了儒家的专有名词。人们往往由此而产生一种错觉,以为只有儒家才讲内圣外王之道,至于庄子的思想,不过是玩弄一套诡辩。这种错觉甚至影响了郭象,使他对庄子的思想造成误解。他在《天下》篇末尾的一条注中指出:"昔吾未览《庄子》,尝闻论者争夫尺棰连环之意,而皆云庄生之言,遂以庄生为辩者之流,案此篇较评诸子,至于此章,则曰其道舛驳,其言不中,乃知道听途说之伤实也。"事实上,《天下》篇是庄子或庄子后学所写的一篇客观公允的带有哲学史性质的论文,其中内圣外王之道这个词是用来概括从古之道术到儒墨道法各家思想的总体特征的,至于庄子本人的思想既然与各家一样由古之道术发展而来,当然不会例外,也是在讲内圣外王之道,不能脱离这个总体特征。只是庄子在讲内圣外王之道时,经历了一个从追求、动摇到幻灭的心路历程,发现了一系列不可解的悖论,因而感到"芒乎何之,忽乎何适",悲观绝望,找不到归宿,不像其他各家那样对自己所讲的内圣外王之道怀有高度的确信,以为掌握了绝对真理,抱着类似宗教的虔诚,"以此周行天下,上说下教,虽天下不取,强聒而不舍"。

《庄子》内篇中的《应帝王》,就是一篇讲内圣外王之道的代表作。表面上看来,庄子是从肯定的角度提出了一个政治理想,似乎也表示了很大的确信。他认为,最理想的政治应该是一种无为的政治,自由的政治,"顺物自然而无容私"的政治。这种政治不以"经式义度"强加于人民,也不标榜仁义来笼络人心,而是无心以任化,顺应人民自然的本性,使人民根本不感到政治权力的存在(有莫举名),安居乐业,各得其所(使物自喜)。但是在文章的末尾,庄子又从否定的角度把无为的政治理想撕得粉碎,原来的那种确信动摇了,而表达了一种绝望的心理。他把无为的政治理想比作原始的浑沌,这个浑沌已经被好事的倏忽二帝用有为的智巧凿死,不复存在了。

庄子的浑沌已死的寓言,象征着人类社会原始的自然状态受到破坏,古之道术中的天人合一的思想被诸子百家所分裂,天与人、无为与有为、自由与必然形成了对立。这种对立也是理想与现实的对立,价值与事实的对立。用玄学的术语来表述,可以称之为自然与名教的对立。既然浑沌已死,人们被迫接受既成的事实,生活在一个失去理想的现实世界之中,那么究竟应该何去何从?怎样才能重新找到生活的意义和存在的价值?是保持这种对立,把这种对立发展成不可调和的对抗,采取"越名教而任自然"的态度呢?还是继续从事内圣外王之道的探索,力求克服这种令人难以忍受的二元对立,来谋划一种自然与名教相结合的现世的逍遥?这确实是一个不易决断的十分困难的选择。其所以困难,完全不在于能否辨名析理,不在于有无抽象思辨的能力,而在于这是一种存在的选择,关于人生道路的选择,每作出一种选择,都要把自己作为整个的人投身于其中,为自己的选择付出代价,承担选择所带来的后果。从《庄子》一书的文字形迹来看,似乎庄子并不是断然作了一种选择，而是同时作出了两种选择，因而庄子的思想似乎同时包含着两个方面，既有"越名教而任自然"的一面，也有自然与名教相结合的一面。如果仔细玩味，着意研寻，可以从庄子的言论中看到，当他把自然与名教对立起来，采取"越名教而任自然"的态度，对现实进行慷慨激昂痛快淋漓的无情批判时，往往因感到自己所坚持的自由的理想与必然的现实相背离，只是一种停留于想象中的无何有之乡，而被迫地承认现实，回到自然与名教相结合的立场上来。但是，当他站在自然与名教相结合的立场来探索内圣外王之道时，往往因专制暴君所支配的政治权力的强大与知识分子所代表的文化理想的软弱形成的强烈反差，而痛切地感到自己所探索的内圣外王之道只能是一种"技成而无所用其巧"的屠龙之术（《列御寇》），又被迫地回到否定现实的超越的立场上来。庄子怀着深深的焦虑痛苦和对生命自觉的承担进行了一番上下求索，到头来却始终没有得出一个断然肯定的结论。他从肯定中看到否定，又从否定中看到肯定，于是无可奈何地把肯定与否定两个对立的方面结合在一起，称之为"两行"，放弃判断，不置可否，使之自相缠绕，自相矛盾，构成一个悖论。

《齐物论》的主题是试图为这个悖论找到一个解决的办法。庄子说："是亦彼也，彼亦是也。彼亦一是非，此亦一是非。果且有彼是乎哉？果且无彼是乎哉？彼是莫得其偶，谓之道枢。枢始得其环中，以应无穷。是亦一无穷，非亦一无穷也。故曰莫若以明。"但是，当他进一步探索"莫若以明"的具体的途径和方法时，又陷入了一个新的悖论。庄子一方面认为可以通过"照之于天""休乎天钧""和之以天倪"的方法途径来消除悖论，即通过认同于天所获得的宇宙意识来超越人间世的是非对立。另一方面，他又认为应该"为是不用而寓诸庸"。所谓"庸"，指的是蕴涵着是非对立的人伦日用。这就不是认同于天而是认同于人了。就前者而言，是"独与天地精神往来而不敖倪于万物"，就后者而言，则是"不谴是非以与世俗处"（《天下》）。照这个说法，究竟是认同于天还是认同于人的问题并没有解决，悖论依然存在。

庄子的整个思想体系都是围绕着这个悖论而展开的。荀子曾批评庄子"蔽于天而不知人"。这个批评虽不全面，也有一定的道理。因为庄子确实发表了很多言论，极力地推崇天而贬低人，用天的伟大来反衬人的渺小。他说："眇乎小哉，所以属于人也；謷乎大哉，独成其天。"（《德充符》）因此，他追求一种"畸于人而侔于天"的境界，即"越名教而任自然"，反叛世俗的礼法而认同于天。但是，庄子的灵魂在自然的虚空中却得不到安息。他讲了一个空谷足音的故事，"去国数日，见其所知而喜；去国旬月，见所尝见于国中者喜；及期年也，见似人者而喜矣；不亦去人滋久，思人滋深乎！"（《徐无鬼》）对祖国和故乡的热爱，对昆弟亲戚故旧友人的热爱，是一个无法摆脱的情结，如同强大的磁力场，把他从自然的虚空中拉回到纷扰的人间世来，"旧国旧都，望之畅然；虽使丘陵草木之缗，入之者十九，犹之畅然"（《则阳》）。庄子的这种心态和孔子是完全相同的。孔子曾说："鸟兽不可与同群，吾非斯人之徒与而谁与？"（《论语·微子》）但是与孔子相比，庄子的心态是矛盾的。孔子是出于浓郁的人文情怀，自觉地认同于人世，庄子则表现得无可奈何，由认同于天而被迫地认同于人世。

　　既然被迫回到人世中来，就必须承担人世中为礼法所规定的责任义务。在《人间世》中，庄子指出："天下有大戒二，其一命也，其一义也。子之爱亲，命也，不可解于心；臣之事君，义也，无适而非君也，无所逃于天地之间。"但是庄子却从这些责任义务中看到了异化现象，不仅因其违反了人的自然本性而使人丧失了道德自由，而且因其被专制暴君所利用，变成了统治压迫人民的工具，而使人丧失了政治的自由。如果承担人世中的责任义务而要以牺牲自由意志为代价，这也是庄子所不能忍受的。于是庄子又重新认同于天，用渗透着宇宙意识的自由理想来审视现实，评价现实。由于庄子是经历了一番内心的矛盾冲突，在被迫认同于人世的情况下重新认同于天的，所以不再愤世嫉俗，否定礼法，采取"越名教而任自然"的态度，把天与人对立起来；而是希望找到一种内圣外王之道，把天与人、自然与名教结合起来。庄子认为，尽管浑沌已死，人类社会的自然状态受到破坏,用这种内圣外王之道来谋划一种现世的逍遥,仍然是可能的。他说:"天下将安性命之情、之八者(明、聪、仁、义、礼、乐、圣、知),存可也,亡可也;天下将不安其性命之情、之八者,乃始脔卷狝囊而乱天下也。"(《在宥》)因此,问题的关键不在于否定礼法名教,而在于如何克服异化现象,使现实符合于理想,使理想转化为现实。

但是,庄子陶醉在重新确立的理想中为时不久,又清醒地感受到现实中不可克服的障碍,很快陷入了绝望。因为当浑沌已死、人类社会的自然状态受到破坏之后,才德与爵位也随之产生了分裂,掌握了内圣外王之道的才德之士并不掌握政治权力,而居于高位的权势人物又是一些"昏上乱相",一心只想着如何残民以逞,根本无意于去掌握内圣外王之道。在这种历史条件下,知识分子只能梦想自己在死后被人追封为"玄圣素王"而无法在生前去经世致用。如果不识时务,以内圣外王之道去干预现实的政治,企图说服无道之君,刚则必取祸,柔则必取辱,不仅丝毫无济于事,连自己个人的人格和生存都成了问题。在《人间世》中,庄子通过了一系列生动的故事深刻地揭示了知识分子的这种尴尬的处境:"天下有道,圣人成焉;天下无道,圣人生焉;方今之时,仅免刑焉。"

为了免于刑戮,苟全性命于乱世,于是庄子又从探索内圣外王之道转而探索个人的安身立命之道。在这种探索中,天与人又分裂为对立的两极。他一方面沿着认同于天的思路,追求一种"入于寥天一"的精神自由,幻想"千岁厌世,去而上仙,乘彼白云,至于帝乡"(《天地》)。另一方面,他又沿着认同于人的思路,接受命运的支配,"安时而处顺","不谴是非,以与世俗处"。这种天与人的分裂其实也就是自由与必然的分裂,他在自由中找不到必然,在必然中找不到自由,尽管他对自己的安身立命之道说了很多肯定的话语,表示了很大的确信,内心深处却是始终在对立的两极之间往复颠簸,惶惑不安。

表面上看来,庄子似乎是自觉地选择了"终身不仕以快吾志"的隐士的生活方式,他的思想代表了隐士的思想,属于与儒家的求仕型的知识分子不相同的另一种类型。其实庄子和孔子一样，对那些选择了"非世""避世"的生活方式，如同长沮、桀溺、荷蓧丈人一类的隐士，也是持明确的反对态度的。庄子认为，除了这一类隐士之外，还有一种保存了古之遗风的隐士，"古之所谓隐士者，非伏其身而弗见也，非闭其言而不出也，非藏其知而不发也，时命大谬也。当时命而大行乎天下，则反一无迹；不当时命而大穷乎天下，则深根宁极而待，此存身之道也。"（《缮性》）这种隐士，"身在江海之上，心居乎魏阙之下"（《让王》）。庄子本人就属于这种隐士，尽管时命不济，仕途受阻，被迫退处江海之上，仍然不能遗落世事，忘怀政治。既然如此，这就又从探索个人的安身立命之道转到探索涉及政治层面的内圣外王之道来了。而一当他去探索内圣外王之道时，又立刻陷入到一系列的悖论之中而不能自拔。

悖论是由矛盾产生的，但是矛盾并不一定必然形成为悖论。悖论是把矛盾激化到对抗性的程度而又使之并存于一体。就庄子所感受的矛盾而言，是与中国历代的知识分子包括儒家知识分子的心态完全相通的，他们都有着共同的尴尬的处境，在探索内圣外王之道时都遇到共同的难以克服的障碍，在时命的支配下一生都共同为个人的出处进退而困惑，关怀政治一直是他们共同的不可解的情结，但是，唯有庄子，才把他所感受的矛盾激化为一种悖论。这种悖论不仅以荒谬的形式揭示了中国知识分子的存在状况，而且通过深邃的哲理揭示了以知识分子为载体的中国文化的内在的永恒矛盾。因此，庄子在中国文化中可以说是一个伟大的问号，他向每一个人提出了一个斯芬克斯之谜，一个关于天人之学的难题。如果你是一个生活在常识世界的人，一个汲汲于追求外在世界的事功的人，可以不必理会庄子，绕开他去走自己的路。但是，如果外在世界发生了分裂，常识与常理相背离，使你痛切地感受到自己的尴尬处境以及中国文化的内在矛盾，就不能不回到庄子那里去，把他所提出的悖论重新探索一遍，试图找出一个解答。由于悖论本质上是无解的，每一个解答，无论是"越名教而任自然"的解答还是名教与自然相结合的解答，都只是各人根据时代的需要和自身的处境所作的一种价值选择，很难说是符合庄子的原意。但是，通过这种选择，却是高扬了中国文化的价值理想，继承了庄子精神的某一个侧面。就选择"越名教而任自然"的解答而言，是继承了庄子的批判抗议的精神，挺立了知识分子的孤傲狷介独立不倚的人格理想。就选择名教与自然相结合的解答而言，则是继承了庄子的貌似冷峻而实则热忱的救世情怀，站在宇宙意识的高度为中国文化树立了一个谋求自由而和谐的社会发展前景的政治理想。中国文化不同于希腊文化，不是把形式的语言当作对象，因而中国文化中的悖论不是逻辑的悖论，而是关于价值理想的悖论。这种关于价值理想的悖论与人的整个生存方式紧密相连，却是飘浮游荡于文字形迹之外的。庄子曾说："言者所以在意，得意而忘言。吾安得夫忘言之人而与之言哉！"(《外物》)庄子并不奢望悖论的解答，而只是呼唤一种忘言的理解，希望人们透过那些文字的形迹和模棱两可的话语去理解他的精神，理解他之所以提出那些悖论的用心所在。但是，他的呼唤在汉代的三百多年中没有一个人去回应，直到魏晋时期，才在阮籍、嵇康、向秀、郭象几个人身上找到了知音，这确实是一个值得研究的文化现象。

二、庄学的沉寂与复兴

庄学在汉代之所以沉寂了三百多年，分析起来，原因当然是多方面的，但是，如果我们不纠缠于历史的细节，着眼于中国文化的整体，一个最简单也最可能成立的解释大概是，汉代的知识分子普遍地缺乏接受庄学的那种独特的心态，或者说庄学中的悖论与他们的心态格格不入，不适合他们的精神需要。知识分子的心态是时代的感受，不同的时代有不同的感受，因而汉代经师的心态不同于先秦诸子，也不同于魏晋名士。庄学在历史长河中的升降浮沉，也许能在知识分子心态的变化中找到一个合理的解释。

一般来说，汉代经师的心态是平衡的，不像先秦诸子那样感受到理想与现实的冲突，更不像庄子那样感受到悖论的困惑。在他们所生活的时代,封建大一统的帝国业已建立,儒学独尊的局面业已确定,没有现实世界的分裂,也没有价值理想的失落,一切似乎都已安排就绪,如同常识那样透明。这是一个稳定的世界,充满着乐观和自信的世界。汉代经师心安理得地接受这些既成的事实,平静地享受历史选择的成果,用不着愤世嫉俗,用不着对现实表现愤慨,也用不着转向内心进行痛苦的反思,重新编织一套理想来与现实相对立。关于个人的安身立命之道也用不着多加考虑,因为在这个时代,由内圣通向外王的道路似乎已经打通,幅员辽阔气魄雄伟的统一帝国有如旭日初升,正在大力地召唤经师们去经世致用,建功立业。在这个时代,知识分子的安身立命之道不必像庄子那样在虚无缥缈的"寥天一"中去寻找,在痛苦的内心世界中去寻找;而要在外在的现实世界的事功中去寻找。因此,汉代经师的心态普遍表现为一种外向型的现实主义的品格。

当然,汉代经师的心态也感受到矛盾,这种矛盾的实质仍然是理想与现实的矛盾,自由与必然的矛盾,无为与有为的矛盾,天与人的矛盾。但是他们并不把这些矛盾看作是在理论层面上有待进一步探讨的问题,而仅仅归结为在现实层面上如何进行有效操作的问题。就理论层面而言,自从董仲舒把儒学与阴阳术数相结合,提出了天人感应论的新儒学体系以来,似乎一切的矛盾都已经解决了。这种天人感应论立足于儒家的文化价值理想,强调天与人、自然与社会的整体和谐。至于如何保持这种和谐,则是一个对符瑞灾异进行推断占验的操作问题。因此,汉代的经学家普遍地缺乏理论兴趣,而纷纷致力于如何根据自己所治的经典与阴阳术数相结合,研究出一套推算灾异的操作方法。比如阴阳术数与《春秋》相结合而形成了"春秋阴阳说",与《书》相结合而形成了"洪范五行说",与《礼》相结合而形成了"明堂阴阳说",与《诗》相结合而形成了"四始五际说",与《易》相结合而形成了"阴阳卦气说"。在各派经学家之间当然存在着矛盾,但是,他们的矛盾与先秦诸子之间的矛盾有着根本性质的不同,不是理论的矛盾,学说的矛盾,价值理想的矛盾,而只是一种如何操作的矛盾,甚至只是一种相互争夺功名利禄的矛盾。所有这些矛盾，无论多么激烈，都可以通过现实的途径来解决，决不会纠缠扭结，震撼人的心灵，摧毁人的存在的基础，像庄子所感受的那种矛盾，构成了一个根本无解的悖论。汉代经师生活在一个与庄子完全不相同的世界之中，这是一个常识的世界，一个可以进行操作的世界，矛盾虽然存在，却没有激化到对抗性的程度，使人产生如同庄子的那种"芒乎何之，忽乎何适"的悲观绝望的心态。因此，他们不去理会庄子，绕开庄子走自己的路，自有其历史的合理性，是非常自然的。

具有讽刺意味的是，儒家所倡导的那一套圣智仁义礼法名教，在庄子看来只是一些负面的东西，违反人的自然本性，应该进行无情的批判，但是汉代经师却是无条件地奉为正面的理想，并且积极推行，使之贯彻落实于现实生活，凝结为一种实体性的文化。这究竟是一种历史的误会，还是一种历史的必然呢？

人们通常根据历史上沿袭下来的学派成见来看庄学与儒学的关系，以为二者势如水火，两极对立，此是则彼非，此非则彼是。其实，这种狭隘的成见正是庄子所极力反对的。在先秦的百家争鸣中，庄子思想的特征是破除各种是非的执著，追求一种绝对的超越，不仅超越各家，而且超越自己。因此，庄子是决不会站在儒家的对立面，把自己的思想降低为一种成见的水平的。他一方面固然对儒家进行了无情的批判，另一方面也对儒家进行了热情的赞扬，比如他在《天下》篇中赞扬儒家说："以仁为恩，以义为理，以礼为行，以乐为和，薰然慈仁，谓之君子。"无论是批判或赞扬，就庄子的本意来说，都不是把儒家的思想当作一个与己无关的外在的客体，像普通的学者从事学术史的研究那样，进行一番客观冷静的理智分析，发表一些不偏不倚的公允持平之论，实际上儒家是他的整个哲学思想的一个有机组成部分，是对他自己所感受到的悖论的一种深入的思考。当他试图通过认同于天的途径解答悖论时，从儒家的价值理想中看到了异化，所以不能不对儒家进行批判。当他试图通过认同于人的途径解答悖论时，又看到了礼法名教是"无所逃于天地之间"的责任义务，所以不能不对儒家进行赞扬。庄子始终没有为悖论找到一个肯定的解答，一生都在认同于天与认同于人的两难推理中拿不定主意，这就是使得他对儒家的态度时而批判，时而赞扬，否定中含有肯定，肯定中又含有否定，始终是矛盾暧昧，难以捉摸。

严格说来，庄子和儒家的思想在先秦的历史条件下都是一种超前意识。儒家所倡导的礼法名教只不过是对未来社会的一种理想的设计方案，在当时并未转化为活生生的现实。庄子对礼法名教的批判或赞扬也不过是一种理论上的预感，预感是否正确，并不能由庄子本人来判定，而是应该由历史的发展来判定。历史由先秦发展到汉代，终于选择了儒家的价值理想，按照儒家的设计方案来建设一个礼法名教的社会。这并不是历史的误会，也不是庄子的失败。因为在庄子的思想中，本来就包含着对礼法名教的肯定的一面，当他从"寥天一"处返回到"人间世"来，是早就作好了思想准备，来承担这些责任义务的。至于他对礼法名教的批判，也要等历史走过一段漫长的道路，真正在现实生活中建设成一个礼法名教的社会，才能检验他的预感是否正确。在汉代的历史条件下，人们需要的不是庄子的这种杞人忧天式的预感，而是听从时代的召唤，埋头从事现实的礼法名教社会的建设。从这个角度来看，历史仿佛跟庄子开了一个玩笑，而儒学兴旺、庄学沉寂，也是历史的必然。

汉代经师的劳作，在中国文化史上，占有极为辉煌的地位。如果说先秦诸子的思想是中国文化之根，那么，只有通过汉代经师三百多年的辛勤劳作，才培育成丰硕厚重的文化之果。中国文化作为一种实体性的存在，一种与整个民族的生活方式紧密相连的文化模型，不是在先秦而是在汉代才最终形成的。与其他民族的文化相比，中国文化最大的特征是一种世俗性的文化，不是宗教性的文化。就这种文化形成的历史线索而言，经历了一个由分到合的过程，先秦百家争鸣的那种似乎壁垒森严的学派界限在世俗性的考虑之下逐渐泯除，变得模糊不清，由此而推动中国文化朝着整合的方向发展。司马谈在《论六家要旨》中论述汉初的思想情况，引用了《周易》的名言进行总体概括。他说:"《易大传》:天下一致而百虑,同归而殊途。夫阴阳、儒、墨、名、法、道德,此务为治者也,直所从言之异路,有省不省耳。"这种一致百虑、同归殊途的精神,也就是中国文化的总体精神。各家都是根据现实的需要,围绕着内圣外王之道进行探索,相互吸收,彼此融合,往往是我中有你,你中有我。比如汉初的黄老之学,就是一个"采儒墨之善,撮名法之要"的综合体系,与先秦的老子思想大不相同。以董仲舒为代表的新儒学也是一个综合体系,完全不同于先秦的孔孟儒学,如果细加分辨,其中包含了各种复杂的成分,有阴阳家的思想,有黄老思想,有法家思想,也有方士术数的思想。汉代经师把董仲舒的新儒学奉为指导思想,从事礼法名教的文化建设,也往往适应现实的需要不断吸收各家,特别是吸收老子的思想。许多经师都兼治《老子》,在汉代的三百多年中,老学是一直绵延不绝的。由此看来,汉代经师并没有一味地排斥道家,道家的老子在礼法名教的文化建设中也发挥了一定的作用。至于道家的庄子之所以受到他们普遍的冷遇,不能用儒道两家学派斗争的消长来解释,主要是由于礼法名教的内在矛盾没有充分展开,现实的历史没有为接受庄学提供必要的条件。

儒家所设想的礼法名教,就其本意而言,是着眼于天与人、自然与社会的整体和谐的。为了把这种文化价值理想落实于现实生活,建设成一种实体性的文化,起决定作用的不是掌握文化价值理想的知识分子,而是掌握政治权力的帝王。这种文化与政治的二元结构及其矛盾的关系,是知识分子在心态上所感受到的理想与现实、自由与必然、无为与有为、天与人的矛盾的现实的依据和社会的根源。一般说来,当政治宽容,能够在一定程度上接受文化的干预,使得文化价值理想变得可以进行实际的操作,知识分子的心态就会平衡。反之,当政治拒绝文化的干预,为实际的操作设置重重障碍,知识分子心态的平衡就会被破坏。如果政治站在文化的对立面进行残酷的镇压,迫使知识分子或者坚持理想以与现实抗争,或者放弃理想以与现实妥协,知识分子就会在心态上感受到一系列对抗性的矛盾而惶惑不安，从而引发出悖论。由于中国社会几千年来一直是保持着这种文化与政治的二元结构，它们相互之间的同异离合的复杂关系造成了中国历史上治乱兴衰的循环交替，也影响了不同时代的知识分子心态的变化，所以知识分子的心态并不能简单地归结为由个人的气质、性格和志趣所组成的心理状态，而是蕴涵着极为深刻的社会历史内容的。

魏晋禅代之际，"天下多故，名士少有全者"，历史正处于政治站在文化的对立面进行残酷镇压的发展阶段。于是以阮籍、嵇康为代表的庄学兴起，作为一面时代的镜子，反映了当时现实世界的分裂和价值理想的失落，也反映了当时知识分子心态的变化。阮嵇二人的庄学思想，其特征是"越名教而任自然"。这种庄学思想其实只是继承了庄子精神的一个侧面，即反叛世俗的礼法而认同于天，追求一种"畸于人而侔于天"的超越现实的精神自由。表面上看来，"越名教而任自然"是一个坚定的充满了自我确信的战斗口号，实际上其中蕴涵着极为深沉的时代忧患感，是以痛苦矛盾、彷徨无依、内心分裂为心理背景的，这并不是对庄子悖论的一个肯定的解答，而只是在新的历史条件下对庄子悖论的一种独特的感受。嵇康在他的骚体文《卜疑》中把这种独特的感受表现得淋漓尽致。他一连串提出了十四条悖论，每一条悖论都是自相缠绕，自相矛盾，两解而又无解的。为了全面地理解当时知识分子的心态，应该把这十四条悖论仔细玩味一番，深入体会其中所隐藏的一把辛酸之泪。嵇康说：

> 吾宁发愤陈诚，谠言帝庭，不屈王公乎？将卑懦委随，承旨倚靡，为面从乎？
>
> 宁恺悌弘覆，施而不德乎？将进趋世利，苟容偷合乎？
>
> 宁隐居行义，推至诚乎？将崇饰矫诬，养虚名乎？
>
> 宁斥逐凶佞，守正不倾，明否臧乎？将傲倪滑稽，挟智任术，为智囊乎？
>
> 宁与王乔、赤松为侣乎？将追伊挚而友尚父乎？
>
> 宁隐鳞藏彩，若渊中之龙乎？将舒翼扬声，若云间之

鸿乎?

宁外化其形,内隐其情,屈身隐时,陆沉无名,虽在人间,实处冥冥乎?将激昂为清,锐思为精,行与世异,心与俗并,所在必闻,恒荧荧乎?

宁寥落闲放,无所矜尚,彼我为一,不争不让,游心皓素,忽然坐忘,追羲农而不及,行中路而惆怅乎?将慷慨以为壮,感概以为亮,上干万乘,下凌将相,尊严其容,高自矫抗,常如失职,怀恨怏怏乎?

宁聚货千亿,击钟鼎食,枕藉芬芳,婉娈美色乎?将苦身竭力,剪除荆棘,山居谷饮,倚岩而息乎?

宁如伯奋、仲堪,二八为偶,排摈共、鲧,令失所乎?将如箕山之夫,颍水之父,轻贱唐、虞,而笑大禹乎?

宁如泰伯之隐德潜让,而不扬乎?将如季札之显节义慕,为子臧乎?

宁如老聃之清净微妙,守玄抱一乎?将如庄周之齐物,变化洞达,而放逸乎?

宁如夷吾之不吝束缚,而终立霸功乎?将如鲁连之轻世肆志,高谈从俗乎?

宁如市南子之神勇内固,山渊其志乎?将如毛公蔺生之龙骧虎步,慕为壮士乎?

古人曾说:"卜以决疑,不疑何卜?"嵇康生活在一个疑问的时代,人们在现实中看不到理想,在理想中看不到现实,价值与事实产生了严重的背离,一切都成了问题。但是,嵇康所提出的这些疑问都无法通过占卜来解决,也无法通过"辨名析理"的逻辑思考来解决,而必须由自己以整个的生命为赌注作出负责的决断。如果作出了"发愤陈诚,谠言帝庭"的决断,做一个如同庄子在《人间世》中所描绘的颜回那种人,坚持文化理想去与政治暴力相对抗,就要自觉地承担牺牲生命的后果。如果不愿意牺牲生命,做出了"卑懦委随"的决断,做一个顺从暴君意志的佞臣,就要自觉地承担牺牲人格的后果。如果逃避现实,退隐江湖,由于无法解开知识分子关怀政治的情结，必须自觉地去承担"行中路而惆怅"的精神折磨。如果追求经世致用，建功立业，做一个如同管仲那样的名臣，由于政治黑暗，仕途受阻，必得自觉地去承担"怀恨怏怏"、终身不得志的内心痛苦。嵇康被这一系列的疑问弄得困惑不已，忧心如焚，迫切地需要解答而又始终无法找到，这就使他产生了与庄子所感受的那种"芒乎何之，忽乎何适"完全相通的心态。

阮籍的《咏怀诗》写得隐讳曲折，钟嵘《诗品》评论说："厥旨渊放，归趣难求，百代之下，难以情测。"其所以难测，不在于文字的晦涩，而在于阮籍所表达的是一种对悖论的独特的感受，一种"芒乎何之，忽乎何适"的矛盾心态。正是由于阮籍在魏晋禅代之际感受到这种悖论，经历了一个从追求、动摇到幻灭的心路历程，所以才重新发现了庄子，把正始年间《易》《老》兼综的玄学推进到以庄学为主体的发展阶段。阮籍在《通老论》中曾说："道者，法自然而为化，侯王能守之，万物将自化。《易》谓之太极，《春秋》谓之元，老子谓之道。"这是一种对内圣外王之道的追求和确信。但是，他很快陷入失望，现实世界失去了任何的可操作性，知识分子被逼到了边缘的境地，连维持个体的生命都成了问题，于是他由"守玄抱一"的老学转向"洞达放逸"的庄学，放弃对内圣外王之道的追求，专门去探索个人的安身立命之道。他在《达庄论》中表明了他对庄子思想的基本理解："聊以娱无为之心而逍遥于一世。"实际上，如果脱离了社会群体而孤立地关注个人的逍遥，也是无法使个人的生命得到安顿的，所以他在《达庄论》的末尾又自相矛盾地把庄子贬为"何足道哉"。既然内圣外王之道没有实现的可能，个人的安身立命之道又找不到一个稳固的落脚点，那么究竟怎样为自己找一个精神的出路呢？

阮籍和嵇康在当时所找到的精神出路就是"越名教而任自然"。尽管这根本不是什么出路，沿着这条道路每走一步都会疑窦丛生，矛盾重重，最终还得被知识分子的那种不可解的情结拉回到名教与自然相结合的轨道上来，但毕竟算是一种无解之解。有解总比无解好，至少可以发泄一下对现实的愤慨，消除一点心中凝结的垒块,也可以构造一个太虚仙境去神游一番,使自己得到某种暂时的麻醉。先秦时期,当庄子试图通过"畸于人而侔于天"的途径为悖论求解时,正是这么做的。星移斗转,经过了将近四百年的漫长岁月,阮、嵇二人才根据自己对现实历史的独特感受重新发现了庄子,继承了庄子精神的一个侧面,成了庄子的半个知己。但是,庄子精神还有另一个侧面,这是直到元康年间才由郭象继承的。如果只知有阮、嵇的庄子而不知有郭象的庄子,或者只知有郭象的庄子而不知有阮、嵇的庄子,都是只知其一,不知其二,始终不能把握庄子悖论的全貌,只能做庄子的半个知己。

三、郭象的《庄子注》

郭象一生经历了西晋王朝从建立到走向灭亡的全过程。这是整个魏晋南北朝唯一的一个短暂的统一时期。一方面,人们饱受长期分裂战乱之苦,普遍地为"大晋龙兴"感到欣喜,另一方面,"大晋龙兴"的开国气象很快又为统治集团权力争夺的"八王之乱"所破坏,使人们陷入失望。历史的光明面和黑暗面纠缠扭结,自然与名教的结合看似可能又似不可能。在这个时期,作为中国文化载体的知识分子的心态是极为复杂的。就其所感受的历史的黑暗面而言,仍然不断地引发出阮籍、嵇康的那种"越名教而任自然"的庄学思想,并且由此而煽起了一股虚无放诞之风。司马氏集团标榜儒学,把维护礼法名教当作维护统治秩序的幌子,当然要站在这股虚无放诞之风的对立面进行镇压。其实,"越名教而任自然"的庄学思想,目的并不是反对儒学和礼法名教本身,而只是反对它们的异化。司马氏集团利用它们作为一种政治工具,"诛夷名族,宠树同己",使得真理变成了谎言,这就不能不激起人们的愤慨。许多有识之士早已指出,阮籍、嵇康表面上不拘礼法,否定名教,骨子里却是真诚地信奉礼法名教的。不过他们所信奉的绝不是司马氏集团的那种被异化了的礼法名教,而是一种合乎自然的礼法名教。从这个角度来看,阮、嵇二人的"越名教而任自然"的庄学思想,包含着"迹"与"所以迹"两个矛盾的方面。就其表面的形迹而言,虚无放诞,是一种反社会反文化的思想,就其"所以迹"而言,恰恰相反,却是表现了对社会文化的强烈关怀,坚持了中国传统文化中的和谐自由的价值理想。但是,为了把这种价值理想落实到现实生活中来,不能使自然与名教处于对立的两极,相互排斥,而必须致力于二者的结合。"大晋龙兴"的开国气象似乎在层层雾霭中适露了一点历史的曙光,为二者的结合提供了某种现实的可能,于是当时一些名士企图抓住这个时机,提倡一种自然与名教相结合的学术思路。比如乐广对当时的虚无放诞之风批评说:"名教内自有乐地,何必乃尔!"乐广作为当时知识分子的卓越代表,他心目中的名教是一种"自有乐地"的名教,一种合乎自然的名教,这是一种现实的乐园,而不是虚无缥缈的无何有之乡。乐广的这种思想不仅与阮籍、嵇康的"所以迹"相通,而且也是与先秦的庄子以至孔子的思想相通的。推而广之,中国历代的知识分子都在追求一种现实的乐园,向往一种合乎自然的名教,只是他们生活在不同的历史条件之下,感受到不同的心态,所以他们的追求和向往也就表现为不同的理论形式,其"迹"虽互不相同,其"所以迹"却是"心有灵犀一点通"的。郭象着眼于内圣外王之道的庄学思想,正是适应了西晋元康年间的那种特殊的历史条件而发展形成的。

郭象的庄学与阮、嵇二人的庄学,最明显的区别就是一个立足于合,一个立足于分。阮、嵇二人的"越名教而任自然"的庄学思想,在理想与现实、自由与必然、无为与有为、天与人的关系中,只看到了对立而看不到统一。照郭象看来,这是对庄子思想的一种误解,所以他在《庄子注》中,极力破除这种误解,强调它们的统一。魏晋时期这两种不同的庄学都是对庄子思想的一种解释,究竟庄子本人在处理它们之间的关系时是立足于合还是立足于分呢?由于庄子的思想本身是一个悖论,既有合也有分,既不是合也不是分,每作出一个肯定必然会被否定,每作出一个否定也必然会被肯定,所以我们无法以《庄子》的那些"谬悠之说,荒唐之言"为据来判定这两种庄学哪一种是正解,哪一种是误解。我们说过,庄子的悖论是从探索内圣外王之道中引发出来的。照《天下》篇的说法，先秦时期的儒墨道法各家都是以探索内圣外王之道作为自己的主题，这也是中国传统文化中的天人之学的共同主题。各家在探索中都曾经感受到这样或那样的矛盾，唯有庄子从中发现了悖论。这并不是理论的悖论、逻辑的悖论，而是从中国历史中的那种文化与政治的二元结构中所产生的，有着极为深刻的现实的依据和社会的根源。当政治权力在一定程度上接受文化理想的干预，为贯彻落实内圣外王之道提供某种现实的可能，各种各样的矛盾就不会激化到对抗性的程度，悖论就会暂时缓解。反之，当政治权力为专制暴君所垄断，如同庄子在《人间世》中所描绘的卫君，"其年壮，其行独，轻用其国，而不见其过，轻用民死，死者以国量乎泽"，在这种情况下，知识分子对内圣外王之道的探索就显得十分荒谬，于是各种矛盾激化，产生了悖论。知识分子无法凭借自己所掌握的文化理想左右政治权力，只能接受历史运动的盲目的必然性的支配，这是知识分子的悲剧，也是中国传统文化中的永恒的内在矛盾。庄子的伟大和深刻在于他以悖论的形式把这种矛盾揭示出来。他并不奢望这个悖论能有一个解答，因为这并不是任何的哲学理论所能解答的，而是应该由现实的历史来解答的。庄子死后，在汉代的三百多年中，现实的历史运动使得悖论暂时缓解，没有一个人去理会庄子，大概庄子不会为此感到悲哀。到了魏晋时期，政治风云的变幻像一个伟大的魔术师，把所有的知识分子都愚弄了一番，现实生活中产生了悖论，人们也由此而重新发现了庄子。但是，人们把一个活生生的完整的庄子硬劈为两半，使其分裂为相互排斥的对立的两极，阮籍、嵇康以为真庄子只是立足于分，郭象则以为真庄子只是立足于合，如果庄子复生，大概会为此而感到极大的悲哀。

其实，阮籍、嵇康在曹魏黄初、正始年间的思想也是围绕着内圣外王之道进行探索，致力于自然与名教的结合的。嵇康写了《太师箴》，提出了"君道自然"的文化与政治相统一的理想。他在《六言诗》中热情地赞扬唐尧虞舜时代的政治："二人功德齐均，不以天下私亲,高尚简朴慈顺,宁济四海蒸民。""万国穆亲无事,贤愚各自得志,晏然逸豫内忘,佳哉尔时可喜。"阮籍和嵇康一样,也对自然与名教的结合表示了乐观的信念。他在《通易论》中指出:"道至而反,事极而改。反用应时,改用当务。应时故天下仰其泽,当务故万物恃其利。泽施而天下服,此天下之所以顺自然,惠生类也。"阮、嵇二人的这种追求主要不是一种纯粹理论上的追求,一种仅仅为了建构个人哲学体系的追求,而是为了适应历史需要的现实的追求。当时的历史酝酿着一场所谓正始改制的运动,许多知识分子感受到这种时代的气氛,以为刷新政治革除弊端的时机已经到来,纷纷致力于自然与名教的结合,企图为这场政治改制运动确立一个以和谐自由为目标的价值取向。比如当时的名士夏侯玄说:"天地以自然运,圣人以自然用。"自然这个范畴集中体现了知识分子的文化价值理想,而历史的运动又似乎为这种理想的实现提供了现实的可能,所以阮籍、嵇康在这个时期的思想,积极高昂,洋溢着乐观的信念,并不是立足于分而完全是立足于合的。但是,司马氏集团通过"高平陵事件"把这场改制运动残酷地镇压下去了,政治权力作为一种异己的力量不仅彻底粉碎了知识分子的理想,也从根本上取消了知识分子存在的意义。为了从无意义中找出一种意义来,阮、嵇二人不得不把自然与名教分裂为对立的两极,从立足于合的思想转向于立足于分,用应该实现的理想来对抗现有的存在。

郭象的庄学思想,一言以蔽之,可以用《庄子注序》中的一句话来概括,即"神器独化于玄冥之境"。"神器"指的是国家政治,也就是名教。"玄冥之境"指的是自然,也就是和谐自由的文化价值理想。如果我们不着眼"迹"而着眼于"所以迹",把郭象的思想与阮、嵇二人前期的思想作一番比较,可以说是完全相通的。嵇康所说的"君道自然",阮籍所说的"泽施而天下服,此天下之所以顺自然,惠生类也",正是郭象所说的"神器独化于玄冥之境"。不过阮嵇二人后期的思想,由于在魏晋禅代之际亲身感受到现实的名教中的种种荒谬、虚伪、狡诈和残酷,确实是立足于分而与郭象不相同。

比如阮籍在《大人先生传》中对现实的礼法名教愤怒斥责："汝君子之礼法,诚天下残贼乱危死亡之术耳,而乃自以为美行,不易之道,不亦过乎!"嵇康在《难自然好学论》中则把自然与儒家的"六经"绝对对立起来："六经以抑引为主,人性以从欲为欢。抑引则违其愿,从欲则得自然。然则自然之得,不由抑引之六经,全性之本,不须犯情之礼律。"这种立足于分的思想就与郭象所说的"神器独化于玄冥之境"大相径庭了。在《庄子注序》中郭象针对着阮嵇二人对庄子的误解,为合乎自然的名教勾勒了一个大致的轮廓。他说:"至至之道,融微旨雅,泰然遣放,放而不敖。故曰不知义之所适,猖狂妄行而蹈其大方,含哺而熙乎澹泊,鼓腹而游乎混茫,至仁极乎无亲,孝慈终于兼忘,礼乐复乎己能,忠信发乎天光。"郭象的这个思想看上去与阮、嵇二人相对立,实际上不过是走了一段曲折的"之"字路,回到了阮嵇前期的思想上来。

魏晋时期思想史上的这个怪圈,庄子似乎早在先秦就已经痛切地预感到了。关于天与人、自然与名教之间的关系,庄子根据自己长期探索的经验,无可奈何地指出:"故其好之也一,其弗好之也一。其一也一,其不一也一。"(《大宗师》)看来天人合一、自然与名教相结合,是中国文化思想的根本归宿,也是各派思想共同的追求目标,无论人们喜好也好,不喜好也好,认为合一也好,认为不合一也好,它们总归是合一的。只是庄子在对传统的天人之学的探索中发现了悖论,从合一中看到不合一,从不合一中看到合一,这就使他预感到往后的思想史将会陷入一个无法走出的怪圈,始终是在立足于合与立足于分的两种倾向之间往复颠簸。从阮籍、嵇康和郭象的思想演变的轨迹来看,庄子的这种预感是不幸而言中了。虽然如此,阮、嵇二人的立足于分的庄学思想,他们对悖论的探索,并不是徒劳无功的。因为他们的探索深刻地揭示了中国文化中的内在矛盾,提出了一系列尖锐的问题,迫使后继者去作进一步的思考。郭象否定了他们后期的立足于分的思想而回到他们前期的立足于合的思想上来,并不是简单的复归,而是一种否定之否定,是承接着他们后期的探索所作的一种理论上的升华。

大致说来,阮籍、嵇康在后期的探索中提出了两个最尖锐的问题,一个是如何有效地克服礼法名教中的异化现象使之符合自然的问题,另一个是如何把关怀社会的内圣外王之道与关怀个人的安身立命之道有机结合起来的问题。郭象在《庄子注》中,围绕着"神器独化于玄冥之境"这根主线,对阮籍、嵇康所感到的困惑作出了系统的回答。

阮籍、嵇康对礼法名教的批判最后都集中到对君权的批判上来。因为他们通过典午之世的痛苦的感受,看出了君主专制是使礼法名教产生异化现象的总祸根。比如嵇康指出:"刑本惩暴,今以胁贤。昔为天下,今为一身。下疾其上,君猜其臣。丧乱弘多,国乃陨颠。"(《太师箴》)阮籍设想了一个没有君主制度的理想社会,他说:"君立而虐兴,臣设而贼生。坐制礼法,束缚下民。""盖无君而庶物定,无臣而万事理。"(《大人先生传》)阮籍、嵇康的这个思想并不是他们个人的发明,实际上是来源于庄子的。这是中国文化中极为光辉的思想,闪耀着和谐自由的价值理想。阮、嵇二人在新的历史条件下提出了这个理想,不仅是对庄子精神的一种继承,也是对作为整体的中国文化精神的一种继承。但是,如果从现实的角度来考虑,从历史的必然性的角度来考虑,这个令人神往不已的理想有无实现的可能性,是大成问题的。所以郭象提出了一个与阮嵇相对立的思想,不免使人大为沮丧。他说:"千人聚,不以一为主,不乱则散。故多贤不可以多君,无贤不可以无君。此天人之道,必至之宜。"(《人间世注》)人们常常以此为据,认为郭象的庄学歪曲了庄子的思想,阉割了庄子的精神。其实,郭象的这个思想也是来源于庄子的。庄子曾说:"天地虽大,其化均也;万物虽多,其治一也;人卒虽众,其主君也。"(《天地》)"臣之事君,义也,无适而非君也,无所逃于天地之间。"(《人间世》)庄子之所以从否定君主制度的思想大踏步地倒退到肯定君主制度的思想上来,是因为他清醒地看到,尽管君主制度并不为人所喜,却是一个人们必须生活于其中的现实的存在,既然人们无法逃避现实,所以人们也无法凭借自己的一厢情愿去否定君主制度。但是,肯定君主制度的现实历史的必要性，并不等于牺牲自己的文化理想去容忍那些根本无法容忍的异化现象，而应该化腐朽为神奇，站在文化理想的立场去干预政治，探索出一种具有可操作性的内圣外王之道来。庄子思想的这一个侧面，正是郭象的着意所在，就其既正视现实而又高扬文化理想的精神而言，不仅是与阮籍、嵇康的那种消极抗议的思想相通，而且作为一种积极的回应，比阮、嵇二人更加扣紧了时代跳动的脉搏，更能适应现实历史发展的需要。

郭象的思想既然是对阮、嵇二人的思想的一种积极的回应，所以也具有一种批判的精神。比如他说："夫物之形性何为而失哉？皆由人君挠之以至斯患耳。"（《则阳注》）"夫君人者，动必乘人，一怒则伏尸流血，一喜则轩冕塞路。故君人者之用国，不可轻之也。"（《人间世注》）因此，在肯定君权的前提下，要想出一套办法来限制君权，防止君权的恶性膨胀。郭象所想出来的办法主要是君主无为，臣下有为。郭象的这个思想其实也是来源于庄子的。庄子曾说："何谓道？有天道，有人道。无为而尊者，天道也；有为而累者，人道也。主者，天道也；臣者，人道也。"（《在宥》）"上为无也，下亦无为也，是下与上同德。下与上同德则不臣。下有为也，上亦有为也，是上与下同道。上与下同道则不主，上必无为而用天下，下必有为为天下用，此不易之道也。"（《天道》）

郭象认为，君主无为的关键在于"无心而付之天下"，如果热衷于追求有为，则是"有心而使天下从己"。郭象对那些滥用权力的专制君主严重警告说："己与天下，相因而成者也。今以一己而专制天下，则天下塞矣，己岂通哉！故一身既不成，而万方有余丧矣。"（《在宥注》）因此，为了使"神器独化于玄冥之境"，掌握最高权力的君主不能"有心而使天下从己"而应该"无心而付之天下"。郭象所说的"无心"，也就是庄子所说的"无己"。庄子在《在宥》中提出"大同而无己"。这意思是说，如果君主真能做到"无心而付之天下"，整个社会就"合乎大同"了。儒家的孔子、孟子和荀子都没有提出大同社会的理想，在儒家的经典中第一次把大同确定为社会理想的，是《礼记》中的《礼运》篇，而《礼记》是在汉代才编纂成书的，由此大概可以证明后来成为儒家最高理想的大同思想是来源于庄子，或者至少是受到庄子的启发而形成的。总之，照郭象看来，所谓"无心而付之天下"，其要点就是君主不能实行专制而要做到"与众玄同"，"圣人无事而不与百姓同"，"无行而不与百姓共"，"因天下之自为"，"顺百姓之心"。所谓"顺百姓之心"，其要点就是满足人民的生活要求，使他们安居乐业，"不失其所待"，而各得其所，这也是无为而治的根本。他指出："夫民之德，小异而大同。故性之不可去者，衣食也；事之不可废者，耕织也；此天下之所同而为本者也。守斯道者，无为之至也。"（《马蹄注》）郭象的这些思想实际上是表现了中国文化的共同理想，不仅与道家的无为思想相通，而且与儒家的民本思想以及墨家的兼爱尚同的思想也是相通的。

如果中国的政治达到了这么一种理想的境界，那么知识分子就再也没有必要去考虑个人的安身立命之道了，因为在这种理想的境界中，人人都可以逍遥。所谓逍遥，其要点就是"足于其性"，"无为而自得"。阮籍、嵇康被现实的政治驱逐出来退回到个人的内心世界，经过了一番痛苦的求索，最后无非是得出了这么一个结论。比如嵇康在《答难养生论》中说："故世之难得者，非财也，非荣也，患意之不足耳。意足者，虽耦耕甽亩，被褐啜菽，岂不自得。不足者，虽养以天下，委以万物，犹未惬然。则足者不须外，不足者无外之不须也。"阮籍联系个人的处境研究了庄子的《逍遥游》，与郭象达成了惊人的共识。他说："鸒鸠飞桑榆，海鸟运天池。岂不识宏大，羽翼不相宜。扶摇安可翔，不若栖树枝。下集蓬艾间，上游园囿篱。但尔亦自足，用子为追随。"（《咏怀诗》其四十六）问题在于，知识分子的这种自足其性的逍遥不能脱离政治，在现实的礼法名教之外去追求。如果现实的礼法名教被专制暴君所异化，从根本上取消了自足其性的条件，知识分子无论是多么苦心孤诣去追求个人的逍遥，也只能是空中楼阁。照郭象看来，关怀政治的内圣外王之道与关怀个人的安身立命之道，"卓尔独化"，在"玄冥之境"中是内在地统一在一起的，决不能人为地分为两截，使之互相排斥。因此，郭象极力证明"圣人虽在朝堂之上，然其心无异于山林之中"，就"迹"而言，虽有仕与隐之分，就"所以迹"而言，都是"玄同外内"，"冥然自合"，并无分别的。郭象的这个说法，其实是从另一个角度表述了庄子的那种"身在江海之上，心居乎魏阙之下"的思想。如果政治清明，人人皆能自足其性，社会环境为知识分子提供了自由选择的条件，类似阮籍、嵇康所感受的那种仕与隐的矛盾，本来是不会存在的。

郭象的庄学自成体系。史称郭象辩才无碍，"听象语如悬河泻水，注而不竭"。这似乎意味着郭象在"辨名析理"上有很高的造诣，具有逻辑的一贯性，从来没有陷入自相矛盾的困境。从心态上来比较，郭象确实不像阮、嵇二人那样彷徨无依、痛苦惶惑，自我感觉极为良好，他反复批判别人对庄学的误解，认为唯有自己的解释才把握了庄子的真意。殊不知庄子的真意是一个两解而又无解的悖论，越是自以为把握了庄子的真意，反而离庄子的真意越远。阮、嵇二人没有郭象的这种自我感觉，他们宁愿在自相矛盾的困境中挣扎，不去追求构造一个具有逻辑一贯性的完整的体系，倒是比郭象更贴近庄子的真意。阮、嵇二人的思想是明显地受着悖论的支配的。他们前期的思想致力于自然与名教的结合，由于在这个肯定的命题中内在地蕴涵着一个与之相对立的否定的命题，所以到了后期，他们转向于分，用自然去否定名教。但是，由于在这个否定的命题中又内在地蕴涵着一个与之相对立的肯定的命题，可以想象，如果他们活到郭象所生活的年代，大概是会毫不费力地回到前期的思想上来的。郭象与阮嵇二人不同，不仅没有感受到悖论，反而着意于为悖论求解。从思想史的角度看，郭象建立体系的努力是成功了，他为自己确立了一个比阮、嵇要高出一等的地位。但是，现实历史的发展却无情地嘲弄了郭象的体系。就在他的体系刚刚建成之时，立刻发生了破坏性极大的永嘉之乱，使得知识分子惨淡经营而成的各种各样的内圣外王之道以及安身立命之道变得毫无意义，成为笑柄。于是人们又感受到悖论，重新发出了"芒乎何之，忽乎何适"的疑问，自然与名教相结合的思想倾向又为"越名教而任自然"的思想倾向所取代了。

郭象以后,庄学成为显学,这是郭象的功劳。人们往往是通过郭象的《庄子注》去研读《庄子》的,有的赞同他的解释,有的反对他的解释,千百年来聚讼纷纭,莫衷一是。看来这种争论和对何为庄子的真意的争论一样,还得长期持续下去,而只要中国现实历史中的文化与政治的二元结构不改变,这种争论是绝不会得出什么令人满意的结果来的。

第十三章　关于《庄子》郭象序的真伪问题

　　王利器先生《〈庄子〉郭象序的真伪问题》一文（载《哲学研究》1978 年第 9 期），断定现在通行的三百九十九字的《庄子》郭象序是伪作，而认为日本高山寺《旧钞卷子本》的二百二字的后序才是真正的郭象的《庄子序》，主张以这篇后序来代替今本序文。我们读后有几点不同的意见。我们认为，王利器先生断定今本序文是伪作的根据不足，《旧钞卷子本》的那段短文只能算作书末附言，并不能代替今本序文，这两篇文章都是郭象的作品，可以同时并存，相互补充。本着百家争鸣的精神，现在把我们的意见提出来，与王利器先生商榷。

　　第一，王利器先生断定今本序文是伪作的根据不足。

　　王利器先生主要是根据《宋会要辑稿》的一条记载。这条记载说，宋真宗命国子监直讲孙奭与龙图阁待制杜镐等一同校定《庄子》。"镐等以《庄子序》非郭象之文，因册（删）去之。真宗当出序文谓宰臣曰：'观其文理可尚，但传写讹舛耳。'乃命翰林学士李宗谔、杨亿、龙图阁直学士陈彭年等，别加雠校，冠于篇首。"从这条记载来看，当时在杜镐和宋真宗之间曾经有过一场关于《庄子》郭象序的真伪问题的争论，杜镐断定为伪作，但是文献上没有记载他怀疑的根据。宋真宗断定为真作，举了一条理由："观其文理可尚。"结果是宋真宗的意见占了上风。这条记载说明郭象序在宋时曾受到杜镐等人的怀疑，但是怀疑的根据不明。我们不能拿杜镐等人的根据不明的怀疑作依据，来断定郭象序是伪作。王叔岷先生曾研究过这条记载，他在《郭象庄子注校记》里说："宋人有谓此序非郭象之文，未足据信。"确实，与其相信杜镐，倒不如相信宋真宗，因为"文理可尚"总算一条理由，而杜镐等人的怀疑，我们无从确定其真凭实据是什么。

王利器先生认为，"杜镐、孙奭他们指出'《庄子序》非郭象之文'，不是信口开河，而是有真凭实据的"。实际上，是王利器先生根据《玉海》的一条记载，揣测出他们有"真凭实据"。这条记载说："景德二年二月甲辰，命孙奭、杜镐等校定《庄子释文》。"这条材料只能说明当初孙奭、杜镐参加了校定《庄子释文》的工作，却不能证明他们在校订过程中提出了断定郭象序是伪作的"真凭实据"。据王利器先生的揣测，杜镐、孙奭既参加校订《庄子释文》，就一定研究过陆德明的《经典释文·序录》。《经典释文·序录》引了郭象的一段文字："故郭子玄云：'一曲之才，妄窜奇说，若《阏弈》、《意脩》之首，《危言》、《游凫》、《子胥》之篇，凡诸巧杂，十分有三。'"王利器先生认为，"这段文字是郭象叙述他自己对《庄子》裁取三十三篇之旨，是序文中应有之义，……但却不见于今本三百九十九字的序文中"，所以杜镐等人"就毅然决然地'因删去之'了"。杜镐、孙奭是否以此为据已无可查考了，但是这种推断是站不住脚的。为什么今本序文不包括陆德明所引的这一段文字，就一定是伪作呢？如果说这一段文字是郭象叙述他对《庄子》裁取三十三篇之旨，是序文中应有之义，那么今本序文是郭象叙述他注《庄子》的大旨，同样也是序文中应有之义。既然王利器先生可以根据今本序文不包括陆德明所引的文字而推断其为伪作，我们又何尝不可以反过来根据陆德明所引的文字不包括今本序文而推断其为伪作呢？如果说二者都可能是序文中应有之义，为什么郭象不可以把其中之一摆在全书之末，而将另一置于篇首，难道二者之间存在着不可调和的矛盾，其一是真，另一就必然是伪吗？

据《宋会要辑稿》的记载，"镐等以《庄子序》非郭象之文"，只明确地点出了杜镐的名字，可能还有一个孙奭。但是王利器先生却把李宗谔、杨亿硬拉进来，说："他们认为这篇序文'非郭象之文'，意见是一致的。"这种推论是不能成立的。本来李宗谔和杨亿是奉宋真宗之命参加雠校工作的，他们应该和宋真宗的意见相同，即认为郭象序是真作，只是"传写讹舛"，需加雠校。怎么会推论出他们和杜镐等的意见相一致呢？王利器先生不仅把杜镐这一派扩大到四个人，而且进一步扩大到当时所有的人，说是"那篇三百九十九字的序文，不出自郭象之手，当时已为人所共知"，这就越推越远了。

至于宋真宗，本来是不同意杜镐等人的观点，主张郭象序是真作的。因此他把郭象序"别加雠校，冠于篇首"，绝不会是自欺欺人，存心作伪。但是在王利器先生看来，"镐等以《庄子序》非郭象之文"已成定论，宋真宗为了搞"合儒、道为一"，于是"滥用他那最高封建统治者的权力"，"把这篇伪郭象序来涂天下后世人之耳目"。这种推断在逻辑上也是不能成立的。"《庄子序》非郭象之文"是一个没有得到证明的判断，王利器先生却把此尚成疑问的判断作为前提，生发开去，做了许多文章。其实宋真宗完全用不着作伪。既然他拥有最高封建统治者的权力，就可以动用各种手段搞儒、道合一，何必非借助于这篇伪序不可？难道听从杜镐等的建议删去伪序，或者命令别人另写，或者亲自动手写一篇御序，就不能为封建统治阶级服务了吗？如果说《庄子注》非要这篇伪序不可，其他任何文章都不能代替，岂不是恰恰表明这篇"伪序"最足以代表郭象的思想，恰恰证明其不伪吗？

总起来说，我们觉得王利器先生的主张有几个疑难之处无法自圆其说。一、作伪要有一个目的，即为了乱真而篡改原意。但《庄子序》的中心思想与散见于各篇的《庄子注》思想一贯，脉络相承，没有篡改郭象思想。二、北宋时见过《庄子注》的不止杜镐等一两个人，如博学的苏轼、王雱都认为《庄子序》是郭象的，他们的识鉴能力至少不下于杜镐。杜镐等少数人的意见不能引以为据。三、王利器先生文章的最后，提到伪造序文的原因是由于统治阶级的需要。宋真宗认为"文理可尚"，与张守节的"咸致正理"是一个意思，都是"为封建统治者服务"。这个说法失之笼统。封建社会的地主阶级知识分子哪一个不为封建地主阶级服务？因此，我们认为，王利器先生关于郭象序是伪作的论断是不能令人信服的。

第二,今本序文确为郭象所作的证明。

《庄子》郭象序之所以重要,因为它是郭象留传下来的唯一的一篇完整的玄学论文,是郭象注《庄子》全书的纲领。如果我们从"内证"着眼,就这篇序文的思想内容、文章风格、名词术语等方面分析出同《庄子注》符合一致,就为这篇序文确为郭象所作而非伪作提供了证明。为了叙述的方便,先把序文抄引于下:

> 夫庄子者,可谓知本矣,故未始藏其狂言,言虽无会而独应者也。夫应而非会,则虽当无用;言非物事,则虽高不行;与夫寂然不动,不得已而后起者,固有间矣。斯可谓知无心者也。夫心无为,则随感而应,应随其时,言唯谨尔。故与化为体,流万代而冥物,岂曾设对独遘,而游谈乎方外哉!此其所以不经而为百家之冠也。

> 然庄生虽未体之,言则至矣。通天地之统,序万物之性,达死生之变,而明内圣外王之道,上知造物无物,下知有物之自造也。其言宏绰,其旨玄妙。至至之道,融微旨雅;泰然遣放,放而不敖。故曰不知义之所适,猖狂妄行而蹈其大方;含哺而熙乎澹泊,鼓腹而游乎混芒。至仁极乎无亲,孝慈终于兼忘,礼乐复乎己能,忠信发乎天光。用其光则其朴自成,是以神器独化于玄冥之境而源流深长也。

> 故其长波之所荡,高风之所扇,畅乎物宜,适乎民愿。弘其鄙,解其悬,洒落之功未加,而矜夸所以散。故观其书,超然自以为己当经昆仑,涉太虚,而游惚怳之庭矣。虽复贪婪之人,进躁之士,暂而揽其余芳,味其溢流,仿佛其音影,犹足旷然有忘形自得之怀,况探其远情而玩永年者乎!遂绵邈清遐,去离尘埃而返冥极者也。

文章分为三段,说了三层意思。第一层意思是讲对庄子的总评价,认为庄子不及孔子,只能"不经而为百家之冠"。实际上是合儒、道为一,把孔子庄子化。这是魏晋玄学的重要观念,有着鲜明的时代特色。第二层意思是对庄子思想的概括,实际上是讲了郭象自己思想的两个基本观念,一个是"上知造物无物,下知有物之自造"的"独化"的观念,再一个就是"玄冥之境"的观念。第三层意思是讲庄子思想的社会作用,实际上是讲郭象玄学所发明的"忘形自得""去离尘埃而返冥极"的精神境界。这三层意思就是郭象玄学的主要内容和基本特征。合起来就是郭象玄学的完整的思想体系。

何以见得这三层意思就是郭象玄学的主要内容和基本特征呢?下面,我们就从人所共知的郭象的《庄子注》中找证据。如果《庄子注》中确有序文的这三层意思,这个判断是能够成立的。

第一层意思:《庄子注》以孔子、尧、舜、禹、汤为圣人。对于圣人的描述,《庄子注》和序文是完全一致的,所用的词语也相同。如"至人无心而应物,唯变所适"(《外物注》),"寂以待物","出处语默,常无其心而付之自然"(《在宥注》),"圣人无心,任世之自成"(《缮性注》),"唯大圣无执,故芚然直往而与变化为一"(《齐物论注》),"夫神全心具,则体与物冥。与物冥者,天下之所不能远,奚但一国而已哉"(《德充符注》),"与化为体","故圣人常游外以冥内,无心以顺有"(《大宗师注》)。至于庄子"未始藏其狂言",发表了许多不满于尧、舜、禹、汤、孔子的言论,《庄子注》则尽量为之打圆场,认为"达观之士,宜要其会归而遗其所寄,不足事事曲与生说"(《逍遥游注》)。实在不能打圆场的,则干脆指出:"若谓拱默乎山林之中而后得称无为者,此庄老之谈所以见弃于当涂。"(《逍遥游注》)这和序文中只许其为"不经而为百家之冠"的思想也是完全一致的。

第二层意思:郭象在魏晋玄学中之所以成为独特的一派,就在于他不同于何晏、王弼的贵无论,提出了"上知造物无物,下知有物之自造"的"独化"的学说。在《庄子注》中,他反复申说,可以说"独化"的观念是郭象思想最本质的特征。试举几个典型的例子:"若责其所待而寻其所由,则寻责无极,卒至于无待,而独化之理明矣。""世或谓罔两待景,景待形,形待造物者。请问:夫造物者,有耶无耶?无也,则胡能造物哉?有也,则不足以物众形。故明乎众形之自物而后始可与言造物耳。是以涉有物之域，虽复罔两，未有不独化于玄冥者也。故造物者无主，而物各自造，物各自造而无所待焉，此天地之正也。"(《齐物论注》)"玄冥""玄冥之境""独化于玄冥之境"，这也是郭象哲学的独特的范畴。《大宗师注》："人皆以天为父，故昼夜之变，寒暑之节，犹不敢恶，随天安之。况乎卓尔独化，至于玄冥之境，又安得而不任之哉！"《徐无鬼注》："意尽形教，岂知我之独化于玄冥之境哉！"可以看出，序文集中概括了《庄子注》所发挥的思想，所用的名词术语也和《庄子注》完全一致。

第三层意思：《养生主注》解释"冥极"说："冥极者，任其至分而无毫铢之加。"《齐物论注》说："夫以形相对，则大山大于秋毫也。若各据其性分，物冥其极，则形大未为有余，形小不为不足。""凡非真性，皆尘垢也。"《徐无鬼注》说："因其本性，令各自得"，"体之使各得其分，则万化俱得"，"至理有极，但当冥之，则得其枢要也"。这和序文中所讲的"忘形自得""去离尘埃而返冥极"是一样的意思，所用的词语也是相同的。

总起来说，《庄子注》和《庄子序》是一个整体，其中找不出任何矛盾抵牾的地方。如果肯定《庄子注》是郭象的作品，《庄子序》就一定出自同一作者之手。王利器先生把这篇序文定为初唐以后、北宋以前佚名作家的作品，但是这一段时期的学风和魏晋比起来，发生了很大的变化。中唐以后，玄学思想已让位于更行时的佛、道、儒三家的混合的新哲学。如果还有人模仿郭象的玄学伪造一篇《庄子序》，又图个什么？道教经典在唐朝也曾行时过，但唐人道教经典的注解与魏晋时代的注解大不相同。如果没有有力的证据，即不能判定今本序文为伪作。

第三，二百二字的《庄子》后序可以和三百九十九字的前序并存。

日本高山寺《旧钞卷子本》二百二字的一段文章，经日本学者狩野直喜、武内义雄、寺冈龙含(《敦煌本郭象注南华真经研究总论》)和中国学者王叔岷(《郭象庄子注校记》)等人的研究，都断定为郭象所作，至于对这段文章的性质，则有不同的看法。王叔岷先生认为:"《释文序录》引郭子玄云:'一曲之才,妄窜奇说,若《阏弈》、《意脩》之首,《危言》、《游凫》、《子胥》之篇,凡诸巧杂,十分有三。'武内义雄据之以断此文为郭象附于书末目录之序。狩野直喜据之以断此文为郭象后语,自述其刊芟《庄子》,辑为三十三篇之意。岷谓此二百二字,措辞草率,不似一完整之序,当是郭象注《庄子》毕,偶记于篇末者。至其注《庄》大旨,则篇首之序,已尽之矣。"王叔岷先生的意见是比较平实可信的,《庄子》书后面的这二百二字确实是"措辞草率",不及今本序文。为便于比较,我们把这段文章抄引于下:

> 夫学者尚以成性易知为德,不以能政(攻)异端为贵也。然庄子闳才命世,诚多英文伟词,正言若反。故一曲之士,不能畅其弘旨,而妄窜奇说。若《阏亦(弈)》、《意循(脩)》之首,《尾(危)言》、《游易(凫)》、《子胥》之篇,凡诸巧杂,若此之类十分有三。或牵之令近,或迂之令诞,或似《山海经》,或似《(占)梦书》,或出《淮南》,或辩形名,而参之高韵,龙蛇并御,且辞气鄙背,竟无深澳(奥),而徒难知,以因(困)后蒙,令沈滞失乎(平)流,岂所求庄子之意哉? 故皆略而不存。令(今)唯哉(裁)取其长,达致全乎大体者,为卅三篇者(焉)。太史公曰:庄子者,名周,守(宋)蒙县人也。曾为漆园史(吏),与魏惠(王)、齐(宣)王、楚威王同时者也。

上面这段文章并不在于提纲挈领概括庄子的思想,而是在于说明郭象自己为什么要把《庄子》书裁取为三十三篇。而今本序文则是一篇全面阐述自己思想的玄学论文。郭象注解《庄子》,追随《庄子》的文句零零散散发表了许多见解,要写一篇概括性的总论。魏晋注述不乏此例,如王弼注解《老子》以后写了一篇《老子微旨例略》,注解《周易》以后写了一篇《周易略例》。因此,从性质上比较,今本序文谈的是郭象的"注《庄》大旨",是真正的序文,而这段二百二字的文章则是书末附言,至多只能算作后序,不能以之代替今本序文。当然,这不是说这段文章没有价值。诚如王叔岷先生所说,这段文章"见《旧钞卷子本》,他本无之,最为可贵"。在研究《庄子》书怎样演变为现在通行的三十三篇本的问题上,这段文章是有着重要的参考价值的。我们认为,既然这两篇文章都是郭象所作,便应该同时并存,相互补充。

以上几点意见不见得对,提出来请王利器先生批评指正。

第四部分

东晋佛玄合流思潮

第十四章 六家七宗

一、两晋之际般若学的兴起和学派的分化

般若经的传译是从东汉末年的支娄迦谶开始的,后来经过支谦、朱士行、竺法护等人的继续努力,当时流行于印度和西域的佛教般若思想已基本上介绍到中国来了。但是直到西晋元康、永嘉年间以前,这种外来的思想只停留于引进阶段,并没有在中国的土壤上生根。接受这种外来思想的也只限于少数佛教徒,其中还包括从西域来的原本信仰佛教的侨民。虽然早期的翻译用了中国旧有的哲学名词、概念去比附和解释佛教的哲学名词、概念,在一定程度上使这种外来思想带上了中国的气派,但这只是一个语言表达的问题。任何一个民族在任何时代初次翻译介绍一种外来思想,都免不了要经历一番尝试摸索,然后才逐渐成熟,比较准确地运用本民族的语言去表达外来思想。为了使佛教般若思想在中国的土壤上生根,决定性的条件不在于翻译,而在于这种外来思想和当时中国的社会需要相适应,变成中国的上层建筑的一个组成部分,在中国的实际生活中发挥作用。西晋中叶以后,当时中国的社会客观上产生了对般若思想的需要,一大批佛教般若学者主观上也力图适应这种需要,在这种主客观条件两相结合的情况下,佛教的般若思想才真正在中国的土壤上扎下根来,同时吸收中国社会所提供的营养繁荣滋长,在两晋之际形成了一股蔚为风尚的般若学思潮。严格说来,中国佛学走上独立的道路是以这股般若学思潮的兴起为标志的。这股思潮一旦兴起,便融会到中国的思想中来,遵循着中国思想史的固有规律向前发展,构成了一个承上启下

的必要的环节。无论是研究中国佛教史还是中国哲学史，对这个环节都应给予足够的重视。

汉魏之际，中国的传统思想有一个巨大的变化，这就是玄学取代经学成了中国占统治地位的思想。正始年间（公元240—249年），何晏、王弼提出了一种"以无为本"的哲学理论，揭开了玄学的序幕。魏晋玄学和汉代的经学不同，它不讲天人感应，不谈宇宙生成，而是着重探讨现象世界所依据的本体，是一种思辨性很强、抽象程度很高的本体论哲学。在这个时期，本体论的问题被突出出来，成为哲学探讨的中心问题，与此相联系，认识论的问题、主客关系的问题、精神境界的问题，也被提到前所未有的重要地位。当时的清谈名士纷纷围绕着这些问题热心讨论，反复辩难，开创了一代玄风，在知识分子中激发了一种对抽象思维的极大的兴趣。[1] 和汉代的经学统治相比，这是一个思想相对解放的时代。人们不拘一格，不尊一家，只要能在当时的讨论中提出某种独到的见解，便会受到称赞，因而抽象思维能力的高下往往成为评价人品高下的标准。思想史上的这种变化，既有它的社会根源，也有它的思想根源，是汉魏之际经济基础和上层建筑的一系列变化的集中反映。从社会根源来说，当时的门阀士族一方面需要有一种新的哲学理论来论证纲常名教的合理性，另一方面又追求一种与纲常名教保持某种若即若离态度的玄远的精神境界，作为自己的安身立命之道。玄学所讨论的一些问题虽然看来十分抽象，其实都是和门阀士族的这些最实际的需要息息相通的。再从思想根源来说，当时虽然儒家定于一尊的地位已经动摇，道家思想上升为主流，但是思想的进一步的发展并不能以道家去简单地取代儒家。只要封建宗法制度存在，儒家的纲常名教思想是不能否定的，道家的自然无为的思想资料在构造本体论的哲学和提供玄远的精神境界方面有许多值得利用，因而儒道合流是思想发展的必然趋向。玄学这种新

---

[1] 《世说新语·文学》："王丞相过江左，止道声无哀乐、养生、言尽意三理而已。然宛转关生，无所不入。"这些题目，属于认识论的主客关系问题和人生观方面的问题。

的理论形态的产生是受中国的社会历史条件所决定的,是中国的传统思想发展的合乎逻辑的结果,和外来的佛教般若思想并无关连。①

根据现有史料,清谈名士接受般若思想是在西晋中叶以后,到了东晋初年,才形成了一股佛玄合流的般若学思潮。在此以前,从正始到永嘉大约七十年间,玄学已经围绕着一些重要问题作了充分的探讨,经历了好几个发展阶段,分化成好几个不同的学派,并且广泛地渗透到当时精神生活的各个领域,变成了一种最时髦的风尚。就玄学本身的理论逻辑而言,永嘉年间出现的郭象的独化论意味着玄学的终结。因为推动玄学分化和发展的内在的理论矛盾在郭象这里已经最终解决了,人们无法超越于郭象之外作出某种创新。但是,就当时的社会需要和风尚而言,人们对玄学的兴趣还在持续增长。特别是经过西晋末年的八王之乱和东晋初年的偏安江左,处于上层统治地位的门阀士族,忧患之感更为深重,对精神境界的追求更为迫切,谈玄之风反而愈演愈烈,在更大的范围内弥漫于社会,形成风尚。清谈名士就是在这种历史条件下开始接受佛教的般若思想的。② 他们发现佛教的般若思想不仅能提供一种与玄学相类似的精神境界,而且在义理的讨论方面也相当投机,甚至能提出超过玄学的新解。玄学的理论得到佛教般若学的支援,不啻得到一支生力军。这种发现使他们大为欣喜。他们把佛教的般若思想引为同调,并且把名僧延为上宾,建立了亲密的交谊。同时另一方面,佛教般若学者也主动地依附于玄学。他们的举止言谈力求模仿当时的名士风度,对般若学的解释也力求适合

① 吕澂先生认为,王弼受般若思想的影响也是有可能的。因为支谦于222—241年之间译出《大明度经》,在这个时期稍后一点,正是王、何新义倡导的时期,两种思想发生交流,玄学受般若的影响,并不是不可能的(见《中国佛学源流略讲》,北京:中华书局,1979年,第33页)。吕澂先生的这个说法,只是一种推测,在文献中找不到根据。

② 参看汤用彤:《汉魏两晋南北朝佛教史》,第七章《两晋际之名僧与名士》,北京:中华书局,1983年。

玄学的学风。由于双方的共同努力，中国的玄学在外来的般若思想中找到了一个新的天地①，而外来的般若思想也得以跻身于中国的上层统治阶级之间，找到了一个立足之处。从这个角度看来，两晋之际兴起的般若学思潮是玄学发展的一个新的阶段，它以般若学的思想形式来讨论玄学所关心的问题，以满足当时的门阀士族的精神需要。因而它的发展规律在很大程度上仿佛是重复着玄学的发展轨迹。

魏晋时期，名教与自然的关系问题，是当时的思想界普遍关心的问题，也是玄学的中心主题。《晋书·阮瞻传》记载：

> （阮瞻）见司徒王戎。戎问曰："圣人贵名教，老庄明自然，其旨同异？"瞻曰："将无同？"戎咨嗟良久，即命辟之。时人谓之三语掾。

儒家主张名教，道家主张自然，本来是两种对立的思想，但是当时人们却极力去探求二者之间的同一关系。这种探求在哲学上便上升成为本体与现象之间的辩证关系问题。玄学中的一系列成对的范畴，诸如有无、体用、本末、一多、母子、动静等等，都是为了解决本体论的哲学问题以及名教与自然的关系问题而提出来的。从正始到永嘉这段时期，玄学围绕着如何妥当摆正这些成对范畴的关系问题而不断地分化和发展。

大致说来，玄学经历了一个正、反、合的发展过程。最早出现的何晏、王弼的贵无论为玄学奠定了理论基础。这种贵无论着重于确立本体比现象更根本的观点，以论证名教本于自然。但是，这种贵无论把这个观点强调得过了头，从"以无为本"的命题出发，推演出了"崇本以息末"的结论。这就在现实的政治生活中煽起了一股崇尚虚无、毁弃礼法的风尚，对门阀士族的名教统治不利。因此，继起的学派就是裴颜的崇有论。裴颜不是用简单回到汉代经

---

① 《世说新语·文学》："殷中军（浩）被废东阳，始看佛经。初视《维摩诘》，疑般若波罗密多太多，后见《小品》，恨此语少。"

学的手法来维护名教,而是沿着何晏、王弼所开辟的思路,企图把世界统一于有。裴𬱟的理论指出了贵无论的流弊,但是没有解决玄学的根本问题,因为玄学要在有无本末之间建立一种即体即用的关系,以解决名教与自然的矛盾,"崇本以息末"的观点固然有偏差,推崇现象而遗弃本体在理论上也是不行的。郭象在更高的阶段上进行综合。他的独化论既崇有,又贵无,认为无不在有之外,就在有之中,因此,名教就是自然,庙堂就是山林,内圣外王,其理不殊。玄学发展到了这个阶段,虽然社会上的谈玄之风方兴未艾,但是理论的内部动力是消失了。于是人们把兴趣转到佛教的般若学上来,借用这种外来的思想形式来继续玄学的讨论。①

佛教的般若学是一种以论证现实世界虚幻不实为目的出世间的宗教哲学,而玄学则是一种充分肯定现实世界合理性的世俗哲学。般若学的中心主题不是名教与自然的关系,而是真谛与俗谛的关系。它所追求的精神境界是涅槃寂灭,和玄学的那种"应物而不累于物"的玄远的境界也不相同。在这些方面,它们是存在着很大分歧的。但是,由于当时的清谈名士需要吸收般若思想来丰富玄学,佛教般若学者也需要迎合占统治地位的玄学思潮以取得生存的条件,所以双方都不大注意这些分歧,而极力用一种牵强附会的态度去寻找二者之间的同一性。比如:

> (帛尸梨蜜多罗)晋永嘉中始到中国。值乱仍过江,止建初寺。丞相王导一见而奇之,以为吾之徒也。由是名显。太尉庾元规、光禄周伯仁、太常谢幼舆、廷尉桓茂伦,皆一代名士,见之终日累叹,披襟致契。(《高僧传》卷一)

---

① 魏晋名士对佛教并不真正服膺,而是用玄学的眼光来看待佛教的。《世说新语·言语》:"庾公尝入佛图,见卧佛,曰:'此子疲入津梁。'于时以为名言。""张玄之、顾敷是顾和中外孙,皆少而聪惠。和并知之,而常谓顾胜,亲重偏至,张颇不恹。于时张年九岁,顾年七岁,和与俱至寺中。见佛般泥洹像,弟子有泣者,有不泣者,和以问二孙。玄谓'被亲故泣,不被亲故不泣'。敷曰:'不然,当由忘情故不泣,不能忘情故泣。'"

孙绰的《喻道论》更从理论上作了说明。他说：

> 夫佛也者，体道者也。道也者，导物者也；应感顺通，无为
> 而无不为者也。无为，故虚寂自然；无不为，故神化万物。
>
> 周、孔即佛，佛即周、孔，盖外内名耳。……周、孔救时蔽，
> 佛教明其本耳。……渊默之与赫斯，其迹则胡越，然其所以迹
> 者，何尝有际哉？故逆寻者每见其二，顺通者无往不一。(《弘
> 明集》卷三)

孙绰把佛教的二谛论说成是无为而无不为，把佛教和中国传统思想的关系说成是外内、本末、迹与所以迹的关系。从佛教般若学者方面来看，他们也极力掩饰自己的宗教立场，把他们的那种特殊的生活方式说成是和名士风度并不矛盾。比如：

> 支孝龙……高论适时。常披味《小品》，以为心要。陈留
> 阮瞻、颍川庾凯(敳)，并结知音之友，世人呼为八达。时或嘲
> 之曰："大晋龙兴，天下为家。沙门何不全发肤，去袈裟，释梵
> 服，披绫罗？"龙曰："抱一以逍遥，唯寂以致诚，剪发毁容，改服
> 变形，彼谓我辱，我弃彼荣。故无心于贵而愈贵，无心于足而
> 愈足矣。"(《高僧传》卷四)

在这个时期，以竺法雅为代表，提倡一种"格义"的学风，对于佛玄合流和般若学思潮的兴起，起了极大的促进作用。《高僧传》卷四记载：

> 竺法雅……少善外学，长通佛义，衣冠仕子，咸附谘禀。
> 时依雅门徒，并世典有功，未善佛理。雅乃与康法朗等以经中
> 事数拟配外书，为生解之例，谓之格义。及毗浮、昙相等，亦辩
> 格义，以训门徒。雅风采洒落，善于枢机，外典佛经，递互讲
> 说。与道安、法汰，每披释凑疑，共尽经要。

所谓"格义"，是援引中国的传统概念来解释外来的佛教概念，目的在于消除中外思想交流中的隔阂和抵触，把两种不同的思想说成是符合一致，使人易于接受。这种"格义"和佛典翻译中仅限

于以名词概念相比附的方法不同,也和用几种不同的译本"合本"比较的研究方法不同。① 它不拘泥于片言支语的训释,也不追求忠实于外来的般若学的本义,而只着重于从义理的方面去融会中外两种不同的思想,只要在它们中间找到了某种同一性,便可以自由发挥,创立新解。由于般若学和玄学在哲学的理论形态上本来存在着同一性,所以当时的"格义"主要是围绕着本体论的哲学问题去沟通佛玄,通过有无、本末、色空等范畴,在它们中间寻找对应的关系。这是两晋之际佛教般若学者中普遍盛行的风气,不只为竺法雅、康法朗等少数几个人所奉持。道安虽对这种学风的流弊有所针砭,其实他也是用外典佛经相互比附的方法来发挥般若本无思想的。在这种学风的影响下,兴起了一股具有中国特色的般若学思潮,同时也程度不同地背离了《道行》《放光》等般若经典中的那套固有的说法,把玄学的争论带到佛学中来,引起了学派的分化。

关于这个时期般若学内部学派分化的情况,后来人们用了不同的名称来概括。后秦僧叡最早提出了"六家"的说法。他的《毗摩罗诘提经义疏序》说:"六家偏而不即。"(《出三藏记集》卷八)但是僧叡并没有具体指出究竟是哪六家。僧肇的《不真空论》概括为心无、即色、本无三家。"六家七宗"的名称始于刘宋昙济的《六家七宗论》。此论今佚,梁宝唱《续法论》中曾经引用。唐元康《肇论疏》说:

> 梁朝释宝唱作《续法论》一百六十卷云,宋庄严寺释昙济作《六家七宗论》。论有六家,分成七宗。第一本无宗,第二本无异宗,第三即色宗,第四识含宗,第五幻化宗,第六心无宗,第七缘会宗。本有六家,第一家分为二宗,故成七宗也。

① 陈寅恪《支愍度学说考》:"夫'格义'之比较,乃以内典与外书相配拟。'合本'之比较,乃以同本异译之经典相参校。其所用之方法似同,而其结果迥异。故一则成为傅会中西之学说,一则与今日语言学者之比较研究法暗合。"(见《金明馆丛稿初编》,第165页)

隋吉藏《中观论疏》认为，"什师(鸠摩罗什)未至，长安本有三家义"。第一本无义，第二即色义，即色分为二家，关内即色与支道林即色，第三心无义。

这些说法看来虽不一致，其实是可以并行不悖的。比如昙济把本无分为二家，吉藏把即色分为二家，都是对于当时客观情况的反映，并不存在谁是谁非的问题。既然当时的般若学已经形成为一种思潮，必然要出现众说纷纭、学派林立的情况，不仅彼此之间有对立，即令同一个人，他的思想也可能前后有变化。人们根据不同的角度和标准来描述这种情况，有的说得粗一些，有的说得细一些，是完全可以理解的。一般说来，"六家七宗"的说法着眼于反映当时的全貌，"三家"的说法着眼于点明当时三个最有影响的学派。目前这两个说法都已为学术界所采纳。

据汤用彤先生的考证，六家七宗的代表人物是：

六家	七宗	主张之人
本无	本无	道安(性空宗义)[1]
	本无异	竺法深　竺法汰(竺僧敷)
即色	即色	支道林(郗超)
识含	识含	于法开(于法威　何默)
幻化	幻化	道壹
心无	心无	支愍度　竺法蕴　道恒(桓玄　刘遗民)
缘会	缘会	于道邃[2]

这些学派在两晋之际几乎是同时涌现，不像玄学那样，可以找出一个层次清楚的历史顺序。比如道安和竺法汰同时师事佛图澄，但是一个创立本无宗，一个创立本无异宗。于法开和于道邃同

---

[1] 目前学术界对本无宗的代表人物究竟是谁的问题有不同的看法。吕澂先生认为："本无宗的代表人，恐系竺法汰。"(见《中国佛学源流略讲》，第53页)张春波《论发现〈肇论集解令模钞〉的意义》一文(载于《哲学研究》1981年第3期)进一步从史料上论证了这一看法。我们同意汤用彤先生的看法，理由详见下节。

[2] 见汤用彤《汉魏两晋南北朝佛教史》上册，第194页。

为于法兰的弟子,但是一个创立识含宗,一个创立缘会宗。道安和支道林生年相当,卒年道安稍后①,即色、本无两宗的创立也无法确定孰先孰后。此外,学派的分化灵活多变,仿佛是异军突起,其中的逻辑线索也不易把捉。比如,心无宗的竺法蕴,他的老师是本无异宗的竺法深。幻化宗的道壹,他的老师是本无异宗的竺法汰。究竟心无、幻化和本无异宗有什么内在的理论联系,是不大清楚的。产生这种情况的原因,是由于当时佛玄合流的思潮来势甚猛。许多佛教般若学者自身的理论准备不成熟而又急急忙忙去迎合这个思潮,创立新解,于是在一个相当短的时间内把玄学中的争论都搬过来了。支愍度创立心无义是一个典型的例子。《世说新语·假谲》篇记载:

> 愍度道人始欲过江,与一伧道人为侣,谋曰:用旧义往江东,恐不办得食,便共立心无。既而此道人不成渡。愍度果讲义积年。后有伧人来,先道人寄语云:为我致意愍度,无义那可立? 治此计,权救饥尔,无为遂负如来也。

支愍度是当时的一位渊博的学者,对《维摩诘经》和《首楞严经》进行过"合本"研究,并撰有传译经录,但是为了适应江东的玄风,便仓促改变旧义而创立新解,从一种观点迅速地跳到另一种观点。就当时流行于江东的玄学而言,各种不同的派别都是存在的。因此,佛教般若学者有的去迎合这一个派别,有的去迎合那一个派别,这就产生了六家七宗一时间蜂拥而起的情况,令人眼花缭乱,应接不暇。

虽然如此,般若学内部学派的分化和演变并不是毫无规律可寻的。从抽象的思辨哲学的意义来看,它所探讨的问题和玄学基本相同。既然玄学的分化和演变是围绕着如何处理本体和现象的关系而展开,般若学继续玄学的讨论,其分化和演变也离不开这个

① 道安生于西晋怀帝永嘉六年(公元 312 年),卒于东晋孝武帝太元十年(公元 385年)。支道林生于西晋愍帝建兴元年(公元 313 年),卒于东晋废帝太和元年(公元366 年)。

轴心。本无宗尊崇本体而轻视现象，心无宗尊崇现象而轻视本体，即色宗试图综合，六家七宗的这三个最有影响的学派和玄学中的贵无、崇有、独化三派大体上是对应的。它们的兴起时间几乎同时，但从它们进一步的发展看，仍然体现了历史与逻辑的统一，有一条内在的规律。从西晋永嘉六年（公元312年）郭象逝世算起，到东晋义熙十年（公元414年）僧肇逝世为止，以六家七宗为代表的般若学思潮，经历了长达一百年之久的发展过程。它们中间多次展开辩论，如于法开与支道林辩即色义，竺昙壹与道恒争心无义，郗超与法汰辩本无。通过这些辩论，有些学派受到历史的淘汰，有些学派上升到支配的地位。僧肇对这个时期的般若学思潮进行批判性的总结，只特别点出心无、即色、本无三家，不是没有道理的。如果我们以本体论的哲学问题为轴心，着眼于这三个学派和玄学的对应关系，不难清理出一条般若学思潮的发展线索。

由于般若学有一套特殊的思想形式和理论逻辑，因而不能把般若学完全等同于玄学，对它们作简单的比附。前面说过，般若学是一种宗教哲学，玄学是一种世俗哲学。玄学的本体论探讨有无、本末、体用的关系，是企图把名教和自然有机地结合起来，达到一种既肯定现象又肯定本体的积极的结论。般若学恰恰相反，它以俗谛来说一切法是有，以真谛来说一切法空，企图通过探讨真俗二谛的关系达到一种非有非无的消极的结论，不仅否定现象，而且否定本体，以显示一种体用皆空、涅槃寂灭的虚幻的彼岸世界。因此，玄学发展到了郭象的阶段，建立了一种既崇有又贵无的独化论的体系，就算完成了自己的历史使命。即色宗的某些论点虽与郭象类似，但是般若学发展链条中的地位却不能和郭象相比。非有非无的结论是僧肇熟练地掌握了龙树的中观思想以后才达到的。在中观思想传入以前，无论是本无、心无或即色，都不可能用遮诠的方法，即彻底否定的方法来观察世界，探讨有无问题，总是产生或肯定现象或肯定本体的偏颇，陷入左右支绌、顾此失彼的困境。此外，般若学的本无宗肯定本体，是为了论证现象虚幻不实；玄学的贵无派肯定本体，是为了给现象寻找合理性的依据。般若学的心无宗和玄学的崇有派也有很大不同。前者的根本宗旨是般若性空,它的尊崇现象的思想倾向是在阐发心无义的时候表现出来的。而后者的根本宗旨则是维护名教,它公然打出崇有的旗号和贵无派相抗衡。所有这些,都说明这个时期的般若学思潮虽然讨论的问题和玄学相同,但是思想形式和理论逻辑不一样,我们不能抹煞它的特点拿玄学去简单比附。

一般来说,玄学致力于建立一种从肯定现实的方面结合有无的本体论,般若学则致力于建立一种从否定现实的方面结合有无的本体论。在两晋之际,以六家七宗为代表的般若学思潮并没有完成这个任务,只是朝着这个目标前进,为尔后僧肇的综合总结准备思想条件。僧肇对其中的本无、心无、即色三派的论点都有所批判,也有所继承。从这种本体论的逻辑结构和建立过程来看,这三个学派确实占有特别重要的地位,应该着重剖析。

二、本无宗

本无宗包括两家,一是本无宗,一是本无异宗。这两家的观点基本相同,略有差异。相同的是他们都把般若学的本体确定为本无,并且根据这种本无来阐发般若性空的原理,否定客观现象的真实性。相异的是他们对本无的理解和论证有分歧。本无宗认为本无是以无为本,本无异宗则认为本无是无在有先,从无出有。为了弄清楚这两家的异同关系,我们列举有关的材料来对比参较一下。

> 一者释道安明本无义,谓无在万化之前,空为众形之始。夫人之所滞,滞在末有,若诧(宅)心本无,则异想便息。……详此意,安公明本无者,一切诸法,本性空寂,故云本无。此与《方等》经论、什、肇山门义无异也。次琛(深)法师云:本无者,未有色法,先有于无,故从无出有,即无在有先,有在无后,故称本无。此释为肇公《不真空论》之所破,亦经论之所未明也。(吉藏《中观论疏》,《大正藏》卷四十二)

> (昙济)著《七宗论》,第一本无主宗曰:如来兴世,以本无

弘教，故《方等》深经，皆备明五阴本无，本无之论，由来尚矣。何者？夫冥造之前，廓然而已，至于元气陶化，则群象禀形，形虽资化，权化之本，则出于自然，自然自尔，岂有造之者哉？由此而言，无在元化之前，空为众形之始，故谓本无，非谓虚豁之中，能生万有也。夫人之所滞，滞在未（末）有，宅心本无，则斯累豁矣。夫崇本可以息末者，盖此之谓也。（《名僧传抄·昙济传》，《续藏经》第一辑第二编乙第七套第一册）

第三解本无者，弥天释道安法师《本无论》云，明本无者，称如来兴世，以本无弘教。故《方等》深经，皆云五阴本无，本无之论，由来尚矣。须得彼义，为是本无。明如来兴世，只以本无化物。若能苟解本无，即思异（异想）息矣。但不能悟诸法本来是无，所以名本无为真，未有为俗耳。庐山远法师《本无义》云：因缘之所有者，本无之所无，本无之所无者，谓之本无。本无与法性，同实而异名也。（慧达《肇论疏》，《续藏经》第一辑第二编乙第二三套第四册）

《二谛搜玄论》十三宗中，本无异宗，其制论云：夫无者何也？壑然无形，而万物由之而生者也。有虽可生，而无能生万物。故佛答梵志，四大从空生也。《山门玄义》第五卷《二谛章》下云，复有竺法深即云：诸法本无，为第一义谛。所生万物，名为世谛。故佛答梵志，四大从空生也。（安澄《中论疏记》，《大正藏》卷六十五）

从这几条材料可以看出，以道安为代表的本无宗虽然认为"无在万化之前"，但强调的是"一切诸法本性空寂"，反对"虚豁之中能生万有"的说法。以竺法深为代表的本无异宗虽然把"诸法本无"确定为第一义谛，但又认为"无能生万物"，恰恰坚持道安所反对的那种说法。前者完全从本体论的角度立论，后者则带有宇宙生成论的色彩。

本无宗这两家不同的观点实际上都是贵无派玄学观点的余音回响。王弼利用老子的思想资料来建立本体论的哲学，始终面临着一个如何改造老子的宇宙生成论的难题。《老子》四十章明确认为，"天下万物生于有，有生于无。"王弼解释说："天下之物，皆以有为生。有之所始，以无为本。将欲全有，必反于无也。"这种解释是用"以无为本"的命题去取代"有生于无"的命题，标志着哲学思维发展的一次大的飞跃。但是，由于用本体论去扬弃宇宙生成论不能一蹴而就，人们的哲学兴趣由万物起源的问题转移到世界统一性的问题上来也有一个过程，所以王弼除了着重发挥"以无为本"的观点以外，也在不少地方讲了"有生于无"。比如他说：

> 凡有皆始于无，故未形无名之时，则为万物之始。及其有形有名之时，则长之、育之、亭之、毒之，为其母也。
>
> 万物始于微而后成，始于无而后生。（《老子注》一章）
>
> 万物皆由道而生。（《老子注》三十四章）

在王弼的玄学体系里，这种"有生于无"的说法虽然不占主导地位，毕竟是一种附赘悬疣，必须进一步扬弃。郭象为了把本体论的观点贯彻到底，反复论证万物"自有""自生""自然"，批判了王弼的这个说法。郭象认为：

> 夫有之未生，以何为生乎？故必自有耳。岂有之所能有乎？此所以明有之不能为有，而自有耳。非谓无能为有也。若无能为有，何谓无乎？一无有则遂无矣，无者遂无，则有自欻生明矣。（《庚桑楚注》）
>
> 皆物之所有，自然而然耳，非无能有之也。（《则阳注》）

经过郭象的批判，"有生于无"的说法就成为一种过时的宇宙生成论而从贵无派的玄学体系里游离出来，与"以无为本"相对立。般若学的兴起在郭象之后，以道安为代表的本无宗和以竺法深为代表的本无异宗虽然都是力图比附贵无派的思路，但是一个吸收了郭象的自然的观点而着重发挥"以无为本"的本体论，一个却抓住过时的宇宙生成论，根据"有生于无"来论证般若学的第一义谛。从这个角度来看，本无宗两家观点的分歧实际上是以激化的形式反映了贵无派玄学体系的内在矛盾，表现了从宇宙生成论向本体论转化过程中的曲折反复。

吉藏认为道安的本无义与"《方等》经论、什、肇山门义无异"，这个看法基本上是正确的。但是他说僧肇在《不真空论》中所破的是竺法深的本无异义，却并不确切。就般若学本体论的逻辑结构而言，"以无为本"的命题是其中的奠基石，如果缺少这块奠基石，般若学的本体论就无法建立。而"有生于无"的命题不符合般若空宗的宗旨，如果接受它，就会把本体看作一件事物，是万物之母。这在哲学上是倒退，在般若学则是外道。所以在以后的发展中，竺法深的弟子竺法蕴放弃了老师的论点，转而持心无义，"有生于无"的命题遭到历史的淘汰，本无异宗后继无人，丧失了影响。而道安所开创的本无宗则如日中天，人材辈出，发展成为六家七宗中最有影响的一个学派，被认为般若学的正宗。他的"以无为本"的命题由于和实相、法性、性空相通，也被一脉相承地继承下来。僧叡是道安的高足弟子，早年服膺道安的本无义，后来在鸠摩罗什门下，参与翻译《大品经》的工作，对般若思想有了新的了解。他根据这种新的了解对道安的历史地位作了切合实际的评价。他说：

> 亡师安和上，凿荒涂以开辙，标玄指于性空，落乖踪而直达，殆不以谬文为阂也，亹亹之功，思过其半，迈之远矣。(《大品经序》，《出三藏记集》卷八)

> 自慧风东扇，法言流咏已来，虽曰讲肆，格义迁而乖本，六家偏而不即，性空之宗，以今验之，最得其实。然炉冶之功，微恨不尽。当是无法可寻，非寻之不得也。(《毗摩罗诘提经义疏序》，同上)

僧叡一方面高度赞扬了道安的本无义，认为和般若性空的本义相契合，另一方面又极有分寸地指出其不足之处，认为这只是"思过其半"，"炉冶之功，微恨不尽"。这是因为，尽管道安的本无义为般若学的本体论奠定了理论基础，却没有成功地建立起一种符合般若空宗要求的非有非无的本体论体系，把有无从否定的方面辩证地结合起来。僧肇为了进行批判性的总结，必须站在超过魏晋玄学的新的理论高度指出这种本无义的不足之处究竟何在。他在

《不真空论》中评述说：

> 本无者，情尚于无多，触言以宾无，故非有，有即无；非无，无即无。寻夫立文之本旨者，直以非有非真有，非无非真无耳，何必非有无此有，非无无彼无？此直好无之谈，岂谓顺通事实，即物之情哉？

这种评述完全是着眼于"以无为本"的本体论，而丝毫没有接触到"有生于无"的宇宙生成论。因此，僧肇在《不真空论》中所破的并不是竺法深的本无异义，而是道安的本无义。根据这个理由，本无宗的代表人应该是道安而不是其他人。①

道安一生思想的发展，可以大致区分为前期和后期两个阶段。前期以安世高系统的小乘禅数之学为主，后期才转到大乘般若学上来。但是无论前期或后期都贯穿着一条"以无为本"的思想线索，这种思想既体现在他的禅数之学中，也体现在他的般若学中，是他一贯坚持的主张。

禅数也叫止观、定慧，重点在于对治烦恼，达到超脱生死、通向泥洹的目的。道安在《阴持入经序》中说：

> 阴入之弊，人莫知苦，是故先圣照以止观，阴结日损，成泥洹品。(《出三藏记集》卷六)

"阴入"或"阴持入"指生死世间，"阴结"泛指一切烦恼。烦恼是产生世间的原因，消灭了烦恼，即可达到出世间的泥洹。由于烦恼种类繁多，数不胜数，所以对治烦恼的方法也相应地分成许多种类和等级，极为烦琐，掌握它们也相当困难。这种禅数之学是小乘佛教的宗教实践，并没有过多的理论兴趣，其中根本没有"以无为本"的

---

① 宋净源《肇论集解令模钞》引述法汰给郗超信中的话："汰尝著书与郗超曰：'非有者，无却此有；非无者，无却彼无。'"从"无却此有""无却彼无"这两个提法来看，和僧肇的评述是有距离的。史料有缺，无法弄清法汰的确切含义究竟何在。后来法汰的弟子道壹转而创立幻化义，不再坚持这个说法，说明影响甚微。僧肇的评述不会是针对着法汰的。

思想。汉魏之际，人们是把它和道教的神仙方术相比附的。道安研究这种禅数之学是在佛图澄死后到去襄阳前这一段时期（公元349—364年），这时玄学和般若学的发展已经把本体论的哲学问题突出出来。道安利用本体论的哲学成果对禅数之学进行了改造，从中悟出了一种本末关系。他反复强调，只要掌握了这种本末关系，就能以简驭繁，化难为易。他说：

> 夫执寂以御有，崇本以动末，有何难也？（《安般注序》，《出三藏记集》卷六）

> 等心既富，怨本息矣。岂非为之乎未有，图难于其易者乎？（《大十二门经序》，同上）

从哲学思路来看，道安的这个说法和贵无派的玄学是相通的，但是性质和归趣却大不一样。贵无派的玄学推崇本体是为了论证现实世界的合理存在，道安的禅数之学则是为了论证现实世界的虚幻不实。因而从同样的哲学思路出发，前者推导出了一系列肯定现实世界的社会政治观点，后者则教人如何去彻底否定现实世界，坚定追求彼岸世界的信念。道安说：

> 十二门者，要定之目号，六双之关径也。定有三义焉，禅也，等也，空也，用疗三毒。绸缪重病，婴斯幽厄，其日深矣。贪图恚圄，痴城至固，世人游此，犹登春台，甘处欣欣，如居华殿，嬉乐自娱，莫知为苦，尝酸速祸，困惫五道。夫唯正觉，乃识其谬耳。（《十二门经序》，《出三藏记集》卷六）

> 夫淫义存乎解色，不系防闲也；有绝存乎解形，不系念空也。……何则？执古以御有，心妙以了色，虽群居犹鸟灵，泥洹犹如幻，岂多制形而重无色哉？是故圣人以四禅防淫，淫无遗焉。以四空灭有，有无现焉。淫有之息，要在明乎万形之未始有，百化犹逆旅也。（《大十二门经序》，同上）

道安认为，为了否定现实世界，摆脱贪、恚、痴三毒的束缚，关键不在于处处设防，逐一对治，而应该从佛教宗教世界观的高度去认识现实世界的虚幻不实。达到这种智慧就得到了他所说的"正觉""执寂""崇本""执古""心妙"。在这个阶段,虽然道安的思想超出了小乘而接近于般若性空的原理,但仍然偏重于宗教实践方面,没有自觉地在现实世界和彼岸世界之间架设一道桥梁,以解决本体和现象的关系问题。去襄阳以后,道安认真钻研了般若经典,"以无为本"的思想就发挥得更完备了。

在这个时期,道安的思想转到般若学上来,一方面继续强调对本体的体认是"千行万定"的宗教实践的基础,另一方面力图把世间和出世间结合起来,以纠正前期的那种主寂而贬有、崇尚泥洹而厌倦世间的偏向。他说:

> 大哉智度,万圣资通,咸宗以成也。地合日照,无法不周,不恃不处,累彼有名。既外有名,亦病无形,两忘玄漠,块然无主,此智之纪也。……由此论之,亮为众圣宗矣。何者?执道御有,卑高有差,此有为之域耳,非据真如,游法性,冥然无名也。据真如,游法性,冥然无名者,智度之奥室也。名教远想者,智度之藩庐也。……要斯法也,与进度齐轸,逍遥俱游,千行万定,莫不以成。(《道行经序》,《出三藏记集》卷七)

所谓"执道御有""卑高有差""名教远想",指的是道安前期所主张的禅观思想。到了后期,道安认为这还不算真正的本体认识,仍然属于"有为之域"。他在《合放光光赞随略解序》中说:"诸五阴至萨云若(一切智),则是菩萨来往所现法慧,可道之道也。诸一相无相,则是菩萨来往所现真慧,明乎常道也。"道安认为,"常道""真慧"才是真正的本体认识,比"可道""法慧"这种从五蕴到一切智的"卑高有差"的观照更根本。前者是真谛(无为),后者是俗谛(有为)。但是,这两者是不可分离的,"同谓之智而不可相无也",把这两者结合起来,就叫做般若。

由于本体论哲学的核心问题是本体和现象的关系问题,不能脱离现象来谈论本体或者脱离本体来谈论现象,所以六家七宗中无论哪一派都在力图把这两者结合起来,只是结合的方式方法以及侧重点各有不同而已。道安的侧重点在于发挥"以无为本"的思想,把本体描绘为绝对真实的"等道",用这种"等道"来结合本体和现象,做到"本末等尔""有无均净",以消除二者的对立。他说:

> 般若波罗蜜者,成无上正真道之根也。正者等也,不二入也。等道有三义焉,法身也,如也,真际也。故其为经也,以如为首,以法身为宗也。如者,尔也,本末等尔,无能令不尔也。佛之兴灭,绵绵常存,悠然无寄,故曰如也。法身者,一也,常净也。有无均净,未始有名,故于戒则无戒无犯,在定则无定无乱,处智则无智无愚。泯尔都忘,二三尽息,皎然不缁,故曰净也,常道也。真际者,无所著也,泊然不动,湛尔玄齐,无为也,无不为也。万法有为,而此法渊默,故曰无所有者,是法之真也。由是其经万行两废,触章辄无也。(《合放光光赞随略解序》,《出三藏记集》卷七)

和六家七宗的其他一些代表人相比较,道安的宗教气质最重,名士风度最少,他所描绘的这种本体实际上就是佛教徒所追求的彼岸世界。由于般若学本体论的主要任务是要解决即世间和出世间的矛盾,既要否定现实世界,又要承认其为假有,既要肯定彼岸世界,又不能执为实有,所以只有通过非有非无的方式来结合本体和现象,才不致出现理论上的漏洞。但是道安把"以无为本"的思想强调得过了头,认为"万行两废,触章辄无",一方面把现象说成无而忽视其为假有,同时又把本体说成无而执为实有,虽然在肯定彼岸世界和否定现实世界方面体现了强烈的宗教精神,却不能解决即世间和出世间的矛盾。僧肇批评本无义说:"情尚于无多,触言以宾无,故非有,有即无;非无,无即无。"这种批评确实是准确地击中了道安思想的要害。

三、心无宗

般若学本体论的建立是一个辩证的过程,如果说道安的本无宗是正题,以支愍度为代表的心无宗就是作为反题而出现的。僧肇在《不真空论》中评述心无义说：

> 心无者，无心于万物，万物未尝无。此得在于神静，而失在于物虚。

僧肇认为心无义有得有失，说明这个学派在般若学本体论的建立过程中占有一定的地位，提供了值得批判继承的合理内核。

就出生年代而论，支愍度早于道安。他在西晋惠帝时已是有影响的僧人了，于东晋成帝之世与康僧渊、康法畅等俱过江。[①] 而心无义的创立则在过江之前。这是六家七宗中最早出现的一个学派。但是，就逻辑顺序而言，心无义应该排在本无义之后。因为"本无"是"真如"的最初译语，《道行》《放光》《大明度》等般若经典都有专门阐述性空原理的《本无品》，道安所谓"《方等》深经，皆备明五阴本无，本无之论，由来尚矣"，说明道安的本无义是继承这套"旧义"发展而来的。支愍度是一位渊博的学者，他在过江前对"旧义"是作了充分研究的。为了适应江东玄风，于是创立心无义和"旧义"相对立。所以，尽管支愍度的出生年代早于道安，但是他的心无义却产生于道安所继承的"旧义"之后。

《世说新语·假谲》篇刘孝标注说：

> 旧义者曰：种智有是（按，"有是"疑当作"是有"），而能圆照，然则万累斯尽，谓之空无，常住不变，谓之妙有。而无义者曰：种智之体，豁如太虚，虚而能知，无而能应，居宗至极，其唯无乎。

"种智"即"一切种智"，也就是般若。"旧义"认为，"种智"有双重含义，就其"万累斯尽"而言，叫作"空无"，就其"常住不变"而言，叫作"妙有"。支愍度的新义则认为，"种智之体"不是"妙有"，而是"豁如太虚"的无。从这条材料来看，心无义和"旧义"的对立在于争论"种智"究竟是有还是无的问题。我们在上节已经指出，道

---

① 陈寅恪《支愍度学说考》："僧渊、法畅、敏度三人之过江，至迟亦在成帝初年咸和之世。"（见《金明馆丛稿初编》，第 157 页）

安把般若描绘为一种"本末等尔""有无均净"的"等觉"。虽然道安企图用"等觉"来消除本末、有无的对立,使之统一于无,但是由于他把无说过了头,看作是一种绝对真实的"常道",结果却走向了反面,把无执为实有。这种说法恰恰就是支愍度所反对的"旧义",也是般若学所忌讳的一种执著。般若学属于大乘空宗,它要求用"破相显性"的方法来阐明般若性空的原理,就是说不能直接地去描绘本体,肯定本体为绝对真实,而只能通过阐明现象无有自性的方法来间接地显示本体的存在。按照这种方法论的逻辑,性空的本体就寓于无有自性的现象之中,无有自性的现象本身就蕴涵着性空的本体,如果把这种本体执为实有,它就转化为有自性的东西,成为必须要破的对象了。般若学本体论最后的逻辑结论是既无现象,也无本体,性相不存,一切皆空。在龙树的中观思想传入以前,六家七宗的无论哪个学派都不可能作出这样彻底的毕竟空寂的结论,只是以不同的步伐朝着这个方向推进。从这个角度来看,支愍度的心无义否定本体为实有,是为了纠正"旧义"的偏向,有所指而提出来的。因而这种心无义也就顺理成章地构成了般若学本体论发展链条上的第二个环节。

由于道安和支愍度都没有掌握般若空宗的那种对一切都进行彻底否定的方法,所以他们的学说都有得有失,既作出了贡献,又带有一定的片面性。如果说道安的所得在于否定现象,所失在于执著本体,支愍度则恰恰相反,他的所得在于否定本体,所失在于未能否定现象。心无宗的主要代表人除了支愍度以外,还有竺法蕴。下面的一些材料都论述了他们的"心无色有"的思想:

> 心无者,破晋代支愍度心无义也。……"无心万物,万物未尝无",谓经中言空者,但于物上不起执心,故言其空,然物是有,不曾无也。"此得在于神静,失在于物虚"者,正破也。能于法上无执,故名为得。不知物性是空,故名为失也。(元康《肇论疏》,《大正藏》卷四十五)
>
> 温法师用心无义。心无者,无心于万物,万物未尝无。此释意云:经中说诸法空者,欲令心体虚妄不执,故言无耳,不空

外物,即万物之境不空。(吉藏《中观论疏》,《大正藏》卷四十二)

《山门玄义》第五云:第一,释僧温著《心无二谛论》云:"有,有形也。无,无象也。有形不可无,无象不可有。而经称色无者,但内止其心,不空外色。"此壹公破,反明色有,故为俗谛;心无,故为真谛也。(安澄《中论疏记》,《大正藏》卷六十五)

《二谛搜玄论》云:晋竺法温,为释法琛法师之弟子也。其制《心无论》云:夫有,有形者也。无,无象者也。然则有象不可谓无,无形不可谓无(按,"无"疑当作"有")。是故有为实有,色为真色。经所谓色为空者,但内止其心,不滞外色。外色不存,余情之内,非无而何?岂谓廓然无形,而为无色者乎?(安澄《中论疏记》,《大正藏》卷六十五)

从这几条材料可以看出,心无宗和本无宗一样,都是阐述他们对般若经典所谓空的意义的理解,并且根据这种理解来消灭"异想",令人不起"执心",以摆脱世俗的认识和情欲。但是道安认为般若经典所谓空,是说"五阴本无","一切诸法,本性空寂",重点在于否定物质现象。而心无宗则认为所谓空是说"欲令心体虚妄不执",重点在于否定精神现象。其实按照般若经典的本义,是既要否定物质现象,又要否定精神现象,只有达到了这种一切皆空的境地,才能消灭"异想",不起"执心"。心无宗和本无宗都没有做到这一点,只顾了一头。前者得出了"心无色有"的结论,后者则表述了一种"心有色无"的思想。这两个学派的根本宗旨和理论依据是相同的,所探讨的问题是相同的,但是在如何处理精神与物质的关系问题上却产生了严重的对立。本无宗显然是一种客观唯心主义的本体论哲学,心无宗则由于肯定物质现象而带有唯物主义的倾向。

心无宗的这种带有唯物主义倾向的学说曾受到本无宗的法汰、昙壹、慧远的围攻。《高僧传·竺法汰传》说:

时沙门道恒,颇有才力,常执心无义,大行荆土。汰曰:

"此是邪说,应须破之。"乃大集名僧,令弟子昙壹难之,据经引理,析驳纷纭。恒拔其口辩,不肯受屈,日色既暮,明旦更集。慧远就席,攻难数番,关责锋起。恒自觉义途差异,神色微动,麈尾扣案,未即有答。远曰:"不疾而速,杼柚何为?"坐者皆笑。心无之义,于此而息。

本无宗认为心无义是"邪说",从这种学说肯定物质世界存在的思想倾向来看,确实是背离了佛教的正统,丧失了宗教唯心主义的立场。但是心无宗所主张的"种智之体,豁如太虚,虚而能知,无而能应",却被僧肇当作合理的内核来继承。从这一点来看,心无义也在某些方面契合般若性空的原理,并不是本无宗所能轻易驳倒的。可能道恒由此而不大力宣传心无义,但不能认为心无义从此销声匿迹,不再流传。果然如此,那就用不着将僧肇作为一种思潮来批判了。事实上,心无义的传授一直延续到东晋末年的桓玄和刘遗民。《高僧传》认为,在道恒受到慧远等人的围攻以后,"心无之义,于此而息",这个说法是不确实的。

四、即色宗

识含、幻化、缘会、即色这四个学派都是由心无宗的"心无色有"的思想引发出来的。这四个学派都力图贯彻般若学的唯心主义路线,侧重于否定物质现象,反对心无宗的不空外色的思想。但是,般若学的唯心主义有着自己的特殊性格,和玄学的那种本体论不相同,它不仅要否定物质现象,也要否定精神现象。因此,如果简单地重复本无宗的"心有色无"的思想,并不能把心无宗驳倒。只有对二者进行扬弃,就是说抛弃本无宗肯定精神现象的一面而发扬其否定物质现象的一面,抛弃心无宗肯定物质现象的一面而发扬其否定精神现象的一面,取二者之所长而去二者之所短,才能把般若学推进到一个新的发展阶段。在这四个学派中,识含、幻化、缘会三宗没有做这个扬弃的工作,只是从不同的角度为本无宗的"心有色无"的思想提供了一些新的论据,理论水平不高,影响也不大,因而构不成一个环节。以支道林为代表的即色宗在这方面做了很大的努力,虽然没有成功地建立起般若学的非有非无的本体论体系,但是就其理论的成熟程度而言,确实是超过了其他各个学派,而与僧肇的思想比较接近。

识含宗的代表人是于法开。《高僧传·于法开传》说:"每与支道林争即色宗义,庐江何默申明开难,高平郗超宣述林解。"下面两条材料论述了识含宗的思想要点:

> 第五于法开立识含义:三界为长夜之宅,心识为大梦之主。今之所见群有,皆于梦中所见。其于大梦既觉,长夜获晓,即倒惑识灭,三界都空。是时无所从生,而靡所不生。(吉藏《中观论疏》,《大正藏》卷四十二)

> 《山门玄义》第五云,第四于法开著《惑识二谛论》曰:三界为长夜之宅,心识为大梦之主。若觉三界本空,惑识斯尽,位登十地。今谓其以惑所睹为俗,觉时都空为真。(安澄《中论疏记》,《大正藏》卷六十五)

这个学派以"识含"命宗,是把"群有"归结为"心识"所含。心识有梦有觉。梦时惑识流行,呈现出种种可见的现象,是为俗谛。觉时惑识尽除,觉悟到这种种现象无非是梦中幻相,实际上都是空的,是为真谛。识含宗的这个说法固然否定了物质现象,但却肯定了精神现象,在理论上陷入了和道安的本无宗同样的困境。吉藏批评说:"若尔大觉之时便不见万物,便失世谛。如来五眼何所见耶?"(《中观论疏》)指出了识含宗忽视物质现象在俗谛中的假有。同时,如果大觉之时"无所从生而靡所不生",这时的心识就变成了一个有自性的东西。这就又把精神现象执为实有了。

幻化宗为竺法汰的弟子道壹所立。下面两条材料论述了道壹的主张:

> 第六壹法师云:世谛之法皆如幻化,是故经云,从本已来,未始有也。(吉藏《中观论疏》,《大正藏》卷四十二)

> 《玄义》云,第一释道壹著《神二谛论》云:一切诸法,皆同

幻化，同幻化故名为世谛。心神犹真不空，是第一义。若神复空，教何所施？谁修道？隔凡成圣，故知神不空。（安澄《中论疏记》，《大正藏》卷六十五）

幻化宗的主张和识含宗一样，都是发挥"心有色无"的思想，只是在提法上更加明确。幻化宗提出了一个般若学所无法解答的难题："若神复空，教何所施？谁修道"？任何宗教宣传和宗教实践都要首先肯定有一个精神主体的存在。般若空宗由于自己的那一套特殊的理论逻辑，导致了否定精神主体的结论，实际上是不利于佛教的传播的。中国的般若学者常常提出一些新解来修正空宗的说法。道壹所说的"心神犹真不空"，和道安的弟子慧远所倡导的"神不灭论"遥相呼应，就是显明的例子。这些新解尽管背离般若性空的本义，但却逐渐发展成中国佛教的正统观念。

缘会宗为于道邃所立。这个学派的主张是：

> 第七于道邃，明缘会故有，名为世谛。缘散故即无，称第一义谛。（吉藏《中观论疏》，《大正藏》卷四十二）

> 第七于道邃著《缘会二谛论》云：缘会故有，是俗。推拆无，是真。譬如土木合为舍，舍无前体，有名无实。故佛告罗陀，坏灭色相，无所见。（安澄《中论疏记》，《大正藏》卷六十五）

缘会也就是缘起，是佛教的传统理论。般若空宗的缘起理论是和"假有性空"的思想结合在一起的。僧肇的《不真空论》引《中观》说："物从因缘故不有，缘起故不无。"但是缘会宗却只顾论证物质现象"不有"，而没有看到它"不无"的一面。吉藏批评说："经不坏假名而说实相，岂待推散方是真无？推散方无，盖是俗中之事无耳。"（《中观论疏》）

关于支道林的即色义，吉藏和安澄也有论述，但是评价很不相同。

> 支道林著《即色游玄论》。明即色是空，故言《即色游玄论》。此犹是不坏假名，而说实相，与安师本性空故无异也。

（吉藏《中观论疏》,《大正藏》卷四十二）

《山门玄义》第五卷云：第八，支道林著《即色游玄论》云：
"夫色之性，色不自色，不自，虽色而空。知不自知，虽知而
寂。"彼意明色心法空名真，一切不无空色心是俗也。述义云：
其制《即色论》云："吾以为即色是空，非色灭空。"斯言矣，何
则？夫色之性，不自有色，色不自有，虽色而空。知不自知，虽
知恒寂。然寻其意，同于真空，正以因缘之色，从缘而有，非自
有故，即名为空，不待推寻破坏方空。既言夫色之性不自有
色，色不自有，虽色而空，然不偏言无自性边，故知即同于不真
空也。（安澄《中论疏记》,《大正藏》卷六十五）

吉藏认为支道林的即色义和道安的本无义没有差别，安澄则
认为和僧肇的不真空论相同。实际上，支道林对道安的本无义已
经做了一番修正的工作，理论上要比道安成熟。但是，支道林又没
有达到僧肇的不真空论的水平，否则僧肇批判即色义就成了无的
放矢了。所谓"不坏假名而说实相"，"不偏言无自性边"，是支道林
奋力追求的目标，问题在于是否掌握了般若学那种特有的从否定
的方面结合有无的方法。如果没有掌握那种方法，或者掌握得不
够熟练，就很难把有无真俗的关系说得圆融无滞，势必出现理论上
的漏洞。在般若学的发展过程中，支道林的即色义超过了其他各
家而接近于僧肇，应该列为六家七宗的最后一个环节。

支道林也是一位渊博的学者，和道安一样，一生对般若经典用
功甚勤。我们可以把他所写的《大小品对比要钞序》和道安的经序
来比较一下，看看他们对般若的理解有哪些异同。支道林说：

夫般若波罗蜜者，众妙之渊府，群智之玄宗，神王之所由，
如来之照功。其为经也，至无空豁，廓然无物者也。无物于
物，故能齐于物；无智于智，故能运于智。是故夷三脱于重玄，
齐万物于空同，明诸佛之始有，尽群灵之本无，登十住之妙阶，
趣无生之径路。何者？赖其至无，故能为用。（《出三藏记集》
卷八）

这一段话所表述的思想和道安的本无义是完全相同的。道安说："据真如,游法性,冥然无名者,智度之奥室也。"(《道行经序》)"故曰无所有者,是法之真也。由是其经万行两废,触章辄无也。"(《合放光光赞随略解序》)支道林和道安都从"以无为本"的观点来理解般若,认为般若所阐述的原理就是"至无空豁","触章辄无",如果掌握了这个原理,就能认识本体,达到无为而无不为的境地。但是从紧接着的下面一段话来看,支道林和道安有了分歧。支道林说:

> 夫无也者,岂能无哉! 无不能自无,理亦不能为理。理不能为理,则理非理矣;无不能自无,则无非无矣。……若存无以求寂,希智以忘心,智不足以尽无,寂不足以冥神。何则? 故有存于所存,有无于所无。存乎存者,非其存也;希乎无者,非其无也。何则? 徒知无之为无,莫知所以无;知存之为存,莫知所以存。希无以忘无,故非无之所无;寄存以忘存,故非存之所存。莫若无其所以无,忘其所以存。忘其所以存,则无存于所存;遗其所以无,则忘无于所无。忘无故妙存,妙存故尽无,尽无则忘玄,忘玄故无心。然后二迹无寄,无有冥尽。是以诸佛因般若之无始,明万物之自然,……齐众首于玄同,还群灵乎本无。

支道林和道安的分歧在于究竟通过什么途径去认识"至无"本体的问题上。道安主张"据真如,游法性",就是说直接就本体去认识本体,然后通过对本体的认识来否定现象的真实。支道林反对这种主张,认为这是"存无以求寂,希智以忘心",按照这种主张,既不能认识"至无"的本体,也不能否定现象的真实。因为本体是相对于现象而言的,本体之所以为本体,必有其存在的依据,反过来,现象之所以为现象,也必有其存在的依据,"所存"与"所以存"、"所无"与"所以无",这二者互为依据,不能脱离开来。如果不从本体和现象的相互关系上去理解般若性空的原理,那就是"徒知无之为无,莫知所以无;知存之为存,莫知所以存",犯了割裂体用的错误。支道林认为,应该把本体和现象结合起来。只有通过现象去认识本体，反过来又通过本体去认识现象，如此循环往复，才能做到"二迹无寄，无有冥尽"，"明万物之自然"，"还群灵乎本无"。

支道林的"即色游玄论"是完全建立在这个思想基础之上的。所谓"色"指的是现象，"玄"指的是本体，就现象而认识本体，这个思想是和道安的那种"据真如，游法性"的思想直接对立的。这种对立和玄学中王弼与郭象的对立极为类似。王弼的基本命题是"以无为本"。由于过分强调了本体，这就产生了轻视现象的偏向。关于认识本体的途径，王弼的提法是"明本""体无""得意在忘象"，就是说可以脱离现象直接去认识本体。郭象的基本命题是"独化于玄冥之境"。"独化"指的是现象，"玄冥之境"指的是本体，现象和本体不可分离，本体不存在于现象之外，而寓于现象之中，因而认识本体的途径应该从"独化"的现象入手。就这一点来说，支道林的"即色游玄论"和郭象的"独化于玄冥之境"是类似的。但是般若学是一种宗教哲学，它的根本宗旨在于论证现象虚幻不实，否定客观世界的真实性，所以支道林的"即色游玄论"重点在于发挥"即色是空"的思想，这一点又和郭象有很大不同。

支道林的"即色是空"的思想和心无宗的"不空外色"的思想也是直接对立的。在六家七宗中，除了心无宗以外，所有的学派都是要否定客观世界的真实性，因为只有否定了客观世界的真实性，才能坚定人们追求彼岸世界的信念。其实心无宗的宗教气质也是很重的，它的主旨在于"内止其心，不滞外色"，只是由于没有掌握般若学那种从否定的方面结合有无的方法，把有无对立起来，才导致了"心无色有"的结论。本无、识含、幻化、缘会这四个学派虽然主张和心无宗不同，着重于论证色无，但是同样由于不能结合有无的关系，导致了"心有色无"的结论，陷入了另一种片面性。支道林对这两种片面性都不满意，试图把现象和本体结合起来，既不偏于有，也不偏于无，全面地去掌握般若性空的原理。《广弘明集》保存了支道林的一组玄言诗，明确表述了他的这种意图。例如：

　　　　能仁畅玄句，即色自然空，空有交映迹，冥知无照功。

（《善思菩萨赞》）

绝迹迁灵梯,有无无所骋,不眴冥玄和,棲神不二境。(《不眴菩萨赞》)

矗矗玄心远,寥寥音气清,粗二标起分,妙一寄无生。(《法作菩萨不二入菩萨赞》)

闲首齐吾我,造理因两虚,两虚似得妙,同象反入粗。(《闲首菩萨赞》)

体神在忘觉,有虑非理尽,色来投虚空,响朗生应轸。(《善宿菩萨赞》)

单从这些诗句来看,支道林是试图从有无双遣的角度去掌握般若性空的原理的。所谓"妙一"指的是有无的结合,"粗二"指的是有无的分离,"两虚"指的是有无双遣。支道林认为,如果从现象入手去认识本体,"即色自然空","色来投虚空",就能做到"空有交映迹","有无无所骋"。但是,诗句所表述的这种意图并不等于哲学上的逻辑论证。如果理论准备不成熟,特别是没有掌握论证般若性空的那种特有的方法,尽管支道林主观上希望避免片面性,仍然免不了要出现理论上的漏洞。

支道林的即色义是由两个基本命题组成的。《世说新语·文学》篇刘孝标注引《妙观章》说:

夫色之性也,不自有色。色不自有,虽色而空,故曰色即为空,色复异空。

这两个命题是自相矛盾的。就"色即为空"这个命题而言,支道林是把本体和现象看成一种相即的关系,但是从"色复异空"这个命题来看,他又把本体和现象割裂开来。这种自相矛盾暴露了即色义的理论上的漏洞。般若性空的原理,全面性的表述应该是"色即是空,空即是色"。僧肇的《不真空论》反复论证了这个观点,认为色与空体用相即,相互依存,是同一件事情的两个方面,应该直接就万物假有看出它的本性空无,而这种不变的空无也直接体现在万物假有中。支道林的大乘空宗的理论没有达到僧肇这样的水平。虽然他的主观意图是想把色与空结合起来,但是由于没有掌握二者之间即体即用的关系,结果却得出了一个"色复异空"的结论。这个与"空"相异的"色"把体用分为两截,尽管支道林认为它不是真色而是没有自性的假有,也会破坏般若学本体论的结构,造成理论上的缺陷。

支道林的"色即为空"的命题,只论证了"色不自有","因缘而成",是一种假有,虽然否定了客观世界的真实性,但是从般若空宗的角度看来,却空得不彻底。因为它保存了假有,没有进一步去论证这种假有也是空的。僧肇在《不真空论》中批评即色义的一段话,主要着眼于破它保存了假有,唯心主义不够彻底。僧肇指出:

> 即色者,明色不自色,故虽色而非色也。夫言色者,但当色即色,岂待色色而后为色哉?此直语色不自色,未领色之非色也。

僧肇认为,物质现象就本性来说都是虚假不真的,所以谈即色,应该当色即色,直接就色的本性说明它是空的,用不着等到由因缘条件形成既成的物体,才说它不过是一种假有之色。这一派只是说明了物质不是自己形成的,还没有认识到物质现象本来就是非物质性的。净源《肇论中吴集解》引用了"果色""因色"的概念解释这段话的意思,认为支道林"意明果色空,因色不空",僧肇的批评是,"此但解果色空,谓假因色成故,未领因色亦空"。元康《肇论疏》解释得更明确,认为"林法师但知言色非自色,因缘而成,而不知色本是空,犹存假有也"。

支道林的即色义保存了一个假有,虽然背离了般若性空的本义,空得还不彻底,但是却能更好地去迎合玄学思潮,适应门阀士族的精神需要。在六家七宗的各个代表人中,以支道林的名士风度为最重,也就是说他的世俗性最多,僧侣性最少。他在晚年上书给晋哀帝的一段话,表明他宣传般若学的宗旨,是和当时占统治地位的玄学一样。目的在于阐明一种内圣外王之道。他说:

> 盖沙门之义,法出佛之圣,雕淳反朴,绝欲归宗。游虚玄之肆,守内圣之则,佩五戒之贞,毗外王之化。(《高僧传·支

遁传》）

既然般若学要"毗外王之化"，那么以纲常名教为核心的一套世俗社会的典章制度、行为准则就至少要保留一种假有的存在，不能空得那么彻底了。他在《释迦文佛像赞》中说：

> 夫立人之道，曰仁与义。然则仁义有本，道德之谓也。

（《广弘明集》卷十五）

所谓"道德"，指的是佛法。佛法为仁义之所本，这实际上就是玄学中的自然为名教之所本的另一种说法。因此，尽管这种名教从般若空宗的角度看来必须进行彻底否定，但是从门阀士族的世俗的角度来看，却必须保留。

关于名教与自然的关系问题，支道林和郭象的名教即自然的观点是一致的，只是换了一种说法表述了郭象的那种"夫圣人虽在庙堂之上，然其心无异于山林之中"的思想。他在给晋哀帝的奏章中说：

> 上愿陛下，齐龄二仪，弘敷至法。……若使贞灵各一，人神相忘，君君而下无亲举，神神而呪不加灵，玄德交被，民荷冥祐。恢恢六合，成吉祥之宅；洋洋大晋，为元亨之宇。常无为而万物归宗，执大象而天下自往。国典刑杀，则有司存焉。若生而非惠，则赏者自得，戮而非怒，则罚者自刑。弘公器以厌神意，提铨衡以极冥量，所谓"天何言哉，四时行焉"。（《高僧传·支遁传》）

支道林不仅用般若学的思想形式转述了郭象的玄学，而且也用般若学的思辨方法丰富发展了郭象的玄学。《世说新语·文学》篇说：

> 《庄子·逍遥篇》，旧是难处，诸名贤所可钻味，而不能拔理于郭、向之外。支道林在白马寺中，将冯太常共语，因及《逍遥》。支卓然标新理于二家之表，立异义于众贤之外，皆是诸名贤寻味之所不得，后遂用支理。

这是当时思想理论界的一个重大事件,在清谈名士中产生了深远的影响。《高僧传·支遁传》也记载了这个事件,并且讲了支道林创立新解的动机:

> 遁常在白马寺,与刘系之等谈《庄子·逍遥篇》,云各适性以为逍遥。遁曰:"不然,夫桀跖以残害为性,若适性为得者,彼亦逍遥矣。"于是退而注《逍遥篇》,群儒旧学莫不叹服。

关于支理和郭义的区别,我们可以通过下面两条材料来对比参较一下。

> 郭象:"夫质小者所资不待大,则质大者所用不得小矣。故理有至分,物有定极,各足称事,其济一也。……苟足于其性,则虽大鹏无以自贵于小鸟,小鸟无羡于天池,而荣愿有余矣。故小大虽殊,逍遥一也。"(《庄子·逍遥游注》)

> 支道林:"夫逍遥者,明至人之心也。庄生建言大道,而寄指鹏鷃。鹏以营生之路旷,故失适于体外;鷃以在近而笑远,有矜伐于心内。至人乘天正而高兴,游无穷于放浪,物物而不物于物,则遥然不我得;玄感不为,不疾而速,则逍然靡不适。此所以为逍遥也。若夫有欲,当其所足,足于所足,快然有似天真,犹饥者一饱,渴者一盈,岂忘烝尝于糗粮,绝觞爵于醪醴哉?苟非至足,岂所以逍遥乎?"(《世说新语·文学》篇刘孝标注引)

从这两条材料可以看出,郭象和支道林的区别,关键在于一个是入世的世俗哲学,一个是出世的宗教哲学。郭象是从维护世俗名教的角度出发的。他认为逍遥的境界不在名教的外边,就在名教之中,尽管人们的社会地位有高有低,但是只要安分守己,无论统治者和被统治者,都能逍遥。支道林的逍遥则是佛教徒所追求的那种涅槃寂灭的精神境界。所谓"至人之心",指的是认识了般若本体的那种人的心,也就是掌握了"色即为空"原理的那种人的心,这种心不是一般俗人所能有的。俗人停留于现象界,尽管有时得到某些微小的满足,似乎有点逍遥,但是由于不了解"色即为空"

的原理,不能忘怀"糗粮""醪醴"这一类的物质欲望,所以算不得真正的逍遥。支道林的这种逍遥思想的宗教性质,在《善多菩萨赞》中表现得更为清楚:

> 自大以跨小,小者亦骇大。所谓大道者,遗心形名外。都忘绝鄙当,冥默自玄会。善多体冲姿,豁豁高怀泰。(《广弘明集》卷十五)

在《大小品对比要钞序》中,支道林也描绘了这种"至人"的精神境界:

> 夫至人也,览通群妙,凝神玄冥,灵虚响应,感通无方。……故千变万化,莫非理外,神何动哉? 以之不动,故应变无穷。(《出三藏记集》卷八)

当时的清谈名士并不热心于成佛,但是普遍赞赏支道林的新解,并且乐于用支理去取代郭象的旧义,原因在于般若思想所展示的精神境界不仅契合于玄学,而且高于玄学,为他们提供了一个更玄远神秘的追求目标和精神享受。《高僧传·支遁传》讲了两个故事,生动地表现了清谈名士对支道林的般若思想折服的情况。

> 王羲之时在会稽,素闻遁名,未之信,谓人曰:"一往之气,何足可言?"后遁既还剡,经由于郡,王故往诣遁,观其风力。既至,王谓遁曰:"《逍遥篇》可得闻乎?"遁乃作数千言,标揭新理,才藻惊绝,王遂披襟解带,留连不能已。

> 太原王濛,宿构精理,撰其才辞,往诣遁,作数百语,自谓遁莫能抗。遁徐曰:"贫道与君别来多年,君语了不长进。"濛惭而退焉,乃叹曰:"实缁钵之王、何也。"

其实,从般若空宗的角度看来,支道林所说的"至人之心"也是一种不应有的执著,因为这个说法是把精神现象执为实有了。支道林本来是不满意道安的那种"据真如,游法性"的说法,也不满意支愍度的那种不空外色的思想,希望做到有无双遣,结果却用"色复异空"的命题保存了一个假有,用"色即是空"的命题推导出了一个"至人之心"，既没有完全否定物质现象，也没有完全否定精神现象。虽然即色宗是六家七宗中最能适合门阀士族精神需要的一个学派，但是毕竟没有完成建立般若学的那种非有非无的本体论的任务。因此，在以后的发展中，支道林的即色义为僧肇的不真空论所代替，是一种历史和逻辑的必然。

第十五章 鸠摩罗什与东晋佛玄合流思潮

一、佛玄合流思潮的主题

自曹魏正始以至西晋元康、永嘉年间，魏晋玄学以天人新义取代了两汉经学的天人旧义，开创了一代玄风，代表了中国哲学史上的一个新的发展阶段。所谓天人新义，即从本体论的角度来探讨天与人的关系。玄学家吸取了道家的思想，以天为自然，同时又坚持儒家的文化价值理想，以人为名教，所以这种天人关系也就是自然与名教的关系。玄学家通过有无、体用、本末之辨建立了一套本体之学，力求把自然与名教有机地结合在一起，使之圆融无滞，以满足当时的士族知识分子的精神需求。但是，由于受到外部的历史动因以及内部的理论逻辑的影响，玄学家所追求的这个目标并没有完满地实现，从而留下了许多不足之处，有待后人去作进一步的探讨。例如王弼的贵无论，崇本以息末，贵无而贱有，虽然主观上追求二者的联结，实际上仍然分为两橛。裴頠的崇有论恰恰相反，颠倒了本末关系，强调名教之用而忽视自然之体。郭象试图纠正王弼与裴頠的偏差，提出了"独化于玄冥之境"的命题，但也未能达到体用一如、真俗不二的理论高度。

东晋时期，玄学家从佛教的般若学中发现了一个新的理论天地，产生了极大的兴趣，佛教学者也以般若的思想形式讨论玄学的问题，由此而形成了一股以"六家七宗"为代表的佛玄合流思潮。佛教的般若学是一种外来的思想，目的在于论证现实世界虚幻不实，玄学则是立足于中国的传统思想，推天道以明人事，充分肯定现实世界的合理性，二者本来存在着很大的分歧。但是，就哲学的理论形态而言,它们同属于本体之学。玄学以自然为本体,以名教为现象,般若学以真谛为本体,俗谛为现象,因而它们的哲学思路也是可以会通、合流的。《周易·系辞》曾说:"天下何思何虑? 天下同归而殊途,一致而百虑。"当时的玄学家根据中国文化传统中的这种求同存异的精神把外来的佛教思想引为同道,而佛教般若学者也主动地迎合玄学的时尚,把玄学的主题当作自己的主题,名僧与名士相互契合,佛学与玄学相映生辉。从这个角度来看,东晋时期的佛玄合流思潮实际上就是玄学发展的继续。

二、"六家偏而不即"

"六家偏而不即"是僧叡根据鸠摩罗什的中观思想对东晋佛玄合流思潮的批评,意谓六家对般若学的理解偏离于印度经典的本义,不符合般若性空之旨。这种批评当然确凿有据,无可辩驳。但是,正是由于"六家偏而不即",才使得外来的佛教思想在中国的土壤上生根,为中国人所接受,揭开佛学中国化的序幕。所谓佛学的中国化,其实质性的含义就是中国传统思想中的天人之学对佛学的改造,同时也是佛学对这种天人之学的丰富和补充。因而东晋时期的佛玄合流思潮既不同于印度的般若思想,也不同于中国的传统思想,而是二者的会通合流。唯其如此,所以这股思潮一旦兴起,便融会到中国的思想中来,遵循着中国思想史的固有规律向前发展,构成一个承上启下的必要环节。如果忽视这个环节,便无从理解鸠摩罗什在中国思想史上的地位和作用。

六家包括本无、心无、即色、识含、幻化、缘会,其中以道安的本无义、支愍度的心无义、支道林的即色义三家最具有代表性,充分显示出佛学本体论的逻辑结构与建立过程和玄学存在着一种对应的关系。

道安的本无义和王弼的贵无论的玄学是相互对应的。道安和王弼一样,为了建立一种本体论的哲学,首先不能不强调本体高于现象的观点。虽然道安主观上企图达到"本末等尔""有无均净"的圆融境界，但是由于他把作为本体之"无"看作是绝对真实的常道，结果也和王弼一样，产生了"贵无而贱有""崇本以息末"的偏差。

支愍度的心无义是道安的本无义的反题。这和裴頠的崇有论作为王弼的贵无论的反题而出现有着惊人的类似。心无义的要旨是"无心于万物，万物未尝无"，把"种智之体"描述为"豁如太虚"，从而否定了本体的绝对真实，但却不空外物，把现象执为实有。

支道林试图综合本无和心无两派的观点，避免他们的偏向，提出了即色义，这和郭象的既崇有又贵无的独化论的玄学体系是完全对应的。虽然如此，他的"色复异空"的命题仍然把本体与现象分为两橛，保存了一个假有，偏离了般若性空的本义。

可以看出，六家偏而不即的般若思想始终未能达到非有非无的理论高度。这种情形固然和鸠摩罗什的中观思想尚未传入有关，但更主要的是受到中国传统思想的影响。照中国的传统思想看来，天与人、自然与名教，作为一种本体与现象的关系，都应视为实有而不能否定，所以般若学者为了迎合中国的传统思想，对性空之旨的理解常常不免流于片面，有的犯了肯定本体的错误，有的犯了肯定现象的错误。但是，由于本体论的哲学只有把本体与现象有机联结起来才能臻入成熟之境，直到东晋末年，无论是玄学或者般若学，都没有妥善地解决这个难题，所以中国思想史发展到这个阶段，客观上呈现出一种理论的需要，为鸠摩罗什的中观思想的传入创造了条件。

三、鸠摩罗什在中国思想史上的地位

鸠摩罗什不仅是一位卓越的翻译家，而且是一位深刻的思想家，他在中国思想史上的地位类似于清代晚期根据中国社会的实际需要引进西方思想的严复。鸠摩罗什来长安前，在凉州生活了十八年。十六国时期，凉州是河西文化重镇，与江左文化联系密切。鸠摩罗什在凉州期间，精通了汉语，也熟悉了中国的传统思想，因而来长安后，能够有针对性地着重介绍大乘中观思想，以迎合当时中国建立本体论哲学的需要。

鸠摩罗什思想的忠实的传人是僧肇。三论宗大师吉藏自认为是上接"什肇山门义",奉罗什与僧肇为般若宗的远祖,所以我们可以从《肇论》中窥见二人共同的思想。

汤用彤先生曾说,肇公之学说,一言以蔽之曰:即体即用。体用问题是本体论哲学中的一个根本问题,玄学自王弼起即开始提出来讨论。王弼在《老子注》中指出:"万物虽贵,以无为用,不能舍无以为体也。"这里蕴涵着即体即用思想的萌芽,但在理论上不够圆融,把体强调得过了头。王弼由此在《周易注》中推出了一个为后来的宋儒所诟病的论点:"凡动息则静,静非对动者也;语息则默,默非对语者也。然则天地虽大,富有万物,雷动风行,运化万变,寂然至无是其本矣。"王弼以静为天地之心,不知即动即静,动静一如。王弼以后,中国的思想家,包括六家七宗的般若学者,一直围绕着这个问题进行紧张的探索,而普遍地感到困惑莫解。罗什、僧肇在中国思想史上的贡献,在于引进了中观思想,为解决这个问题提供了一种辩证方法,使人们拨云雾而去迷惘,终于成功地建立了一种适合中国条件的本体之学。

关于《肇论》一书的性质,人们至今仍在争论不休。有人认为是玄学的继续,也有人认为摆脱了玄学的藩篱,是佛学走上独立化的标志。事实上,《肇论》所讨论的问题完全是困惑中国思想界长达一百余年的玄学问题,并没有摆脱玄学的藩篱,至于所用的方法,则是印度的纯正的中观思想。正是由于这种中国本土的问题与外来的佛教的思想方法相结合,才促进了佛教中国化的进程,使佛教在中国的土壤上深深地扎下根来。

在《不真空论》中,僧肇所破的本无、心无、即色三家,实际上也是针对着玄学中的贵无、崇有、独化三派的。不真空乃持业释,谓不真即空,一体持一用,体能持用,故般若性空之旨在于即万物之自虚,体不离用,用不离体。僧肇由此而建立了一个非有非无的本体论的结构。它的理论逻辑自有一种不可抗拒的力量,玄学中的各派以至六家七宗的那些"宰割以求通"的论点,在僧肇的批判面前,都站不住脚了。在《物不迁论》中,僧肇发挥了动静一如的思想,"必求静于诸动,不释动以求静",这比王弼的以静为天地之心的思想,自然要高出一筹。由此可以看出,僧肇根据鸠摩罗什的中观思想解决了玄学的问题,意味着玄学的终结。

四、佛学的中国化与中国化的佛学

在鸠摩罗什的众多弟子中,僧肇为三论之祖,道生为涅槃之圣。三论之学属于大乘空宗,着重于以遮诠的方法破相显性,来建立一个非有非无的本体论的结构,涅槃则以佛性本有作为指导思想,集中探讨如何体认本体的心性论的问题。如果说僧肇的三论之学停留在真空的境界,那么道生的涅槃学则已自真空入于妙有。他们二人虽然同是出于鸠摩罗什门下,但却代表了两种不同的思想倾向。道生以后,关于心性论的研究发展为中国佛教思想的主流,唐代禅宗的创立以及宋代理学的形成都与这种发展趋势有着直接的渊源关系。究竟是一些什么样的历史动因促使道生由般若学转移到涅槃学的轨道上来,这是切实理解佛学的中国化的一个关键问题。

在中国的传统思想中,习惯于肯定物质现象和精神现象的存在,习惯于把主客、天人都认为实有,这种世俗的精神常常使得中国的学者难以接受那种反映印度社会历史条件的虚无思想。但是,就哲学的思辨而言,心性论是以本体论为前提的,只有在本体论上沟通了天人关系,才能进一步提出如何体认本体的问题,去沟通主客关系。从这个角度来看,僧肇的般若学所建立的本体论为道生的涅槃学确立了心性论研究的前提,道生承接僧肇,自真空入于妙有,这种转变是顺理成章的。

道生和僧肇二人都注了《维摩诘经》,僧肇只着重于以中观思想反复论证非有非无的本体论,道生虽然也以这种本体论为理论基础,但却认为真如之体不空,佛性为实有。道生把"体法为佛"的问题提到重要地位,并且指出成佛的途径不能脱离现实生活的生死之事,精神境界不在现实生活之外,而就在现实生活之中。这种思想体现了强烈的世俗精神,后来逐渐形成为中国化的佛学的特色。由此看来,道生与僧肇之学皆源于鸠摩罗什,在佛学中国化的过程中,他们的业绩首先应归功于他们的老师。

第十六章 论竺道生的佛性思想
与玄学的关系

晋宋之际,竺道生"孤明先发",不受佛教经典文字的束缚,独立思考,提出了一套完整的佛性思想,把东晋以来以般若学为主的佛教思想转移到以涅槃学为主的轨道上来。从哲学史的角度来看,这是把本体论的探讨转移到心性论的研究上来,标志着哲学认识深化运动的一个新阶段。竺道生以后,关于心性论的研究发展为中国佛教思想的主流,唐代禅宗的创立以及宋代理学的形成都与这种发展趋势有着直接的渊源关系。竺道生在哲学史上作为一个承上启下的关键人物,他的地位和影响是不可低估的。

竺道生的佛性思想有两个要点,一是佛性本有,二是顿悟成佛。所谓佛性,一方面是指绝言超象的真如本体,同时也指能够证悟这个本体的清净之心。这是沟通本体之学和心性之学的一个重要概念,如果缺少这个概念,佛教就只能停留于抽象的哲学思辨,而无法从事成佛的宗教修养,失去其所以为佛教的本质。在涅槃学传入以前,中国的般若学者已经对佛性本有的思想作过一些探索,有的肯定真如本体为实有,如道安的本无义,有的肯定清净之心的存在,如支道林所提出的"至人之心"。慧远更是同时肯定了二者。《高僧传·慧远传》说:"先是中土未有泥洹常住之说,但言寿命长远而已。远乃叹曰:佛是至极则无变,无变之理,岂有穷耶?因著《法性论》曰:至极以不变为性,得性以体极为宗。"就佛教本身而言,由般若学发展为涅槃学是势所必至,它们的理论归宿和宗教目的也是一致的。但是,从理论的内部逻辑来看,佛性本有的思想却是与般若学有着一定的矛盾,难以从中直接推演出来。因为般若学着重以遮诠破相显性,即用彻底否定的方法来间接显示本体,按照这种逻辑,无论是对所证的客体还是能证的主体,都不能有任何的肯定,肯定其为无固然不对,肯定其为有也是一种必须破除的偏执之见。因此,尽管中国的般若学者不满足于一切皆空的思想,企图对佛性有所肯定,但在般若学的这种理论逻辑的支配之下,始终未能明确提出佛性本有的思想,把本体之学和心性之学沟通起来。东晋以来,从六家七宗到僧肇的般若学思潮的发展,重点在于建立一种论证般若性空的非有非无的本体论的结构。竺道生受到当时刚传入的涅槃学的启发,在中国佛教史上第一次明确提出佛性本有的思想,这才为心性论的研究奠定了坚实的理论基础。

竺道生根据佛性本有的思想进一步推论出"一阐提人皆得成佛"的主张。所谓"一阐提",是指不具信心,断了善根的人。当时译出的六卷本《泥洹经》明确指出,这种人不能成佛。竺道生不迷信佛教经典文字,在理论上表现了极大的独创性和无畏精神,敢于提出与经义直接违反的主张,这是因为他坚信佛性本有是一个普遍性的论断,如果把一阐提排除在外,必然要陷入自相矛盾的困境,从根本上破坏佛性本有的思想。为了把佛性本有的思想贯彻到底,逻辑的结论只能是众生皆有佛性,人人都能成佛。后来,四十卷本的《大般涅槃经》译出,证实了这一主张确有所据。竺道生由此赢得了极大的声誉,人们的理论兴趣也从般若性空转移到涅槃佛性的问题上来。当时关于佛性论的研究蔚为风尚,这种研究带有普遍的哲学意义,实际上就是心性论的研究。

严格说来,佛性本有的思想虽然是心性论的理论基础,仍然属于本体论的范畴,而顿悟成佛的思想才是心性论本身的重点所在。因为心性论着重探讨主客关系问题,实质上属于认识论的范畴。在哲学上,认识论是以本体论为前提的。但是,本体论只是为建立主客关系提供一般性的原理,至于主体如何认识客体,认识的方法、途径怎样,这一系列的问题是留给认识论来专门探讨的。从这个角度来看,竺道生的佛性思想的两个要点,佛性本有只是为开展心性论的研究打开了一条通道,而顿悟成佛才真正进入到心性论本身的领域中来。事实上，自从竺道生提出了顿悟成佛的思想以后，立刻引起了顿渐之争。这种争论一直延续下来，成为中国哲学史上的一个突出问题。唐代禅宗南北二宗的对立，宋明理学中理学与心学的分化，都与这种争论密切相关。由竺道生所引起的这场争论，看来似乎是一个烦琐虚构的宗教修养方法之争，实则具有深远的哲学意义。它涉及到认识过程中的一系列重大问题，诸如认识的阶段划分问题，认识的飞跃形式问题，逻辑思维和直观体验的作用问题，精神境界和知识学问的区别问题，内心开悟和见闻觉知的认识途径问题，等等。由这种争论又进一步提出了一系列本体论的问题，促使对本体论做更深入的探讨。因此，竺道生的顿悟成佛的思想，是把本体论的探讨转移到心性论的研究上来的一个关键性的思想，对尔后哲学的发展产生了极为强烈的影响。

据史传记载，竺道生一生的经历是富有戏剧性的。当初他刚提出佛性思想时，曾受到许多人的激烈反对，特别是佛教徒，认为是一种奇谈怪论、异端邪说。为了坚持"一阐提人皆得成佛"的论点，他甚至受到佛教戒律的处分，被逐出僧团。但是竺道生不为所屈，艰苦奋斗，终于赢得了胜利，过去反对他的人也"内惭自疚，追而信服"，变成了他的信徒，联系到当时的历史背景来看，竺道生的佛性思想与印度传来的经典不合，与社会上风行的一切皆空的般若思想不合，确实是一种"珍怪之辞"，他遭到人们的反对，是可以理解的。但是就在他生前，很快就战胜了论敌，扭转了局面，把"珍怪之辞"变成普遍接受的"通论"。这种情况说明竺道生的佛性思想也确实适应了当时的社会需要，满足了思想发展的内在要求。黑格尔曾说："每个人都是他那时代的产儿。哲学也是这样，它是被把握在思想中的它的时代。"①晋宋之际，包括佛学在内的作为整体的中国哲学思想发展到了一个转折关头，关于本体论的探讨由于僧肇作了批判性的总结，看来已经走到山穷水尽的地步，而关于心性论的研究则苦于缺乏必要的理论根据，愤懑郁结，难以开展。

---

① 黑格尔：《法哲学原理》，第12页。

竺道生的卓越之处就在于他敏锐地把握了时代,把哲学思想的发展领向一个新的天地,促进了这个转变。正是由于这个广阔的时代背景,才有可能产生他那戏剧性的经历,形成他那独创性的思想。

魏晋南北朝时期,在整个思想领域,玄学是主流,佛学则处于从属的地位,起着配合的作用。因而玄学和佛学不是两个平行的发展系列,而是相互影响,彼此渗透,按照一定的主从关系,共同组成为一个大的佛玄合流的哲学思潮系统。这种主从关系为当时中国的社会条件所规定,是一种历史的必然。外来的佛教思想必须依附于中国的传统思想,与中国的传统思想相结合,否则便不能生存发展。同时,中国的传统思想也需要从佛教思想中汲取营养,丰富自己的内容,补充某些不足。东晋时期以六家七宗为代表的般若学是佛玄合流的产物,晋宋之际由竺道生所倡导的涅槃学同样也是佛玄合流的产物。在这个过程中,虽然佛学逐渐取得了形式上独立的地位,但一直是沿着中国化的道路前进,就是说适应中国的社会条件,遵循中国哲学的发展规律,始终没有改变对中国传统思想的从属关系。因此,关于竺道生的佛性思想,不能离开佛玄合流的思潮来孤立地考察,而应该看作既是玄学发展的继续,也以佛学所特有的思维形式丰富了玄学,是当时那个大的中国哲学系统的一个有机组成部分。

无论是从竺道生的哲学思路还是从他所关心的问题来看,实质上都是玄学发展的继续。《高僧传·竺道生传》说:

> 生既潜思日久,彻悟言外,乃喟然叹曰:夫象以尽意,得意则象忘。言以诠理,入理则言息。自经典东流,译人重阻,多守滞文,鲜见圆义,若忘筌取鱼,始可与言道矣。

慧琳的《竺道生法师诔》说:

> 既而悟曰:象者,理之所假,执象则迷理;教者,化之所因,束教则愚化。(《广弘明集》卷二三)

这是玄学家的典型的思路,王弼和郭象都是根据这条思路来建立体系的。所谓理、意，指的是本体；言、象，则是指名言概念和具体形象。言、象固然是体认本体的必要工具，但由于本体是绝言超象的，如果不能得意而忘象，得理而忘言，为言、象所束缚，也就谈不上真正体认到本体。这条思路和两汉的经学家有很大的不同。两汉的经学家墨守章句，勤于训诂，把外在的经典奉为神圣，虽然积累了不少名言概念和具体形象的知识，却无法体认本体。玄学家相反，重视内心的开悟，而不迷信外在的经典，只要真正对本体有所体认，是可以自由发挥，而不必拘泥于言、象的。这条思路激发创造性的思维。竺道生继承了这条思路，他常说，"入道之要，慧解为本"（《高僧传·竺道生传》）。"入道"是说对本体的体认，"慧解"是说体认的方法。正是由于他继承了玄学家的这条思路，所以才不执著于佛教经典的个别文句，形成了他的独创性的思想。

竺道生所关心的问题，也和玄学家相同。他们都力图建立一种本体论的体系，并且探索一种体认本体的方法，使二者紧密结合，来追求一种理想的人格和崇高的精神境界。尽管他们的体系和方法各不相同，对人格和精神境界的理解不一样，但都是围绕着这个中心问题来思考的。竺道生说：

> 夫真理自然，悟亦冥符，真则无差，悟岂容易？不易之体，为湛然常照，但从迷乖之，事末在我耳。苟能涉求，便返迷归极，归极得本。（《大般涅槃经集解》）

竺道生认为，真理是"不易之体"，是不生不灭的绝对本体，但是这个本体"湛然常照"，也存在于每个人的心性之中，所以"苟能涉求，便返迷归极"。对真理的认识是一种直观的体验，叫做"冥符"，也就是使主体与客体契合无间。迷是主客分而为二，悟是主客合而为一。只要做到了主客"冥符"，就能"归极得本"，完成理想的人格，达到崇高的精神境界。"冥符"这个概念是从郭象那里来的。郭象说："至理有极，但当冥之，则得其枢要也。"（《徐无鬼注》）"应不以心而理自玄符。"（《应帝王注》）郭象所说的"冥符"又是对王弼的"明本""体无"思想的进一步的发展。王弼说："子欲无言,盖欲明本,举本统末,而示物于极者也。"(《论语释疑》)"圣人体无,无又不可以训,故言必及有;老庄未免于有,恒训其所不足。"(《世说新语·文学》)除王弼、郭象以外,其他的玄学家以及许多未能建立玄学体系的清谈名士,也都在热心地讨论什么是本体、如何体认本体的问题。凡是对本体能有所体认的,都受到赞赏,反之,则受到贬抑。围绕着这个主题展开的讨论开创了一代玄风,东晋以来的佛玄合流的思潮就是这种讨论的继续,竺道生的佛性思想当然也不能脱离这个主题。

　　学术界通常把玄学看作是一种本体之学。就哲学的理论形态而言,这种看法毫无疑问是符合实际的。但是,玄学对本体论的哲学思辨兴趣是由强烈的政治需要所引起的。玄学的目的不在于本体论的本身,而在于建立一种新的内圣外王之道,为统治者提供一种能在实际生活中起作用的战略思想。玄学所讨论的本体和现象的关系,其实质内容就是自然和名教的关系。所谓名教,指的是封建宗法的等级制度和道德规范,以及统治者的政策措施。当时,这种名教受到接二连三的政治动乱的冲击,弊端丛生,无法履行正常的职能。为了革除弊端,拨乱反正,玄学家认为,应该建立一种新的内圣外王之道,使名教合乎自然。所谓自然,指的是天道。因此,名教和自然的关系也就是天人关系,玄学家通过有无、本末、体用之辨所建立的本体之学,也就是天人之学。

　　天人之学在中国的传统思想中源远流长,从西周的天命神学开始,天人关系问题始终是各种思想关注的焦点。在它的发展过程中,虽然有个别的哲学家提出"明于天人之分"的思想,但是占主导地位的则是强调天人合一,认为天与人的关系紧密相连,统一而不可分割。董仲舒说:"天人之际,合而为一。"(《春秋繁露·深察名号》)董仲舒以神学目的论为理论基础,建立了一套天人感应论的思想体系,统治两汉的思想领域达数百年之久。玄学否定了董仲舒的理论基础,却继承了他的天人之学,从本体论的角度来重新论证。这种天人之学凝聚着中国人所特有的思维模式,表现了中国传统思想的基本精神,和产生于印度土壤上的佛教思想完全不同。它是积极入世的，无论对物质现象或精神现象都肯定其为实有，从来也不会怀疑，它认为世界的统一性是一个自明之理，它把探讨的重点放在沟通天与人、主与客、自然与社会的相互关系、相互作用之上，企图通过这些探讨来找到某种带规律性的东西，用来指导人事，特别是政治。魏晋时期的玄学，派别很多，有王弼的贵无论，裴𫖳的崇有论，郭象的独化论，还有嵇康和阮籍，他们的本体论的理论结构各不相同，但从他们的思维模式和基本精神来看，都属于这种天人之学。正是由于受到天人合一思想的强有力的支配，所以各派玄学家不仅把本体和现象看作是统一的，而且把体认本体的问题提到重要地位，追求一种天人合一的精神境界。如果说佛教必须与中国的传统思想相结合才有生存和发展的可能，那就是说必须适应这种天人之学的思维模式和基本精神。所谓佛学的中国化，其实质性的含义就是中国传统思想中的天人之学对佛学的改造，同时也是佛学对这种天人之学的丰富和补充。

东晋时期，六家七宗所阐发的般若思想，用印度的般若经典来衡量，可以说完全走了样，是一种歪曲、篡改。因为般若经典把一切都说成虚无，既否定物质现象，也否定精神现象。而六家七宗则总是失之于偏颇，有的犯了肯定精神现象的错误，有的犯了肯定物质现象的错误。这种情况固然和当时的翻译水平有关，但更主要的是受中国传统思想的影响，始终无法接受那种反映印度社会历史条件的虚无思想。幻化宗的道壹甚至反驳说："心神犹真不空，是第一义。若神复空，教何所施？谁修道？"（见安澄《中论疏记》）这种反驳触及般若学的要害，是般若学所无法解答的难题。支道林在《大小品对比要钞序》中也说：

> 夫至人也，览通群妙，凝神玄冥，灵虚响应，感通无方。……故千变万化，莫非理外，神何动哉？以之不动，故应变无穷。（《出三藏记集》卷八）

从中国的传统思想看来，精神主体是不能否定的，由精神主体所取得的精神境界也是实有。但是般若空宗由于自己的那一套特殊的理论逻辑,把二者都说成是非有非无,所以中国的般若学者常常提出一些新解来修正空宗的说法,尽管背离般若性空的本义,但却促进了佛学中国化的进程。

慧远是道安的弟子,也是一位般若学者,他背离般若性空的本义,比其他人走得更远。他明确提出了神不灭论,肯定精神主体的永存。真如法性作为所证的客体,他又认为实有。由主客同一所达到的精神境界,这也是不变的。慧远是一位渊博的学者,他已察觉到这些思想与般若经典明显不合,为了坚持自己的思想,他不顾印度佛教中严格区分的大小乘的界限,从说一切有部和犊子部的阿毗昙学中找根据。他说:

> 泥洹不变,以化尽为宅。

> 不以情累其生,则生可灭;不以生累其神,则神可冥。冥神绝境,故谓之泥洹。

> 夫神者何耶? 精极而为灵者也。

> 神也者,圆应无生,妙尽无名,感物而动,假数而行。感物而非物,故物体而不灭;假数而非数,故数尽而不穷。(《沙门不敬王者论》,见《弘明集》卷五)

> 发中之道,要有三焉? 一谓显法相以明本。二谓定己性于自然。三谓心法之生,必俱游而同感。俱游必同于感,则照数会之相因;己性定于自然,则达至当之有极;法相显于真境,则知迷情之可反。(《阿毗昙心序》,见《出三藏记集》卷十)

可以看出,贯穿在六家七宗和慧远思想中的主题,和玄学相同,都是如何通过体认本体来追求一种精神境界。关于这种精神境界,玄学家已经作了经典性的描绘。用王弼的话来说,叫做“应物而无累于物”。郭象则表述为“独化于玄冥之境”。这种精神境界并不要求否定外物的存在,把一切看成虚无,只是要求不为外物所累,使心理处于一种恬静、安适、自由、超脱的状态。就实质而言,这种精神境界和佛教的涅槃是不同的。但是当时的玄学家和佛教学者把这种实质性的不同都当作枝节问题存而不论,求同存异,极力寻找二者之间的某些相似之处,辗转比附。这种精神境界是主客同一的产物,如果不肯定主体和客体的存在,不沟通主客之间的关系,就缺少必要的前提,谈不上如何去追求。因此,中国的般若学者不能简单地模仿印度的说法,而必须适应中国社会的需要,迎合中国的传统思想,提出自己的新解。这些新解逐渐发展为中国佛学的正统观念,也是竺道生的佛性思想的重要铺垫。

但是,当时的般若学仍然属于本体之学,它对中国传统思想所作的补充,只在于以圆滑的思辨论证了本体和现象真俗不二,体用一如,把二者结合得更加紧密。单从玄学本身来说,它的本体之学发展到了西晋末年,实际上已经停止了。东晋以后,再也没有出现什么玄学大家。六家七宗的般若学是直接承继玄学的本体之学而来的,并且相应地引起了学派的分化。虽然般若学受玄学的影响,提出了通过体认本体以追求精神境界的问题,但同时也受自身的理论上的限制,不能把这个问题列为重点,深入探讨。按照般若学内部的理论逻辑,它的发展方向是建立一种非有非无的本体论的结构。这种理论逻辑自有一种不可抗拒的力量,六家七宗的那些或肯定精神现象或肯定物质现象的论点,在僧肇的批判面前,都站不住脚了。僧肇所发挥的那套中观思想,看来是符合般若性空的本义的,但却背离了中国传统的天人合一的思想,不能满足追求精神境界的要求。僧肇对本体之学是作出了卓越贡献的,因为他把本体和现象说成是即体即用的关系,不仅丰富发展了玄学中的体用思想,也对宋明理学的本体论有很大的启发。虽然如此,僧肇的本体之学无法沟通天人、主客之间的关系,这也是般若学的致命弱点。晋宋之际,佛玄合流的思潮发展到了一个转折关头,究竟是朝僧肇指引的方向去继续研究那种非有非无的本体论呢? 还是应该像竺道生那样,遵循中国传统思想的固有规律,去沟通天人、主客之间的关系,历史对这个问题作出了明确的回答。

竺道生是本无异宗竺法汰的弟子,后来和僧肇等人一起,就学于鸠摩罗什门下,也是一位般若学者。但他和慧远一样,不满足于般若性空的教义,中年在庐山从僧伽提婆学习说一切有部的阿毗昙学。慧琳的《竺道生法师诔》介绍了他的学术经历：

> 中年游学，广搜异闻，自扬徂秦，登庐蹑霍，罗什大乘之
> 趣，提婆小道之要，咸畅斯旨，究举其奥，所闻日优，所见逾赜。
> (《广弘明集》卷二三)

他接受涅槃学是在他的基本思想业已形成的晚年。据汤用彤先生的考证，竺道生于晋义熙五年(公元 409 年)由长安南返至建业。

> 法显携来之六卷《泥洹》于义熙十三年十月一日译出，即
> 在道生还建业后之八年。涅槃佛性之说，生公似早有所悟。
> 其立顿悟佛性诸义，不知在何年。惟《高僧传》云，生因"潜思
> 日久，悟彻言外"，则立诸义，似不必与《泥洹》之译有关也。①

从竺道生的佛学渊源来看，以大乘空宗和小乘有宗为主，涅槃学并非直接传承，只是起了一种启发和印证的作用，使他的思想更趋成熟，理论更为坚定。其实，就这三派佛学本身而言，它们之间门户之见极深，在思想上也相互抵触，扞格不入。但是竺道生却把它们融会贯通起来，组成了一个显不出丝毫矛盾的有机的佛性思想体系。这固然得力于他的"慧解"，即创造性的思维，但更主要的是因为他立足于中国的现实，把握了历史的脉络，体现了中国传统的天人合一思想的基本精神。

竺道生和僧肇二人都注了《维摩诘经》，僧肇只着重于以中观思想反复论证非有非无的本体论，竺道生虽然也以这种本体论为理论基础，但极力去沟通天人、主客的关系，企图从这种本体论中引导出佛性本有的思想来。从这种不同可以看出，僧肇只是对以往的本体之学作了批判性的总结，而竺道生则承上启下，为哲学史的发展开创了一个新的局面。竺道生说：

> 空似有空相也，然空若有空则成有矣，非所以空也，故言
> 无相耳。既顺于空，便应随无相。(《注维摩诘经·弟子品》)

---

① 汤用彤：《汉魏两晋南北朝佛教史》，第 441 页。

夫言空者,空相亦空,若空相不空,空为有矣。空既为有,有岂无哉?然则皆有而不空也。是以分别亦空,然后空耳。(《文殊师利问疾品》)

非不有幻人,但无实人耳,既无实人,以悟幻人亦无实矣。苟幻人之不实,众生岂独实哉?(《观众生品》)

竺道生这里所表述的思想,和僧肇完全一样,都是一种般若性空的非有非无的本体论。他的独创之处在于从这种本体论中直接推导出佛性本有的思想。他说:

理既不从我为空,岂有我能制之哉?则无我矣。无我本无生死中我,非不有佛性我也。(《弟子品》)

以体法为佛,不可离法有佛也。若不离法,有佛是法也,然则佛亦法矣。(《入不二法门品》)

夫大乘之悟本不近舍生死远更求之也,斯为在生死事中即用其实为悟矣,苟在其事而变其实为悟始者,岂非佛之萌芽起于生死事哉?(《佛道品》)

竺道生认为,作为真如本体的"理"是不空的,"佛性我"是实有的。他把"体法为佛"即体认本体的问题提到重要地位,并且指出成佛的途径不能脱离现实生活的生死之事,精神境界不在现实生活之外,而就在现实生活之中。这种思想和大乘空宗的那种虚无主义根本不同,而和玄学的那种世俗精神是十分接近的。

六家七宗的般若学,道安把本体说成为"无",僧肇批评是一种"好无之谈",指出他把"无"执为实有的错误。支道林的即色论保存了一个假有,僧肇批评他"未领色之非色",即否定物质现象不够彻底。至于道壹所说的"心神犹真不空是第一义",从正统的般若空宗的角度看来,更是经不起驳斥。但是六家七宗的这些异端思想,恰恰体现了玄学的世俗精神。如果说僧肇对六家七宗作了批判性的总结,是否定了他们的异端思想,把般若学挪到正统的轨道上,那么竺道生正好相反,完全肯定了他们的异端思想,作了另一种综合性的总结,从而又扭转了般若学的发展方向。其实,所谓异端,是相对而言的。在中国佛学史上,那些背离印度经典原义的异端思想,更有中国的特色,更为中国人所喜见乐闻,生命力也更强大,也更有可能融会到中国的传统思想中来,形成为正统。中国的传统思想习惯于肯定物质现象和精神现象的存在,习惯于把主客、天人都认为实有,玄学所追求的精神境界也不是脱离现实生活的。正是由于这种世俗精神对佛教各派的思想进行了筛选,所以在晋宋之际,佛学的发展出现了一个大的转折,僧肇的那种以建立非有非无的本体论为目的的般若学走到了尽头,而竺道生的以追求精神境界为目的的涅槃学则方兴未艾,取得了强劲的发展势头。

竺道生描述真如本体,用了许多佛教术语,也用了大量中国传统思想的名词。如"本""极""性""善""道""理""自然"等等。竺道生把重点放在体认本体的问题上。体认到本体叫做"得本""归极""观理得性""穷理乃睹""穷理尽性""冥合自然"。由此而达到的精神境界用佛教术语说是"涅槃",其实这也就是中国传统思想中的天人合一、主客合一,也就是玄学中的所谓"体无""明本""冥符"。追求这种精神境界不是一个抽象的哲学思辨的问题,而是一个和现实生活紧密相连的实践问题。竺道生在这个问题上发表了许多创见,为中国佛学的世俗化奠定了理论基础。他说:

> 虽复受身万端,而佛性常存,若能计此得者,实为善也。
>
> 若佛性不可得断,便己有力用,而亲在人体,理应可见,何故不自见耶?
>
> 体法为佛,法即佛矣。
>
> 当理者是佛,乖则凡夫。于佛皆成真实,于凡皆成俗谛也。
>
> 惑者皆以所惑为实,名世谛也。虽云世谛,实不遂异,故是第一义耳。
>
> 若世谛即第一义者,唯有第一义,无世谛也。(《大般涅槃经集解》)
>
> 夫国土者,是众生封疆之域。其中无秽,谓之为净。无秽为无,封疆为有。有生于惑,无生于解。其解若成,其惑方尽。

（《注维摩诘经》）

竺道生的这些思想极大地满足了当时的清谈名士的精神要求。清谈名士数百年来一直在热心讨论名教和自然的关系，其目的就是希望在不舍弃现实的礼法制度的前提下获得一种自由超脱的精神境界。我们可以把郭象的思想来和竺道生来比较一下，如果撇开佛教术语，二者的基本精神是十分接近的。郭象说：

> 夫圣人虽在庙堂之上，然其心无异于山林之中，世岂识之哉？徒见其戴黄屋，佩玉玺，便谓足以缨绂其心矣；见其历山川，同民事，便谓足以憔悴其神矣；岂知至至者之不亏哉！
> （《庄子·逍遥游注》）

> 夫理有至极，外内相冥，未有极游外之致，而不冥于内者也；未有能冥于内，而不游于外者也。故圣人常游外以冥内，无心以顺有，故虽终日见形，而神气无变；俯仰万机，而淡然自若。（《大宗师注》）

竺道生把获得最高精神境界的人叫作佛，郭象则称之为圣人。郭象把方内与方外、自然与名教看作是同一的，竺道生则把真谛与俗谛、净土与秽土说成是一回事。无论是成佛或作圣，都不必脱离现实生活，而且也必须以现实生活为根基，关键只在于提高思想觉悟，体认到本体。郭象认为，圣人虽在庙堂之上，其心无异于山林之中。竺道生则说，虽同在俗谛之中，于佛皆成真实，于凡皆成俗谛。在这些基本点上，佛玄两家的思想可以说是完全合流了。

前面说过，竺道生的顿悟成佛的思想是心性论的重点所在，是把本体论的探讨转移到心性的研究上的一个关键性的思想。这个思想在当时刚一提出，就立刻受到了清谈名士谢灵运的高度赞赏，誉之为一种"新论"。谢灵运认为，这个"新论"是竺道生取孔、释之所长，去二氏之所短，综合概括出来的。这也就是说，竺道生的这个创新的思想是佛玄合流的产物。他说：

> 同游诸道人，并业心神道，求解言外。余枕疾务寡，颇多暇日，聊伸由来之意，庶定求宗之悟。释氏之论，圣道虽远，积

学能至，累尽鉴生，方应渐悟。孔氏之论，圣道既妙，虽颜殆庶，体无鉴周，理归一极。有新论道士，以为"寂鉴微妙，不容阶级。积学无限，何为自绝？"今去释氏之渐悟，而取其能至；去孔氏之殆庶，而取其一极。一极异渐悟，能至非殆庶。故理之所去，虽合各取，然其离孔释矣。余谓二谈救物之言，道家之唱，得意之说，敢以折中自许。窃谓新论为然。（《广弘明集》卷二十《与诸道人辨宗论》）

当时和谢灵运交游的人，包括佛教学者和清谈名士，都在"业心神道，求解言外"，探索如何体认本体的问题。这确乎是时代的风尚。但是，关于体认本体的方法和步骤问题，无论是玄学或佛教，都没有很好地解决。谢灵运所说"孔氏之论"，指的其实是玄学。从王弼开始，玄学就一直在发挥"体无鉴周，理归一极"的思想，认为本体唯一而不可分，只有用直观体验的方法才能做到主客合一，体认到本体，通常的那种积学认知则只能认识现象而无从接近本体。但是玄学把体认本体的标准树得高不可攀，认为只有孔子一个人才达到了，连老子、庄子都够不上。玄学的这个思想，政治的意义大于哲学的意义，当时主要是为了抬高儒家的地位，有意把孔子摆在老、庄之上。这个思想对于那些汲汲追求精神境界的清谈名士来说，显然是一个很大的障碍，因为它严重堵塞了作圣之路。从佛教方面来说，成佛之路是不能堵塞的，否则就失去了吸引力，也无法从事宗教修行了。但在当时，只有安世高系统的小乘禅数之学关心修行的方法和步骤问题。这种禅数之学没有过多的理论兴趣，虽然肯定通向泥洹的目的是可以达到的，却不从如何去体认本体着眼，而只主张按规定的阶段循序渐进，去对治烦恼，调摄身心。般若学只着重探讨本体论的理论结构，没有把注意力放在体认本体的实践问题上来。所以谢灵运所说佛教的"能至""渐悟"的思想，主要是指小乘禅数之学而言的。当时玄佛两家都没有解决如何体认本体的问题，而这个问题无论对玄学或佛学的进一步的发展，都至关重要。这是玄佛两家所面临的一个边缘性的问题，必须两家同心协力，取长补短，才能解决，也就是说，只有佛玄合流的思潮才能解决。竺道生"去释氏之渐悟，而取其能至；去孔氏之殆庶，而取其一极"，圆满地解决了这个问题。这是哲学史上的一件大事，影响极为深远。

当时玄学在建立本体论的结构方面，用的是抽象思辨的方法，在体认本体的问题上，用的是直观体验的方法。僧肇和竺道生的佛学在这两个方面，各自作出了不同的贡献。玄学的抽象思辨的水平是不及般若学的中观思想的。关于本体和现象的关系，王弼、裴頠、郭象等人，都说得不够圆融，总是捉襟见肘，露出某些破绽。体用一如、真俗不二的思想是僧肇所提供的。但是，玄学不能接受般若学的那种彻底的虚无主义，习惯于既肯定现象又肯定本体。所以自从僧肇提供了即体即用的思想以后，玄学对般若学的兴趣也逐渐衰竭了。竺道生则不然。由于天人合一的思想在中国有着深厚的传统，这种思想的内在逻辑要求有一种直观体验的方法与之相适应，竺道生正好符合了这个要求，所以人们对他的兴趣历久不衰。这种兴趣倒不在于他所倡导的涅槃学，而在于他为直观体验的方法所提供的一些新鲜内容。

慧达的《肇论疏》介绍竺道生的顿悟思想说：

竺道生法师大顿悟云：夫称顿者，明理不可分，悟语极照。以不二之悟，符不分之理，理智恚释，谓之顿悟。见解名悟，闻解名信。信解非真，悟发信谢。理数自然，如果熟自零。悟不自生，必藉信渐。用信伏惑，悟以断结。悟境停照，信成万品，故十地四果，盖是圣人提理令近，使夫（行）者自强不息。

所谓"以不二之悟，符不分之理"，是说只有做到主客合一才能体认到本体，这个思想玄学家早就提出。竺道生的创新之处，在于明确指出了它的可能性，并且深入到认识过程的领域中来，具体研究了认识的方法途径的问题。竺道生认为，在认识过程中，"见解"和"信解"二者，作用不相同，地位有高低。"见解"指内心的开悟，"信解"指对外在的教言的理解和信奉。"悟不自生，必藉信渐"，如果不信奉佛教的理论，不理解佛教的学说，内心的开悟是不会自生的。但是，体认本体必须立足于内心的开悟，而不能依靠"信解"。"信解非真，悟发信谢"，外在的教言，哪怕是佛教奉为权威的经典，都不是真理，一旦由自己的内心悟到了真理，所有那些外在的理论学说就像落花一样，可以抛弃不顾了。因此，人们应该用中国传统思想中的那种"自强不息"的精神，"用信伏惑，悟以断结"，去追求自己内心的开悟。

竺道生在《答王卫军书》中集中阐述了这个思想。他说：

> 苟若不知，焉能有信？然则由教而信，非不知也。但资彼之知，理在我表，资彼可以至我，庸得无功于日进？未是我知，何由有分于入照？岂不以见理于外，非复全昧。知不自中，未为能照耶？（《广弘明集》卷一八）

这一段话提出了一个极为深刻的哲学问题，直至今天仍然具有现实意义，值得深入探讨。究竟什么是真理，真理究竟是客观的还是主观的，或者是主客的统一？竺道生认为，别人的知，包括权威的佛教经典，如果不与自己的主观相结合而只是"见理于外"，并不是真理。但是"资彼可以至我"，如果完全排除别人的知而凭自己的主观去苦思冥想，也得不到真理。因此，真理是主客的统一，是一个立足于内心开悟的认识的过程。中国的佛教学者对佛学经典从来不抱迷信态度，总是根据自己的需要消化吸收，融会贯通，表现了极大的独创精神。竺道生把这种独创精神从哲学的高度上作了深刻的概括。竺道生把真理看作主客的统一，这个思想不是从佛学来的，而是从中国传统的天人合一的思想来的。在中国哲学史上，我们找不到有什么人主张主客对立，既没有把真理完全看作是客观的哲学家，也没有完全看作是主观的哲学家，几乎都在天人合一的思维模式支配之下，把真理看作是主客的统一。竺道生继承了中国传统思想的基本精神对佛教进行改造，也反过来用佛学的一套宗教修养方法开拓出一个广阔的心性之学的研究领域。

"一念无不知者，始乎大悟时也。"（《注维摩诘经》）这是竺道生为心性之学所提出的研究纲领。从虔诚的佛教徒的角度来看，是要悟出一个主客统一的真理来解决个人的生死大事。但是,玄学家也可以由此得到启发,把庙堂和山林更好地结合起来,理学家也可以由此得到启发,在人伦日用之常中追求一种高明的精神境界。主客统一的思想所反映的社会历史内容各不相同,各个时代的理论的表述也不一样,但是这种思维模式一直贯穿于整个中国哲学史的发展过程中,它完全是中国的。

后　记

　　我对玄学,情有独钟,其所以如此,可能是如同金岳霖先生在《论道》中所说的,不仅在研究对象上得到理智的了解,而且在"研究底结果上"得到情感的满足,从而产生一种"动我底心,怡我底情,养我底性"的精神效应。这二十多年来,我大体上按照汤用彤先生的分期,围绕着正始玄学、竹林玄学、西晋玄学、东晋玄学四个时期的各个学派断断续续写了一些文章,零零散散谈了一些看法。最近北大出版社愿意把这些文章汇集起来,编成一本专著,使我感到无比的欣慰。因为北大是我的母校,我由接触玄学进而萌发对玄学的情不自禁的钟爱,首先是在北大做学生的时候开始的,或多或少有形无形接受了北大传统学风的培育熏陶,现在居然有机会把我在多年坎坷困顿的生活中写出的并不成熟的玄学论文拿到母校的出版社出版,对我而言,算是一种微薄的回报,也油然而生起了游子回归家园的温馨之感。

　　上个世纪的 50 年代,我在北大做学生的时候,玄学的名声带有绝对的贬义,占主流地位的看法认为这是一种故弄玄虚的哲学,一种腐朽的意识形态,一种为反动的门阀士族统治作辩护的工具,一种肆意攻击唯物主义的狡猾的敌人。但是这些霸权话语在我们年轻的学生中间,多半是口服心不服,一面在课堂上听讲,一面私下传阅着北大教授三四十年代的一些过时的著作,比如汤用彤先生的《魏晋玄学论稿》、冯友兰先生的《中国哲学史》、宗白华先生的《论〈世说新语〉和晋人的美》、容肇祖先生的《魏晋的自然主义》、王瑶先生的《中古文学论集》,当然也有鲁迅先生的名篇《魏晋风度及文章与药及酒之关系》。这些论著在我们的心目中塑造了一个值得去着意追求的美的意象，展现了一幅思想解放个性自觉的丰富多彩的历史画卷，与当时流行的霸权话语形成了鲜明的反差。我们并不了解形成如此反差的深层的原因，也缺乏进一步研究的能力，只是凭着我们的感觉、兴趣以及没有受到玷污的学术良知作出自发性的选择，从北大教授们的那些过时的著作中去寻求理智的了解和情感的满足。这种寻求的过程并没有达成某种确定的结论，反而引起了一系列的困惑。因为他们的著作虽然总体上对玄学思辨、魏晋风度、名士风流心存偏爱，眷恋不已，但是在具体的论断上却是人各一说，相互矛盾，使得我们这些刚刚接触玄学的学生们无所适从。比如就理智的了解而言，关于玄学的基本性质就有两种明显不同的看法，冯友兰先生认为是新道家，容肇祖先生认为是自然主义，汤用彤先生则认为，"盖玄风之始，虽崇自然，而犹严名教之大防"。王弼之"形上学，虽属道家，而其于立身行事，实仍赏儒家之风骨"。这也就是认为，不能以道家来界定玄学，而应以儒道会通来界定玄学。再就情感的满足而言，我们私下议论，这是一个性情相契的个性化的选择问题，性情不同，其所选择的情感满足的对象也不相同。汤用彤先生的性情有似于王弼，所以对王弼的本体之学倍加赞扬。冯友兰先生的性情有似于郭象，所以对郭象的独化论倾注了过多的关爱。至于鲁迅先生的性情，则是有似于嵇康，这就是他为什么花费那么大的精力去校勘《嵇康集》的精神的原动力。当时我们少不更事，不知天高地厚，仅仅根据一些表面的印象对大师级的前辈妄加评论，而自己也面临着一个究竟如何选择的难题。尽管如此，我们对他们的那些过时的著作，还是怀着无限崇拜景仰尊敬的心情来阅读的。正是在他们的并非耳提面命而是潜移默化的引导下，把我们带进了玄学的世界来寻求属于我们自己的理智的了解和情感的满足，并且连带着对那些受到世人诋毁谩骂的玄学家们也产生了一种无限崇拜景仰尊敬的心情。今天看起来，当时我们实际上是在不自觉地去承接北大的传统，北大的学风，承接由北大教授薪火相传所延续下来的中国文化的慧命。在那个传统发生了严重断裂的年代，他们写成于三四十年代的过时的著作仍然像磁石一样吸引着我们,其中没有霸权话语,没有家法师法,没有必须遵循不许违反的定论,而是洋溢着一种独立的精神,自由的思想,开放的心态,特别是凝聚着一种对中国文化慧命的执著,对传统与创新的不懈的追求,所有这些,都体现了北大的传统,北大的学风,在我们年幼无知的学生中播下了一颗无声无形说不清道不明的文化的种子。时隔半个世纪回忆这段往事,一切都变得依稀仿佛,如雾如烟,但是唯有这颗在北大所承接的文化的种子以及对玄学的钟爱始终未能忘怀,因而也一直把北大当作自己的精神家园。

由于历史的偶然的因素,50年代以后,北大的传统和北大的学风受到更为严重的破坏,几乎是荡然无存了。我也被迫中断了学业,离开了北大,到社会的底层去承受生存的考验。在这个漫长的时段,关于玄学的基本性质,关于玄学的抽象思辨,关于郭象是否剽窃了向秀的《庄子注》,这些纯粹属于高深学术的问题与我的生存困境毫无关联,不值得去用心细想了,但是对于玄学之所以为玄学的文化底蕴,对于"魏晋之际,天下多故,名士少有全者"的玄学家们的悲惨的命运,对于阮籍、嵇康诗文中所表现的深沉的时代忧患感以及痛苦矛盾彷徨无依的心态,却有着一种切身的感受和强烈的共鸣。金岳霖先生有一句名言:"知识论底裁判者是理智,而元学底裁判者是整个的人。"汤用彤先生把玄学的方法论的原则归结为"得意忘言"。"言"是属于知识论层面的理智分析,玄学家普遍认为,如果不能忘言,仅仅停留于知识论的表层,就不能得意。而"意"则是把整个的人投身于其中的主客合一的对象,是玄学家在承受着生存困境和悲惨命运的情况下仍然苦心孤诣去进行探索的天人新义,这才是玄学的本质所在。这么说来,我被打入另册作为一个时代的弃儿,凭借着在特殊的历史条件下所获得的特殊的历史经验,竟然意想不到地发现了我作为整个的人的本体性的存在,找到了一条不从知识论入手而以整个的人为裁判者来解读玄学的新途径,对金岳霖、汤用彤先生的那些早年的论述增添了一层新的体会,这也许是一件不幸中的幸事。

直到 80 年代，拨乱反正，人们逐渐摆脱了包括十年"文革"在内的霸权话语的长期的重压，恢复了正常的心态，这才为重新开始对玄学进行平实的研究提供了可能。值得注意的是，所谓"重新开始"，所谓"平实的研究"，无非是绕了一大弯回到北大教授在三四十年代所确定的起点，去承接那个断裂了的传统。关于玄学的性质，关于玄学的主题，关于玄学在中国文化史上的地位，关于玄学家的个性特征，这些早在半个世纪以前就由他们提出来的问题，如今仍然在不断地重复，不断地议论，不断地争辩。就切入玄学的思路而言，仍然没有超出他们过去所探索出的两条途径。一条是知识论的理智分析的途径，另一条是把整个的人投身于其中的涵泳体察的途径。前者大致如同冯友兰先生所表述的"辨名析理"，后者大致如同汤用彤先生所表述的"得意忘言"。当然，除了这两条途径以外，还有由陈寅恪先生所开拓出的一条文化史学的途径。既然这个起点不可超越，而历史却对我开了一个不大不小的玩笑，把我和比我的年岁相差一大截的青年学者赶到同一个起跑线上。从这时候算起到现在过去了近二十年，我并没有做出什么足以自吹自擂的成绩，与许多青年学者的著作相比，无论在才气上，在见解上，在研究的深度和广度上，我都自愧弗如。但是，我终于了结了我多年的心愿，在玄学的研究中找到了属于我自己的理智的了解和情感的满足，也就可以敝帚自珍了。

人们常说学术乃天下之公器，这话固然不错，但也应该同时强调，对学术的研究必须有自我的全身心的投入，把它看作是与自己的理想追求和人生体验息息相关的个人的事业。任何真正的学问都只能是一家之言，所谓一家之言也就是个人的私见而不是天下之共识。实话实说，我对这本书中的个人的私见并不是十分满意的，体系不完整，论述不精密，理解有偏差，但我确实竭尽了全力，耗费了心血，做到了认真二字，如果天假以年，我愿继续探索，使之臻入成熟之境，对这门学术好作一个交代。

余敦康